高中版 03

新编中学数学解题方法1000招丛书

数 列

刘培杰数学工作室 编

数之为物，不借器而存，稽实待虚，其道如《易》，故礼乐代更，而方圆不易；书契形各，世殊方别，而奇偶自如。数之不亡，不能亡也。

——梅文鼎《方程论 · 数学存古序》

哈爾濱工業大學出版社
HARBIN INSTITUTE OF TECHNOLOGY PRESS

内容提要

本书以专题的形式对高中数学中数列的重点、难点进行了归纳、总结，涵盖面广，内容丰富，可使学生深入理解数列概念，灵活使用解题方法，可较大程度地提高学生在各类考试中的应试能力。

本书适合中学生、中学教师以及数学爱好者阅读参考。

图书在版编目(CIP)数据

新编中学数学解题方法1000招丛书. 数列/刘培杰数学工作室编. —哈尔滨:哈尔滨工业大学出版社,2014.1(2024.1重印)

ISBN 978-7-5603-4475-1

Ⅰ.①新… Ⅱ.①刘… Ⅲ.①中学数学课—高中—题解 Ⅳ.①G634.605

中国版本图书馆CIP数据核字(2013)第291512号

策划编辑 刘培杰 张永芹
责任编辑 张永芹 宋晓翠
封面设计 孙茵艾
出版发行 哈尔滨工业大学出版社
社　　址 哈尔滨市南岗区复华四道街10号 邮编150006
传　　真 0451-86414749
网　　址 http://hitpress.hit.edu.cn
印　　刷 哈尔滨市石桥印务有限公司
开　　本 787mm×1092mm 1/16 印张15.75 字数350千字
版　　次 2014年1月第1版 2024年1月第4次印刷
书　　号 ISBN 978-7-5603-4475-1
定　　价 38.00元

(如因印装质量问题影响阅读,我社负责调换)

总序

俗话说:“自古华山一条路”,如果将学数学比作爬山,那么精通之道也只有一条,那就是做题,做大量的习题.

华罗庚曾将光看书不做习题比作“入宝山而空返”.

著名数学家苏步青教授读书时为学好微积分,光是不定积分题就做了近万道.近年来,参加国际中学生数学奥林匹克的中国选手们,则更是因为遍解难题,才得以屡获金牌.正所谓“踏遍坎坷成大路”.

然而解数学题却不是一件容易的事,世界级解题专家、美国数学教育家波利亚曾不无悲观地说:“解题同钓鱼术一样永远不会学会”.但解题作为一项有规则的活动还是有一些方法可学,至少是可模仿的.华侨大学的王志雄教授曾说出这样的体会:“相对于问题似欲爆炸,题型不断更新,方法是较少也较稳定,如能较深入地、熟练地、灵活地掌握一些重要的解题方法,将使我们如乘快艇,得以优游于题海之上,达到数学王国的彼岸.”

近年来,由《美国数学月刊》前主编、美籍加拿大老数学家哈尔莫斯(Halmos, Paul Richard)一句“问题是数学的心脏”的惊人之语,将解题运动推向高潮.1987年在上海举行的国际数学教育研讨会上,美国南伊利诺伊大学的J·P·贝克(Baker)教授在他的以《解题教学——美国当前数学教学的新动向》为题的报告论文中指出:“如果说确有一股贯穿20世纪80年代初期的潮流的话,那就是强调解题(Problem Solving)的潮流”.

为了配合这股潮流,世界各国大量出版数学问题与解题的丛书,真是汗牛充栋,精品纷现.光是著名的斯普林格出版社(Springer Verlug)从1981年开始出版的一套高水平的《数学问题丛书》至今就出版了20多种.我国教育界及出版界十分重视这类书的出版工作,早在1949年2月,旧中国教育部曾举行会议为补救当时数学教育质量低下提出了四点建议,其中一条是提倡学生自己动手解题并"希望各大书局大量编印中学解题参考用书".近些年我国各大出版社出版了一些中学数学教育方面的丛书,如江苏教育社的《数学方法论丛书》(13册),北大出版社的《数学奥林匹克》系列及翻译的美国的《新数学丛书》,湖南教育社的《走向数学丛书》,但直至今天似乎还没有迹象表明要推出一套大型解题方法丛书.

哈尔滨工业大学出版社作为一"边陲小社",出版这样一套丛书,尽管深感力所不逮,但总可算做一块引玉之砖.

最后编者有两点忠告:一是本丛书是一套入门书,不能包解百题,本丛书在编写之初曾以"贪大求全"为原则,试图穷尽一切方法,妄称"解题精技,悉数其间".然而这实在是不可能的,也是不必要的.正所谓"有法法有尽,无法法无穷".况且即使是已有的方法也不能生搬硬套.我国继徐光启和李善兰之后的清末第三大数学家华衡芳(1835—1902)曾指出:解题要随机应变,不能"执一而论",死记硬背为"呆法","题目一变即无所用之矣",须"兼综各法"以解之,方可有效.数学家惠特霍斯(Whitworth)说过"一般的解题之成功,在很大的程度上依赖于选择一种最适宜的方法".

二是读者读本丛书一定要亲自动手解题.正如陕西师大罗增儒教授所指出:解题具有探索性与实战性的特征,解题策略要在解题中掌握.

最后,我们送给读者一句德国著名数学家普林斯海姆(1850—1941,Pringsheim,Alfred)的名言.

不下苦功是不能获得数学知识的,而下苦功却是每个人自己的事,数学教学方法的逻辑严格性并不能在较大程度上去增强一个人的努力程度.

愿读完本丛书后,解题对你不再是难事.

刘培杰

2013年12月15日

于哈工大

前言

数列是中学数学的传统内容，早期仅限于等差数列和等比数列.

等差数列出现很早，在俄国收藏家果连尼谢夫于1893年发现并购得的"莫斯科数学纸草书"和英国人兰德于1858年发现并购买的"兰德数学纸草书"中都有相应的题目.等比数列在世界各国的数学文献中都有记载如：

《孙子算经》下卷有：今有出门望有九隄，隄有九木，木有九枝，枝有九巢，巢有九禽，禽有九雏，雏有九毛，毛有九色，问各几何？

意大利中世纪数学家斐波那契(Leonardo Fibonacci of pisa，1170—1256)1202年所著的《算盘书》(Liber abaci)中则有"今有7老妇人共往罗马，每人有7骡，每骡负7袋，每袋盛有7个面包，每个面包有7把小刀随之，每把小刀置于7个鞘之中，问所列举之物全数共几何？斐波那契因经商曾周游各国，他的《算盘书》为欧洲读者了解东方数学知识提供了方便.

美国人阿达姆斯(D. Adams)在19世纪初写的《学者算术》(Scholars Arithmetic)中也有类似的诗歌体的算题：

在我去圣艾凡斯途中，曾遇到七位农妇，每人携带七只口袋，每袋中有七只猫，每个猫有七只崽，请问口袋、猫与猫崽各多少？

在D.J.斯特洛伊克的《数学简史》中则被写成7个房间，每一房间有7只猫，每只猫抓7只老鼠.斯特洛伊克评价说："它表现了一些关于等比级数和的公式的知识."

关于递推数列最著名的当属斐波那契兔子问题(Fibonacci's rabbit problem)公元前13世纪意大利数学家斐波那契提出的一个问题，记载于他的名著《算盘书》(1202)1228年的修订本中.原题为：某人有一对兔子饲养在围墙中，如果它们每个月生一对兔子，且新生的兔子在第二个月后也是每个月生一对兔子，问一年后围墙中共有多少对兔子？斐波那契在原书中对此作了分析：第一个月是最初的一对兔子生下一对兔子，围墙内共有两对兔子.第二个月仍是最初的一对兔子生下一对兔子，共有3对兔子.到第三个月除最初的兔子新生一对兔子外，第一个月生的兔子也开始生兔子，因此共有5对兔子.继续推下去，第12个月时最终共有377对兔子.书中还提出，每个月有的兔子总数可由前两个月的兔子总数相加而得.该问题因新颖巧妙，引起人们的广泛兴趣，许多数学家对它进行了研究.现在称级数$\{u_n\}$：1，1，2，3，5，8，13，21，34，…，($u_{n+1}=u_n+u_{n-1}$)为斐波那契级数，据载是由19世纪法国数学家吕卡首先命名的.1680年，意大利——法国学者卡西尼发现该级数的重要关系式$u_{n+1}u_{n-1}-u_n^2=(-1)^n$. 1730年，法国数学家棣莫弗给出其通项表达式$u_n=\frac{1}{\sqrt{5}}\left[\left(\frac{1+\sqrt{5}}{2}\right)^n-\left(\frac{1-\sqrt{5}}{2}\right)^n\right]$，19世纪初，另一位法国数学家比内首先证明了这一表达式，现在称之为比内公式.斐波那契数列是一种特殊的线性递归数列，它在数学的许多分支中有广泛应用.1963年，美国还创刊一种专门研究它的杂志，称为《斐波那契季刊》.

递推数列最早在1982年的高考数学附加题中就出现过，最近一些年比比皆是，早已成为数学竞赛、自主招生及各地高考的热门题目.

中学数列问题延申到大学就变成了一个庞大的体系，即级数(series).级数理论是分析学的一个分支，它从离散的角度来研究函数关系，是分析学的基础知识和研究工具，在其余各分支中有重要应用.

在数学史上级数出现得很早.古希腊时期,亚里士多德就知道公比小于1(大于零)的几何级数可以求出和数.阿基米德在计算抛物弓形面积时,实际上求出了公比为$\frac{1}{4}$的无穷几何级数的和.14世纪,法国数学家奥雷姆证明了调和级数的和为无穷,他还把一些收敛级数与发散级数区别开,给出级数收敛的某种判别法则.但是直到微积分的发明的时代,人们才把级数作为独立的概念,把级数运算作为一种算术运算并正式使用收敛和发散两个术语.

在微积分的初创时期,就为级数理论的建立提供了基本素材.许多数学家通过微积分的基本运算与级数运算的纯形式的结合,得到了一批初等函数的幂级数展开式.例如,牛顿在1666—1669年得到 $\arcsin x$,$\arctan x$,$\sin x$,$\cos x$ 和 e^x 的级数;格雷戈里在1670年得到 $\tan x$,$\sec x$ 的级数;莱布尼茨也在1673年独立地得到 $\sin x$,$\cos x$ 和 $\arctan x$ 的级数,等等.这些工作表明,在17世纪下半叶数学家们在研究超越函数用它们的级数来处理方面是极富成效的.在这个时期,级数还被用来计算一些特殊的量,如 π 和 e(牛顿、莱布尼茨、格雷格里、欧拉等)以及求隐函数的显式解(牛顿、泰勒、斯特灵、马克劳林等)等.

在17世纪末至18世纪,为适应航海、天文学和地理学的发展,要求各种数学用表有较大的精确度,因而数学家们开始寻求较好的插值方法.布里格斯、牛顿和格雷戈里等都深入研究了有限差分法,并得到以后两人名字命名的著名插值公式.这个公式由泰勒发展成一个把函数展成无穷级数的普遍方法,即建立了著名的泰勒定理,与其等价的现代形式为

$$f(x+h)=f(x)+hf'(x)+\frac{h^2}{2!}f''(x)+\cdots$$

从此以后,级数作为函数的分析等价物,用以计算函数的值,代表函数参加运算,并以所得结果解释函数的性质.在运算过程中,级数被视为多项式的直接的代数推广,在许多情形下就当作通常的多项式来对待.这些基本观点的运用,一直持续到19世纪初期,并获得了丰硕的成果.例如,雅可布·伯努利证明了调和级数的和是无穷,还成功地应用了比较判别法;欧拉把级数看作无穷次的多项式,利用根与系数的关系,计算出许多常数项级数的和,他还研究了伯努利多项式,给出调和级数的渐近表达式(引进欧拉常数)等;斯特材考察了 $\log n!$ 和 $n!$ 的展开式,德·摩根给出现称斯特灵逼近的表达式;拉格朗日和傅立叶也都做出了许多贡献.

同时,悖论等式的不时出现促使数学家们逐渐意识到级数的无限多项之和

有别于有限多项之和这一事实，注意到函数的级数展开的有效性表现为级数的部分和收敛于函数值. 级数收敛时其运算才具有合法性. 在 1810 年前后，数学家们开始确切地表述无穷级数. 柯西在 1821 年给出级数收敛和发散的确切定义，并建立了判断级数收敛的柯西准则以及正项级数收敛的根值判别法和比值判别法，推导出交错级数的莱布尼茨判别法，然后他研究函数项级数，给出确定收敛区间的方法，并推广到复变函数的情形. 函数项级数的一致收敛性概念最初由斯托克斯和德国数学家赛德尔认识到，而确切的表述是由魏尔斯特拉斯(1842 年前后)给出的，他还建立了逐项积分和微分的条件. 狄利克雷在 1837 年证明了绝对收敛级数的性质，他和黎曼分别给出了例子，说明条件收敛级数通过重新排序使其和不相同或等于任何已知数. 到 19 世纪末，无穷级数收敛的许多判别法则都已建立起来. 由傅立叶的工作引出的对三角级数的研究已发展成分析学的一个重要分支(见傅立叶分析).

在 19 世纪初期，随着分析基础的严密化，发散级数已作为不可靠的东西而被摒弃. 但是仍有一些数学家继续研究发散级数，天文学家也发现，这种级数可以提供很好的数值逼近. 到 19 世纪后期，发散级数这个课题又被重新研究. 数学家们对那些给函数很好逼近值的发散级数进行了认真的考察，得到有关级数渐近性的一些结果(庞加莱、勒让德等). 对发散级数研究的另一个课题是可和性问题，这个概念可以看作是收敛概念的推广或扩大，泊松、弗罗贝尼乌斯、波莱尔、德国数学家赫尔德、意大利数学家塞萨罗、法国数学家斯蒂尔杰斯等都有很深入的工作. 对发散级数理论的研究，扩大了分析学严密理论的适用范围，在傅立叶分析、函数构造论和微分方程等方面有许多应用.

本书涉猎广泛，有些已远远超过应付高考的需要，它不同于普通的练习册.

卢梭的《爱弥尔》有一句话：懂新闻不见得懂知识，所以北大的张维迎教授告诉青年读者，尽量少读报纸，我们现在的人懂新闻太多，没办法掌握知识.

同样的道理，我们现在有些学生做的练习册太多了，反而对解题方法及知识体系不甚了了. 这是有害的，我们的目标读者是优秀的高中生，掌握好数列的方法还有可能对一些名题提出一些自己的创见.

如，对定理——存在无穷多个素数——的新证明：

证明：假设不然. 设 k 是任意一个正整数，那么 $k! = \prod_{p} p^{f(p,k)}$，其中乘积跑遍所有的素数 p 并且

$$f(p,k)=\left[\frac{k}{p}\right]+\left[\frac{k}{p^2}\right]+\cdots<\frac{k}{p}+\frac{k}{p^2}+\cdots=\frac{k}{p-1}\leqslant k$$

因此 $k!<\left(\prod_p p\right)^k$. 但是 $\lim\limits_{k\to\infty}\dfrac{\left(\prod_p p\right)^k}{k!}=0$,这与前面的式子矛盾.

第二个证明:只须证 $\sum\frac{1}{p}$ 发散.

假设 $\sum\frac{1}{p}$ 收敛,其中和号跑遍所有的素数.那么对某个素数 q, $\sum\limits_{p\geqslant q}\frac{1}{p}=S<1$. 设 $t=\sum\limits_{p<q}\frac{1}{p}$,那么对所有的 $n\geqslant1$,如果 p 是一个素数,且 $p<q$ 就必有 $p\nmid(1+nt)$. 因此对 $n\geqslant1$, $1+nt$ 是所有 $\geqslant q$ 的素数的乘积.因而

$$\sum_{n\geqslant1}\frac{1}{1+nt}\leqslant\sum_{p\geqslant q}\frac{1}{p}+\sum_{p_1,p_2\geqslant q}\frac{1}{p_1p_2}+\sum_{p_1,p_2,p_3\geqslant q}\frac{1}{p_1p_2p_3}+\cdots=$$
$$S+S^2+S^3+\cdots<\infty$$

然而

$$\sum_{n\geqslant1}\frac{1}{1+nt}\geqslant\sum_{n\geqslant1}\frac{1}{n+nt}=\frac{1}{1+t}\sum_{n\geqslant1}\frac{1}{n}=\infty$$

因此我们得出矛盾.

以上是中科院的冯贝叶先生综合《美国数学月刊》给出的数列新应用,很新奇.

作为自由主义领袖,胡适在五四新文化运动中曾大力宣传个人主义,在《易卜生主义》中他曾写道:“你要想有益于社会,最好的法子莫过于把你自己铸造成器.”

中学生想成器,本书有帮助!

刘培杰

2013 年 12 月 2 日

于哈工大

⊙ 目录

第一编　解题方法编

第二编 试题精粹编

第一编

解题方法编

怎样利用等差、等比数列的性质解题

性质 1　若 $\{a_n\}$ 为等差数列，则 $\sum\limits_{i=1}^{2m-1} a_i=(2m-1)a_m$.

证明　因为

$$2a_m=a_1+a_{2m-1}=a_2+a_{2m-2}=\cdots=a_{m-1}+a_{m+1}$$

所以

$$\sum_{i=1}^{2m-1} a_i=(a_1+a_{2m-1})+(a_2+a_{2m-2})+\cdots+(a_{m-1}+a_{m+1})+a_m=$$
$$2(m-1)a_m+a_m=(2m-1)a_m$$

性质 2　若 $\{a_n\}$ 为等比数列，则 $\prod\limits_{i=1}^{2m-1} a_i=a_m^{2m-1}$.

证明　因为

$$a_m^2=a_1\cdot a_{2m-1}=\cdots=a_{m-1}\cdot a_{m+1}$$

所以

$$\prod_{i=1}^{2m-1} a_i=(a_1\cdot a_{2m-1})\cdot(a_2\cdot a_{2m-2})\cdot\cdots\cdot(a_{m-1}\cdot a_{m+1})\cdot a_m=$$
$$(a_m^2)^{m-1}\cdot a_m=a_m^{2m-1}$$

这两个性质很简单，用起来也非常方便，能收到事半功倍的效果.

例 1　在等差数列 $\{a_n\}$ 中，已知 $a_{89}=1\ 989$，求 $\sum\limits_{i=1}^{177} a_i$.

解　根据性质 1，即得 $\sum\limits_{i=1}^{177} a_i=177\times 1\ 989=352\ 053$.

例 2　在等比数列 $\{a_n\}$ 中，已知 $a_{995}=1\ 990$，求 $\prod\limits_{i=1}^{1\ 989} a_i$.

解　根据性质 2，即得 $\prod\limits_{i=1}^{1\ 989} a_i=(1\ 990)^{1\ 989}$.

例 3　在等差数列 $\{a_n\}$ 中，已知 $a_6+a_{14}=20$，求 S_{19}.

解　因为

$$a_{10}=\frac{1}{2}(a_6+a_{14})=10$$

所以

$$S_{19}=19\times 10=190$$

例 4　在等差数列 $\{a_n\}$ 中，已知 $a_9=23$，$a_{18}=54$，求 S_{18}.

解　$S_{18}=S_{17}+a_{18}=17\times 23+54=445$.

例 5　设等比数列 $a_1,a_2,\cdots,a_n$ 的公比是 q，求证：$a_1a_2\cdots a_n=a_1^nq^{\frac{n(n-1)}{2}}$（$n$ 为奇数）.

证明　根据性质 2，令 $2m-1=n$，则

$$m=\frac{n+1}{2}$$

因此

$$a_m=a_{\frac{n+1}{2}}=a_1q^{\frac{n-1}{2}}$$

所以

$$a_1a_2\cdots a_n=(a_1q^{\frac{n-1}{2}})^n=a_1^nq^{\frac{n(n-1)}{2}}$$

说明 事实上，$a,a+d,a+2d,\cdots,a+(n-1)d,\cdots$ 是等差数列(公差为 d)，则 $a,a+\frac{1}{2}d,a+d,a+\frac{3}{2}d,\cdots,a+\frac{n-1}{2}d,\cdots,a+(n-1)d,\cdots$ 也是等差数列(公差为$\frac{d}{2}$). 同理 $a,aq,aq^2,\cdots,aq^{n-1},\cdots$ 是等比数列(公比为 q)，则 $a,aq^{\frac{1}{2}},aq,aq^{\frac{3}{2}},\cdots,aq^{\frac{n-1}{2}},\cdots,aq^{n-1},\cdots$ 也是等比数列(公比为 $q^{\frac{1}{2}}$)，例 5 就是依据这个道理进行的证明.

例 6 设 $a>0,b>0$，且 $a\neq b$，在 a,b 之间插入 n 个数 $x_1,x_2,x_3,\cdots,x_n$，使 $a,x_1,x_2,x_3,\cdots,x_n,b$ 成等比数列. 求证：$\sqrt[n]{x_1x_2x_3\cdots x_n}<\frac{a+b}{2}$($n$ 为奇数).

证明 根据性质 2，设 $2m-1=n$，则

$$m=\frac{n+1}{2}$$

因此

$$x_{\frac{n+1}{2}}=\pm\sqrt{ab}$$

所以

$$\sqrt[n]{x_1x_2x_3\cdots x_n}=\sqrt[n]{(\pm\sqrt{ab})^n}=\begin{cases}\sqrt{ab}\,(n\text{ 为偶数})<\frac{a+b}{2}\\ \pm\sqrt{ab}\,(n\text{ 为奇数})<\frac{a+b}{2}\end{cases}\quad\begin{pmatrix}a,b>0\\ a\neq b\end{pmatrix}$$

故

$$\sqrt[n]{x_1x_2x_3\cdots x_n}<\frac{a+b}{2}$$

怎样活用等差、等比数列求和公式

设等差数列$\{a_n\}$的首项为a_1，公差为d，前n项和为S_n，则有

$$a_n=\frac{a_1+a_{2n-1}}{2}=\frac{(a_1+a_{2n-1})(2n-1)}{2(2n-1)}=\frac{S_{2n-1}}{2n-1}$$

这就是说数列$\left\{\frac{S_{2n-1}}{2n-1}\right\}$（即$\frac{S_1}{1},\frac{S_3}{3},\frac{S_5}{5},\cdots$）也是首项为$a_1$，公差为$d$的等差数列. 数列$\left\{\frac{S_n}{n}\right\}$是等差数列吗？易证$\frac{S_{n+1}}{n+1}-\frac{S_n}{n}=\frac{d}{2}$，故数列$\left\{\frac{S_n}{n}\right\}$是等差数列，其首项为$a_1$，公差为$\frac{d}{2}$. 这里的$\frac{S_n}{n}$又是数列$\{a_n\}$中$a_1$与$a_n$的等差中项. 这些必然的联系有着广泛的应用.

例 1　等差数列$\{a_n\}$，$\{b_n\}$的前n项和分别为S_n与T_n，若$\frac{S_n}{T_n}=\frac{2n}{3n+1}$，则$\lim\limits_{n\to\infty}\frac{a_n}{b_n}$等于（　　）.

(A) 1　　(B) $\frac{\sqrt{6}}{3}$　　(C) $\frac{2}{3}$　　(D) $\frac{4}{9}$

解　根据题意，有

$$\frac{a_n}{b_n}=\frac{S_{2n-1}}{2n-1}\div\frac{T_{2n-1}}{2n-1}=\frac{S_{2n-1}}{T_{2n-1}}=\frac{2(2n-1)}{3(2n-1)+1}=\frac{2n-1}{3n-1}$$

所以$\lim\limits_{n\to\infty}\frac{a_n}{b_n}=\frac{2}{3}$，故选(C).

例 2　设等差数列$\{a_n\}$，$\{b_n\}$的前n项和分别为S_n和T_n，并且$\frac{S_n}{T_n}=\frac{n+2}{3n+4}$对一切$n$都成立，则$\frac{a_{12}}{b_{12}}=$________.

解　$\frac{a_{12}}{b_{12}}=\frac{S_{23}}{T_{23}}=\frac{23+2}{3\times 23+4}=\frac{25}{73}$.

例 3　等差数列$\{a_n\}$的前m项和为30，前$2m$项和为100，则它的前$3m$项和为（　　）.

(A) 130　　(B) 170　　(C) 210　　(D) 260

解　由于$\left\{\frac{S_n}{n}\right\}$是等差数列，所以$\frac{S_m}{m},\frac{S_{2m}}{2m},\frac{S_{3m}}{3m}$成等差数列，即

$$\frac{S_m}{m}+\frac{S_{3m}}{3m}=2\times\frac{S_{2m}}{2m}$$

所以$S_{3m}=3(S_{2m}-S_m)=3(100-30)=210$，故选(C).

例 4　S_n是等差数列$\{a_n\}$前n项的和，已知$\frac{1}{3}S_3$和$\frac{1}{4}S_4$的等比中项为$\frac{1}{5}S_5$，$\frac{1}{3}S_3$和$\frac{1}{4}S_4$的等差中项为1，求a_n.

解 由题设得$\frac{1}{3}S_3$，$\frac{1}{4}S_4$，$\frac{1}{5}S_5$成等差数列，公差为$\frac{d}{2}$（d为数列$\{a_n\}$的公差）. 这三项即a_2，$\frac{1}{4}S_4$，a_3，亦即a_1+d，$a_1+\frac{3}{2}d$，a_1+2d，所以

$$\begin{cases}(a_1+d)+(a_1+\frac{3}{2}d)=2\\(a_1+d)(a_1+\frac{3}{2}d)=(a_1+2d)^2\end{cases}$$

解得

$$\begin{cases}d=0\\a_1=1\end{cases} \text{或} \begin{cases}d=-\frac{12}{5}\\a_1=4\end{cases}$$

经检验，这两组解均适合题意，所以$a_n=1$或$a_n=\frac{32}{5}-\frac{12}{5}n$.

例5 等差数列$\{a_n\}$中，$S_m=p$，$S_p=m$，求S_{m+p}.

解 不妨设$m<p$，数列$\{a_n\}$，即

$$a_1,a_2,\cdots,a_m,a_{m+1},\cdots,a_p,a_{p+1},\cdots,a_{p+m},\cdots$$

因为

$$\frac{S_n}{n}=\frac{a_1+a_n}{2}$$

所以

$$\frac{S_{p+m}}{p+m}=\frac{a_1+a_{p+m}}{2}$$

$$\frac{S_p-S_m}{p-m}=\frac{a_{m+1}+\cdots+a_p}{p-m}=\frac{a_p+a_{m+1}}{2}=\frac{a_1+a_{p+m}}{2}$$

所以

$$S_{p+m}=(p+m)\cdot\frac{m-p}{p-m}=-(p+m)$$

对于等比数列前n项和公式$S_n=\frac{a_1(1-q^n)}{1-q}$或$S_n=\frac{a_1-a_nq}{1-q}$，运用时应先分类讨论，公式仅当$q\neq1$情况适用. 本节将介绍等比数列另一求和公式，可避免讨论、简化过程，达到优化解题的目的.

定理 设公比为q的等比数列$\{a_n\}$前n项和为S_n，则$S_{m+n}=S_m+q^mS_n$. 特别地，当$m=1$时，有$S_{n+1}=a_1+qS_n$.

例6 已知等比数列的公比为2，且前4项之和为1，那么前8项之和等于（　　）.

(A)15　　(B)17　　(C)19　　(D)21

解 因为$S_8=S_4+q^4S_4$，所以$S_8=1+2^4\times1=17$，所以选(B).

例7 已知等比数列$\{a_n\}$中，$S_n=48$，$S_{2n}=60$，求S_{3n}.

解 因为$S_{2n}=S_n+q^nS_n$，即$60=48+48q^n$，所以

$$q^n=\frac{1}{4}$$

所以

$$S_{3n}=S_n+q^nS_{2n}=48+\frac{1}{4}\times 60=63$$

例 8　设$\{a_n\}$是由正数组成的等比数列，S_n是其前n项和，证明

$$\frac{\log_{0.5}S_n+\log_{0.5}S_{n+2}}{2}>\log_{0.5}S_{n+1}$$

证明　设$\{a_n\}$的公比为q，由题设知$a_1>0,q>0$. 因为

$$S_{n+1}=a_1+qS_n,S_{n+2}=a_1+qS_{n+1}$$

所以

$$S_n\cdot S_{n+2}-S_{n+1}^2=S_n(a_1+qS_{n+1})-(a_1+qS_n)S_{n+1}=$$
$$a_1(S_n-S_{n+1})=-a_1\cdot a_{n+1}<0$$

即

$$S_n\cdot S_{n+2}<S_{n+1}^2$$

由对数函数单调性知

$$\log_{0.5}S_nS_{n+2}>\log_{0.5}S_{n+1}^2$$

即

$$\frac{\log_{0.5}S_n+\log_{0.5}S_{n+2}}{2}>\log_{0.5}S_{n+1}$$

例 9　等比数列$\{a_n\}$的首项$a_1=-1$，前n项和为S_n，若$\frac{S_{10}}{S_5}=\frac{31}{32}$，则$\lim\limits_{n\to\infty}S_n$等于(　　).

(A) $\frac{2}{3}$　　(B) $-\frac{2}{3}$　　(C) 2　　(D) -2

解　因为

$$S_{10}=S_5+q^5S_5$$

所以

$$\frac{S_{10}}{S_5}=\frac{S_5+q^5S_5}{S_5}=1+q^5=\frac{31}{32}$$

所以

$$q=-\frac{1}{2}$$

所以$\lim\limits_{n\to\infty}S_n=\dfrac{-1}{1+\frac{1}{2}}=-\frac{2}{3}$，故选(B).

怎样用等差、等比数列求和公式的推导方法解题

等差、等比数列求和公式的推导，实质上是应用了倒序求和、错位相(加)减两种方法.

1. 等差数列求和公式的推导，先是利用倒序求和求出 $2S_n$，然后再求出 S_n，利用这种思考方法可以证明一个形式简单、结构优美的定理.

定理 有两个有限数列

$$A_0, A_1, A_2, \cdots, A_n$$
$$B_0, B_1, B_2, \cdots, B_n$$

其中第一个数列中同两端等距的两项是相等的(即 $A_0 = A_n, A_1 = A_{n-1}, \cdots$)，第二个数列中同两端等距的两项之和为常数 $2G$(即 $B_0 + B_n = 2G, B_1 + B_{n-1} = 2G, \cdots$). 令 $S = A_0 + A_1 + \cdots + A_n$，则

$$\sum_{k=0}^{n} A_k B_k = GS$$

证明 有

$$\sum_{k=0}^{n} A_k B_k = A_0 B_0 + A_1 B_1 + A_2 B_2 + \cdots + A_n B_n = A_n B_n + A_{n-1} B_{n-1} + A_{n-2} B_{n-2} + \cdots + A_0 B_0$$

因此，利用 $A_{n-k} = A_k(k = 1, 2, \cdots, n)$，得出

$$2\sum_{k=0}^{n} A_k B_k = A_0(B_0 + B_n) + A_1(B_1 + B_{n-1}) + \cdots + A_n(B_n + B_0) = 2G(A_0 + A_1 + \cdots + A_n) = 2GS$$

故

$$\sum_{k=0}^{n} A_k B_k = GS$$

由定理我们很容易演绎出一系列恒等式，从而使恒等式得到一个统一证明，现举几例说明.

例 1 若 $A_k = C_n^k, B_k = a_k(k = 0, 1, 2, \cdots, n)$，$\{a_k\}$ 为等差数列，则 $S = 2^n, 2G = a_0 + a_n$，于是

$$\sum_{k=0}^{n} a_k C_n^k = (a_0 + a_n) 2^{n-1} \qquad ①$$

特别地，当 $a_0 = a_1 = \cdots = a_n = 1$ 时

$$\sum_{k=0}^{n} C_n^k = 2^n \qquad ②$$

式 ① 可以看作是式 ② 的推广.

例 2 若 $A_k = C_n^k, B_k = \cos \dfrac{k}{n}\pi(k = 0, 1, \cdots, n)$，则

$$2G=\cos\frac{k}{n}\pi+\cos\frac{n-k}{n}\pi=0$$

于是

$$\sum_{k=0}^{n}C_n^k\cos\frac{k}{n}\pi=0 \qquad ①$$

众所周知

$$\sum_{k=0}^{n}\cos\frac{k}{n}\pi=0 \qquad ②$$

因此,式 ① 可以看作是式 ② 的一个推广.

例 3　若 $A_k=\sin\frac{k}{n}\pi,B_k=\cos\frac{k}{n}\pi(k=0,1,\cdots,n)$,则

$$\sum_{k=0}^{n}\sin\frac{k}{n}\pi\cos\frac{k}{n}\pi=0$$

即

$$\sum_{k=0}^{n}\sin\frac{2k}{n}\pi=0 \qquad (*)$$

例 4　$A_k=C_n^k,B_k=\sin kx\cos(n-k)x$,则 $S=2^n,2G=\sin nx$,于是

$$\sum_{k=0}^{n}C_n^k\sin kx\cos(n-k)x=2^{n-1}\sin nx$$

特别地,当 $x=\frac{\pi}{n}$ 时

$$\sum_{k=0}^{n}C_n^k\sin\frac{2k}{n}\pi=0 \qquad ①$$

当 $x=\frac{\pi}{2n}$ 时

$$\sum_{k=0}^{n}C_n^k\sin^2\frac{k}{2n}\pi=2^{n-1} \qquad ②$$

式 ① 可以看作是例 3 中式(*)的推广,由式 ② 及 $\sin^2\alpha+\cos^2\alpha=1,\sum\limits_{k=0}^{n}C_n^k=2^n$ 易得

$$\sum_{k=0}^{n}C_n^k\cos^2\frac{k}{2n}\pi=2^{n-1} \qquad ③$$

例 5　若 $A_k=\sin\frac{k}{n}\pi,B_k=a_k,\{a_k\}$ 为等差数列.

因为

$$\sin x+\sin 2x+\cdots+\sin nx=(\sin\frac{n}{2}x\sin\frac{n+1}{2}x)/\sin\frac{x}{2}$$

所以

$$S=\sum_{k=0}^{n}\sin\frac{k}{n}\pi=(\sin\frac{\pi}{2}\sin\frac{n+1}{2n}\pi)/\sin\frac{\pi}{2n}=\cot\frac{\pi}{2n}$$

而 $2G=a_0+a_n$,故

$$\sum_{k=0}^{n}a_k\sin\frac{k}{n}\pi=\frac{1}{2}(a_0+a_n)\cot\frac{\pi}{2n} \qquad ①$$

特别地,当 $a_k=k$ 时

$$\sum_{k=0}^{n} k\sin\frac{k}{n}\pi=\frac{1}{2}n\cot\frac{\pi}{2n} \quad ②$$

式①可以看作是式②的推广.

例 6 若 $A_k=\sin\frac{k}{n}\pi, B_k=\sin kx\cos(n+k)x$,则 $S=\cot\frac{\pi}{2n}, 2G=\sin nx$,于是

$$\sum_{k=0}^{n}\sin\frac{k}{n}\pi\sin kx\cos(n-k)x=\frac{1}{2}\cot\frac{\pi}{2n}\sin nx \quad ①$$

特别地,当 $x=\frac{\pi}{n}$ 时

$$\sum_{k=0}^{n}\sin\frac{k}{n}\pi\sin\frac{2k}{n}\pi=0$$

或

$$\sum_{k=0}^{n}\sin^2\frac{k}{n}\pi\cos\frac{k}{n}\pi=0 \quad ①'$$

当 $x=\frac{\pi}{2n}$ 时

$$\sum_{k=0}^{n}\sin^2\frac{k\pi}{2n}\sin\frac{k}{n}\pi=\frac{1}{2}\cot\frac{\pi}{2n} \quad ②$$

或

$$\sum_{k=0}^{n}\sin^3\frac{k\pi}{2n}\cos\frac{k}{2n}\pi=\frac{1}{4}\cot\frac{\pi}{2n} \quad ②'$$

2. 等比数列求和公式的推导,采用"错位相(加)减法".而"错位相(加)减法"广泛应用于数列求和问题,在具体应用时,应仔细分析数列的特点,适当分类,正确推导.

例 7 $\{a_k\}$ 是公差为 d 的等差数列,求 $\sum_{k=0}^{n}a_kC_n^k$.

解 令

$$S_n=a_0C_n^0+a_1C_n^1+a_2C_n^2+\cdots+a_nC_n^n \quad ①$$

则

$$S_n+2^nd=a_0C_n^0+a_1C_n^1+a_2C_n^2+\cdots+a_nC_n^n+d(C_n^0+C_n^1+C_n^2+\cdots+C_n^n)=$$
$$a_1C_n^0+a_2C_n^1+a_3C_n^2+\cdots+a_{n+1}C_n^n \quad ②$$

①+②,得

$$2S_n+2^nd=a_0C_n^0+a_1(C_n^1+C_n^0)+\cdots+a_n(C_n^n+C_n^{n-1})+a_{n+1}C_n^n=$$
$$a_0C_{n+1}^0+a_1C_{n+1}^1+\cdots+a_nC_{n+1}^n+a_{n+1}C_{n+1}^{n+1}=S_{n+1}$$

因为

$$S_1=a_0+a_1$$

所以

$$S_n=2S_{n-1}+2^{n-1}d=2(2S_{n-2}+2^{n-2}d)+2^{n-1}d=$$
$$2^2S_{n-2}+2\cdot2^{n-1}d=\cdots=$$
$$2^{n-1}S_1+(n-1)2^{n-1}d=[S_1+(n-1)d]2^{n-1}=$$
$$[a_0+a_1+(n-1)d]2^{n-1}=(a_0+a_n)2^{n-1}$$

例 8 $\{a_k\}$ 是公比为 q 的等比数列，求 $\sum\limits_{k=0}^{n} a_k C_n^k$.

解 令 $S_n = a_0 C_n^0 + a_1 C_n^1 + \cdots + a_n C_n^n$，则

$$qS_n = a_1 C_n^0 + \cdots + a_n C_n^{n-1} + a_{n+1} C_n^n$$

于是

$$(1+q)S_n = a_0 C_n^0 + a_1(C_n^1 + C_n^0) + \cdots + a_n(C_n^n + C_n^{n-1}) + a_{n+1}C_n^n =$$
$$a_0 C_{n+1}^0 + a_1 C_{n+1}^1 + \cdots + a_n C_{n+1}^n + a_{n+1} C_{n+1}^{n+1} = S_{n+1}$$

因为
$$S_1 = a_0 + a_1 = (1+q)a_0$$
所以
$$S_n = (1+q)^{n-1} S_1 = (1+q)^n a_0$$

特别地，当 $q=-1$ 时，$\sum\limits_{k=0}^{n}(-1)^k C_n^k = 0$；

当 $q=1, a_0=1$ 时，$\sum\limits_{k=0}^{n} C_n^k = 2^n$；

当 $q=-2, a_0=1$ 时，$\sum\limits_{k=0}^{n}(-1)^k 2^k C_n^k = (-1)^n$.

例 9 $\{a_k\}$ 为公差是 d 的等差数列，对任意 $n \geqslant 2$ 的正整数 n 有

$$\sum_{k=0}^{n}(-1)^k a_k C_n^k = 0 \quad ①$$

证明 令

$$S_n = a_0 C_n^0 - a_1 C_n^1 + a_2 C_n^2 - \cdots + (-1)^n a_n C_n^n \quad ②$$

则

$$S_n = d[C_n^0 - C_n^1 + C_n^2 - \cdots + (-1)^n C_n^n] + a_0 C_n^0 - a_1 C_n^1 +$$
$$a_2 C_n^2 - \cdots + (-1)^n a_n C_n^n =$$
$$a_1 C_n^0 - a_2 C_n^1 + a_3 C_n^2 - \cdots + (-1)^n a_{n+1} C_n^n \quad ③$$

②－③，得

$$0 = a_0 C_n^0 - a_1(C_n^1 + C_n^0) + a_2(C_n^2 + C_n^1) + \cdots +$$
$$(-1)^n a_n (C_n^n + C_n^{n-1}) - (-1)^n a_{n+1} C_n^n$$

即

$$S_{n+1} = a_0 C_{n+1}^0 - a_1 C_{n+1}^1 + a_2 C_{n+2}^2 + \cdots +$$
$$(-1)^n a_n C_{n+1}^n + (-1)^{n+1} a_{n+1} C_{n+1}^{n+1} = 0$$

所以
$$\sum_{k=0}^{n}(-1)^k a_k C_n^k = 0, n \geqslant 2$$

例 10 计算 $S_{(n,m)} = \sum\limits_{k=0}^{m}(-1)^k C_n^k (m \leqslant n)$.

解 当 $m=n$ 时，$S_{(n,m)} = \sum\limits_{k=0}^{m}(-1)^k C_m^k = 0$. 现设 $m < n$，由

$$S_{(n,m)} = C_n^0 - C_n^1 + C_n^2 - \cdots + (-1)^m C_n^m$$
$$S_{(n,m)} = C_n^0 - C_n^1 + \cdots + (-1)^{m-1} C_n^{m-1} + (-1)^m C_n^m$$

错位相减得

$$0=C_n^0-C_{n+1}^1+C_{n+1}^2-\cdots+(-1)^mC_{n+1}^m-(-1)^mC_n^m=$$

$$C_{n+1}^0-C_{n+1}^1+C_{n+1}^2-\cdots+(-1)^{m+1}C_{n+1}^{m+1}-(-1)^{m+1}C_{n+1}^{m+1}-(-1)^mC_n^m=$$

$$S_{(n+1,m+1)}-(-1)^{m+1}(C_{n+1}^{m+1}-C_n^m)=S_{(n+1,m+1)}=(-1)^{m+1}C_n^{m+1}$$

因为 $S_{(n+1,m+1)}=(-1)^{m+1}C_n^{m+1}$，即 $S_{(n,m)}=(-1)^mC_{n-1}^m$，故

$$S_{(n,m)}=\begin{cases}0, m=n\\(-1)^mC_{n-1}^m, m<n\end{cases}$$

由以上可以看出，课本中公式推导所蕴含的数学思想与方法往往是解决某一类问题的有效方法.

怎样用等差数列通项、求和公式的几个变式解题

我们知道，首项 a_1 及公差 d 是等差数列的两个基本元素. 然而在实际问题中未必给出 a_1 或 d，有时也根本不需要考虑 a_1 或 d，此时，若还是从最原始的公式出发，就有可能遇到许多麻烦，做些无用功，甚至劳而无获；反之，若能灵活运用其变式，问题就可以迎刃而解.

下面给出等差数列通项、求和公式的几个变式及其应用.

变式 1　$d=\dfrac{a_m-a_n}{m-n}$ 或 $\dfrac{d}{2}=\dfrac{S_m/m-S_n/n}{m-n}$.

证明　因等差数列的通项公式和前 n 项和公式可分别写成 $a_n=nd+(a_1-d)$ 和 $S_n/n=nd/2+(a_1-d/2)$，所以点 (n,a_n) 和点 $(n,S_n/n)$ 分别在直线 $y=dx+(a_1-d)$ 和 $y=dx/2+(a_1-d/2)$ 上，再由直线的斜率公式即得结论.

例 1　一个等差数列的第 3 项是 9，第 9 项是 3，求它的第 12 项.

解　据变式 1，有

$$\frac{a_9-a_3}{9-3}=\frac{a_{12}-a_3}{12-3}$$

把 $a_3=9$，$a_9=3$ 代入，即得 $a_{12}=0$.

类似地，可以证明本题的推广：设等差数列 $\{a_n\}$ 中的 $a_p=q$，$a_q=p$，则 $a_{p+q}=0$.

例 2　设 $x\neq y$，且两数列 x,a_1,a_2,a_3,y 和 b_1,x,b_2,b_3,y,b_4 均为等差数列，那么 $(b_4-b_3)/(a_2-a_1)=$ ________.

解　据变式 1，有

$$\frac{a_2-a_1}{3-2}=\frac{y-x}{5-1} \qquad ①$$

$$\frac{b_4-b_3}{6-4}=\frac{y-x}{5-2} \qquad ②$$

② ÷ ① 得

$$\frac{b_4-b_3}{a_2-a_1}=\frac{8}{3}$$

例 3　一个等差数列的第 p,q,r 项分别为 $\dfrac{1}{a},\dfrac{1}{b},\dfrac{1}{c}$，求 $(q-r)bc+(r-p)ca+(p-q)ab$ 的值.

解　据变式 1，有

$$\frac{1/a-1/b}{p-q}=\frac{1/b-1/c}{q-r}$$

两边同乘以 abc 并交叉相乘得

$$(q-r)(bc-ca)=(p-q)(ca-ab)$$

整理即得

$$(q-r)bc+(r-p)ca+(p-q)ab=0$$

例4 等差数列$\{a_n\}$的前m项和为30,前$2m$项和为100,则它的前$3m$项和为(　　).

(A)130　　(B)170　　(C)210　　(D)260

解 据变式1,有

$$\frac{S_{3m}/3m-S_{2m}/2m}{3m-2m}=\frac{S_{2m}/2m-S_m/m}{2m-m}$$

把$S_m=30$,$S_{2m}=100$代入可得$S_{3m}=210$,故选(C).

变式2 $a_n=\frac{S_{2n-1}}{2n-1}$.

证明 由$S_{2n-1}=\frac{a_1+a_{2n-1}}{2}(2n-1)=a_n(2n-1)$,即得结论.

例5 等差数列$\{a_n\}$的前15项和$S_{15}=90$,则$a_8=$(　　).

(A)6　　(B)3　　(C)12　　(D)4

解 据变式2,有$a_8=S_{15}/15=90/15=6$,故选(A).

例6 等差数列$\{a_n\}$的前n项和为S_n,且$a_3=12$,$S_{12}>0$,$S_{13}<0$.

(1)求公差d的取值范围;

(2)指出$S_1,S_2,\cdots,S_n$中哪一个值最大?并说明理由.

解 (1)略. $-24/7<d<-3$.

(2)由$\frac{S_{12}/12-S_{11}/11}{12-11}=\frac{d}{2}$(变式1)及$d<0$,$S_{12}>0$知$S_{11}>0$.

据变式2及$S_{11}>0$,$S_{13}<0$得$a_6=S_{11}/11>0$,$a_7=S_{13}/13<0$.

又由$d<0$知,$a_1>a_2>\cdots>a_n>\cdots$,故$S_6$最大.

变式3 $S_{m+n}=(m+n)\frac{S_m-S_n}{m-n}$.

证明 有

$$S_{m+n}=S_m+(a_{m+1}+\cdots+a_{m+n})=S_m+(a_1+md)+\cdots+(a_n+md)=S_m+S_n+mnd$$

把$d=\frac{S_m/m-S_n/n}{m-n}$(变式1)代入并经整理即得变式3.

例7 等差数列$\{a_n\}$的前n项和为S_n,且$S_m=S_n(m\neq n)$,求S_{m+n}.

解 由$S_m=S_n$得$S_m-S_n=0$.据变式3,立得$S_{m+n}=0$.

例8 已知一个等差数列的前n项和为S_n,$S_p=q$,$S_q=p(p\neq q)$,求S_{p+q}.

解 据变式3,有

$$S_{p+q}=(p+q)\frac{S_p-S_q}{p-q}=(p+q)\frac{q-p}{p-q}=-(p+q)$$

由以上可以看出,应用上述变式解决某些等差数列问题,不仅行之有效,而且简捷易行,充分显示了上述变式的独特功效.

怎样进行等差、等比数列问题的线性转化

等差、等比数列中，有四组基本公式，通项公式 a_n 和前 n 项和公式 S_n 可视为正整数 n 的函数，这为我们用函数观点分析数列问题奠定了基础. 而函数中最简单的当属一次函数，所以我们研究这四组公式的线性转化.

等差数列通项公式 $a_n = a_1 + (n-1)d$ 是 n 的一次式，因此有：

性质 1　若数列 $\{a_n\}$ 为等差数列，那么由它的各项对应的点 $A_n(n,a_n)$ 在同一条直线上，其斜率 $k = d, n \in \mathbf{N}^+$.

等差数列前 n 项和 $S_n = na_1 + \frac{n(n-1)}{2}d$，即 $\frac{S_n}{n} = a_1 + \frac{d}{2}(n-1)$.

这说明 $\frac{S_n}{n} = y$ 是 n 的一次函数 $(n \in \mathbf{N}^+)$，因此有：

性质 2　若数列 $\{S_n\}$ 是等差数列前 n 项和 S_n 组成的数列，则点 $A_n\left(n,\frac{S_n}{n}\right)$ 在同一条直线上，该直线斜率 $k = \frac{d}{2}, n \in \mathbf{N}^+$.

等比数列通项公式 $a_n = a_1q^{n-1} = \frac{a_1}{q} \cdot q^n$，令 $y = a_n, x = q^n$，我们有：

性质 3　若数列 $\{a_n\}$ 为公比 $q \neq 1$ 的等比数列，则点 $A_n(q^n, a_n)(n \in \mathbf{N}^+)$ 在同一条直线上.

同样对等比数列前 n 项和 S_n，我们有：

性质 4　若数列 $\{S_n\}$ 是公比 $q \neq 1$ 的等比数列前 n 项和 S_n 组成的数列，那么点 $A_n(q^n, S_n)(n \in \mathbf{N}^+)$ 在同一条直线上.

解决点共线问题，常借助于斜率，我们研究这些性质的应用.

例 1　在等差数列 $\{a_n\}$ 中，已知 $a_m = p, a_n = q$，且 $m \neq n$，求 a_{m+n}.

解　由性质 1 可知，等差数列各项对应的点 $A(m,p), B(n,q), C(m+n, a_{m+n})$ 在同一条直线上，所以 $k_{AB} = k_{BC}$，即

$$\frac{p-q}{m-n} = \frac{a_{m+n}-q}{(m+n)-n}$$

可解得

$$a_{m+n} = \frac{mp-nq}{m-n}$$

例 2　等差数列 $\{a_n\}$ 前 n 项和为 30，前 $2m$ 项和为 100，则它的前 $3m$ 项的和为(　　).

(A)130　　(B)170　　(C)210　　(D)260

解　由性质 2 可知，等差数列各项对应的点 $\left(n,\frac{S_n}{n}\right)$ 在同一直线上，所以三点 $A(m,$

$\frac{S_m}{m}$),$B(2m,\frac{S_{2m}}{2m})$,$C(3m,\frac{S_{3m}}{3m})$ 共线,即 $k_{AB}=k_{BC}$,所以

$$\frac{\frac{S_{2m}}{2m}-\frac{S_m}{m}}{2m-m}=\frac{\frac{S_{3m}}{3m}-\frac{S_{2m}}{2m}}{3m-2m}$$

化简得 $S_{3m}=3S_{2m}-3S_m=300-90=210$,故选(C).

例 3 设等比数列$\{a_n\}$的前 n 项和为 S_n,若 $S_3+S_6=2S_9$,求数列的公比 q.

解 由题意 $S_3+S_6=2S_9$ 知 $q\neq 1$. 根据性质 4,S_n 各项对应的点 $A(q^3,S_3)$,$B(q^6,S_6)$,$C(q^9,S_9)$ 共线,可知 $k_{AC}=k_{BC}$,所以

$$\frac{S_9-S_3}{q^9-q^3}=\frac{S_9-S_6}{q^9-q^6}\Rightarrow\frac{S_9-S_3}{q^3+1}=\frac{S_9-S_6}{q^3}\quad(q\neq 1)\Rightarrow$$

$$q^3(S_9-S_3)=(q^3+1)(S_9-S_6) \qquad ①$$

由已知 $S_3+S_6=2S_9$,得 $S_3-S_9=S_9-S_6$. 代入 ① 中,得 $q^3=-(q^3+1)$,即 $q^3=-\frac{1}{2}$. 在实数集内,解得 $q=-\frac{\sqrt[3]{4}}{2}$.

例 4 已知等差数列第 k,n,p 三项构成等比数列的连续三项,此数列不是常数列,求此数列的公比 q.

解 设 a_k,a_n,a_p 是等差数列的第 k,n,p 三项,且 a_k,a_n,a_p 是等比数列的连续三项,因为该数列不是常数列,所以 $a_k\neq a_n\neq a_p$,即 $q\neq 1$. 由性质 1 可知

$$\frac{a_n-a_k}{n-k}=\frac{a_p-a_n}{p-n}$$

即

$$\frac{a_p-a_n}{a_n-a_k}=\frac{p-n}{n-k} \qquad ①$$

又 a_k,a_n,a_p 是等比数列第 $r-1,r,r+1$ 连续三项,由性质 3 可知,$A(q^{r-1},a_k)$,$B(q^r,a_n)$,$C(q^{r+1},a_p)$ 三点共线,所以

$$\frac{a_p-a_n}{q^{r+1}-q^r}=\frac{a_n-a_k}{q^r-q^{r-1}}$$

即

$$\frac{a_p-a_n}{a_n-a_k}=\frac{q^{r+1}-q^r}{q^r-q^{r-1}}=q \qquad ②$$

根据 ①,② 可知 $q=\frac{p-n}{n-k}$.

例 5 设$\{a_n\}$是由正数组成的等比数列,S_n 是其前 n 项和,证明

$$\frac{\lg S_n+\lg S_{n+2}}{2}<\lg S_{n+1}$$

证明 只要证明 $S_nS_{n+2}<S_{n+1}^2$ 即可.

当 $q=1$ 时,$S_nS_{n+2}-S_{n+1}^2=na_1(n+2)a_1-(n+1)^2a_1^2=-a_1^2<0$(因为 $a_1>0,q>0$),上式成立.

当 $q\neq 1$ 时,由性质 4 可知,点(q^n,S_n),(q^{n+1},S_{n+1}),(q^{n+2},S_{n+2}) 三点共线,所以

$$\frac{S_{n+1}-S_n}{q^{n+1}-q^n}=\frac{S_{n+2}-S_{n+1}}{q^{n+2}-q^{n+1}}$$

整理、化简得

$$(q+1)S_{n+1}=qS_n+S_{n+2}$$

因此，要证 $S_nS_{n+2}<S_{n+1}^2$，只需证

$$S_nS_{n+2}<(\frac{qS_n+S_{n+2}}{q+1})^2\Leftrightarrow q^2S_n(S_{n+2}-S_n)-S_{n+2}(S_{n+2}-S_n)<0\Leftrightarrow$$

$$(S_{n+2}-S_n)(q^2S_n-S_{n+2})<0\Leftrightarrow$$

$$(a_1q^n+a_1q^{n+1})(-a_1-a_1q)<0\Leftrightarrow$$

$$-a_1q^n(1+q)a_1(1+q)<0\Leftrightarrow$$

$$-a_1q^n(1+q)^2<0$$

因为$\{q^n\}$是由正数组成的数列，$a_1>0$，$q>0$，故上式成立，所以 $S_nS_{n+2}<S_{n+1}^2$ 成立.

由对数函数性质可知 $\lg S_nS_{n+2}<\lg S_{n+1}^2$，即$\frac{\lg S_n+\lg S_{n+2}}{2}<\lg S_{n+1}$.

怎样逆用等比数列求和公式解题

用数学归纳法证明：$2^n > 2n+1$.($n\in \mathbf{N}^+$，且 $n\geqslant 3$)

这是训练学生应用数学归纳法证明不等式的一道常规习题，但我们如能巧妙地抓住其结构特点，逆用等比数列求和公式

$$\frac{a_1(1-q^n)}{1-q}=a_1+a_1q^n+\cdots+a_1q^{n-1}(q\neq 1)$$

可使问题简捷明快地得到解决.

证明 有

$$2^n-1=\frac{2^n-1}{2-1}=2^{n-1}+2^{n-2}+\cdots+2+1\geqslant$$
$$(n-3)\cdot 2+2^2+2+1=2n+1>2n(\text{因为 } n\geqslant 3)$$

所以 $2^n>2n+1$.

下面通过逆用等比数列的求和公式，来处理一些竞赛问题.

例 1 求证 $N=\dfrac{5^{125}-1}{5^{25}-1}$ 不是质数.

证明 设 $x=5^{25}$，则

$$N=\frac{5^{125}-1}{5^{25}-1}=\frac{x^5-1}{x-1}=x^4+x^3+x^2+x+1=$$
$$(x^2+3x+1)^2-5x(x+1)^2=$$
$$[(x^2+3x+1)+5^{13}(x+1)][(x^2+3x+1)-5^{13}(x+1)]$$

显然后一个因式不是 ± 1，故 N 不是质数.

例 2 设 R_x 表示在十进制下由 x 个 1 组成的正整数，判别 $Q=\dfrac{R_{24}}{R_4}$ 是由若干个 1 和 0 组成的十进制数，求 Q 中 0 的个数是多少？

解 有

$$Q=\frac{R_{24}}{R_4}=\frac{9R_{24}}{9R_4}=\frac{10^{24}-1}{10^4-1}=\frac{(10^4)^6-1}{10^4-1}=$$
$$10^{20}+10^{16}+10^{12}+10^8+10^4+1=$$
$$100\ 010\ 001\ 000\ 100\ 010\ 001$$

故 Q 中有 15 个 0.

例 3 求 $x^{81}+x^{49}+x^{25}+x^9+x$ 除以 x^3-x 所得的余式.

解 有

$$\frac{x^{81}+x^{49}+x^{25}+x^9+x}{x^3-x}=\frac{x^{80}+x^{48}+x^{24}+x^8+1}{x^2-1}=$$
$$\frac{(x^{80}-1)+(x^{48}-1)+(x^{24}-1)+(x^8-1)+5}{x^2-1}=$$

$$\frac{x^{80}-1}{x^2-1}+\frac{x^{48}-1}{x^2-1}+\frac{x^{24}-1}{x^2-1}+\frac{x^8-1}{x^2-1}+\frac{5}{x^2-1}=$$

$$(x^{78}+x^{76}+\cdots+1)+(x^{46}+x^{44}+\cdots+1)+(x^{22}+x^{20}+\cdots+1)+$$

$$(x^6+x^4+x^2+1)+\frac{5}{x^2-1}$$

故余式为 $5x$.

例 4 求满足等式 $p^q+q^p=r$ 的所有质数 p,q 和 r.

解 显然 $p\neq q$,不妨设 $p<q$.因为 r 为质数,故 p 与 q 不能全为奇数,所以 $p=2$.当 q 为不小于 5 的质数时,有

$$p^q+q^p=2^q+q^2=(2^q+1)+(q^2-1)=3\times\frac{2^q+1}{2+1}+(q^2-1)=$$

$$3(2^{q-1}-2^{q-2}+\cdots+1)+(q-1)(q+1)$$

由于 q 不是 3,又不是 3 的倍数,而 $q-1,q,q+1$ 这三个连续正整数中,必有一数是 3 的倍数,故 $(q-1)(q+1)$ 为 3 的倍数.所以,p^q+q^p 是 3 的倍数,不可能为质数,矛盾.所以 $q<5$,因此满足条件的 $p=2,q=3,r=17$.

例 5 求方程 $7^x-3\cdot 2^y=1$ 的正整数解.

解 当 $1\leqslant y\leqslant 4$ 时,可解得方程有两组解 $x=1,y=1$ 和 $x=2,y=4$.

当 $y\geqslant 5$ 时,由 $\dfrac{7^x-1}{7-1}=7^{x-1}+7^{x-2}+\cdots+1=\dfrac{3\cdot 2^y}{7-1}=2^{y-1}$,故 x 必须是偶数,可设 $x=2m(m\in\mathbf{N}^+)$,则

$$\frac{7^{2m}-1}{7^2-1}=7^{2m-2}+7^{2m-4}+\cdots+1=\frac{3\cdot 2^y}{7^2-1}=2^{y-4}$$

故 m 必须是偶数,则可设 $x=4n(n\in\mathbf{N}^+)$,则

$$\frac{7^{4n}-1}{7^4-1}=7^{4n-4}+7^{4n-8}+\cdots+1=\frac{3\cdot 2^y}{7^4-1}=\frac{3\cdot 2^y}{48\times 50}$$

很明显,$3\cdot 2^y$ 不能被 5 整除,因此 $y\geqslant 5$ 时,方程无正整数解.

所以原方程仅有两组解 $x=1,y=1$ 和 $x=2,y=4$.

例 6 设任意实数 x,y 满足 $|x|<1,|y|<1$,求证:$\dfrac{1}{1-x^2}+\dfrac{1}{1-y^2}\geqslant\dfrac{2}{1-xy}$.

证明 因为 $|x|<1,|y|<1$,所以 $x^2<1,y^2<1$,故

$$\frac{1}{1-x^2}+\frac{1}{1-y^2}=(1+x^2+x^4+\cdots)+(1+y^2+y^4+\cdots)=$$

$$2+(x^2+y^2)+(x^4+y^4)+\cdots\geqslant$$

$$2+2xy+2x^2y^2+\cdots=\frac{2}{1-xy}$$

从而不等式得证.

怎样在经济生活中应用等差、等比数列

在近几年的高考中加大了考查运用数学知识和方法解决实际问题能力的力度.在市场经济条件下有关增长率、利润、利率等问题是一类主要的应用问题,本节就等差、等比数列在上述问题中的运用作一介绍.

例1 用分期付款的方式购买价格为1 150元的电冰箱,如果购买时先付150元,以后每月付50元,加上欠款的利息,若一个月后付第1个月的分期付款,月利率为1%,那么第10个月该付多少钱?购冰箱款全部付清后,实际共付出多少钱?

解 购买时付款150元后,余款1 000元按题意分20次分期付款,每次付款数组成一个数列$\{a_n\}$

$$a_1=50+(1\ 150-150)\times 1\%=60$$
$$a_2=50+(1\ 150-150-50)\times 1\%=59.5$$
$$\vdots$$
$$a_n=50+[1\ 150-150-(n-1)50]\times 1\%=60-\frac{1}{2}(n-1)(n=1,2,\cdots,20)$$

所以$\{a_n\}$是一个等差数列,$a_1=60$,公差$d=-\frac{1}{2}$,所以

$$a_{10}=60-\frac{1}{2}(10-1)=55.5(元)$$

$$S_{20}=20\times 60+\frac{1}{2}\times 20\times 19\times(-\frac{1}{2})=1\ 105(元)$$

答:第10个月该付55.5元,全部付清后,实际付出1 255元.

例2 银行按规定在一定时间结算利息一次,结息后即将利息并入本金,这种计算方法叫作复利.现有某企业进行技术改造,有两种方案:甲方案为一次性贷款10万元,第一年可获利1万元,以后每年比前一年增加30%的利润;乙方案为每年贷款1万元,第一年可获利1万元,以后每年都比前一年增加利润5 000元.两方案使用期都是10年,到期一次性还本付息,若银行贷款利息均按年息10%的复利计算,试比较两方案的优劣.(计算时,精确到千元,并取$1.1^{10}\approx 2.594$,$1.3^{10}\approx 13.79$)

解 甲方案10年共获利$1+(1+30\%)+\cdots+(1+30\%)^9=\frac{(1.3)^{10}-1}{1.3-1}\approx 42.63$(万元),到期时,银行贷款本息为$10(1+0.1)^{10}\approx 25.94$,所以甲方案扣除贷款本息后,净收益为$42.63-25.94=16.69$(万元).

乙方案10年共获利$1+1.5+\cdots+(1+9\times 0.5)=\frac{10(1+5.5)}{2}=32.5$(万元),扣除贷款本息$1+(1+10\%)+\cdots+(1+10\%)^9=\frac{1.1^{10}-1}{0.1}\approx 15.94$(万元),得净收益为$32.5-15.94=16.56$(万元).

由比较知甲方案比乙方案略优.

说明 方案期限大于10年时,甲方的优越性更大;而期限少于10年时,则乙方案为优.

例3 某企业年初拥有资金1 000万元,假定经过生产经营每年资金增长率为50%,但每年年底要扣除消费资金x万元,余下资金投入再生产.

(1) 试用x,n表示经过n年后的资金(扣除消费资金后);

(2) 若经过5年后资金至少有2 000万元(扣除消费资金后),求x的最大值(精确到1万元).

解 (1) 设经过n年后资金为a_n万元,则

$$a_1 = 1\,000\times\frac{3}{2}-x$$

$$a_2 = 1\,000\times(\frac{3}{2})^2-x[\frac{3}{2}+1]$$

$$a_3 = 1\,000\times(\frac{3}{2})^3-x[(\frac{3}{2})^2+\frac{3}{2}+1]$$

推知

$$a_n = 1\,000\times(\frac{3}{2})^n-x[(\frac{3}{2})^{n-1}+(\frac{3}{2})^{n-2}+\cdots+1]=$$

$$1\,000\times(\frac{3}{2})^n-x[2\times(\frac{3}{2})^n-2]$$

(2) 有
$$1\,000\times(\frac{3}{2})^5-x[2\times(\frac{3}{2})^5-2]\geqslant 2\,000$$

即
$$[2\times(\frac{3}{2})^5-2]x\leqslant 1\,000\times(\frac{3}{2})^5-2\,000$$

即$x\leqslant\frac{5\,593.74}{13.19}\approx 424.1$,取$x=424$,即$x$的最大值为424万元.

例4 某林场森林木材存量为a,木材以每年25%的增长率生长.若每年冬天需要砍伐的木材量是一个常量,为了实现经过20年达到木材存有量至少翻两番的目标,那么每年至多只能砍伐多少木材量?(计算时取$\lg 2=0.30$)

解 设每年至多砍伐木材量为x,则每年的木材存有量组成一个数列:记$a_0=a$,$a_1=\frac{5}{4}a-x$,$a_2=\frac{5}{4}a_1-x=\frac{5}{4}(\frac{5}{4}a-x)-x=(\frac{5}{4})^2a-(\frac{5}{4}+1)x$,…,$a_{n+1}=\frac{5}{4}a_n-x(n=0,1,2,\cdots)$.由$a_{n+1}=\frac{5}{4}a_n-x$,得

$$a_{n+1}-4x=\frac{5}{4}(a_n-4x)$$

即数列$\{a_n-4x\}$是等比数列,首项为$a_1-4x=\frac{5}{4}a-5x$,公比$q=\frac{5}{4}$,于是

$$a_n-4x=(\frac{5}{4}a-5x)(\frac{5}{4})^{n-1},a_n=(\frac{5}{4})^na-4[(\frac{5}{4})^n-1]x$$

根据题意,$a_{20}\geqslant 4a$,得

$$(\frac{5}{4})^{20}a-4\cdot[(\frac{5}{4})^{20}-1]x\geqslant 4a$$

所以

$$x\leqslant\frac{\frac{1}{4}(\frac{5}{4})^{20}-1}{(\frac{5}{4})^{20}-1}\cdot a$$

令 $A=(\frac{5}{4})^{20}$,则

$$\lg A=20(\lg 5-\lg 4)=20(1-3\lg 2)=2$$

所以

$$A=100$$

所以

$$x\leqslant\frac{\frac{1}{4}\cdot 100-1}{100-1}\cdot a=\frac{8}{33}a$$

答:每年至多只能砍伐的木材量为$\frac{8}{33}a$.

例5 某人某月的第一天存入银行 a 元,如每月存款的利率为 r,逐月按复利计算利息,试问到第 $n+1$ 个月的第一天时,这个人在银行里共有多少元存款?

解 到了第 $n+1$ 个月的第一天,这人共存了 $n+1$ 次款,第1次,第2次,…,第 $n+1$ 次的累计本利分别为:$a,a(1+r),\cdots,a(1+r)^{n-1},a(1+r)^{n}$.这个人到 $n+1$ 个月的第一天在银行存款本利总数为以上数列的和.则其为首项 $a_1=a$,公比 $q=1+r$ 的等比数列,它的 $n+1$ 项和为

$$S=\frac{a[(1+r)^{n+1}-1]}{(1+r)-1}=\frac{a[(1+r)^{n+1}-1]}{r}$$

因此这个人在第 $n+1$ 个月的第一天在银行的存款有$\frac{a}{r}[(1+r)^{n+1}-1]$元.

怎样巧用等差、等比数列解证三角题

对于某些看似与数列毫不相关的三角问题，若仔细观察，便可发现它们的结构中隐含着等差（或等比）数列的因素，通过公差（或公比）改变问题的原有结构，为解题开辟一条新的途径.

例 1　求证：$\dfrac{1+\sec\alpha+\tan\alpha}{1+\sec\alpha-\tan\alpha}=\sec\alpha+\tan\alpha$.

证明　因为 $\sec^2\alpha-\tan^2\alpha=1$，所以 $\sec\alpha-\tan\alpha,1,\sec\alpha+\tan\alpha$ 成等比数列，故设 $\sec\alpha-\tan\alpha=\dfrac{1}{q}$，$\sec\alpha+\tan\alpha=q$，则

$$\frac{1+\sec\alpha+\tan\alpha}{1+\sec\alpha-\tan\alpha}=\frac{1+q}{1+\dfrac{1}{q}}=q=\sec\alpha+\tan\alpha$$

例 2　已知 $2\cos\theta+\sin\theta=1$，求 $\tan(\dfrac{\pi}{4}-\theta)$ 的值.

解　由题设知 $2\cos\theta,\dfrac{1}{2},\sin\theta$ 成等差数列，故设 $2\cos\theta=\dfrac{1}{2}-d$，$\sin\theta=\dfrac{1}{2}+d$，由

$$\sin^2\theta+\cos^2\theta=1$$

得

$$(\frac{1}{2}+d)^2+(\frac{1}{4}-\frac{d}{2})^2=1$$

解之得 $d=\dfrac{1}{2}$ 或 $-\dfrac{11}{10}$. 又因为

$$\tan(\frac{\pi}{4}-\theta)=\frac{\cos\theta-\sin\theta}{\cos\theta+\sin\theta}=\frac{-1-6d}{3+2d}$$

把 $d=\dfrac{1}{2}$ 或 $-\dfrac{11}{10}$ 代入 $2\cos\theta=\dfrac{1}{2}-d$，$\sin\theta=\dfrac{1}{2}+d$，得 $\tan(\dfrac{\pi}{4}-\theta)=-1$ 或 7.

例 3　化简：$\dfrac{1+\sin x+\cos x}{1+\sin x-\cos x}+\dfrac{1+\sin x-\cos x}{1+\sin x+\cos x}$.

解　由题意得 $\sin x\neq 0$，且由 $(1-\cos x)(1+\cos x)=\sin^2 x$，知 $1-\cos x,\sin x,1+\cos x$ 成等比数列. 故设 $1-\cos x=\dfrac{1}{q}\sin x$，$1+\cos x=q\sin x$，则

$$原式=\frac{(1+q)\sin x}{(1+\dfrac{1}{q})\sin x}+\frac{(1+\dfrac{1}{q})\sin x}{(1+q)\sin x}=q+\frac{1}{q}=$$

$$\frac{1+\cos x}{\sin x}+\frac{1-\cos x}{\sin x}=2\csc x$$

例 4　在 $\triangle ABC$ 中，$\lg\tan A+\lg\tan C=2\lg\tan B$，求证：$\dfrac{\pi}{3}\leqslant\angle B<\dfrac{\pi}{2}$.

证明　由题设知 $\tan A,\tan B,\tan C$ 均为正数，且 $\tan A\tan C=\tan^2 B$，即 $\angle A,\angle B,\angle C$

为锐角且 $\tan A, \tan B, \tan C$ 成等比数列,故设 $\tan A = \frac{1}{q}\tan B, \tan C = q\tan B(q > 0)$,则

$$\tan A + \tan C = (\frac{1}{q} + q)\tan B$$

另一方面

$$\tan A + \tan C = \tan (A + C)(1 - \tan A\tan C) = -\tan B(1 - \tan^2 B)$$

故

$$-\tan B(1 - \tan^2 B) = (\frac{1}{q} + q)\tan B$$

即

$$\tan^2 B = q + \frac{1}{q} + 1 \geqslant 3$$

于是 $\tan B \geqslant \sqrt{3}$(当且仅当 $q = 1$,即 $\angle A = \angle B = \angle C = \frac{\pi}{3}$ 时取等号).

因 $\tan B$ 在区间$(0, \frac{\pi}{2})$上是增函数,所以$\frac{\pi}{3} \leqslant \angle B < \frac{\pi}{2}$.

例 5 求证:$\sin^{10}\theta + \cos^{10}\theta \geqslant \frac{1}{16}$.

证明 因 $\sin^2\theta + \cos^2\theta = 1$,所以 $\sin^2\theta, \frac{1}{2}, \cos^2\theta$ 成等差数列. 设 $\sin^2\theta = \frac{1}{2} + d$, $\cos^2\theta = \frac{1}{2} - d(-\frac{1}{2} \leqslant d \leqslant \frac{1}{2})$,则

$$\sin^{10}\theta + \cos^{10}\theta = (\frac{1}{2} + d)^5 + (\frac{1}{2} - d)^5 = 2[(\frac{1}{2})^5 C_5^0 + (\frac{1}{2})^3 d^2 C_5^2 + \frac{1}{2}C_5^4 d^4] \geqslant (\frac{1}{2})^5 2C_5^0 = \frac{1}{16}$$

怎样用代换法求递推数列通项公式

在求递推数列通项公式的多种方法中，代换法占有十分重要的地位，应用它可使一些繁难的题目变得简单易解.

一、线性代换法

例 1 已知数列$\{a_n\}$满足$a_1=1$，$a_{n+1}=1+\frac{1}{2}a_n$，求其通项公式.

解 因为$a_{n+1}=1+\frac{1}{2}a_n$，所以

$$a_{n+1}+p=1+\frac{1}{2}a_n+p=\frac{1}{2}(a_n+2p+2)$$

令$p=2p+2$，则$p=-2$，于是$a_{n+1}-2=\frac{1}{2}(a_n-2)$.

又令$b_{n+1}=a_{n+1}-2$，则$b_{n+1}=\frac{1}{2}b_n$. 故数列$\{b_n\}$是首项为$b_1=-1$，公比为$\frac{1}{2}$的等比数列. 从而$a_n-2=b_n=(-1)(\frac{1}{2})^{n-1}$，于是$a_n=2-\frac{1}{2^{n-1}}$即为所求.

一般地，对于以$a_1=m$，$a_{n+1}=pa_n+q(pq\neq0,p\neq1)$型递推式给出的数列，均可用线性代换的方法求出$a_n$的表达式.

例 2 已知数列$\{a_n\}$满足$a_1=1$，$a_2=5$，且$a_{n+2}=-2a_{n+1}+3a_n$，求a_n的表达式.

解 递推式两边同时加上pa_{n+1}，并整理，得

$$a_{n+2}+pa_{n+1}=(p-2)(a_{n+1}+\frac{3}{p-2}a_n) \quad ①$$

令$p=\frac{3}{p-2}$，得$p^2-2p-3=0$，即$(p-3)(p+1)=0$，解得$p=-1$或$p=3$.

取$p=-1$，代入①得$a_{n+2}-a_{n+1}=-3(a_{n+1}-a_n)$.

令$b_{n+1}=a_{n+2}-a_{n+1}$，则$b_{n+1}=-3b_n$，$b_1=a_2-a_1=4$. 于是$\{b_n\}$是首项为4，公比为-3的等比数列，故$b_n=a_{n+1}-a_n=4(-3)^{n-1}$.

n分别取$1,2,\cdots,n-1$，得n个式子，然后累加可得$a_n=2-(-3)^{n-1}$，即为已知数列的通项公式.

例2中数列$\{a_n\}$的递推式的一般形式为

$$a_{n+1}=pa_n+qa_{n-1} \quad (*)$$

当$p+q=1$时，有$a_{n+1}-a_n=-q(a_n-a_{n-1})$. 于是$\{a_{n+1}-a_n\}$是以$a_2-a_1$为首项，$-q$为公比的等比数列，然后按例2所用之法即可求得$a_n$的表达式.

当$p+q\neq1$时，存在α,β满足$a_{n+1}-\alpha a_n=\beta(a_n-\alpha a_{n-1})$，与$a_{n+1}=pa_n+qa_{n-1}$比较系数得$\alpha+\beta=p$，$\alpha\beta=-q$. 可见$\alpha,\beta$是二次方程$t^2-pt-q=0$的两个根(称此方程为递推

式（*）的特征方程）. 通过解此方程求 α,β 的值，再进一步推导 a_n 的表达式.

二、倒数代换法

例 3 已知数列 $\{a_n\}$ 满足 $a_1=1,a_{n+1}=\dfrac{a_n}{3a_n+4}$，求 a_n 的表达式.

解 由已知递推式得

$$\frac{1}{a_{n+1}}=\frac{3a_n+4}{a_n}=\frac{4}{a_n}+3$$

令 $b_n=\dfrac{1}{a_n}$，则上式变为 $b_{n+1}=4b_n+3$，其中 $b_1=1$. 仿例 1 可得 $b_n=2\cdot4^{n-1}-1$，于是 $a_n=\dfrac{1}{2\cdot4^{n-1}-1}=\dfrac{1}{2^{2n-1}-1}$ 即为所求.

对以 $a_{n+1}=\dfrac{pa_n}{qa_n+r}(pqr\neq0)$ 为递推式的数列，一般可用倒数代换法求出其通项公式.

三、对数代换法

例 4 已知数列 $\{a_n\}$ 满足 $a_1=\sqrt{2},a_{n+1}=2a_n^3$，求此数列的通项公式.

解 由已知易见，数列 $\{a_n\}$ 的所有项都是正数，于是将 $a_{n+1}=2a_n^3$ 两边取对数得 $\log_2a_{n+1}=3\log_2a_n+1$.

令 $b_n=\log_2a_n$，则 $b_{n+1}=3b_n+1$，其中 $b_1=\log_2a_1=\dfrac{1}{2}$. 仿例 1 可得 $b_n=3^{n-1}-\dfrac{1}{2}$. 故 $a_n=2^{3^{n-1}-\frac{1}{2}}$ 即为所求.

一般地，用对数代换法可解决求以 $a_{n+1}=pa_n^q(q\neq0,p>0)$ 为递推式的正数数列的通项公式问题.

四、三角代换法

例 5 已知数列 $\{a_n\}$ 满足 $a_1=3,a_{n+1}=\dfrac{2a_n}{1-a_n^2}$，求数列 $\{a_n\}$ 的通项公式.

解 令 $a_1=\tan\theta(\theta=\arctan3)$，则 $a_2=\dfrac{2a_1}{1-a_1^2}=\tan2\theta$. 显而易见 $a_n=\tan(2^{n-1}\theta)=\tan(2^{n-1}\arctan3)$ 即为所求.

注 可用三角代换法求通项公式的数列，其递推式必须具有与三角公式形似质同的特点.

综上所述，用代换法可以解决许多递推数列的通项公式问题. 为了学好用好代换法，大家还需要认清代换的方向及依据. 代换的方向是使已知复杂数列变为等差、等比或其他一些易于推演的数列；代换的依据是将数列 $\{a_n\}$ 视为定义在正整数集 $\mathbf{N}^+$ 或其子集上的函数，若令 $a_n=f(n)$，则 $a_{n+1}=f(n+1)$，灵活机动地应用代换法，如例 2 中，若取 $p=3$，则式 ① 变为 $a_{n+2}+3a_{n+1}=a_{n+1}+3a_n$. 令 $b_{n+1}=a_{n+2}+3a_{n+1}$，则 $b_n=a_{n+1}+3a_n$，有 $b_{n+1}=b_n$. 又 $b_1=a_2+3a_1=8$，于是 $b_{n+1}=b_n=b_1=8$. 即 $a_{n+1}+3a_n=8$，将此式整理为

$$\frac{a_{n+1}}{(-3)^{n+1}}=\frac{a_n}{(-3)^n}+\frac{8}{(-3)^{n+1}}$$

令 $c_{n+1}=\frac{a_{n+1}}{(-3)^{n+1}}$，则上式变为 $c_{n+1}=c_n+\frac{8}{(-3)^{n+1}}$. 取 n 分别为 $1,2,\cdots,n-1$ 后，累加得

$$c_n=-\frac{1}{3}+\frac{2}{3}\left(1-\frac{1}{(-3)^{n+1}}\right)$$

于是
$$a_n=(-3)^{n-1}+\frac{2}{3}[(-3)^n+3]=2-(-3)^{n-1}$$

与取 $p=-1$ 时所得结论相同.

怎样巧用 $a_{n+1}-a_n=d$ 求通项公式

在等差数列中，$a_{n+1}-a_n=d$ 是最基本的公式，如果能巧用它，那么有时计算量较大的难题就可迎刃而解了. 下面举四个例子来说明.

例 1 已知数列 $\{a_n\}$ 中，$a_1=1$，$a_n=\dfrac{2a_{n-1}}{2+a_{n-1}}$，求通项公式 a_n.

解 因为

$$a_1=1,a_n=\frac{2a_{n-1}}{2+a_{n-1}}$$

显然 $a_{n-1}\neq-2$. 若 $a_n=0$，则由递推式可知 $a_{n-1}=0$，依次类推 $a_1=0$. 这与已知 $a_1=1$ 矛盾，故 $a_n\neq0$. 故

$$\frac{1}{a_n}-\frac{1}{a_{n-1}}=\frac{1}{2}$$

所以 $\{\dfrac{1}{a_n}\}$ 是以 1 为首项，$\dfrac{1}{2}$ 为公差的等差数列. 于是

$$\frac{1}{a_n}=1+(n-1)\times\frac{1}{2}=\frac{n+1}{2}$$

因而

$$a_n=\frac{2}{n+1}$$

例 2 已知数列 $\{a_n\}$ 的前 n 项和是 S_n，且对于任意正整数 n，$S_n=6-a_n-\dfrac{3}{2^{n-1}}$，求通项公式 a_n.

解 由

$$S_n=6-a_n-\frac{3}{2^{n-1}}$$

故

$$a_1=\frac{3}{2}$$

因此

$$a_n=S_n-S_{n-1}=-a_n+a_{n-1}+\frac{3}{2^{n-1}}$$

即

$$2^na_n-2^{n-1}a_{n-1}=3$$

所以 $\{2^na_n\}$ 是以 $2a_1=3$ 为首项，3 为公差的等差数列，由此知

$$2^na_n=3+(n-1)\times3=3n$$

故

$$a_n=\frac{3n}{2^n}$$

例 3 已知数列 $\{a_n\}$ 中，$a_n>0$，且对于任意正整数 n 有 $S_n=\dfrac{1}{2}(a_n+\dfrac{1}{a_n})$，求通项公式 a_n.

解 由

$$S_n=\frac{1}{2}(a_n+\frac{1}{a_n})$$

知
$$S_1=a_1=1$$

又因为
$$a_n=S_n-S_{n-1}$$

所以
$$S_n=\frac{1}{2}(S_n-S_{n-1}+\frac{1}{S_n-S_{n-1}})$$

即
$$S_n^2-S_{n-1}^2=1$$

于是$\{S_n^2\}$是以$S_1=1$为首项,公差为1的等差数列.因而

$$S_n^2=1+(n-1)\times 1=n$$

也即$S_n=\sqrt{n}$(因$a_n>0$,这样$S_n>0$),因此

$$a_n=S_n-S_{n-1}=\sqrt{n}-\sqrt{n-1}\quad (n=1\text{也适合})$$

由此知
$$a_n=\sqrt{n}-\sqrt{n-1}$$

例4 在数列$\{a_n\}$中,$a_1=1,S_{n+1}=4a_n+2$,求通项公式a_n.

解 因为

$$a_1=1,S_{n+1}=4a_n+2,S_2=4a_1+2=6$$

故

$$a_2=5,a_{n+1}=S_{n+1}-S_n=4(a_n-a_{n-1})$$

$$a_{n+1}-2a_n=2(a_n-2a_{n-1})\quad (n\geqslant 2)$$

$$a_n-2a_{n-1}=2(a_{n-1}-2a_{n-2})=2^2(a_{n-2}-2_{n-3})=\cdots=$$

$$2^{n-2}(a_2-2a_1)=2^{n-2}(5-2)=3\times 2^{n-2}=\frac{3}{4}\times 2^n$$

于是
$$\frac{a_n}{2^n}-\frac{a_{n-1}}{2^{n-1}}=\frac{3}{4}$$

因此$\{\frac{a_n}{2^n}\}$是公差为$\frac{3}{4}$,首项为$\frac{a_1}{2}=\frac{1}{2}$的等差数列,所以

$$\frac{a_n}{2^n}=\frac{1}{2}+(n-1)\times\frac{3}{4}=\frac{1}{4}(3n-1)$$

即
$$a_n=2^{n-2}(3n-1)\quad (n=1\text{也适合})$$

怎样运用 S_{m+n} 公式解高考题

设数列$\{a_n\}$的前 n 项和为 S_n,则

$$S_{m+n}=S_m+(a_{m+1}+\cdots+a_{m+n})$$

(1) 若数列$\{a_n\}$是公差为 d 的等差数列,则

$$a_{m+1}+\cdots+a_{m+n}=(a_1+md)+\cdots+(a_n+md)=S_n+mnd$$

所以

$$S_{m+n}=S_m+S_n+mnd \quad ①$$

特别地

$$S_{n+1}=a_1+S_n+nd \quad ①'$$

推论 等差数列的前 n 项和为 A,次 n 项和为 B,后 n 项和为 C,则

$$B^2-AC=\left(\frac{A-C}{2}\right)^2$$

(2) 若数列$\{a_n\}$是公比为 q 的等比数列,则

$$a_{m+1}+\cdots+a_{m+n}=a_1q^m+a_2q^m+\cdots+a_nq^m=S_nq^m$$

所以

$$S_{m+n}=S_m+S_nq^m \quad ②$$

特别地

$$S_{n+1}=a_1+qS_n \quad ②'$$

推论 对等比数列有

$$S_n^2+S_{2n}^2=S_n(S_{2n}+S_{3n})$$

在处理某些等差(或等比)数列的和问题时,运用上述公式可简捷求解.

例1 已知$\{a_n\}$是等比数列,若 $a_1+a_2+a_3=18$,$a_2+a_3+a_4=-9$,且 $S_n=a_1+a_2+\cdots+a_n$,那么 $\lim\limits_{n\to\infty}S_n$ 的值等于(　　).

(A)8　　(B)16　　(C)32　　(D)48

解 易知 $q=-\frac{1}{2}$,由公式②′$S_4=a_1+qS_3$,解得 $a_1=24$.所以 $\lim\limits_{n\to\infty}S_n=\frac{a_1}{1-q}=16$,故选(B).

例2 已知等比数列的公比为2,且前4项之和为1,那么前8项之和等于(　　).

(A)15　　(B)17　　(C)19　　(D)21

解 由公式②得 $S_8=S_4+S_4q^4=S_4(1+q^4)$,所以 $S_8=1(1+2^4)=17$,故选(B).

例3 等差数列$\{a_n\}$的前 m 项和为30,前 $2m$ 项和为100,则它的前 $3m$ 项和为(　　).

(A)130　　(B)170　　(C)210　　(D)260

解 由公式①,得

$$S_{3m}=S_{2m}+S_m+2m^2d$$

将 S_m, S_{2m} 代入 $S_n = na_1 + \frac{1}{2}n(n-1)d$,从而求得

$$d = \frac{40}{m^2}$$

所以 $S_{3m} = 210$,故选(C).

例 4 设等比数列 $\{a_n\}$ 的前 n 项和为 S_n,若 $S_3 + S_6 = 2S_9$,求数列的公比 q.

解 由公式 ②,得

$$S_6 = S_3 + q^3 S_3, S_9 = S_6 + S_3 q^6 = S_3 + S_3 q^3 + S_3 q^6$$

代入 $S_3 + S_6 = 2S_9$,得

$$2S_3 q^6 + S_3 q^6 = 0$$

因为

$$q \neq 0, S_3 \neq 0$$

得

$$q^3 = -\frac{1}{2}$$

所以

$$q = -\frac{\sqrt[3]{4}}{2}$$

例 5 设 $\{a_n\}$ 是由正数组成的等比数列,S_n 是前 n 项和,是否存在常数 c,使得 $\frac{\lg(S_n - c) + \lg(S_{n+2} - c)}{2} = \lg(S_{n+1} - c)$ 成立?并证明你的结论.

解 由公式 ②′ 得

$$(S_n - c)(S_{n+2} - c) - (S_{n+1} - c)^2 =$$
$$(S_n - c)(qS_{n+1} + a_1 - c) - (qS_n + a_1 - c)(S_{n+1} - c) =$$
$$(S_n - S_{n+1})(a_1 - c + cq) =$$
$$-a_{n+1}(a_1 - c + cq)$$

因为 $a_{n+1} > 0, q > 0$,由 $S_n - c > 0$ 知

$$a_1 = S_1 > c > 0$$

所以

$$-a_{n+1}(a_1 - c + cq) < 0$$

即 $(S_n - c)(S_{n+2} - c) < (S_{n+1} - c)^2$,也就是说,不存在常数 $c > 0$,使原等式成立.

怎样分类型解数列问题

一、求通项公式(首项和公差或公比)型

1.已知等差或等比数列有关项的若干个条件求通项公式,通常可利用方程思想采用待定系数法求解.

例1 设$\{a_n\}$是等差数列,$a_1=1$,S_n是它的前n项和;$\{b_n\}$是等比数列,其公比的绝对值小于1,T_n是它的前n项和.如果$a_3=b_2$,$S_5=2T_2-6$,$\lim\limits_{n\to\infty}T_n=9$,求$\{a_n\}$,$\{b_n\}$的通项公式.

解 设公差为d,公比为$q(|q|<1)$,则由题意得方程

$$1+2d=b_1q \quad ①$$

$$5+\frac{5(5-1)}{2}d=\frac{2b_1(1-q^2)}{1-q}-6 \quad ②$$

$$\lim_{n\to\infty}\frac{b_1(1-q^n)}{1-q}=9$$

由$|q|<1$,即

$$\frac{b_1}{1-q}=9 \quad ③$$

解①,②,③联立方程组得符合题意的解为

$$q=\frac{1}{3},d=\frac{1}{2},b_1=6$$

所以

$$a_n=1+\frac{n-1}{2}=\frac{n+1}{2}$$

$$b_n=6(\frac{1}{3})^{n-1}=\frac{18}{3^n}$$

2.已知前n项和的表达式求通项公式,通常利用特殊值检验法或比较待定系数法求解.

例2 设等差数列$\{a_n\}$的公差是d,如果它的前n项和$S_n=-n^2$,那么(　　).

(A)$a_n=2n-1,d=-2$　　(B)$a_n=2n-1,d=2$

(C)$a_n=-2n+1,d=-2$　　(D)$a_n=-2n+1,d=2$

解法1 由$a_1=S_1=-1^2=-1$,可排除(A),(B).由

$$a_2=S_2-a_1=-2^2-(-1)=-3$$

得

$$d=a_2-a_1=(-3)-(-1)=-2$$

故选(C)(a_n也可由$a_n=S_n-S_{n-1}=(-n^2)-[-(n-1)^2]=-2n+1$得出).

解法2 由等差数列前n项和的公式得

$$na_1+\frac{n(n-1)d}{2}=-n^2$$

这是关于 n 的恒等式，关于 n 的各项系数应相等，于是得

$$\frac{d}{2}=-1, a_1-\frac{d}{2}=0$$

解得

$$d=-2, a_1=-1$$

所以 $a_n=-2n+1$，故选(C).

二、求数列若干项的代数式的值或关系

这类题常根据等差、等比数列的基本性质，尤其是通项公式、前 n 项和公式及等差数列 $\{a_n\}$ 的常用性质

$$a_m+a_n=a_p+a_q \quad (m+n=p+q)$$

等比数列 $\{b_n\}$ 的常用性质

$$b_mb_n=b_pb_q \quad (m+n=p+q)$$

求解.通法是将代数式中的相关项利用性质转换为已知项进行计算，或利用通项公式将已知与所求都转化为首项与公差(比)统一处理.

例 3　在各项均为正数的等比数列 $\{a_n\}$ 中，若 $a_5a_6=9$，则 $\log_3 a_1+\log_3 a_2+\cdots+\log_3 a_{10}=(\quad)$.

(A)12　　(B)10　　(C)8　　(D)$2+\log_3 5$

解　由等比数列的性质知

$$a_1a_{10}=a_2a_9=a_3a_8=a_4a_7=a_5a_6=9$$

所以

$$\log_3 a_1+\log_3 a_2+\cdots+\log_3 a_{10}=\log_3 a_1a_2\cdots a_{10}=\log_3 9^5=10$$

故选(B).

例 4　已知 $a_1,a_2,\cdots,a_8$ 为各项都大于零的等比数列，公比 $q\neq 1$，则(　　).

(A)$a_1+a_8>a_4+a_5$　(B)$a_1+a_8<a_4+a_5$　(C)$a_1+a_8=a_4+a_5$

(D)a_1+a_8 与 a_4+a_5 的大小关系不能由已知条件确定

解　作差并统一为 a_1 和 q 的式子才好作判断

$$a_1+a_8-(a_4+a_5)=a_1+a_1q^7-a_1q^3-a_1q^4=a_1(1-q^3)(1-q^4)$$

由已知 $a_1>0$，$0<q<1$ 或 $q>1$，显然，不论 q 为哪种情况上式都是大于零的，故选(A).

例 5　等差数列 $\{a_n\}$ 的前 m 项和为 30，前 $2m$ 项和为 100，则它的前 $3m$ 项的和为(　　).

(A)130　　(B)170　　(C)210　　(D)260

解法 1　由求和公式

$$S_{3m}=\frac{a_1+a_{3m}}{2}\cdot 3m$$

由等差数列性质及已知条件有

$$a_1+a_{3m}=a_{m+1}+a_{2m}$$

$$\frac{a_{m+1}+a_{2m}}{2}\cdot m=S_{2m}-S_m=100-30=70$$

所以
$$S_{3m}=\frac{a_{m+1}+a_{2m}}{2}\cdot 3m=3\cdot\frac{a_{m+1}+a_{2m}}{2}\cdot m=3\times 70=210$$
故选(C).

解法 2 注意等差数列的性质：$a_m+a_n=a_p+a_q(m+n=p+q)$，写出数列的前 $3m$ 项并分组如下

$$\underbrace{a_1,\cdots,a_m}_{30}\qquad\underbrace{a_{m+1},\cdots,a_{2m}}_{70}\qquad\underbrace{a_{2m+1},\cdots,a_{3m}}_{210}$$

求和得
$$30+x=(a_1+a_{3m})+\cdots+(a_m+a_{2m+1})=m(a_{m+1}+a_{2m})$$
而$\frac{(a_{m+1}+a_{2m})m}{2}=70$，得 $x=110$，故 $S_{3m}=30+70+110=210$.

三、求有关数列极限问题

将所求极限式转化为数列的首项、公差(比)及 n 的关系式，注意到首项、公差(比)为常数，用极限法则即可求解.

例 6 已知等差数列$\{a_n\}$的公差 $d>0$，首项 $a_1>0$，$S_n=\sum\limits_{i=1}^{n}\frac{1}{a_ia_{i+1}}$，则$\lim\limits_{n\to\infty}S_n=$________.

解 遇到题中式子通常分拆求和
$$S_n=\sum_{i=1}^{n}\frac{1}{d}\left(\frac{1}{a_i}-\frac{1}{a_{i+1}}\right)=\frac{1}{d}\sum_{i=1}^{n}\left(\frac{1}{a_i}-\frac{1}{a_{i+1}}\right)=\frac{1}{d}\left(\frac{1}{a_i}-\frac{1}{a_{i+1}}\right)=$$
$$\frac{1}{d}\left(\frac{1}{a_1}-\frac{1}{a_1+dn}\right)=\frac{1}{a_1d}-\frac{1}{d(a_1+nd)}$$
所以
$$\lim_{n\to\infty}S_n=\frac{1}{a_1d}$$

例 7 等差数列$\{a_n\}$和$\{b_n\}$的前 n 项和分别为 S_n 和 T_n，若$\frac{S_n}{T_n}=\frac{2n}{3n+1}$，则$\lim\limits_{n\to\infty}\frac{a_n}{b_n}$等于(　　).

(A)1　　(B)$\frac{\sqrt{6}}{3}$　　(C)$\frac{2}{3}$　　(D)$\frac{4}{9}$

解 有
$$\lim_{n\to\infty}\frac{a_n}{b_n}=\lim_{n\to\infty}\frac{a_1+(n-1)d_1}{b_1+(n-1)d_2}=\lim_{n\to\infty}\frac{a_1-d_1+nd_1}{b_1-d_2+nd_2}=\frac{d_1}{d_2}$$
又由前 n 项和公式得
$$\frac{S_n}{T_n}=\frac{a_1+a_n}{b_1+b_n}=\frac{2a_1-d_1+d_1n}{2b_1-d_2+d_2n}=\frac{2n}{3n+1}$$
两边取极限得$\frac{d_1}{d_2}=\frac{2}{3}$，故选(C).

例 8 等比数列$\{a_n\}$的首项为 $a_1=-1$，前 n 项和为 S_n，若$\frac{S_{10}}{S_5}=\frac{31}{32}$，则$\lim\limits_{n\to\infty}S_n$等于

(　　).

(A) $\frac{2}{3}$　　　(B) $-\frac{2}{3}$　　　(C) 2　　　(D) -2

解　首先根据条件求出公比 q,然后写出 S_n 的表达式,进而求极限.

由求和公式及条件得 $\frac{1-q^{10}}{1-q^5}=\frac{31}{32}$,解得 $q=-\frac{1}{2}$,所以 $\lim\limits_{n\to\infty} S_n=\lim\limits_{n\to\infty}\{-\frac{2}{3}[1-(-\frac{1}{2})^n]\}=-\frac{2}{3}$,故选(B).

四、综合题型

解这类题要综合运用数列的有关概念、性质、几何意义以及相关的不等式、取对数等方法.

例 9　设等差数列 $\{a_n\}$ 的前 n 项和为 S_n,已知 $a_3=12, S_{12}>0, S_{13}<0$.

(1) 求公差 d 的取值范围;

(2) 指出 $S_1, S_2, \cdots, S_{12}$ 中哪一个值最大,并说明理由.

解　(1) 由 $a_3=12$ 得 a_1, d 的关系 $a_1=12-2d$,这样 S_{12}, S_{13} 可表示成 d 的关系式.由此得 d 的不等式组,解之即得

$$-\frac{24}{7}<d<-3$$

(2) 由 $d<0$ 可知 $a_1>a_2>\cdots>a_{12}>a_{13}$.因此,在 $1\leqslant n\leqslant 12$ 中若存在正整数 n 使 $a_n>0, a_{n+1}<0$,则可断定 S_n 是最大值.

有以下两种思路求解.

i 由 $S_{12}=6(a_6+a_7)>0, S_{13}=6\cdot 2a_7+a_7<0$,可知 $a_6>0, a_7<0$,故 S_6 最大.

ii 由通项公式得

$$\begin{cases} a_1+(n-1)d>0 \\ a_1+nd<0 \end{cases}$$

将 $a_1=12-2d$ 代入不等式组并解之得(注意 $d<0$)

$$-\frac{12}{d}+2<n<-\frac{12}{d}+3$$

由 d 的取值范围即得 $\frac{7}{2}<-\frac{12}{d}<4$,所以 $\frac{11}{2}<n<7, n=6$,故 S_6 最大.

此题也可从函数观点考虑.由求和公式得

$$S_n=na_1+\frac{n(n-1)}{2}d=n(12-2d)+\frac{1}{2}n(n-1)d=$$

$$\frac{d}{2}[n-\frac{1}{2}(5-\frac{24}{d})]^2-\frac{d}{2}[\frac{1}{2}(5-\frac{24}{d})]^2$$

由 $d<0$ 知当 $[n-\frac{1}{2}(5-\frac{24}{d})]^2$ 最小时,S_n 最大.而

$$-\frac{24}{7}<d<-3$$

所以

$$6<\frac{1}{2}(5-\frac{24}{d})<6.5$$

故 $n=6$ 时，$[n-\frac{1}{2}(5-\frac{24}{d})]^2$ 最小，故 S_6 最大.

例 10 设 $\{a_n\}$ 是正数组成的数列，其前 n 项和为 S_n，并且对于所有的正整数 n，a_n 与 2 的等差中项等于 S_n 与 2 的等比中项.

(1) 写出数列 $\{a_n\}$ 的前三项；

(2) 求数列 $\{a_n\}$ 的通项公式（写出推证过程）；

(3) 令 $b_n=\frac{1}{2}(\frac{a_{n+1}}{a_n}+\frac{a_n}{a_{n+1}})$，$n\in\mathbf{N}^+$，求 $\lim\limits_{n\to\infty}(b_1+b_2+\cdots+b_n-n)$.

解 (1) 由题设知 $\frac{a_n+2}{2}=\sqrt{2S_n}$ 对所有正整数成立，分别令 $n=1,2,3$，便可求得数列前三项分别为 2，6，10.

(2) 由数列前三项可猜测出该数列是首项为 2，公差为 4 的等差数列，即

$$a_n=2+4(n-1)=4n-2\quad(n\in\mathbf{N}^+)$$

运用数学归纳法即可证明.

由 $\frac{a_n+2}{2}=\sqrt{2S_n}(n\in\mathbf{N}^+)$ 也可推证出，整理得

$$S_n=\frac{1}{8}(a_n+2)^2$$

由此得

$$S_{n+1}=\frac{1}{8}(a_{n+1}+2)^2$$

所以

$$a_{n+1}=S_{n+1}-S_n=\frac{1}{8}[(a_{n+1}+2)^2-(a_n+2)^2]$$

整理得

$$(a_{n+1}+a_n)(a_{n+1}-a_n-4)=0$$

由题意知 $a_{n+1}+a_n\neq 0$，所以 $a_{n+1}-a_n=4$，即数列 $\{a_n\}$ 是公差为 4，首项为 2 的等差数列，故 $a_n=4n-1$.

(3) 因为

$$\begin{aligned}b_1+b_2+\cdots+b_n=&\frac{1}{2}(\frac{a_2}{a_1}+\frac{a_1}{a_2}+\frac{a_3}{a_2}+\frac{a_2}{a_3}+\cdots+\frac{a_{n+1}}{a_n}+\frac{a_n}{a_{n+1}})=\\&\frac{1}{2}(\frac{a_2}{a_1}+2+2+\cdots+2+\frac{a_n}{a_{n+1}})=\\&\frac{1}{2}[\frac{6}{2}+\frac{4n-2}{4(n+1)-2}+2(n-1)]=\\&\frac{1}{2}(1+\frac{2n-1}{2n+1})+n=1-\frac{1}{2n+1}+n\end{aligned}$$

所以

$$\lim_{n\to\infty}(b_1+b_2+\cdots+b_n-n)=\lim_{n\to\infty}(1-\frac{1}{2n+1})=1$$

例 11 设$\{a_n\}$是由正数组成的等比数列，S_n 是其前 n 项和.

(1) 证明：$\frac{\lg S_n+\lg S_{n+2}}{2}<\lg S_{n+1}$；

(2) 是否存在常数 $c>0$，使得$\frac{\lg(S_n-c)+\lg(S_{n+2}-c)}{2}=\lg(S_{n+1}-c)$成立？证明你的结论.

证明 (1) 由对数函数的单调性知，只需证 $S_nS_{n+2}<S_{n+1}^2$，即 $S_nS_{n+2}-S_{n+1}^2<0$. 显然需利用求和公式转化为关于首项 a_1，公比 q 的不等式，且需分 $q=1$ 和 $q\neq 1$ 两种情况使用不同的求和公式.

(2) 假设存在常数 $c>0$，使$\frac{\lg(S_n-c)+\lg(S_{n+2}-c)}{2}=\lg(S_{n+1}-c)$，则有

$$\begin{cases}S_n-c>0 & ①\\ S_{n+1}-c>0 & ②\\ S_{n+2}-c>0 & ③\\ (S_n-c)(S_{n+2}-c)=(S_{n+1}-c)^2 & ④\end{cases}$$

由 ④ 的变形及 ①，②，③ 和平均值不等式得

$$\begin{aligned}S_nS_{n+2}-S_{n+1}^2&=c(S_n+S_{n+2}-2S_{n+1})=\\&c[(S_n-c)+(S_{n+2}-c)-2(S_{n+1}-c)]\geqslant\\&c[2\sqrt{(S_n-c)(S_{n+2}-c)}-2(S_{n+1}-c)]=0\end{aligned}$$

而由(1) 知 $S_nS_{n+2}-S_{n+1}^2<0$，矛盾，故不存在这样的正常数 c.

怎样解高考中的数列综合题

高考一贯重视数列综合题,原因在于:

(1) 不仅数列本身是重要的基础知识,而且它与数、式、函数、方程、不等式有天然的密切联系,加之数列题中还包含重要的数学思想方法和基本技能;

(2) 数列是学习极限、微分、积分、级数的基础,数列是通向高等数学的阶梯和桥梁;

(3) 数列综合题对学生能力有较高的要求,在高考中常常被列为压轴题或中档题,用来考查学生综合运用知识的能力.

让我们针对高考中数列综合题的主要类型,剖析它们是怎样综合的,然后揭示解题的思路、方法和要点.

一、等差数列与等比数列的综合

例1 数列$\{a_n\}$为等差数列(公差$d\neq 0$),数列$\{a_n\}$中的部分项组成的数列:$a_{k_1}, a_{k_2}, a_{k_3}, a_{k_4}, \cdots, a_{k_n}, \cdots$恰为等比数列,其中$k_1=1, k_2=5, k_3=17$,求$k_1+k_2+k_3+\cdots+k_n$的值.

解 因为$a_5^2=a_1a_{17}$,所以

$$(a_1+4d)^2=a_1(a_1+16d)$$

即

$$16d^2=8a_1d$$

又因为$d\neq 0$,所以$d=\frac{a_1}{2}$(求出基本元素的代换关系),等比数列$\{ak_n\}$的公比$q=\frac{a_5}{a_1}=\frac{a_1+4d}{a_1}=3$,故

$$a_{k_n}=a_1 3^{n-1} \quad ①$$

由题意a_{k_n}又是等差数列的第k_n项,所以$a_{k_n}=a_1+(k_n-1)d$,即

$$a_{k_n}=\frac{1}{2}(k_n+1)a_1 \quad ②$$

从①与②解得

$$k_n=2\times 3^{n-1}-1$$

故

$$k_1+k_2+k_3+\cdots+k_n=(2\times 1-1)+(2\times 3-1)+(2\times 3^2-1)+\cdots+(2\times 3^{n-1}-1)=2\times\frac{1-3^n}{1-2}-n=3^n-n-1$$

说明 解这类题,一要依据定义,用准用好公式;二要抓住基本元素进行分析;三要进一步抓准关键元素,进行代换、化归、消元、求值.

二、数列$\{a_n\}$与数列$\{S_n\}$的综合

例 2 设数列$\{a_n\}$的前n项和为S_n，若对于所有正整数n，都有$S_n=\dfrac{n(a_1+a_n)}{2}$，证明$\{a_n\}$是等差数列.

证明 当$n\geqslant 2$时

$$S_{n-1}=\frac{(n-1)(a_1+a_{n-1})}{2},S_n=\frac{n(a_1+a_n)}{2}$$

所以
$$a_n=S_n-S_{n-1}=\frac{n(a_1+a_n)}{2}-\frac{(n-1)(a_1+a_{n-1})}{2}$$

从而
$$a_{n+1}-a_n=\frac{(n+1)(a_1+a_{n+1})}{2}-n(a_1+a_n)+\frac{(n-1)(a_1+a_{n-1})}{2}$$

将此式移项化简得

$$a_{n+1}-2a_n+a_{n-1}=0$$

再化为递推关系

$$a_{n+1}-a_n=a_n-a_{n-1},n\geqslant 2$$

因此
$$a_{n+1}-a_n=a_n-a_{n-1}=\cdots=a_3-a_2=a_2-a_1=\text{常数}$$

说明 数列$\{a_n\}$与数列$\{S_n\}$对立统一，相辅相成，从S_n可求a_n，但必须将$a_1=S_1$与$a_n=S_n-S_{n-1}(n\geqslant 2)$区分开，忌混为一谈.

三、数列与函数的综合

例 3 设$a>0,a\neq 1,f(x)=\log_a(x+\sqrt{x^2-1})(x\geqslant 1)$.

(1) 求函数$f(x)$的反函数和这个反函数的定义域；

(2) 记$b_n=f^{-1}(n),S_n=b_1+b_2+b_3+\cdots+b_n$，求证：当$\dfrac{1}{2}<a<2$时，对任意正整数$n$都有$S_n<2^n-(\dfrac{\sqrt{2}}{2})^n$.

解 (1) 反函数为$f^{-1}(x)=\dfrac{a^x+a^{-x}}{2}(a>0,a\neq 1)$.

i 当$a>1$时，定义域为$[0,+\infty)$；

ii 当$0<a<1$时，定义域为$(-\infty,0]$.

(2) 可知

$$b_n=\frac{a^n+a^{-n}}{2},a>0,a\neq 1$$

因为
$$\frac{1}{2}<a<2$$

所以
$$1<2a<4,1<(2a)^n,a^n<2^n$$

让我们先证$2^n+2^{-n}>a^n+a^{-n}$. 因为

$$2^n+2^{-n}-(a^n+a^{-n})=\frac{2^{2n}+1}{2^n}-\frac{a^{2n}+1}{a^n}=$$

$$\frac{1}{2^n a^n}(2^{2n}a^n + a^n - 2^n a^{2n} - 2^n) =$$

$$\frac{1}{2^n a^n}[(2a)^n - 1](2^n - a^n) > 0, n \in \mathbf{N}^+$$

于是

$$S_n = \frac{a + a^{-1}}{2} + \frac{a^2 + a^{-2}}{2} + \cdots + \frac{a^n + a^{-n}}{2} < \frac{2 + 2^{-1}}{2} + \frac{2^2 + 2^{-2}}{2} + \cdots + \frac{2^n + 2^{-n}}{2} =$$

$$2^n - \frac{1}{2}[1 + (\frac{1}{2})^n] < 2^n - \frac{1}{2} \times 2\sqrt{1 \times (\frac{1}{2})^n} = 2^n - (\frac{\sqrt{2}}{2})^n$$

说明 数列与函数如同水乳，易于交融．常需自觉运用函数的概念、性质和思想方法，乃至图象，数形结合．

四、数列与方程的综合

例 4 设$\{a_n\}$是正数组成的数列，其前n项和为S_n，并且对于所有的正整数n，a_n与2的等差中项等于S_n与2的等比中项．

(1) 写出数列$\{a_n\}$的前三项；

(2) 求数列$\{a_n\}$的通项公式；

(3) 令$b_n = \frac{1}{2}(\frac{a_{n+1}}{a_n} + \frac{a_n}{a_{n+1}})(n \in \mathbf{N}^+)$，求$\lim\limits_{n\to\infty}(b_1 + b_2 + \cdots + b_n - n)$．

解 (1) 因为$a_n > 0$，所以$\frac{a_n + 2}{2} = \sqrt{2S_n}(n = 1, 2, \cdots)$．下面用解方程的方法解出$a_1$，$a_2$，$a_3$．

当$n = 1$时，$\frac{a_1 + 2}{2} = \sqrt{2a_1}(a_1 > 0)$，所以$a_1 = 2$；

当$n = 2$时，$\frac{a_2 + 2}{2} = \sqrt{2(2 + a_2)}(a_2 > 0)$，所以$a_2 = 6$；

当$n = 3$时，$\frac{a_3 + 2}{2} = \sqrt{2(8 + a_3)}(a_3 > 0)$，所以$a_3 = 10$．

(2)，(3) 请读者自己解．

说明 列方程求未知数是常用的数学方法，当数列中某些基本元素未知时，常需列方程来解．所设元宜少，要重视检验，剔除增根．

五、数列与不等式的综合

例 5 已知等比数列$\{a_n\}$的首项为$a_1 > 0$，公比$q > -1$，$q \neq 0$．设数列$\{b_n\}$的通项公式为$b_n = a_{n+1} + a_{n+2}(n \in \mathbf{N}^+)$，数列$\{a_n\}$，$\{b_n\}$的前$n$项的和分别记为$A_n$，$B_n$，试比较$A_n$与$B_n$的大小．

解 $a_{n+1} = a_1 q^n$，$a_{n+2} = a_1 q^{n+1}$，$q > -1$，$q \neq 0$．

(1) 当$q = 1$时，$A_n = na_1$，$b_n = 2a_1$，$B_n = 2na_1$．因为$a_1 > 0$，所以

$$B_n - A_n = 2na_1 - na_1 = na_1 > 0$$

故

$$B_n > A_n$$

(2) 当 $q\neq 1$ 时，$A_n=\dfrac{a_1(1-q^n)}{1-q}>0$，而 $b_n=a_1q^n(1+q)$，由于 $\dfrac{b_n}{b_{n-1}}=q(n\geqslant 2)$，所以 $\{b_n\}$ 也是等比数列，且公比为 q，故 $B_n=q(1+q)A_n$，推知

$$\frac{B_n}{A_n}=q(1+q)\quad(q>-1)$$

当 $q=\dfrac{\sqrt{5}-1}{2}$ 时，有 $q(q+1)=1$，所以 $B_n=A_n$；

当 $q>\dfrac{\sqrt{5}-1}{2}$ 时，有 $q(q+1)>1$，所以 $B_n>A_n$；

当 $-1<q<\dfrac{\sqrt{5}-1}{2}$ 时，有 $q(q+1)<1$，所以 $B_n<A_n$.

说明　不等式的知识有广泛应用.在数列题中，为了比较大小，经常要用不等式的性质和方法，如比较法、分析法、综合法、放缩法等.

六、数列与极限的综合

例 6　等差数列 $\{a_n\}$，$\{b_n\}$ 的前 n 项和分别为 S_n 与 T_n，若 $\dfrac{S_n}{T_n}=\dfrac{2n}{3n+1}$，则 $\lim\limits_{n\to\infty}\dfrac{a_n}{b_n}$ 等于(　　).

(A)1　　(B) $\dfrac{\sqrt{6}}{3}$　　(C) $\dfrac{2}{3}$　　(D) $\dfrac{4}{9}$

解　因为 $\{a_n\}$ 与 $\{b_n\}$ 都是等差数列，所以

$$a_n=\frac{a_1+a_{2n-1}}{2}=\frac{S_{2n-1}}{2n-1},\ b_n=\frac{b_1+b_{2n-1}}{2}=\frac{T_{2n-1}}{2n-1}$$

所以

$$\frac{a_n}{b_n}=\frac{S_{2n-1}}{T_{2n-1}}=\frac{2(2n-1)}{3(2n-1)+1}=\frac{2n-1}{3n-1}$$

故 $\lim\limits_{n\to\infty}\dfrac{a_n}{b_n}=\dfrac{2}{3}$，选(C).

说明　数列的极限是学习高等数学的基础，也是高考的重要内容.应切实理解极限的概念，切实掌握极限的运算法则.

七、数列与反证法的综合

例 7　设圆 C 的方程为 $x^2+y^2-2x\left(\dfrac{1-\cos\theta}{1+\cos\theta}\right)-2y\tan\dfrac{\theta}{2}+\left(\dfrac{1-\cos\theta}{1+\cos\theta}\right)^2=0$，式中 θ 是实数，且 $0<\theta<\pi$.设 $\theta_1,\theta_2,\theta_3$ 都是区间 $(0,\pi)$ 内的实数，且 $\theta_1,\theta_2,\theta_3$ 为公差不为 0 的等差数列，当 θ 依次取值 $\theta_1,\theta_2,\theta_3$ 时，所对应的圆 C 的半径依次为 r_1,r_2 和 r_3，试问：r_1,r_2,r_3 能否成等比数列？为什么？

解　圆的方程为

$$\left(x-\frac{1-\cos\theta}{1+\cos\theta}\right)^2+\left(y-\tan\frac{\theta}{2}\right)^2=\tan^2\frac{\theta}{2}$$

因为 $0<\theta<\pi$，所以 $0<\dfrac{\theta}{2}<\dfrac{\pi}{2}$，因此

$$r=\tan\frac{\theta}{2}>0$$

故 $$r_1=\tan\frac{\theta_1}{2},r_2=\tan\frac{\theta_2}{2},r_3=\tan\frac{\theta_3}{2}$$

且 $$\frac{\theta_1}{2}+\frac{\theta_3}{2}=\theta_2$$

(1) 如果 $\theta_2=\frac{\pi}{2}$,则

$$\tan\frac{\theta_2}{2}=\tan\frac{\pi}{4}=1$$

那么 $$\frac{\theta_1}{2}+\frac{\theta_3}{2}=\frac{\pi}{2}$$

所以 $$\tan\frac{\theta_1}{2}\tan\frac{\theta_3}{2}=1$$

因为 $r_1r_3=r_2^2=1$. 又由于 $r_1r_2r_3\neq0$,故此时 r_1,r_2,r_3 能成等比数列.

(2) 如果 $\theta_2\neq\frac{\pi}{2}$,则$\frac{\theta_1}{2}+\frac{\theta_3}{2}=\theta_2\neq\frac{\pi}{2}$,于是

$$\frac{\tan\frac{\theta_1}{2}+\tan\frac{\theta_3}{2}}{1-\tan\frac{\theta_1}{2}\tan\frac{\theta_3}{2}}=\frac{2\tan\frac{\theta_2}{2}}{1-\tan^2\frac{\theta_2}{2}}$$

即

$$\frac{r_1+r_3}{1-r_1r_3}=\frac{2r_2}{1-r_2^2} \quad ①$$

假设 r_1,r_2,r_3 能成等比数列,那么 $r_1r_3=r_2^2\neq1$. 代入 ①,得

$$r_1+r_3=2r_2=2\sqrt{r_1r_3}$$

知 $$(\sqrt{r_1}-\sqrt{r_3})^2=0$$

于是 $$r_1=r_3$$

从而 $$r_1=r_2=r_3$$

且 $$\tan\frac{\theta_1}{2}=\tan\frac{\theta_2}{2}=\tan\frac{\theta_3}{2}$$

因为$\frac{\theta_1}{2},\frac{\theta_2}{2},\frac{\theta_3}{2}$都在$(0,\frac{\pi}{2})$内,所以 $\theta_1=\theta_2=\theta_3$,于是 $d=0$,这与条件 $d\neq0$ 相矛盾,所以当 $\theta\neq\frac{\pi}{2}$ 时,r_1,r_2,r_3 不能组成等比数列.

说明 反证法是重要的数学方法,当直接证明碰壁时,便常要转用间接证法. 对存在性问题、唯一性问题、否定性问题,常常采用反证法.

八、数列与数学归纳法的综合

例 8 已知数列$\frac{8\cdot1}{1^2\cdot3^2},\frac{8\cdot2}{3^2\cdot5^2},\cdots,\frac{8n}{(2n-1)^2(2n+1)^2},\cdots,S_n$ 为其前 n 项和,计算得

$S_1=\frac{8}{9}, S_2=\frac{24}{25}, S_3=\frac{48}{49}, S_4=\frac{80}{81}$. 观察上述结果，推测出计算 S_n 的公式，并用数学归纳法加以证明.

解　$S_n=\frac{(2n+1)^2-1}{(2n+1)^2}(n\in\mathbf{N}^+)$. 证明如下.

(1) 当 $n=1$ 时，$S_1=\frac{3^2-1}{3^2}=\frac{8}{9}$，结论成立；

(2) 设当 $n=k$ 时，等式成立，即 $S_k=\frac{(2k+1)^2-1}{(2k+1)^2}$，则

$$S_{k+1}=S_k+\frac{8(k+1)}{(2k+1)^2(2k+3)^2}=\frac{(2k+1)^2-1}{(2k+1)^2}+\frac{8(k+1)}{(2k+1)^2(2k+3)^2}=$$

$$\frac{[(2k+1)^2-1](2k+3)^2+8(k+1)}{(2k+1)^2(2k+3)^2}=$$

$$\frac{(2k+1)^2(2k+3)^2-(2k+3)^2+8(k+1)}{(2k+1)^2(2k+3)^2}=$$

$$\frac{(2k+1)^2(2k+3)^2-(2k+1)^2}{(2k+1)^2(2k+3)^2}=$$

$$\frac{(2k+3)^2-1}{(2k+3)^2}=\frac{[2(k+1)+1]^2-1}{[2(k+1)+1]^2}$$

由此可知，当 $n=k+1$ 时，等式也成立，结论正确. 根据(1)和(2)可知，S_n 的表达式对任何 $n\in\mathbf{N}^+$ 都成立.

说明　数学归纳法很有用，经常用来证明与正整数列相关的命题，它虽是定法，但在使用时，仍有思考性，仍有难度，要防止假证，不可"有形无实"，要严格证明，"当 $n=k+1$ 时结论成立".

怎样解高考中的复合数列问题

一、通项探求型

这类题一般转化为等差、等比数列或常见的简单的递推数列来实现求解，求解过程直接化、求解技巧模式化.

例1 正数数列$\{a_n\}$的前n项和为S_n，且$2\sqrt{S_n}=a_n+1$.

(1) 试求数列$\{a_n\}$的通项公式；

(2) 设$b_n=\dfrac{1}{a_n a_{n+1}}$，数列$\{b_n\}$的前$n$项和为$B_n$，求证：$B_n<\dfrac{1}{2}$.

解 (1) 由已知得

$$4S_n=(a_n+1)^2$$

又

$$4S_{n-1}=(a_{n-1}+1)^2$$

故

$$4(S_n-S_{n-1})=(a_n+1)^2-(a_{n-1}+1)^2$$

即

$$4a_n=a_n^2+2a_n-a_{n-1}^2-2a_{n-1}$$

所以

$$(a_n+a_{n-1})(a_n-a_{n-1}-2)=0$$

因为$\{a_n\}$为正数数列，所以

$$a_n-a_{n-1}=2$$

即$\{a_n\}$是公差为2的等差数列.

由

$$2\sqrt{S_1}=a_1+1$$

得

$$a_1=1$$

所以

$$a_n=2n-1$$

(2) 由

$$b_n=\frac{1}{a_n a_{n+1}}=\frac{1}{2}\cdot\frac{a_{n+1}-a_n}{a_n a_{n+1}}=\frac{1}{2}\left(\frac{1}{a_n}-\frac{1}{a_{n+1}}\right)$$

知

$$B_n=\frac{1}{2}\left[\left(\frac{1}{a_1}-\frac{1}{a_2}\right)+\left(\frac{1}{a_2}-\frac{1}{a_3}\right)+\cdots+\left(\frac{1}{a_n}-\frac{1}{a_{n+1}}\right)\right]=$$

$$\frac{1}{2}\left(\frac{1}{a_1}-\frac{1}{a_{n+1}}\right)=\frac{1}{2}-\frac{1}{2a_{n+1}}<\frac{1}{2}$$

例2 设$\{a_n\}$是各项均为正数的等比数列，$b_n=\log_2 a_n$，若$b_1+b_2+b_3=3$，$b_1b_2b_3=-3$，求此等比数列的通项a_n.

解 由

$$b_1+b_2+b_3=3$$

得

$$\log_2(a_1a_2a_3)=3$$

因为

$$a_2^2=a_1a_3$$

所以

$$a_2=2$$

又$b_1b_2b_3=-3$，设等比数列公比为q，则

$$\log_2 \frac{2}{q} \cdot \log_2 2 \cdot \log_2 (2q) = -3$$

所以 $q = 4$ 或 $q = \frac{1}{4}$.

因而所求等比数列的通项公式为 $a_n = a_2 q^{n-2} = 2^{2n-3}$ 或 $a_n = 2^{5-2n}$.

例 3　数列 $\{a_n\}$ 中相邻两项 a_n, a_{n+1} 是方程 $x^2 + 3nx + b_n = 0$ 的两根，若 $a_{10} = -17$，求 b_{51}.

解　因为

$$a_n + a_{n+1} = -3n \quad ①$$

$$a_n \cdot a_{n+1} = b_n \quad ②$$

由 ① 得

$$a_{n+1} + a_{n+2} = -3(n+1) \quad ③$$

由 ③ − ① 得

$$a_{n+2} - a_n = -3$$

故 $a_1, a_3, a_5, \cdots, a_{2n-1}$ 和 $a_2, a_4, a_6, \cdots, a_{2n}$ 都是公差为 −3 的等差数列，这样

$$a_{52} = a_{10} + 21 \times (-3) = -80$$

而

$$a_{11} = -3 \times 10 - a_{10} = -13$$

进而

$$a_{51} = a_{11} + 20 \times (-3) = -73$$

所以

$$b_{51} = a_{51} \cdot a_{52} = 5\ 840$$

二、大小比较型

比较两个数列的大小关系型问题，一般利用比差法和比商法来达到目的，借助于数的正负性质来判断，从而获解.

例 4　设 $\{a_n\}$ 是等差数列，$\{b_n\}$ 是等比数列，$a_1 = b_1 > 0$，$a_{2n+1} = b_{2n+1}$，试比较 a_{n+1} 与 b_{n+1} 的大小.

解　据题意有 $a_{2n+1} = a_1 + 2nd = b_1 q^{2n} > 0$，所以

$$a_{n+1} - b_{n+1} = a_1 + nd - a_1 q^n = a_1 + \frac{a_{2n+1} - a_1}{2} - \left(\pm\sqrt{\frac{a_{2n+1}}{a_1}}\right)a_1 =$$

$$\frac{1}{2}\left[a_1 + a_{2n+1} - \left(\pm\sqrt{a_1 a_{2n+1}}\right)\right] = \frac{1}{2}\left(\sqrt{a_1} \pm \sqrt{a_{2n+1}}\right)^2 \geqslant 0$$

所以

$$a_{n+1} \geqslant b_{n+1}$$

三、两个数列的子数列性质型

探索两个数列公共项的有关性质，公共项构成的数列是两个数列的子数列，所以抓住它们的通项是关键.

例 5　设数列 $\{a_n\}$ 是首项为 2，公比为 2 的等比数列，数列 $\{b_n\}$ 是首项为 5，公差为 3 的等差数列，由这两个数列中相同项依次组成一个新数列 $\{c_n\}$，求数列 $\{\frac{1}{c_n}\}$ 的所有项的和.

解　由已知得数列 $\{a_n\}$ 的通项为 $a_n = 2^n$，数列 $\{b_n\}$ 的通项为 $b_n = 3n + 2$.

又 $c_1 = a_3 = b_2 = 8$，设 $a_k = 2^k$ 与 $b_m = 3m + 2$ 相同，则

$$2^k = 3m + 2$$

又因为

$$a_{k+1} = 2^{k+1} = 2 \cdot 2^k = 2(3m+2) = 3(2m+1)+1$$

它不是$\{b_n\}$中的项，而

$$a_{k+2} = 2^{k+2} = 4 \cdot 2^k = 4(3m+2) = 3(4m+2)+2$$

是$\{b_n\}$中的项，那么a_k与a_{k+2}是数列$\{c_n\}$中相邻的两项. 因而

$$a_{k+2}/a_k = 2^{k+2}/2^k = 4$$

所以数列$\{c_n\}$是首项为8，公比为4的等比数列，数列$\{\frac{1}{c_n}\}$的所有项的和是

$$\sum_{i=1}^{\infty} \frac{1}{c_i} = \frac{1}{8}/(1-\frac{1}{4}) = \frac{1}{6}$$

四、存在性探索型

该类型问题一般是先设后证，然后反推探索，若满足题设则存在，若不合题意或矛盾则不存在. 它是探索型命题中的一种极为典型的命题形式.

例 6 是否存在a,b,c使$a_n = an^2 + bn + c$，且满足$a_1 = 1, 3S_n = (n+2)a_n$对一切正整数n都成立，其中$S_n = a_1 + a_2 + \cdots + a_n$. 试证明你的结论；若$b_n = \frac{1}{a_n}$，求$\lim\limits_{n\to\infty}(b_1 + b_2 + \cdots + b_n)$.

解法 1 因为$3S_n = (n+2)a_n$，将$n = 2,3$代入得

$$\begin{cases}3(a_1+a_2) = 4a_2 \\ 3(a_1+a_2+a_3) = 5a_3\end{cases} \Rightarrow \begin{cases}a_2 = 3 \\ a_3 = 6\end{cases}$$

则

$$\begin{cases}a+b+c = 1 \\ 4a+2b+c = 3 \\ 9a+3b+c = 6\end{cases} \Rightarrow \begin{cases}a = \frac{1}{2} \\ b = \frac{1}{2} \\ c = 0\end{cases}$$

所以

$$a_n = \frac{1}{2}(n^2+n)$$

用数学归纳法证明对一切正整数n有$a_n = \frac{1}{2}(n^2+n)$成立，这里从略. 又

$$b_n = \frac{1}{a_n} = \frac{2}{n(n+1)} = 2(\frac{1}{n} - \frac{1}{n+1})$$

所以

$$\lim_{n\to\infty}(b_1+b_2+\cdots+b_n) = 2$$

这里先用特值探求出a,b,c的值，然后再用数学归纳法，这是极为常见的方法. 另外，我们也可以直接利用演绎法求解.

解法 2 因为

$$3S_n = (n+2)a_n$$

故
$$3S_{n-1}=(n+1)a_{n-1}$$
因此
$$3(S_n-S_{n-1})=(n+2)a_n-(n+1)a_{n-1}$$
即
$$(n-1)a_n=(n+1)a_{n-1}$$
所以
$$\frac{a_n}{a_{n-1}}=\frac{n+1}{n-1}$$
由此立得
$$\frac{a_n}{a_{n-1}}\cdot\frac{a_{n-1}}{a_{n-2}}\cdot\cdots\cdot\frac{a_4}{a_3}\cdot\frac{a_3}{a_2}\cdot\frac{a_2}{a_1}=\frac{n+1}{n-1}\cdot\frac{n}{n-2}\cdot\cdots\cdot\frac{6}{4}\cdot\frac{5}{3}\cdot\frac{4}{2}\cdot\frac{3}{1}$$
即$\frac{a_n}{a_1}=\frac{1}{2}n(n+1)a_1=\frac{1}{2}n(n+1)$.

(后略)

五、参数范围型

在复合数列问题中再引入参数难度更大，探索参数的取值范围对考生来说是一个难点．这类问题主要是通过建立目标函数或目标不等式，转化为求函数最值和求解不等式来解决．

例7 已知$a>0,a\neq1$，数列$\{a_n\}$是首项为a，公比也为a的等比数列，令$b_n=a^n\lg a_n$，$n\in\mathbf{N}^+$．

(1) 求数列$\{b_n\}$的前n项和S_n；

(2) 当$a>1$时，求$\lim\limits_{n\to\infty}\frac{S_n}{b_n}$；

(3) 若数列$\{b_n\}$中的每一项总小于它后面的项，求a的取值范围．

解 (1) 由题设知$a_n=a\cdot a^{n-1}=a^n$，所以
$$b_n=a^n\lg a_n=na^n\cdot\lg a$$
$$S_n=a\lg a+2a^2\lg a+\cdots+na^n\lg a=a(1+2a+3a^2+\cdots+na^{n-1})\lg a$$
$$aS_n=a(a+2a^2+\cdots+na^n)\cdot\lg a$$
两式相减，并注意$a>0,a\neq1$，则有
$$(1-a)S_n=a(1+a+a^2+\cdots+a^{n-1}-na^n)\lg a=a(\frac{1-a^n}{1-a}-na^n)\lg a$$
所以
$$S_n=\frac{a\lg a}{(1-a)^2}[1-(1+n-na)a^n]$$

(2) 因为
$$\frac{S_n}{b_n}=\frac{a\lg a[1-(1+n-na)a^n]}{na^n\cdot\lg a(1-a)^2}=\frac{a}{(1-a)^2}[\frac{1}{na^n}-(\frac{1}{n}+1-a)]=$$
$$\frac{a}{(1-a)^2}(\frac{1}{na^n}-\frac{1}{n}+a-1)$$

所以当$a>1$时，$\lim\limits_{n\to\infty}\frac{S_n}{b_n}=\frac{a}{a-1}$.

(3) 令$b_{k+1}>b_k(k\in\mathbf{N}^+)$，则
$$b_{k+1}-b_k=(k+1)a^{k+1}\lg a-ka^k\cdot\lg a=a^k\cdot[k(a-1)+a]\lg a>0$$

其中 $a^k>0$ 时，故只要解 $[k(a-1)+a]\lg a>0$.

i 当 $a>1$ 时，$\lg a>0$，$k(a-1)+a>0$，解得 $k>\dfrac{a}{1-a}$；

ii 当 $0<a<1$ 时，$\lg a<0$，由 $k(a-1)+a<0$，解得 $k>\dfrac{a}{1-a}$.

为使上述不等式对任意正整数 k 都成立，只要 $\dfrac{a}{1-a}$ 小于 k 的最小值 1. 解不等式 $\dfrac{a}{1-a}<1$，得 $a>1$ 或 $0<a<\dfrac{1}{2}$.

怎样在经济工作中应用数列

随着改革开放的不断深入，经济也随之迅速发展，数列在经济工作中的应用也越来越广泛.

一、单利公式

1.单利.

单利是指本金到期后的利息不加入本金计算利息.

2.本利和.

即本金加上利息所得的和.

3.单利公式.

设有一笔资金的本金为 m 元，每期利率为 i，按单利计算利息，则利息值和本利和 S 可按期数排成下面的数列.

时　间	利　息	本利和
第 1 期末	mi	$S_1=m(1+i)$
第 2 期末	$m\cdot 2i$	$S_2=m(1+2i)$
第 3 期末	$m\cdot 3i$	$S_3=m(1+3i)$
…	…	…
第 n 期末	$m\cdot ni$	$S_n=m(1+ni)$

因此，无论利息数列还是本利和数列都是等差数列，则 m 元本金，在利率 i 下，经 n 期后，按单利计算的本利和公式为

$$S_n=m(1+ni) \quad ①$$

例 1　已知本金 $m=2\ 000$ 元，单利率 $i=7\%$，期数 $n=6$，求本利和 S_6.

解　根据公式 ① $S_6=2\ 000\times(1+6\times 7\%)=2\ 000\times 1.42=2\ 840$(元).

例 2　已知本金 $m=1\ 500$ 元，单利率 $i=10\%$，要使本利和达到 3 000 元以上，问至少需要经过多少期?

解　设至少经过 n 期本利和可达到 3 000 元以上.

根据公式 ① 有

$$3\ 000\leqslant 1\ 500\times(1+n\cdot 10\%)$$

$$2\leqslant 1+0.10n$$

所以

$$n\geqslant 10$$

二、复利公式

1. 复利.

复利是指把上期产生的利息也加入本期的本金计算利息，叫作复利.

2. 复利公式.

设有一笔资金的本金为 m 元，每期的利率为 i，若按复利计算，则本利和 S 可按期数排成下面的数列.

时　间	本利和
第 1 期末	$S_1=m(1+i)$
第 2 期末	$S_2=m(1+i)^2$
第 3 期末	$S_3=m(1+i)^3$
…	…
第 n 期末	$S_n=m(1+i)^n$

因此本利和是个等比数列，则 m 元本金在利率 i 下，经 n 期后，按复利计算的本利和公式为

$$S_n=m(1+i)^n \quad ②$$

习惯上常将按复利计算本利和时的利率叫作复利率.

例 3　已知本金 $m=1\ 200$ 元，复利率 $i=7\%$，期数 $n=4$，求本利和总额 S_4.

解　由公式 ② 可得 $S_4=1\ 200\times(1+0.07)^4\approx1.573$(元).

例 4　已知本金 $m=1\ 000$ 元，按复利计算的本利和总额 $S=1\ 600$ 元，期数 $n=3$，求复利率 i.

解　由公式 ② 可得

$$1\ 600=1\ 000\times(1+i)^3$$

即

$$(1+i)^3=1.6$$

$$1+i=\sqrt[3]{1.6}\approx1.17$$

所以

$$i\approx17\%$$

三、年金

在相同的间隔期收到(或支付)的一系列等额的款项叫作年金，例如工资、折旧、租金、保险费、单利利息等都表现为年金的形式.

如果每期的年金为 m 元，利率为 i，共 n 期，那么 n 期后的本利和的总额叫作年金终值.

如果以单利计息，叫作单利年金终值.

如果以复利计算，叫作复利年金终值.

例 5　某人每月底存入银行 100 元，银行的单利率和复利率均为 0.5%，问到年底年终结算时，年金终值各为多少？

解 由于此人每月底存入银行 100 元，最后一个月的存入已到年终，不再计算利息，则各月存款到年终的本利和终值为数列.

1. 按单利率 0.5% 计算.

第 1 月存款终值 $S_1 = 100\times(1+11\times 0.5\%)$；

第 2 月存款终值 $S_2 = 100\times(1+10\times 0.5\%)$；

⋮

第 12 月存款终值 $S_{12} = 100\times(1+0\times 0.5\%)$.

因此数列 $S_{12}, S_{11}, \cdots, S_1$ 是公差 $d = 100\times 0.5\% = 0.5$，项数 $n=12$，首项 $a_1 = S_{12} = 100$ 的等差数列. 由等差数列前 n 项和公式可得年底的年金终值为

$$F = \frac{12}{2}[100 + 100(1+11\times 0.5\%)] = 1\ 233(\text{元})$$

由此可知，一般来说，每期年金为 m 元，单利率为 i，则经 n 期后的单利年金终值公式为

$$F = \frac{n}{2}[2m + (n-1)\cdot mi] = n\cdot m + \frac{1}{2}n(n-1)mi$$

式中后一项 $\frac{1}{2}n(n-1)mi$ 就是 n 期年金的利息总额.

2. 按复利率 0.5% 计算.

第 1 月存款终值 $S_1 = 100\times(1+0.5\%)^{11}$；

第 2 月存款终值 $S_2 = 100\times(1+0.5\%)^{10}$；

⋮

第 12 月存款终值 $S_{12} = 100\times(1+0.5\%)^0$.

因此数列 $S_{12}, S_{11}, \cdots, S_1$ 是公比 $q = 1.005$，项数 $n=12$，首项 $a_1 = S_{12} = 100$ 的等比数列，由等比数列前 n 项和公式可得年底的年金终值为

$$F = \frac{100(1.005^{12}-1)}{1.005-1} \approx 1\ 233.56(\text{元})$$

由此可知，一般来说，每期年金为 m 元，复利率为 i，第 n 期时的年金终值公式为

$$F = \frac{m[(1+i)^n - 1]}{(1+i)-1} = \frac{m[(1+i)^n - 1]}{i}$$

而 n 期后年金终值为

$$F = \frac{m(1+i)[(1+i)^n - 1]}{i}$$

怎样用数列的单调性解决不等式问题

单调性是数列的一个重要性质.一般地,如果数列$\{a_n\}$满足:对任何正整数n,若$a_{n+1}>a_n$(或$a_{n+1}<a_n$)均成立,则称数列$\{a_n\}$是递增(减)数列.很多与正整数有关的不等式问题,可利用相关数列的单调性获得简单解决,下面举例说明.

一、证明不等式

利用数列的单调性证明不等式的基本思路是:欲证$f(n)\geqslant g(n)(n\in\mathbf{N}^+)$,构造辅助数列$\{a_n\}$,其中$a_n=f(n)-g(n)$(或$a_n=\dfrac{f(n)}{g(n)}$),通过确定数列$\{a_n\}$的单调性而获证.

例1 已知$x>-1$,且$x\neq 0$,$n\in\mathbf{N}^+$,且$n\geqslant 2$,求证:$(1+x)^n>1+nx$.

解 这里我们利用数列的单调性处理.

因$x>-1$,所以$(1+x)^n>0$,于是目标不等式成立$\Leftrightarrow\dfrac{1+nx}{(1+x)^n}<1$.

构造数列$\left\{\dfrac{1+nx}{(1+x)^n}\right\}(n\in\mathbf{N}^+)$,由于此数列的首项是1,则只需证明此数列单调递减即可.

设$a_n=\dfrac{1+nx}{(1+x)^n}(n\in\mathbf{N}^+)$,由

$$a_{n+1}-a_n=\frac{1+(n+1)x}{(1+x)^{n+1}}-\frac{1+nx}{(1+x)^n}=-\frac{nx^2}{(1+x)^{n+1}}<0$$

有$a_{n+1}<a_n$,知数列$\{a_n\}$是递减数列,所以对于$n\geqslant 2$,有$a_n<a_1=1$,即$\dfrac{1+nx}{(1+x)^n}<1$成立,原不等式获证.

例2 设$n\geqslant 2$且$n\in\mathbf{N}^+$,求证:$(1+\frac{1}{3})(1+\frac{1}{5})(1+\frac{1}{7})\cdots(1+\frac{1}{2n-1})>\frac{1}{2}\sqrt{2n+1}$.

解 构造数列,设

$$a_n=\frac{2(1+\frac{1}{3})(1+\frac{1}{5})(1+\frac{1}{7})\cdots(1+\frac{1}{2n-1})}{\sqrt{2n+1}},n\geqslant 2,n\in\mathbf{N}^+$$

则只需证$a_n>1(n\geqslant 2)$.因

$$\frac{a_{n+1}}{a_n}=\frac{(1+\frac{1}{2n+1})\sqrt{2n+1}}{\sqrt{2n+3}}=\frac{2n+1}{\sqrt{4(n+1)^2-1}}>1$$

则$a_{n+1}>a_n$,数列$\{a_n\}$是递增数列,所以$a_n\geqslant a_2=\sqrt{\dfrac{64}{45}}>1$,原不等式获证.

二、确定不等式中参数的取值

根据参数不等式的结构特征,恰当地构造一个辅助数列,应用数列的单调性求含参不

等式中参数的取值范围，可以收到事半功倍的效果.

例 3 已知不等式$\frac{1}{n+1}+\frac{1}{n+2}+\cdots+\frac{1}{2n}\geqslant\frac{1}{12}\log_a(a-1)+\frac{2}{3}$对所有$n\in\mathbf{N}^+$且$n\geqslant 2$恒成立，试确定参数 a 的取值范围.

解 构造数列$\{a_n\}$，令 $a_n=\frac{1}{n+1}+\frac{1}{n+2}+\cdots+\frac{1}{2n}(n\geqslant 2)$，注意到

$$a_{n+1}-a_n=\frac{1}{2n+1}+\frac{1}{2n+2}-\frac{1}{n+1}=\frac{1}{(2n+1)(2n+2)}>0$$

有 $a_{n+1}>a_n$，则数列$\{a_n\}$是递增数列.因而

$$a_n\geqslant a_2=\frac{1}{3}+\frac{1}{4}=\frac{7}{12}$$

欲使 $a_n>\frac{1}{12}\log_a(a-1)+\frac{2}{3}$ 对所有 $n\geqslant 2$ 恒成立，必须有

$$\frac{1}{12}\log_a(a-1)+\frac{2}{3}<\frac{7}{12}$$

即

$$\log_a(a-1)<-1$$

从而

$$\begin{cases}a-1>0\\a-1<\dfrac{1}{a}\end{cases}$$

于是有

$$1<a<\frac{1+\sqrt{5}}{2}$$

故所求 a 的取值范围是$(1,\frac{1+\sqrt{5}}{2})$.

怎样学习正整数列

正整数列

$$1,2,3,\cdots,n,\cdots \tag{①}$$

是我们接触最多也是最简单的数列之一.在中学数学中,正整数列还可以演变出许多形形色色的数列,"演奏"出许多激昂悦耳的"乐曲"来.

一、正整数列与求和

正整数列是首项为1,公差为1的等差数列,其前 n 项和 $S_n=\frac{n(n+1)}{2}$.

如果一个数列为

$$x,x^2,x^3,\cdots,x^n,\cdots \tag{②}$$

底为 x,指数构成正整数列.当 $x=1$ 时,为常数列:1,1,1,…,1,…;当 $x\neq 1$ 时,这是一个首项为 x,公比为 x 的等比数列,前 n 项和为 $S_n=\frac{x(1-x^n)}{1-x}$.当我们对这两个简单数列①,②进行变型时,就会得到很好的结果.

例1 求 $S_n=(1+x)+(2+x^2)+\cdots+(n+x^n)(x\neq 1)$.

解析 这是①,②两个数列对应项和构成的一个新数列的前 n 项和,求 S_n 很容易.

我们继续深入,推广到一般情况.如果一个等差数列$\{a_n\}$与一个等比数列$\{b_n\}$对应项的和构成一个新数列$\{c_n\}$,即 $c_n=a_n+b_n$,则$\{c_n\}$的前 n 项和$S_n=\sum\limits_{i=1}^{n}a_i+\sum\limits_{i=1}^{n}b_i$.

二、正整数列与"错位相减法"

例2 求

$$S_n=x+2x^2+3x^3+\cdots+nx^n \tag{③}$$

解析 这是由①,②两个数列对应项的积构成的一个新数列$\{nx^n\}$的前 n 项和.

若 $x=1$,则为正整数列①.

若 $x\neq 1$,可用错位相减法(不妨命名之)求和,式③两边同乘以 x 得

$$x\cdot S_n=x^2+2x^3+3x^4+\cdots+(n-1)x^n+nx^{n+1} \tag{④}$$

③-④得

$$(1-x)S_n=x+x^2+x^3+\cdots+x^n-nx^{n+1}=\frac{x(1-x^n)}{1-x}-nx^{n+1}$$

所以
$$S_n=\frac{x(1-x^n)}{(1-x)^2}-\frac{nx^{n+1}}{1-x},x\neq 1$$

观察③,x 的系数和指数都构成正整数列.事实上,③是一个等差数列与一个等比数列的对应项的乘积的和,能否推广到一般情况呢?不妨一试.

例3 已知等差数列$\{a_n\}$,公差为 d,求

$$S_n = a_1x + a_2x^3 + a_3x^5 + \cdots + a_nx^{2n-1}, x \neq 1 \quad ⑤$$

解 仿例 2 的解法,在式 ⑤ 两边同乘以 x^2 得

$$x^2S_n = a_1x^3 + a_2x^5 + a_3x^7 + \cdots + a_{n-1}x^{2n-1} + a_nx^{2n+1} \quad ⑥$$

⑤ − ⑥ 得

$$(1-x^2)S_n = a_1x + (a_2 - a_1)x^3 + (a_3 - a_2)x^5 + \cdots + (a_n - a_{n-1})x^{2n-1} - a_nx^{2n+1} =$$
$$a_1x + dx^3 + dx^5 + \cdots + dx^{2n-1} - a_nx^{2n+1}$$

对于等式右边除首末两项外,其余各项成等比数列.其和可求

$$S_n = \frac{1}{1-x^2}\left(a_1x + dx^3 \cdot \frac{1-x^{2(n-1)}}{1-x^2} - a_nx^{2n+1}\right)$$

引导学生自己总结规律,一般地,一个等差数列与一个等比数列对应项的积的和都可用错位相减法.其实,该法并非无源之水,教科书中等比数列的求和公式的推导就是采用了此法.

三、正整数列与“倒序相加法”

例 4 求

$$S = C_n^0 + 2C_n^1 + 3C_n^2 + \cdots + nC_n^{n-1} + (n+1)C_n^n \quad ⑦$$

解 由于 $C_n^k = C_n^{n-k}(k \leqslant n)$,故对 S 倒序排列

$$S = (n+1)C_n^n + nC_n^{n-1} + (n-1)C_n^{n-2} + \cdots + 2C_n^1 + C_n^0$$

所以

$$2S = (n+2)C_n^0 + (n+2)C_n^1 + (n+2)C_n^2 + \cdots + (n+2)C_n^n =$$
$$(n+2)(C_n^0 + C_n^1 + C_n^2 + \cdots + C_n^n) = (n+2) \cdot 2^n$$

所以

$$S = (n+2) \cdot 2^{n-1}$$

这里式 ⑦ 由一组组合数构成,组合数系数是正整数列各项,直至 $n+1$.由于组合数的对称性,所以该数列具有前后各项的和谐美和对称美.

例 4 的求和方法不妨叫倒序相加法,这种方法本身也源于课本,即等差数列的前 n 项和公式推导:整齐排放着的一堆钢管,设想在这堆钢管的旁边倒放着同样一堆钢管,这样每层钢管数都相等,于是钢管总数

$$S_n = \frac{n(a_1 + a_n)}{2} \quad ⑧$$

而梯形的面积公式

$$S_{梯形} = \frac{h(a+b)}{2} \quad ⑨$$

(梯形上下底边长为 a,b,高为 h),也用此法求得.若当梯形上底 $a = 0$,即为三角形,那么

$$S_{\triangle} = \frac{hb}{2} \quad ⑩$$

如果紧接着引导学生将平面图形推广到立体图形,岂不更好!

例 5 一个圆柱体底面积为 S,高为 h,被一个不平行于底面的平面所截,截取部分如图 1 所示,较长部分为 h_1,较短部分为 $h_2(0 < h_2 < h_1 < h)$,求截取部分的体积.

解 仿照上述公式的推导方法只要再构造出一个完全等体积的几何体,使其“取长补

短”构成一个“完美”的圆柱体，新的圆柱体高为 h_1+h_2，底面积为 S 不变. 所求几何体体积为

$$V=\frac{S(h_1+h_2)}{2} \qquad ⑪$$

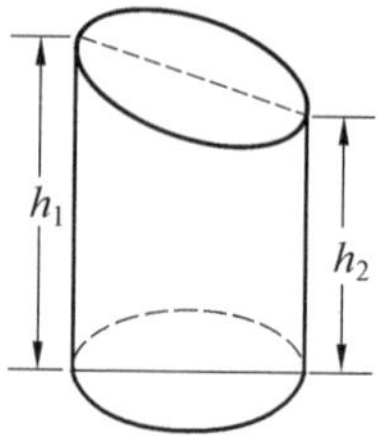

图 1

对照公式 ⑧，⑨，⑩，⑪，其构造形式何等相似！试想，我们将数列求和、平面图形求面积、立体图形求体积互相渗透，不是可以将知识加深记忆、灵活运用、相得益彰吗？

如果将例 4 中的组合数 $C_n^r(r=0,1,2,\cdots,n)$ 的系数 $1,2,3,\cdots n,n+1$ 这个正整数列改为等差数列 $\{a_n\}$ 中的对应项又如何呢？

例 6 已知 $a_0,a_1,a_2,\cdots,a_n,\cdots$ 为等差数列，公差为 d，求 $a_0C_n^0+a_1C_n^1+a_2C_n^2+\cdots+a_{n-1}C_n^{n-1}+a_nC_n^n$ 的值.

解 仿例 4，设

$$S=a_0C_n^0+a_1C_n^1+a_2C_n^2+\cdots+a_{n-1}C_n^{n-1}+a_nC_n^n$$

倒序为

$$S=a_nC_n^n+a_{n-1}C_n^{n-1}+a_{n-2}C_n^{n-2}+\cdots+a_1C_n^1+a_0C_n^0$$

所以

$$2S=(a_0+a_n)C_n^0+(a_1+a_{n-1})C_n^1+\cdots+(a_{n-1}+a_1)C_n^{n-1}+(a_n+a_0)C_n^n$$

因为等差数列的性质

$$a_0+a_n=a_1+a_{n-1}=\cdots=a_{n-1}+a_1=a_n+a_0$$

所以

$$S=\frac{a_0+a_n}{2}\cdot 2^n=(a_0+a_n)2^{n-1}$$

四、正整数列与拆项求和

我们还可以对正整数列变换如下，并求和.

例 7 求 $S_n=\frac{1}{1\cdot 2}+\frac{1}{2\cdot 3}+\frac{1}{3\cdot 4}+\cdots+\frac{1}{n(n+1)}$ 的值.

解 显然，$a_n=\frac{1}{n(n+1)}=\frac{1}{n}-\frac{1}{n+1}$（待定系数法拆），所以

$$S_n=\frac{1}{1}-\frac{1}{2}+\frac{1}{2}-\frac{1}{3}+\frac{1}{3}-\frac{1}{4}+\cdots+\frac{1}{n-1}-\frac{1}{n}+\frac{1}{n}-\frac{1}{n+1}=1-\frac{1}{n+1}=\frac{n}{n+1}$$

$a_n=\frac{1}{n(n+1)}$ 的分母由相邻两正整数的乘积构成，相邻两正整数的公差为1，容易拆项求和，再深入一下.

例 8 等差数列 $\{a_n\}$，公差为 d，求 $S_n=\sum\limits_{i=1}^{n}\frac{1}{a_ia_{i+1}}$.

解 易知，对一般项有

$$b_i=\frac{1}{a_ia_{i+1}}=\frac{1}{d}(\frac{1}{a_i}-\frac{1}{a_{i+1}})$$

所以

$$S_n=\sum_{i=1}^{n}\frac{1}{a_ia_{i+1}}=\frac{1}{d}(\frac{1}{a_1}-\frac{1}{a_2}+\frac{1}{a_2}-\frac{1}{a_3}+\cdots+\frac{1}{a_n}-\frac{1}{a_{n+1}})=$$
$$\frac{1}{d}(\frac{1}{a_1}-\frac{1}{a_{n+1}})=\frac{n}{a_1^2+a_1dn}$$

同样对 $S_n=\frac{1}{1\cdot2\cdot3}+\frac{1}{2\cdot3\cdot4}+\frac{1}{3\cdot4\cdot5}+\cdots+\frac{1}{n(n+1)(n+2)}$ 采用待定系数法，将第 n 项拆项，即

$$a_n=\frac{1}{n(n+1)(n+2)}=\frac{1}{2}[\frac{1}{n(n+1)}-\frac{1}{(n+1)(n+2)}]$$

于是

$$S_n=\frac{1}{2}[\frac{1}{1\cdot2}-\frac{1}{2\cdot3}+\frac{1}{2\cdot3}-\frac{1}{3\cdot4}+\frac{1}{3\cdot4}-\cdots+\frac{1}{n(n+1)}-\frac{1}{(n+1)(n+2)}]=$$
$$\frac{1}{2}[\frac{1}{1\cdot2}-\frac{1}{(n+1)(n+2)}]=\frac{n(n+3)}{4(n+1)(n+2)}$$

基本思想是拆项、消项、求和、化简. 有兴趣的读者还可以求 $S_n=\frac{n}{1\cdot2\cdot3}+\frac{n-1}{2\cdot3\cdot4}+\cdots+\frac{1}{n(n+1)(n+2)}$ 的值，答案为$\frac{n(n+1)}{4(n+2)}$，恕不详解.

五、正整数列与数列群

例 9　将正整数列 1,2,3,…,n,… 分组，第 1,2,3,…,n 组分别依次取原数列的 1,2,3,…,n,… 项，竖线为分组线：1 | 2,3 | 4,5,6 | 7,8,9,10 | 11,… 求：

(1) 第 n 组的 n 个数的和；

(2) 前 n 组的和.

解　(1) 我们不妨设第 n 组的第一个数为 a_1，第 n 个数为 a_n，则 a_1 是正整数列的第 $1+2+3+\cdots+(n-1)+1=\frac{n(n-1)}{2}+1=\frac{n^2-n+2}{2}$ 项.

由正整数列的通项公式 $a_n=n$，得

$$a_1=\frac{n^2-n+2}{2}$$

所以第 n 组的 n 个正整数的和为

$$S'_n=n\cdot\frac{n^2-n+2}{2}+\frac{n(n-1)}{2}=\frac{1}{2}(n^3+n)$$

(2) 显然，前 n 组在原正整数列中共有 $1+2+3+\cdots+n=\frac{n(n+1)}{2}$ 项.

所以前 n 组和为

$$S_n=\frac{\frac{n(n+1)}{2}[1+\frac{n(n+1)}{2}]}{2}=\frac{1}{8}(n^4+2n^3+3n^2+2n)$$

读者可以将正整数列推广到等差数列.对等差数列分组,每组依次取原数列的第1,2,3,…,n,…项,试求第n组的n个数的和及前n组的和.当然分组法每组的项数除了成正整数列外,亦可成等差数列,同样可仿照例9求和,恕不详述.

例10 已知数列,作如下分组:1|1,2,1|1,2,3,2,1|1,2,3,4,3,2,1|…|1,2,3,…,n,…3,2,1|…

(1) 试求第n组的所有数的和;

(2) 求前n组的和.

解 (1) 该数列每组依次是原数列的第1,3,5,7,…项,每组项数成奇数数列.各组和依次为1,4,9,16,…,猜想:第n组的和为n^2;或者由于每组项数成奇数数列,猜想第n组有$2n-1$项,显然第n组是两个1到$n-1$的正整数列与n的和.即$S=2\cdot\frac{n(n-1)}{2}+n=n^2$.

(2) 事实上,原数列分组后,每组的和的数列为$1^2,2^2,3^2,\cdots,n^2,\cdots$,是正整数的平方数列.前$n$项和为

$$S_n=1^2+2^2+3^2+\cdots+n^2=\frac{1}{6}n(n+1)(2n+1)$$

又有

$$(j+1)^3-j^3=3j^2+3j+1,j\in\mathbf{N}^+$$

令$j=1,2,3,\cdots,(n-1),n$各值时有

$$2^3-1^3=3\cdot1^2+3\cdot1+1$$
$$3^3-2^3=3\cdot2^2+3\cdot2+1$$
$$4^3-3^3=3\cdot3^2+3\cdot3+1$$
$$\vdots$$
$$(n+1)^3-n^3=3\cdot n^2+3\cdot n+1$$

以上n个等式两端分别相加,整理得

$$1^2+2^2+3^2+\cdots+n^2=\frac{1}{6}n(n+1)(2n+1)\qquad ⑫$$

如果仿上述所谓“公式法”可继续用$(j+1)^4-j^4=4j^3+6j^2+4j+1$.

令$j=1,2,3,\cdots,(n-1),n$各值时有

$$2^4-1^4=4\cdot1^3+6\cdot1^2+4\cdot1+1$$
$$3^4-2^4=4\cdot2^3+6\cdot2^2+4\cdot2+1$$
$$4^4-3^4=4\cdot3^3+6\cdot3^2+4\cdot3+1$$
$$\vdots$$
$$(n+1)^4-n^4=4\cdot n^3+6\cdot n^2+4\cdot n+1$$

以上n个等式两端分别相加,其中将式⑫代入,于是,整理得

$$1^3+2^3+3^3+\cdots+n^3=\left[\frac{1}{2}n(n+1)\right]^2$$

继续依照此法得

$$1^4+2^4+3^4+\cdots+n^4=\frac{1}{30}(6n^5+15n^4+10n^3-n)$$

怎样解正整数群数列的问题

设连续正整数列按从小到大的顺序分群，规定第 n 群中含有 n 个正整数，这就构成一个连续正整数群数列

$$1,(2,3),(4,5,6),(7,8,9,10),\cdots \quad ①$$

下面讨论群数列 ① 的几个问题.

一、求第 n 群中的全体正整数

先求第 n 群第 1 号数. 考察数列 ①，根据规定，并注意到正整数数列是首项为 1，公差为 1 的等差数列，易知它的前 $(n-1)$ 群全体数的个数是

$$1+2+3+4+\cdots+(n-1)=\frac{(n-1)}{2}[1+(n-1)]=\frac{n(n-1)}{2}$$

由于正整数数列的序数与它的对应位置的基数相同，这个 $\frac{n(n-1)}{2}$ 就是第 $(n-1)$ 群最末的那个正整数，所以第 n 群第 1 号数是 $\frac{n(n-1)}{2}+1$，从而第 n 群全体正整数依次是

$$\frac{n(n-1)}{2}+1,\frac{n(n-1)}{2}+2,\frac{n(n-1)}{2}+3,\cdots,\frac{n(n-1)}{2}+n \quad ②$$

例 1　数列 ① 第 8 群第 1 号数是 $\frac{n(n-1)}{2}+1=\frac{8(8-1)}{2}+1=29$，第 8 群全体正整数是 (29,30,31,32,33,34,35,36).

二、问某正整数是第几群第几号数

设 a_n 是第 n 群从小到大的某号数，由 ② 已知第 n 群第 1 号数是 $\frac{n(n-1)}{2}+1$，所以有 $\frac{n(n-1)}{2}+1\leqslant a_n$，即

$$n^2-n+(2-2a_n)\leqslant 0$$

从而

$$\left(n-\frac{1-\sqrt{1-8(1-a_n)}}{2}\right)\left(n-\frac{1+\sqrt{1-8(1-a_n)}}{2}\right)\leqslant 0$$

所以

$$\frac{1-\sqrt{1-8(1-a_n)}}{2}\leqslant n\leqslant\frac{1+\sqrt{1-8(1-a_n)}}{2} \quad ③$$

n 应是满足 ③ 的最大正整数. 确定 n 之后，就容易根据 ② 求出 a_n 是第 n 群第几号数.

例 2　问 100 是第几群第几号数?

解　$a_n=100$，由 ③ 得

$$\frac{1-\sqrt{1-8(1-100)}}{2}\leqslant n\leqslant\frac{1+\sqrt{1-8(1-100)}}{2}$$

$$\frac{1-\sqrt{793}}{2}\leqslant n\leqslant\frac{1+\sqrt{793}}{2}=14.58$$

n 应为满足上式的最大正整数(负数、小数不合题意),所以 $n=14$. 再由 ② 得第 14 群第 1 号数是 $\frac{14(14-1)}{2}+1=92$,所以 100 是第 14 群第 $100-92+1=9$ 号的正整数.

三、求第 n 群全体正整数的和

考察 ② 知,第 n 群正整数和就是以 $\frac{n(n-1)}{2}+1$ 为首项,1 为公差,以 n 为项数的等差数列的和,故第 n 群的和为

$$S_n=\frac{n}{2}\{2[\frac{n(n-1)}{2}+1]+(n-1)\cdot 1\}=\frac{n(n^2+1)}{2} \qquad ④$$

或者,把 ② 中各正整数直接相加得

$$S_n=\frac{n(n-1)}{2}+1+\frac{n(n-1)}{2}+2+\frac{n(n-1)}{2}+3+\cdots+\frac{n(n-1)}{2}+n=$$

$$\underbrace{\frac{n(n-1)}{2}+\frac{n(n-1)}{2}+\frac{n(n-1)}{2}+\cdots+\frac{n(n-1)}{2}}_{n个}+(1+2+3+\cdots+n)=$$

$$\frac{n\cdot n(n-1)}{2}+\frac{n(n+1)}{2}=\frac{n(n^2+1)}{2}$$

例 3 第 100 群全体正整数的和是

$$S_{100}=\frac{n(n^2+1)}{2}=\frac{100(100^2+1)}{2}=500\ 050$$

四、求前 n 群全体正整数的总和

设想把前 n 群数列去掉分群括号,使它变为一个单纯正整数数列,对数列 ① 进行考察知前 n 群的数的个数是

$$1+2+3+4+\cdots+n=\frac{n(n+1)}{2}$$

这就是说,前 n 群去括号后的等差数列的项数为 $\frac{n(n+1)}{2}$,而其首项为 1,公差为 1,故前 n 群的总和是

$$S_{前n}=\frac{1}{2}\cdot\frac{n(n+1)}{2}\{2\cdot 1+[\frac{n(n+1)}{2}-1]\cdot 1\}=$$

$$\frac{1}{8}n(n+1)(n^2+n+2) \qquad ⑤$$

例 4 前 100 群全体正整数的总和是

$$S_{前100}=\frac{100}{8}(100+1)(100^2+100+2)=12\ 753\ 775$$

请注意,以上各式中的 n 是群数列 ① 中的群数,并非纯正整数数列中的正整数. 上述问题求解本可通过去掉括号使之变为纯正整数数列去解,但比较麻烦,而利用算式 ② ~ ⑤ 则表现出极大优越性:它只须知道群数 n 这样一个数字,便可迅速求出相应的解,避免了许多不必

要的麻烦.

以下问题留给有兴趣的读者练习.

给定连续偶数与连续奇数数列,各自的第 n 群含有 n 个数,即 2,(4,6),(8,10,12),(14,16,18,20),… 与 1,(3,5),(7,9,11),(13,15,17,19),…,试分别求:

(1) 第 n 群中全体偶数(奇数);

(2) 求某偶数(奇数)是第几群第几号数?

(3) 第 n 群中全体偶数(奇数)的和;

(4) 前 n 群的全体偶(奇数)的总和.

怎样求特殊数列部分和

数列求和问题是初等数学的重要内容之一，本节仅就某些特殊数列求和问题加以分类，探求前 n 项和的初等解法及理论根据.

一、部分和变换法

某些特定数列化为等差(或等比)数列求和十分方便，我们主要来看以下几种类型的问题.

若$\{a_n\}$是等差数列，$\{b_n\}$是等比数列，那么怎样求数列$\{a_n \pm b_n\}$，$\{a_nb_n\}$，$\{a_n/b_n\}$及$\{b_n/a_n\}$的前 n 项的和呢?

我们可以利用变换部分和的方法来解. 就是先将部分和进行“变换”，使数列转化为等差(或等比)数列的求和问题.

例 1　求下列数列的前 n 项的和.

(1)$1\frac{1}{2}, 3\frac{1}{4}, 5\frac{1}{8}, 7\frac{1}{16}, \cdots$;

(2) $\frac{1}{2}, 2\frac{3}{4}, 4\frac{7}{8}, 6\frac{15}{16}, \cdots$.

解　(1)

$$S_n = 1\frac{1}{2} + 3\frac{1}{4} + 5\frac{1}{8} + \cdots =$$

$$[1 + 3 + \cdots + (2n-1)] + (\frac{1}{2} + \frac{1}{4} + \cdots + \frac{1}{2^n}) =$$

$$n^2 + \frac{(1-1/2^n)/2}{1-1/2} = n^2 + 1 - \frac{1}{2^n}$$

(2)

$$S_n = \frac{1}{2} + 2\frac{3}{4} + 4\frac{7}{8} + \cdots =$$

$$(1-\frac{1}{2}) + (3-\frac{1}{4}) + (5-\frac{1}{8}) + \cdots + [(2n-1) - \frac{1}{2^n}] =$$

$$[1 + 3 + \cdots + (2n-1)] - (\frac{1}{2} + \frac{1}{4} + \cdots + \frac{1}{2^n}) =$$

$$n^2 - 1 + \frac{1}{2^n}$$

例 2　求 $S_n = \sum_{k=1}^{n} k \cdot 2^k$.

解
$$S_n = \sum_{k=1}^{n} k \cdot 2^k = 1 \cdot 2 + 2 \cdot 2^2 + 3 \cdot 2^3 + \cdots + n \cdot 2^n \qquad ①$$

2× ① 得

$$2S_n = 1\cdot 2^2 + 2\cdot 2^3 + 3\cdot 2^4 + \cdots + n\cdot 2^{n+1} \quad ②$$

①－②得

$$-S_n = 2^1 + 2^2 + 2^3 + \cdots + 2^n - n\cdot 2^{n+1}$$

所以

$$S_n = n\cdot 2^{n+1} - (2^1 + 2^2 + \cdots + 2^n) = n\cdot 2^{n+1} - \frac{2(2^n-1)}{2\cdot 1} = 2^{n+1}\cdot n + 2 - 2^{n+1} = (n-1)\cdot 2^{n+1} + 2$$

这种类型数列的求和,一般情形有如下定理.

定理1　若$\{a_n\}$是等差数列,$\{b_n\}$是等比数列,则:

(1) 数列$a_1\pm b_1, a_2\pm b_2, \cdots, a_n\pm b_n, \cdots$,前$n$项的和为

$$S_n = \frac{n(a_1+a_n)}{2} \pm \frac{b_1 - b_n q}{1-q}, q\neq 1$$

(2) 数列$a_1b_1, a_2b_2, \cdots, a_nb_n, \cdots$,前$n$项的和为

$$S_n = \frac{1}{1-q}\left[a_1b_1 + \frac{db_2(1-q^{n-1})}{1-q} - a_nb_nq\right], q\neq 1$$

我们把证明留给读者,其中d为公差,q为公比.

二、降阶求和法

我们用降阶法求关于前n个正整数的k次幂的和.

设$S_k = \sum\limits_{i=1}^{n} i^k$,下面分别来求$S_1, S_2, S_3, \cdots$.

(1) 在恒等式$(a+1)^2 - a^2 = 2a+1$中,依次令$a = n, n-1, n-2, \cdots, 3, 2, 1$,得

$$(n+1)^2 - n^2 = 2n+1$$
$$n^2 - (n-1)^2 = 2(n-1)+1$$
$$\vdots$$
$$3^3 - 2^2 = 2\cdot 2+1$$
$$2^2 - 1^2 = 2\cdot 1+1$$

把上列等式两边分别相加,得

$$(n+1)^2 - 1 = 2[n + (n-1) + \cdots + 2 + 1] + n$$

所以

$$(n+1)^2 - 1 = 2\sum_{a=1}^{n} a + n$$

或

$$(n+1)^2 - 1 = 2S_1 + n$$

就S_1解之得

$$S_1 = \frac{n(n+1)}{2}$$

(2) 在恒等式$(a+1)^3 - a^3 = 3a^2 + 3a + 1$中,依次令$a = n, n-1, n-2, \cdots, 3, 2, 1$,且将上述诸式两边分别相加,得

$$(n+1)^3-1=3\cdot\sum_{a=1}^{n}a^2+3\cdot\frac{n(n+1)}{2}+n$$

解之得

$$S_2=\frac{n(n+1)(2n+1)}{6}$$

同样地,从等式$(a+1)^4-a^4=4a^3+6a^2+4a+1$出发,并利用以下两个结果,则可求得

$$S_3=\sum_{a=1}^{n}a^3=[\frac{n(n+1)}{2}]^2=S_1^2$$

关于正整数幂求和我们有如下一般定理.

定理 2 若$S_k=\sum_{i=1}^{n}i^k$,则有$(n+1)^{k+1}=C_{k+1}^1S_k+C_{k+1}^2S_{k-1}+\cdots+C_{k+1}^kS_1+n+1$,若令$k=1$,则得

$$(n+1)^2=2S_1+n+1$$

故
$$S_1=\sum_{i=1}^{n}i=\frac{n(n+1)}{2}$$

令$k=2$,得

$$(n+1)^3=3S_2+3S_1+n+1=3S_2+3\cdot\frac{n(n+1)}{2}+n+1$$

故$S_2=\frac{n(n+1)(2n+1)}{6}$,等等.

下面我们来证明这个定理.

证明 根据二项式定理,得

$$(a+1)^{k+1}=a^{k+1}+C_{k+1}^1a^k+C_{k+1}^2a^{k-1}+\cdots+C_{k+1}^ka+C_{k+1}^{k+1}-(a+1)^{k+1}-a^{k+1}=$$
$$C_{k+1}^1a^k+C_{k+1}^2a^{k-1}+\cdots+(k+1)a+1$$

依次令$a=n,n-1,\cdots,3,2,1$,且将诸式两边分别相加,得

$$\sum_{a=1}^{n}[(a+1)^{k+1}-a^{k+1}]=(n+1)^{k+1}-1=C_{k+1}^1\sum_{a=1}^{n}a^k+C_{k+1}^2\sum_{a=1}^{n}a^{k-1}+\cdots+$$
$$(k+1)\sum_{a=1}^{n}a+\sum_{a=1}^{n}1\cdot a^0$$

即
$$(n+1)^{k+1}=C_{k+1}^1S_k+C_{k+1}^2S_{k+1}+\cdots+C_{k+1}^kS_1+n+1$$

三、拆项求和法

这里,仅就通项分别为$a_k=\frac{1}{k(k+1)(k+2)}$及$a_k=k(k+1)(k+2)$两种常见数列的求和方法举例说明一下.

例 3 求$\sum_{k=1}^{n}\frac{1}{k(k+1)}$.

分析 注意到通项$\frac{1}{k(k+1)}=\frac{1}{k}-\frac{1}{k+1}$.

解

$$\sum_{k=1}^{n}\frac{1}{k(k+1)}=\sum_{k=1}^{n}(\frac{1}{k}-\frac{1}{k+1})=$$
$$(1-\frac{1}{2})+(\frac{1}{2}-\frac{1}{3})+\cdots+(\frac{1}{n}-\frac{1}{n+1})=$$
$$1-\frac{1}{n+1}=\frac{n}{n+1}$$

例 4 求$\sum_{k=1}^{n}\frac{1}{k(k+1)(k+2)}$.

解 注意到通项$\frac{1}{k(k+1)(k+2)}=\frac{1}{2}[\frac{1}{k(k+1)}-\frac{1}{(k+1)(k+2)}]$,仿例 3 解法可求得

$$\sum_{k=1}^{n}\frac{1}{k(k+1)(k+2)}=\frac{n(n+3)}{4(n+1)(n+2)}$$

也可以这样来解,设解项 a_k 表示为

$$\frac{1}{k(k+1)(k+2)}=\frac{A}{k}+\frac{B}{k+1}+\frac{C}{k+2}$$

其中 A,B,C 是待定的常数,于是

$$A(k+1)(k+2)+Bk(k+2)+Ck(k+1)=1$$

令 $k=0$,得 $A=1/2$;令 $k=-1$,得 $B=-1$;令 $k=-2$,得 $C=1/2$,则有

$$\frac{1}{k(k+1)(k+2)}=\frac{1}{2k}-\frac{1}{k+1}+\frac{1}{2(k+2)}$$

注 这里对通项进行了"拆项"变换,使它表示成"部分分式"的形式.故

$$S_n=\sum_{k=1}^{n}\frac{1}{k(k+1)(k+2)}=\frac{1}{2}\sum_{k=1}^{n}\frac{1}{k}-\sum_{k=1}^{n}\frac{1}{k+1}+\frac{1}{2}\sum_{k=1}^{n}\frac{1}{k+2}=$$
$$\frac{1}{2}[(1+\frac{1}{2}+\frac{1}{3}+\cdots+\frac{1}{n})+(\frac{1}{3}+\frac{1}{4}+\cdots+\frac{1}{n}+$$
$$\frac{1}{n+1}+\frac{1}{n+2})]-(\frac{1}{2}+\frac{1}{3}+\cdots+\frac{1}{n+1})=$$
$$\frac{1}{2}(1+\frac{1}{2})+\frac{1}{2}(\frac{1}{n+1}+\frac{1}{n+2})-(\frac{1}{2}+\frac{1}{n+1})=$$
$$\frac{1}{4}-\frac{1}{2(n+1)}+\frac{1}{2(n+2)}=\frac{n(n+3)}{4(n+1)(n+2)}$$

以上是几个具体例子,一般情形有如下定理.

定理 3 若 $a_n\in\{a_i\mid a_i\in\mathbf{N}^+$,且 $1\leqslant a_i\leqslant 9\}$,$\{a_n\}$ 为等差数列,公差为 d,则

$$\sum_{i=2}^{n}\frac{1}{a_ia_{i+1}\cdots a_{i+n-1}}=\frac{1}{(n-1)d}(\frac{1}{a_1a_2\cdots a_{k-1}}-\frac{1}{a_{n+1}a_{n+2}\cdots a_{n+k-1}})$$

注 这里我们规定以记号 $a_ia_{i+1}\cdots a_{i+n-1}$ 表示各位数字均成等差数列的 n 位正整数.

定理 3 中取 $a_1=1,d=1,k=2$,则得

$$\sum_{k=1}^{n}\frac{1}{k(k+1)}=1-\frac{1}{n+1}=\frac{n}{n+1}$$

又取 $a_1=1,d=1,k=3$,也可求得例4的结果,即

$$\sum_{k=1}^{n}\frac{1}{k(k+1)(k+2)}=\frac{1}{2}\left[\frac{1}{2}-\frac{1}{(n+1)(n+2)}\right]=\frac{n(n+3)}{4(n+1)(n+2)}$$

定理3的证明只要注意到取辅助函数 $f(k)=\dfrac{1}{a_ka_{k+1}\cdots a_{k+n-2}}$,算出 $f(k)-k(k+1)$ 的结果,很容易证明,请读者自证.

例5 求 $\sum\limits_{k=1}^{n}k(k+1)$.

解 注意到通项 $k(k+1)=\dfrac{1}{3}[k(k+1)(k+2)-(k-1)k(k+1)]$,所以

$$\sum_{k=1}^{n}k(k+1)=\frac{1}{3}\{(1\cdot2\cdot3-0\cdot1\cdot2)+(2\cdot3\cdot4-1\cdot2\cdot3)+\cdots+[n(n+1)(n+2)(n-1)n(n+1)]\}=\frac{1}{3}n(n+1)(n+2)$$

显而易见,以上例题也可利用正整数幂的求和表达式来解

$$\sum_{k=1}^{n}\frac{1}{k(k+1)}=1\cdot(1+1)+2\cdot(2+1)+\cdots+n(n+1)=(1^2+1)+(2^2+2)+\cdots+(n^2+n)=\sum_{k=1}^{n}k+\sum_{k=1}^{n}k^2=\frac{n(n+1)}{2}+\frac{n(n+1)(n+2)}{6}=\frac{1}{2}n(n+1)\left[1+\frac{1}{3}(n+2)\right]=\frac{1}{3}n(n+1)(n+2)$$

这类数列的求和,可有如下定理.

定理4 若 $\{a_n\}$ 为等差数列,公差为 d,则

$$\sum_{i=0}^{n}a_ia_{i+1}\cdots a_{i+k-1}=a_0a_1\cdots a_{k-1}+\frac{1}{(k-1)d}(a_na_{n+1}\cdots a_{n+k-1}-a_0a_1\cdots a_{k-1})$$

证明 (略).

定理4中,取 $a_0=0,d=1,k=2$,则得 $\sum\limits_{k=1}^{n}k(k+1)=\dfrac{1}{3}n(n+1)(n+2)$,这就是例5得的结果.

例6 求 $\sum\limits_{k=1}^{n}\dfrac{k+2}{k!+(k+1)!+(k+2)!}$.

分析 这个例子虽然复杂,但也可用拆项法求和,注意到通项

$$\frac{k+2}{k!+(k+1)!+(k+2)!}=\frac{k+2}{k![1+(k+1)+(k+2)(k+1)]}=\frac{1}{k!(k+2)}=\frac{k+1}{(k+2)!}=\frac{1}{(k+1)!}-\frac{1}{(k+2)!}$$

下面留给读者自解.

四、逐差求和法

为了说明什么是“逐差法”,我们先引进一个关于差数列的新概念.设有数列

$$\{a_n\}: a_1, a_2, a_3, \cdots, a_{n-1}, a_n, \cdots \qquad ①$$

将它的每连续两项的差都求出，即得一新数列

$$a_2 - a_1, a_3 - a_2, \cdots, a_n - a_{n-1}, a_{n+1} - a_n, \cdots \qquad ②$$

是 ① 的第一差数列. 再求出数列 ② 的每连续两项的差，即得原数列 ① 的第二差数列，即

$$a_3 - 2a_2 + a_1, a_4 - 2a_3 + a_2, \cdots, a_{n+1} - 2a_n + a_{n-1}, \cdots \qquad ③$$

依此类推.

如果引进记号 $\Delta a_n = a_{n+1} - a_n$（叫 a_n 的一阶差分），则

$$\Delta^2 a_n = \Delta(\Delta a_n) = \Delta(a_{n+1} - a_n) = (a_{n+2} - a_{n+1}) - (a_{n+1} - a_n) = a_{n+2} - 2a_{n+1} + a_n, \cdots$$

从而 $\Delta a_n, \Delta^2 a_n, \cdots, \Delta^k a_n$ 分别叫作 a_n 的一阶差分，二阶差分，…，k 阶差分.

第一差数列与第二差数列 ①，② 用差分记号表示就是

$$\Delta a_1, \Delta a_2, \cdots, \Delta a_n, \cdots \qquad ①'$$

$$\Delta^2 a_1, \Delta^2 a_2, \cdots, \Delta^2 a_n, \cdots \qquad ②'$$

如果数列 $\{a_n\}$ 的第 k 差数列是一个常数列，那么，我们就把这个数列叫作 k 阶等差数列.

什么是“逐差法”呢？一个数列，直接来看，它的构成并无明显规律可循. 如果我们从它给定的开头一些已知项，逐次求出它的差数列，最后得到一个基本数列（即等差数列或等比数列），就可由此逆推上去，得到原数列的通项公式，从而求得原数列的前 n 项的和，这种方法叫作“逐差法”.

关于 k 阶等差数列的求和有以下定理.

定理 5　以 a_1 为首项，$\Delta a_1, \Delta^2 a_1, \cdots, \Delta^k a_1$ 为各次阶差的首项的 k 阶等差数列前 n 项和的公式为

$$S_n = C_n^1 \Delta^0 a_1 + C_n^2 \Delta a_1 + \cdots + C_n^{k+1} \Delta^k a_1$$

证明定理 5，要用到有关算子 Δ，I 的知识，我们就不证了.

例 7　求：

(1) $S_n = 1 + (1+2) + (1+2+3) + \cdots + (1+2+\cdots+n)$；

(2) $S_n = \sum\limits_{k=1}^{n} k^3$.

解　(1) 这个级数的各项构成数列

1，3，6，10，…　　　　$(a_1 = 1)$

第一差数列：2，3，4，…　　　　$(d_1 = 2)$

第二差数列：1，1，…　　　　$(d_2 = 1)$

由定理 5 的公式，得

$$S_n = n + \frac{n(n-1)}{1 \cdot 2} \cdot 2 + \frac{n(n-1)(n-2)}{1 \cdot 2 \cdot 3} \cdot 1 = \frac{n(n+1)(n+2)}{6}$$

(2) 这一级数的各项构成数列

1，8，27，64，…　　　　$(a_1 = 1)$

第一差数列:7,19,37,… $(d_1=7)$

第二差数列:12,18,… $(d_2=12)$

第三差数列:6,6,… $(d_3=6)$

所以

$$S_n=n+\frac{n(n-1)}{1\cdot 2}\cdot 7+\frac{n(n-1)(n-2)}{1\cdot 2\cdot 3}\cdot 12+\frac{n(n-1)(n-2)(n-3)}{1\cdot 2\cdot 3\cdot 4}\cdot 6=$$

$$\frac{n}{4}[4+14(n-1)+8(n^2-3n+2)+n^3-6n^2+11n-6]=$$

$$\frac{1}{4}n^2(n+1)^2$$

五、待定系数求和法

定理6 通项是关于n的k次多项式数列,它的前n项和可应用关于n的$k+1$次式来表达.

或者说,若$P_k(x)$表示x的k次多项式

$$P_k(x)=a_kx^k+a_{k-1}x^{k-1}+\cdots+a_1x+a_0,a_k\neq 0$$

则依次取$x=1,2,3,\cdots,n,\cdots$,得数列:$P_k(1),P_k(2),P_k(3),\cdots,P_k(n),\cdots$的前$n$项的和$S_n$可以应用一个关于$n$的$k+1$次式来表达.

证明 若$P_k(r)=\sum\limits_{i=0}^{k}a_ir^i$,则$P_k(1)=\sum\limits_{i=0}^{k}a_i1^i$,$P_k(2)=\sum\limits_{i=0}^{k}a_i2^i$,$\cdots$,$P_k(n)=\sum\limits_{i=0}^{k}a_in^i$.

将以上n个等式相加,得

$$S_n=(a_0+a_1+\cdots+a_k)+(a_02^0+a_12^1+\cdots+a_k2^k)+\cdots+$$
$$(a_0n^0+a_1n^1+\cdots+a_kn^k)=$$
$$a_0\sum_{i=1}^{n}i^0+a_1\sum_{i=1}^{n}i^1+\cdots+a_k\sum_{i=1}^{n}i^k$$

根据定理2知,以上结果中的$\sum\limits_{i=1}^{n}i^0,\sum\limits_{i=1}^{n}i^1,\cdots,\sum\limits_{i=1}^{n}i^k$分别是关于$n$的1次,2次,$\cdots$,$k+1$次式,因此,它们的和仍是关于$n$的$k+1$次式.这就是说,$S_n$确可用关于$n$的$k+1$次式来表达.

例8 求

$$\sum_{k=1}^{n}(2k-1)^2 \qquad ①$$

解 这一级数的通项$(2k-1)^2$是关于k的二次式,因此,它的前n项的和S_n可表示成

$$S_n=b_0n^3+b_1n^2+b_2n+b_3 \qquad ②$$

依次取$n=1,2,3,4$,由①,②可得方程组

$$\begin{cases}b_0+b_1+b_2+b_3=1\\8b_0+4b_1+2b_2+b_3=10\\27b_0+9b_1+3b_2+b_3=35\\64b_0+16b_1+4b_2+b_3=84\end{cases}$$

解之得

$$b_0=\frac{4}{3},b_1=0,b_2=-\frac{1}{3},b_3=0$$

所以

$$S_n=\frac{4n^3}{3}-\frac{n}{3}$$

怎样解解析几何中的点列问题

解解析几何中点列问题的核心思想,是将解析几何中的点列问题化归为代数中的数列问题,因而能否实现这一转化,是解决此类问题的关键.

一、建立递推公式法

在直角坐标系中讨论点列问题时,点列的坐标形成两个数列,因而只要依据题设条件,建立点列坐标之间的递推关系,再按照递推数列的有关处理手法,便能使问题归于解决.

在建立递推公式时,可遵循以下几个有效途径.

1. 利用方程组. 即利用求两曲线交点坐标的方法,将曲线方程构成方程组,进而得到任意相邻两点的横坐标或纵坐标间的递推式.

例1 设 A_1 为曲线 $xy=1(x>0,y>0)$ 与直线 $y=x$ 的交点,过 A_1 作直线 $y=x$ 的垂线交 x 轴于 B_1,过 B_1 作直线 $y=x$ 的平行线交曲线于 A_2,过 A_2 作 B_1A_2 的垂线交 x 轴于 B_2,用此方法得点列 $B_1,B_2,B_3,\cdots,B_n,\cdots$(图1). 试求 $\lim\limits_{n\to\infty}\dfrac{B_nB_{n+1}}{B_{n-1}B_n}$.

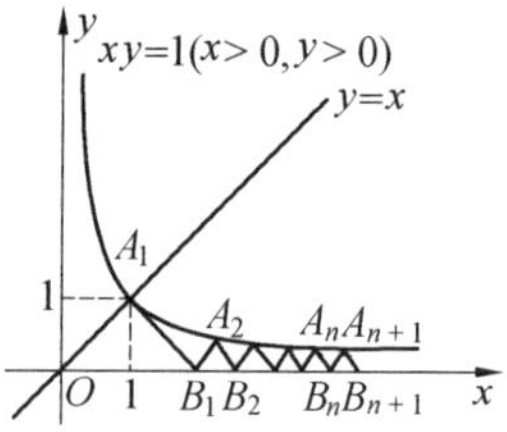

图1

解 由 $\begin{cases}xy=1(x>0,y>0)\\ y=x\end{cases}$,得 $A_1(1,1)$. 设 $B_n(b_n,0)$,由 $A_1B_1\perp OA_1$,知 $k_{A_1B_1}=-1$. 所以 A_1B_1 所在直线方程为 $y-1=-(x-1)$. 令 $y=0$,得 $x=2$,即 $b_1=2$. 因为 $B_nA_{n+1}\ /\!/\ OA_1$,所以 $k_{B_nA_{n+1}}=1$. 所以直线 B_nA_{n+1} 的方程为 $y=x-b_n$. 解方程组 $\begin{cases}xy=1(x>0,y>0)\\ y=x-b_n\end{cases}$,得 $A_{n+1}(\dfrac{b_n+\sqrt{b_n^2+4}}{2},\dfrac{\sqrt{b_n^2+4}-b_n}{2})$. 又 $A_{n+1}B_{n+1}\perp OA_1$,故 $k_{A_{n+1}B_{n+1}}=-1$. 于是直线 $A_{n+1}B_{n+1}$ 的方程为

$$y-\frac{\sqrt{b_n^2+4}-b_n}{2}=-1\cdot(x-\frac{\sqrt{b_n^2+4}-b_n}{2})$$

令 $y=0$,得 $x=\sqrt{b_n^2+4}$,$b_{n+1}=\sqrt{b_n^2+4}$.

所以 $b_{n+1}^2-b_n^2=4$,即数列 $\{b_n^2\}$ 为等差数列,其首项 $b_1^2=4$,公差 $d=4$. 所以

$$b_n^2=4+(n-1)\cdot 4=4n$$

而 $b_n>0$,所以 $b_n=2\sqrt{n}$. 所以

$$\lim_{n\to\infty}\frac{B_nB_{n+1}}{B_{n-1}B_n}=\lim_{n\to\infty}\frac{2\sqrt{n+1}-2\sqrt{n}}{2\sqrt{n}-2\sqrt{n-1}}=\lim_{n\to\infty}\frac{\sqrt{n}+\sqrt{n-1}}{\sqrt{n+1}+\sqrt{n}}=1$$

2. 巧用斜率公式. 当所给问题中的点列与直线的斜率相关且易于表示时,借助斜率公式便可快速建立点列坐标之间的递推关系式.

$$\begin{cases}k_{A_{n+1}B_n}=1\\k_{A_{n+1}B_{n+1}}=-1\\x_{n+1}y_{n+1}=1\end{cases}\text{，即}\begin{cases}\dfrac{y_{n+1}}{x_{n+1}-b_n}=1\\\dfrac{y_{n+1}}{x_{n+1}-b_{n+1}}=1\\x_{n+1}y_{n+1}=1\end{cases}\text{，得}\begin{cases}b_n=x_{n+1}-y_{n+1}\\b_{n+1}=x_{n+1}+y_{n+1}.\\x_{n+1}y_{n+1}=1\end{cases}$$

所以 $b_{n+1}^2-b_n^2=4x_{n+1}y_{n+1}=4$，以下步骤与例 1 同，略.

例 2 如图 2，给定抛物线 $y=x^2$，过原点作斜率为 1 的直线交抛物线于点 P_1，过 P_1 作斜率为 2^{-1} 的直线交抛物线于点 P_2，过 P_2 作斜率为 2^{-2} 的直线交抛物线于点 P_3，…，一般地，过 P_n 作斜率为 2^{-n} 的直线交抛物线于点 P_{n+1}. 按此法得点列 $P_1,P_2,\cdots,P_n,\cdots$. 设 P_n 的坐标为 (x_n,y_n).

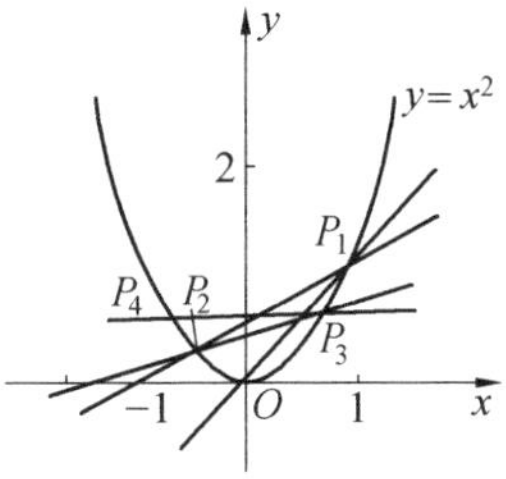

图 2

(1) 求证：数列 $\{x_{2n+1}-x_{2n-1}\}$ 是等比数列；

(2) 求 x_{2n+1}；

(3) $P_1,P_3,P_5,\cdots,P_{2n+1},\cdots$ 向哪一点无限接近?

解 (1)

$$\begin{cases}k_{P_{2n}P_{2n+1}}=2^{-2n}\\k_{P_{2n-1}P_{2n}}=2^{-(2n-1)}\end{cases}$$

即

$$\begin{cases}\dfrac{y_{2n+1}-y_{2n}}{x_{2n+1}-x_{2n}}=2^{-2n}\\\dfrac{y_{2n}-y_{2n-1}}{x_{2n}-x_{2n-1}}=2^{-(2n-1)}\end{cases}\qquad (*)$$

因为点 P_{2n+1},P_{2n},P_{2n-1} 都在抛物线 $y=x^2$ 上，所以 $y_{2n+1}=x_{2n+1}^2,y_{2n}=x_{2n}^2,y_{2n-1}=x_{2n-1}^2$，代入式 $(*)$ 得

$$\begin{cases}\dfrac{x_{2n+1}^2-x_{2n}^2}{x_{2n+1}-x_{2n}}=2^{-2n}\\\dfrac{x_{2n}^2-x_{2n-1}^2}{x_{2n}-x_{2n-1}}=2^{-(2n-1)}\end{cases}$$

所以
$$x_{2n+1}-x_{2n-1}=2^{(-2n)}-2^{-(2n-1)}=-4^{-n}$$

所以
$$\frac{x_{2n+3}-x_{2n+1}}{x_{2n+1}-x_{2n-1}}=\frac{-4^{-(n+1)}}{-4^{-n}}=\frac{1}{4}\quad (n\in\mathbf{N}^+)$$

即数列 $\{x_{2n+1}-x_{2n-1}\}$ 为等比数列.

(2) $x_{2n+1}=\sum\limits_{k=1}^{n}(x_{2k+1}-x_{2k-1})+x_1=-\sum\limits_{k=1}^{n}4^{-k}+1=\dfrac{2}{3}+\dfrac{1}{3\cdot 4^n}$

(3) 因为

$$\lim_{n\to\infty}x_{2n+1}=\lim_{n\to\infty}\left(\frac{2}{3}+\frac{1}{3\cdot 4^n}\right)=\frac{2}{3}$$

$$\lim_{n\to\infty}y_{2n+1}=\lim_{n\to\infty}x_{2n+1}^2=(\lim_{n\to\infty}x_{2n+1})^2=\frac{4}{9}$$

所以点列 $P_1, P_3, P_5, \cdots, P_{2n+1}, \cdots$ 向点 $(\frac{2}{3}, \frac{4}{9})$ 无限接近.

3. 利用定比分点坐标公式. 如果点列的给定与线段的定比分点有关，则利用定比分点坐标公式建立递推式显得非常方便.

例3 给定直线 $l: y = x$ 和点 $P_1(x_1, y_1)$，作点 P_1 关于 l 的对称点 Q_1，过 Q_1 作平行于 x 轴的直线交 l 于点 M_1. 取一点 $P_2(x_2, y_2)$，使 M_1 为线段 Q_1P_2 的内分点且 $Q_1M_1 : M_1P_2 = 2:1$. 再作 P_2 关于 l 的对称点 Q_2，过 Q_2 作平行于 x 轴的直线交 l 于点 M_2. 取一点 $P_3(x_3, y_3)$，使 M_2 为线段 Q_2P_3 的内分点且 $Q_2M_2 : M_2P_3 = 2:1$. 如此继续，确定点列 $P_n(x_n, y_n)(n \in \mathbf{N}^+)$. 当 $x_1 = 5, y_1 = 1, n \to \infty$ 时，求 P_n 的极限点 P 的坐标.

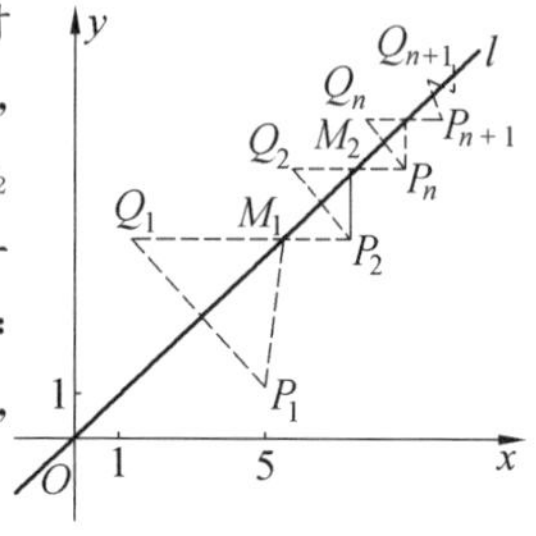

图 3

解 如图3，点 P_{n+1} 的坐标为 (x_{n+1}, y_{n+1})，则依题意可知，点 Q_{n+1} 的坐标为 (y_{n+1}, x_{n+1})，点 M_{n+1} 的坐标为 (x_{n+1}, x_{n+1}).

因为点 M_{n+1} 内分线段 $Q_{n+1}P_{n+2}$ 成 $2:1$，而 P_{n+2} 的坐标为 (x_{n+2}, y_{n+2})，所以

$$x_{n+1} = \frac{y_{n+1} + 2x_{n+2}}{1+2} \qquad (*)$$

又 P_{n+1} 的纵坐标 y_{n+1} 与 M_n, Q_n 的纵坐标相同，故 $y_{n+1} = x_n$. 代入 $(*)$ 得 $2x_{n+2} - 3x_{n+1} + x_n = 6$，即 $x_{n+2} - x_{n+1} = \frac{1}{2}(x_{n+1} - x_n)$. 所以 $\{x_{n+1} - x_n\}$ 是以 $x_2 - x_1$ 为首项，$\frac{1}{2}$ 为公比的等比数列.

将 $x_1 = 5, y_1 = 1$ 代入 $(*)$ 得 $x_2 = 7$. 所以

$$x_2 - x_1 = 7 - 5 = 2$$

所以

$$x_{n+1} - x_n = 2 \cdot (\frac{1}{2})^{n-1} = (\frac{1}{2})^{n-2}$$

所以

$$x_n = \sum_{k=1}^{n-1}(x_{k+1} - x_k) + x_1 = \sum_{k=1}^{n-1}(\frac{1}{2})^{k-2} + 5 = 9 - (\frac{1}{2})^{n-3}$$

所以

$$\lim_{n\to\infty} y_{n+1} = \lim_{n\to\infty} x_n = \lim_{n\to\infty}[9 - (\frac{1}{2})^{n-3}] = 9$$

所以 P_n 的极限点为 $P(9,9)$.

4. 利用平几知识. 若所给问题中含特殊的几何图形，则可将有关几何性质用点的坐标表示，进而得出点列坐标间的递推关系式.

例如，在例1中，易知 $\triangle B_nA_{n+1}B_{n+1}(n \in \mathbf{N}^+)$ 都是等腰直角三角形，所以

$$x_{n+1} = \frac{b_{n+1} + b_n}{2}, y_{n+1} = \frac{b_{n+1} - b_n}{2}$$

两式相乘，并注意到 $x_{n+1}y_{n+1} = 1$，可得递推式 $b_{n+1}^2 - b_n^2(n \in \mathbf{N}^+)$.

以下与例1解答同，略.

例4 在直角坐标系的 x 轴上顺次取点列：$A_1, A_2, \cdots, A_{n-1}, A_n, \cdots$，使分别以 $OA_1, A_1A_2, \cdots, A_{n-1}A_n, \cdots$ 为底边的正三角形的顶点 $B_1, B_2, \cdots, B_n, \cdots$ 落在曲线 $y = \sqrt{x}$ 上，如图4所示，求 $\triangle A_{n-1}A_nB_n$ 的边长 l_n 及面积 S_n.

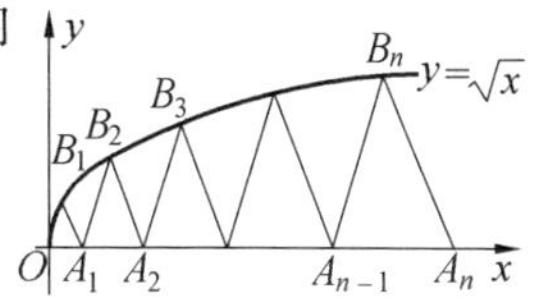

图 4

解 设 $A_n(a_n,0)$,$B_n(x_n,y_n)$.则由正三角形的边与高之间的关系得

$$l_1=a_1=\frac{2}{\sqrt{3}}y_1,l_n=a_n-a_{n-1}=\frac{2}{\sqrt{3}}y_n,n\in\mathbf{N}^+,且\ n\geqslant 2$$

所以

$$l_{n+1}-l_n=\frac{l_{n+1}^2-l_n^2}{l_{n+1}+l_n}=\frac{4}{3}\cdot\frac{y_{n+1}^2-y_n^2}{l_{n+1}+l_n}=\frac{4}{3}\cdot\frac{x_{n+1}-x_n}{l_{n+1}+l_n}$$

又易知 $x_{n+1}-x_n=\frac{1}{2}(l_{n+1}+l_n)$,故得 $l_{n+1}-l_n=\frac{2}{3}$.

所以数列$\{l_n\}$是以 l_1 为首项,$\frac{2}{3}$ 为公差的等差数列.

由于点 $B_1(\frac{l_1}{2},\frac{\sqrt{3}}{2}l_1)$ 在曲线 $y=\sqrt{x}$ 上,故可得 $l_1=\frac{2}{3}$.

所以 $l_n=\frac{2}{3}+(n-1)\cdot\frac{2}{3}=\frac{2}{3}n,S_n=\frac{\sqrt{3}}{4}l_n^2=\frac{\sqrt{3}}{9}n^2$.

二、归纳法

根据题设条件先求出几个初始点的坐标,由此发现规律,归纳、猜想出一般关系式,然后用数学归纳法证之,进而使问题获解.

例 5 已知直线 $l:y=x+1$,从坐标原点起向右依次作等腰直角三角形 $OP_1Q_1,Q_1P_2Q_2,Q_2P_3Q_3,\cdots$,使 $P_1,P_2,P_3,\cdots$ 在直线 l 上,直角顶点 $O,Q_1,Q_2,\cdots$ 在 x 轴正半轴上,如图 5 所示.记点 Q_n 的坐标为$(x_n,0)(n\in\mathbf{N}^+)$,试用 n 表示 x_n 的值.

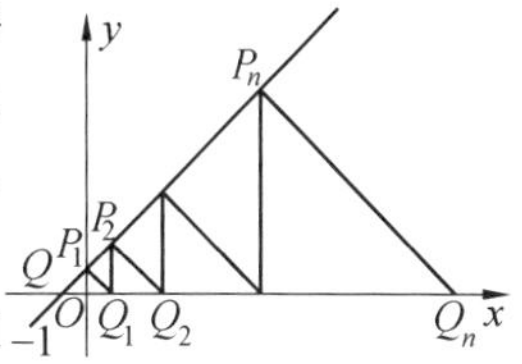

图 5

解 设 l 与 x 轴交于点 Q.显然,点 Q 坐标为(1,0).由等腰直角三角形的性质及中点坐标公式易求得 $x_1=1,x_2=3,x_3=7,\cdots$.由此猜想:$x_n=2^n-1$.

以下用数学归纳法证明之.

(1) 当 $n=1$ 时,显然成立.

(2) 设 $n=k$ 时,猜想成立,即 $x_k=2^k-1$.则

$$x_{k+1}=OQ_{k+1}=OQ_k+Q_kQ_{k+1}=x_k+QQ_k=x_k+[x_k-(-1)]=$$
$$2x_k+1=2(2^k-1)+1=2^{k+1}-1$$

所以 $n=k+1$ 时猜想成立.

由 ①,② 可知,对一切 $n\in\mathbf{N}^+$ 均有 $x_n=2^2-1$.

又如例 1 中,由题设易求得

$$b_1=2,b_2=2\sqrt{2},b_3=2\sqrt{3},\cdots$$

猜想 $b_n=2\sqrt{n}$.(证明略)

再如在例 2 中,据已知条件可求得 $P(1,1),P_2(-\frac{1}{2},\frac{1}{4}),P_3(\frac{3}{4},\frac{9}{16}),P_4(-\frac{5}{8},\frac{25}{64})$,

$P_5(\frac{11}{16},\frac{121}{256})$，$P_6(-\frac{21}{32},\frac{441}{1\ 024})$，$P_7(\frac{43}{64},\frac{1\ 849}{4\ 096})$，$\cdots$.

所以 $x_3-x_1=-\frac{1}{4}$，$x_5-x_3=-\frac{1}{16}$，$x_7-x_5=-\frac{1}{64}$，$\cdots$，猜想：$x_{2n+1}-x_{2n-1}=-(\frac{1}{4})^n$.（证明略）

三、直接化归为特殊数列

对某些点列问题，可直接化归为等差数列或等比数列来处置.

例如，在例3中，由 $P_1(5,1)$ 可求得

$$M_1P_2=\frac{1}{2}Q_1M_1=\frac{1}{2}P_1M_1=2$$

易证 M_1P_2，M_2P_3，，$M_{n-1}P_n$，$\cdots$ 组成以 $M_1P_2=2$ 为首项，$\frac{1}{2}$ 为公比的等比数列.所以

$$M_{n-1}P_n=2\cdot(\frac{1}{2})^{n-2}$$

所以

$$x_n=x_1+M_1P_2+M_2P_3+\cdots+M_{n-1}P_n=$$
$$5+2+1+\frac{1}{2}+\cdots+2\cdot(\frac{1}{2})^{n-2}=$$
$$9-(\frac{1}{2})^{n-3}\text{（以下略）}$$

又如在例5中，易知 QQ_1，QQ_2，QQ_3，QQ_n，$\cdots$ 组成以 $QQ_1=2$ 为首项，以2为公比的等比数列.所以 $QQ_n=2\cdot2^{n-1}=2^n$，即 $x_n=-(-1)=2^n$.所以 $x_n=2^n-1$.

怎样解数列抽项问题

数列抽项问题新颖别致，求解方法灵活多样，高考与竞赛常出现这种命题．抽项问题实质往往与原数列和抽项原则密切相关．现以等差数列为背景，对若干抽项原则举例分析如下．

一、等差原则抽项

例 1 等差数列$\{a_n\}$中，$a_9+a_{10}=a$，$a_{19}+a_{20}=b$，则$a_{99}+a_{100}=$______．

解 因为在等差数列$\{a_n\}$中抽出$a_9,a_{19},\cdots,a_{99},\cdots$，及$a_{10},a_{20},\cdots,a_{100},\cdots$均构成新的等差数列．所以$a_9+a_{10},a_{19}+a_{20},a_{99}+a_{100},\cdots$构成等差数列，且公差为

$$(a_{19}+a_{20})-(a_9+a_{10})=b-a$$

故

$$a_{99}+a_{100}=a+9(b-a)=9b-8a$$

二、等比原则抽项

例 2 已知等差数列$\{a_n\}$的公差$d\neq 0$，且a_1,a_3,a_9成等比数列，则$\dfrac{a_1+a_3+a_9}{a_2+a_4+a_{10}}=$________．

解 因为$a_1a_9=a_3^2$，即$a_1(a_1+8d)=(a_1+2d)^2$，得$d=a_1$，所以

$$\frac{a_1+a_3+a_9}{a_2+a_4+a_{10}}=\frac{13d}{16d}=\frac{13}{16}$$

例 3 已知等差数列$\{a_n\}$的公差$d\neq 0$，抽取其中部分项组成的数列$a_{k_1},a_{k_2},\cdots,a_{k_n},\cdots$恰为等比数列，其中$k_1=1,k_2=5,k_3=17$．求$k_1+k_2+\cdots+k_n$的值．

解 因为$a_1(a_1+16d)=(a_1+4d)^2$，易知$a_1=2d$，公比$q=\dfrac{a_5}{a_1}=3$．所以

$$a_1+(k_n-1)d=a_{k_n}=a_1\cdot 3^{n-1}$$

由此可得

$$k_n=2\cdot 3^{n-1}-1$$

故

$$k_1+k_2+\cdots+k_n=3^n-1-n$$

三、等同原则抽项

例 4 若两个等差数列5，8，11，…和3，7，11，…，都是100项，试求两数列有多少个相同项？

解 由两数列通项公式$a_n=5+3(n-1)$，$b_k=3+4(k-1)$，令$a_n=b_k$，得$3n=4k-3(n,k\leqslant 100)$，所以$k=3,6,\cdots,75$，$n=3,7,11,\cdots,99$．故两数列相同项有25项．

四、循环原则抽项

例 5 数列$\{a_n=2n+1\}$依次按一项，二项，三项，四项循环分为：(3)，(5，7)，(9，11，

13),(15,17,19,21),(23),(25,27),(29,31,33),(35,37,39,41),(43),…,则第100个括号内的各数之和为________.

解 若每循环一次记为一组,则第100个括号是第25组中的第四个括号,而每组中第四个括号内各数之和依次构成首项为72,公差为80的等差数列.故 $72+(25-1)\cdot 80=1\ 992$ 为所求.

五、升阶原则抽项

例6 已知等差数列 $\{a_n\}$ 分组如下:(a_1),(a_2,a_3,a_4),(a_5,a_6,a_7,a_8,a_9),$(a_{10},a_{11},a_{12},a_{13},a_{14},a_{15},a_{16})$,…,取出各组中间项 $a_1,a_3,a_7,a_{13},\cdots$,构成新数列 $\{x_n\}$,求通项 x_n.

解 因为 $x_2-x_1=a_3-a_1=2d$,$x_3-x_2=a_7-a_3=4d$,$x_4-x_3=a_{13}-a_7=6d$,…,$x_n-x_{n-1}=(n-1)\cdot 2d$,所以

$$x_n=x_1+(x_2-x_1)+(x_3-x_2)+\cdots+(x_n-x_{n-1})=$$
$$a_1+2d[1+2+\cdots+(n-1)]=a_1+n(n-1)d$$

例7 已知等差数列 $\{a_n\}$ 的首项为 a,公差为 d,从中抽取下列各项:$a_1,a_2,a_4,a_8,a_{16},\cdots$,满足下标为首项是1且公比是2的等比数列,求新数列的通项公式 x_n.

解

$$x_n=x_1+(x_2-x_1)+(x_3-x_2)+\cdots+(x_n-x_{n-1})=$$
$$a+(1+2+2^2+\cdots+2^{n-2})d=a+(2^{n-1}-1)d$$

六、收敛原则抽项

例8 已知等差数列 $\{a_n\}$,第一次抽出偶数项构成数列 $\{x_n^{(1)}\}$;第二次从 $\{x_n^{(1)}\}$ 中又抽出偶数项构成数列 $\{x_n^{(2)}\}$;依此进行下去,第 k 次抽出得数列 $\{x_n^{(k)}\}$,求通项 $x_n^{(k)}$.

解 设等差数列 $\{a_n\}$ 的公差为 d,那么

第一次抽得 $a_2,a_4,a_6,\cdots,x_n^{(1)}=a_2+(n-1)2d$;

第二次抽得 $a_4,a_8,a_{12},\cdots,x_n^{(2)}=a_4+(n-1)4d$;

第三次抽得 $a_8,a_{16},a_{24},\cdots,x_n^{(3)}=a_8+(n-1)8d$;

依此进行下去,可得 $x_n^{(k)}=a_2^k+(n-1)2^kd$.

用数学归纳法容易证明所得结论.对于 $k+1$ 时,有

$$x_n^{(k+1)}=x_{2n}^{(k)}=a_2^k+(2n-1)2^kd=2_2^k+n\cdot 2^{k+1}d-2^kd=$$
$$a_2^k+(n-1)\cdot 2^{k+1}d+2^{k+1}d-2^kd=$$
$$(a_2^k+2^kd)+(n-1)2^{k+1}d=$$
$$a_2^{k+1}+(n-1)2^{k+1}d$$

例9 从1,2,3,…,1 982各数中,划去一些数,使得剩下的数中没有一个数等于其余两个数的积.这样至少要划去多少个数?用什么方法可以完成这项工作?

解 因为 $44\times 45=1\ 980<1\ 982$,由函数 $f(x)=x(89-x)$ 在 $2\leqslant x\leqslant 44$ 上是增函数,可知 $2\times 87<3\times 86<\cdots<44\times 45<1\ 982<45^2$,故应划去如下的43个数:2,3,…,44.

七、整除原则抽项

例 10 将与 105 互素的所有正整数从小到大排成数列，试求出这个数列的第 1 000 项.

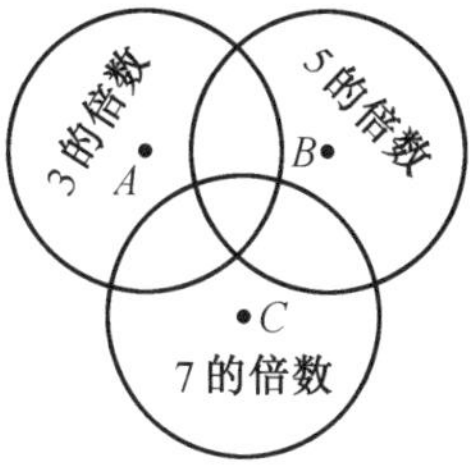

图 1

解 在前 n 个正整数中去掉 3,5,7 的所有倍数，便得到与 105 互素的数列. 因 3,5,7 的最小公倍数是 105，故把 $1 \sim 105$ 的正整数看作"第一周期"，构造如图 1 所示的集合 A,B,C，并且 $S(P)$ 表示集合 P 的元素个数. 因为

$$S(A \cup B \cup C) = S(A) + S(B) + S(C) - S(A \cap B) - S(B \cap C) - S(C \cap A) + S(A \cap B \cap C) = 35 + 21 + 15 - (7 + 3 + 5) + 1 = 57$$

所以在 $1 \sim 105$ 内与 105 互素的正整数有 $105 - 57 = 48$(个).(可用数表排出这 48 个数，表略)

又因为 $1\,000 \div 48 = 20$(个周期)…… 余 40 项，所以第 1 000 项为 $105 \times 20 + 86 = 2\,186$(用数表排出第一周期内的第 40 项是 86)，或在第 21 周期内去掉后 8 项，也可得 $105 \times 21 \cdot 19 = 2\,186$.

八、奇偶原则抽项

例 11 设 $E = \{1,2,3,\cdots,200\}$，$G = \{a_1, a_2, \cdots, a_{100}\} \subset E$，且 G 具有下列两条性质：

(1) 对任何 $1 \leqslant i < j \leqslant 100$，恒有 $a_i + a_j \neq 201$；

(2) $\sum\limits_{i=1}^{100} a_i = 10\,080$. 试证明：$G$ 中的奇数的个数是 4 的倍数，且 G 中所有数字的平方和为一个定数.

证明 将 E 中元素按奇偶数配对且使两数和为 201，则分为 100 对如下：$\{1,200\}$，$\{2,199\}$，…，$\{100,101\}$，每个数对中至多只有一个数属于 G.

又因为 G 中有 100 个元素，所以上述 100 个数对中恰好各有一个元素属于 G.

设 E 中所有奇数之集为 E_1，则 E_1 中元素和为 10 000，比 10 080 少了 80. 故集 G 必是将 E_1 中某些奇数调换成相应的偶数(指与被换掉的奇数在同一数对中的那个偶数)而得.

设对换了 m 个奇数，每换进一个偶数时有差值(201 − 奇数) − (奇数) $= [201 - (2i - 1)] - (2i - 1) = 201 - 4i - 2 = 4(49 - i) + 3 = 4k_i + 3(k \in \mathbf{Z}^+)$，所以全部差值之和满足 $4(k_1 + k_2 + \cdots + k_m) + 3m = 80$，因此 $4 \mid 3m$，即 $4 \mid m$，从而 $4 \mid (100 - m)$.

故 E 中奇数的个数是 4 的倍数.

记 $b_i(i = 1,2,\cdots,100 - m)$ 为 E_1 中未换掉的奇数，$c_i(i = 1,2,\cdots,m)$ 为换掉的 m 个奇数，则

$$\sum_{i=1}^{100} a_i^2 = \sum_{i=1}^{100-m} b_i^2 + \sum_{i=1}^{m} (201 - c_i)^2 = \sum_{i=1}^{100-m} b_i^2 + \sum_{i=1}^{m} c_i^2 + 201 \sum_{i=1}^{m} (201 - 2c_i) = 1^2 + 3^2 + \cdots + 199^2 + 201 \cdot 80 = 1\,349\,380$$

怎样探求高考题中数列通项公式

2003年高考数学卷(全国卷理工农医类)压轴题为:

设$\{a_n\}$是集合$\{2^t+2^s \mid 0\leqslant s<t,s,t\in \mathbf{Z}\}$中所有的数从小到大排列成的数列,即$a_1=3,a_2=5,a_3=6,a_4=9,a_5=10,a_6=12,\cdots$.

将数列$\{a_n\}$各项按照上小下大、左小右大的原则写成如下的三角形数表

3

5　6

9　10　12

—　—　—　—

—　—　—　—　—

……

(1) 写出这个三角形数表的第四行、第五行各数;

(2) 求a_{100}.

该题并不要求通项公式,但对数列而言,我们的最大理想是尽可能地求出它的一个通项公式,那么,能求出该数列$\{a_n\}$的通项公式吗?

回答是肯定的,它的通项公式为

$$a_n=2^{[\frac{\sqrt{8n-7}+1}{2}]}+2^{n-\frac{1}{2}[\frac{\sqrt{8n-7}+1}{2}]([\frac{\sqrt{8n-7}+1}{2}]-1)-1},n\in \mathbf{N}^+$$

(符号$[x]$表示不超过x的最大整数)

下面是探索研究过程.

一、对集合中元素的研究

因为$\{a_n\}$中的项的形式为:$2^t+2^s(0\leqslant s<t,s,t\in \mathbf{Z})$.

(1) 当$t=1$时,则$s=0$,所以$2^t+2^s=3$,设3为$\{a_n\}$的子数列$\{a_{n1}\}$,共1项;

(2) 当$t=2$时,则$s=0,1$,所以$2^t+2^s=5,6$,设5,6为$\{a_n\}$的子数列$\{a_{n2}\}$,共2项;

(3) 当$t=3$时,则$s=0,1,2$,所以$2^t+2^s=9,10,12$,设9,10,12为$\{a_n\}$的子数列$\{a_{n3}\}$,共3项;

(4) 当$t=4$时,则$s=0,1,2,3$,所以$2^t+2^s=17,18,20,24$,设17,18,20,24为$\{a_n\}$的子数列$\{a_{n4}\}$,共4项;

(5) 当$t=5$时,则$s=0,1,2,3,4$,所以$2^t+2^s=33,34,36,40,48$,设33,34,36,40,48为$\{a_n\}$的子数列$\{a_{n5}\}$,共5项;

⋮

⋮

当$t=i$时,则$s=0,1,2,\cdots,i-1$,所以$2^t+2^s=2^i+1,2^i+2,2^i+2^2,\cdots,2^i+2^{i-1}$,

设 $2^i+1,2^i+2,2^i+2^2,\cdots,2^i+2^{i-1}$ 为 $\{a_n\}$ 的子数列 $\{a_{ni}\}$，共 i 项.

从上易知，子数列 $\{a_{ni}\}$ 共 i 项. $2^i+1<2^i+2<2^i+2^2<\cdots<2^i+2^{i-1}$，所以是递增数列.

二、一个定理的证明

定理 当 $i>j$ 时，$\{a_{ni}\}$ 中的各项均大于 $\{a_{nj}\}$ 中的各项.

证明 该定理等价于 $\{a_{ni}\}$ 中的最小值项 2^i+1 大于 $\{a_{nj}\}$ 中的最大值项 2^j+2^{j-1}.

因为 $2^i+1-(2^j+2^{j-1})=2^i-3\times 2^{j-1}+1=2^{j-1}(2^{i-j+1}-3)+1$，而 $i-j+1\geqslant 2$. 所以 $2^{i-j+1}-3\geqslant 4-3=1$，所以 $2^i+1-(2^j+2^{j-1})>0$，所以 $2^i+1>2^j+2^{j-1}$.

所以 $\{a_{ni}\}$ 中的各项均大于 $\{a_{nj}\}$ 中的各项（证毕）.

因此，$\{a_n\}$ 的项是这样排列的：$\{a_{n1}\}$ 各项，$\{a_{n2}\}$ 各项，$\{a_{n3}\}$ 各项，…$\{a_{ni}\}$ 各项，…

即(3)，(5,6)，(9,10,12)，(17,18,20,24)，(33,34,36,40,48)，…，$(2^i+1,2^i+2,2^i+2^2,\cdots,2^i+2^{i-1})$，…

三、区间 $\left[\frac{\sqrt{8n+1}-1}{2},\frac{\sqrt{8n-7}+1}{2}\right]$ ($n\in\mathbf{N}^+$) 内有一个整数

不妨设 a_n 在子数列 $\{a_{ni}\}$ 里，因为 $\{a_{ni}\}$ 之前共有 $\frac{i(i-1)}{2}$ 项，从 $\{a_{n1}\}$ 到 $\{a_{ni}\}$ 共有 $\frac{i(i+1)}{2}$ 项，所以 $\frac{i(i-1)}{2}+1\leqslant n\leqslant\frac{i(i+1)}{2}$.

视 n 为已知数，可得 $\frac{\sqrt{8n+1}-1}{2}\leqslant i\leqslant\frac{\sqrt{8n-7}+1}{2}$.

下证在区间 $\left[\frac{\sqrt{8n+1}-1}{2},\frac{\sqrt{8n-7}+1}{2}\right]$ 内存在唯一的正整数 $\left[\frac{\sqrt{8n-7}+1}{2}\right]$（表示不超过 $\frac{\sqrt{8n-7}+1}{2}$ 的最大整数）.

证明 当 $n=1$ 时，$\frac{\sqrt{8n+1}-1}{2}=\frac{\sqrt{8n-7}+1}{2}=1$.

当 $n>1$ 时，易证 $0<\frac{\sqrt{8n-7}+1}{2}-\frac{\sqrt{8n+1}-1}{2}<1$（差值比较法）.

由 $\frac{i(i-1)}{2}+1\leqslant n\leqslant\frac{i(i+1)}{2}$，可得 $\frac{\sqrt{8n+1}-1}{2}\leqslant i\leqslant\frac{\sqrt{8n-7}+1}{2}$，故

$$i-1=\frac{\sqrt{(2i-1)^2}-1}{2}<\frac{\sqrt{(2i-1)^2+8}-1}{2}\leqslant\frac{\sqrt{8n+1}-1}{2}\leqslant i\leqslant$$

$$\frac{\sqrt{8n-7}+1}{2}\leqslant\frac{\sqrt{4i(i+1)-7}+1}{2}<\frac{\sqrt{(2i+1)^2}+1}{2}=i+1$$

即对每个 n 值均有 $i-1<\frac{\sqrt{8n+1}-1}{2}\leqslant i\leqslant\frac{\sqrt{8n-7}+1}{2}<i+1$，所以每个区间内只存在唯一的正整数 $\left[\frac{\sqrt{8n-7}+1}{2}\right]$，从而 $i=\left[\frac{\sqrt{8n-7}+1}{2}\right]$.

四、通项公式

因为 a_n 是 $\{a_{ni}\}$ 中的某项，而 $\{a_{ni}\}$ 的项为 $2^i+2^0, 2^i+2, 2^i+2^2, \cdots, 2^i+2^{i-1}$，又 $\{a_{ni}\}$ 前面的子数列共有 $\frac{i(i-1)}{2}$ 项，则 $a_n=2^i+2^{n-\frac{i(i-1)}{2}-1}$. 所以

$$a_n=2^{[\frac{\sqrt{8n-7}+1}{2}]}+2^{n-\frac{1}{2}[\frac{\sqrt{8n-7}+1}{2}]([\frac{\sqrt{8n-7}+1}{2}]-1)-1}, n\in \mathbf{N}^+$$

当 $n=100$ 时，$[\frac{\sqrt{8n-7}+1}{2}]=[\frac{\sqrt{793}+1}{2}]=14$，所以 $a_{100}=2^{14}+2^8=16\ 640$.

（万述波）

怎样用母函数法求数列的和

数列求和，一般是针对所给的条件作具体分析，以谋取个别解决. 但是如果能够找到一个与之相对应的函数关系，则不仅能解决个别数列的求和问题，而且可以解决一系列的数列求和问题. 这里要谈的数列求和的母函数法，就是以一个恒等式为基础，其中字母用不同的常数代替，即可得到不同的数列求和公式. 这个引为基础的恒等式，我们称之为母函数或生成函数.

一、以组合数恒等式为母函数

由组合数性质

$$C_{n+1}^{m}=C_{n}^{m-1}+C_{n}^{m}$$

可以推得

$$C_{n+m}^{m+1}=C_{m+n-1}^{m}+C_{m+n-1}^{m+1}=C_{m+n-1}^{m}+C_{m+n-2}^{m}+C_{m+n-3}^{m}+C_{m+n-3}^{m+1}=\cdots=$$
$$C_{m+n-1}^{m}+C_{m+n-2}^{m}+\cdots+C_{m+1}^{m}+C_{m+1}^{m+1}$$

因为 $C_{m+1}^{m+1}=C_{m}^{m}$，所以上式为

$$C_{m}^{m}+C_{m+1}^{m}+\cdots+C_{m+n-1}^{m}=C_{m+n}^{m+1} \qquad (A)$$

在(A) 中令 $m=1,2,3,\cdots$，分别得到

$$C_{1}^{1}+C_{2}^{1}+\cdots+C_{n}^{1}=C_{n+1}^{2} \qquad ①$$

$$C_{2}^{2}+C_{3}^{2}+\cdots+C_{n+1}^{2}=C_{n+2}^{3} \qquad ②$$

$$C_{3}^{3}+C_{4}^{3}+\cdots+C_{n+2}^{3}=C_{n+3}^{4} \qquad ③$$

显见，第 n 项的组合数上、下标各增加 1，即得前 n 项的和，故求和非常方便. 恒等式(A)是求这一类数列之和的母函数

$$(1+a)^{n}-a(1+a)^{n}+\cdots+(-1)^{m}a^{m}(1+a)^{n}=$$
$$(1+a)^{n}[1-a+\cdots+(-1)^{m}a^{m}]=$$
$$(1+a)^{n}[\frac{1-(-a)^{m+1}}{1+a}]=$$
$$(1+a)^{n-1}+(-1)^{m}a^{m+1}(1+a)^{n-1}$$

比较两边 a^{m} 的系数，得到

$$C_{n}^{m}-C_{n}^{m-1}+\cdots+(-1)^{m}C_{n}^{0}=C_{n-1}^{m}$$

两边乘以 $(-1)^{m}$，变 C 的上标依次递增 1，即

$$C_{n}^{0}-C_{n}^{1}+\cdots+(-1)^{m}C_{n}^{m}=(-1)^{m}C_{n-1}^{m} \qquad (B)$$

在(B) 中令 $m=100,101,102$，分别得到

$$C_{n}^{0}-C_{n}^{1}+\cdots+C_{n}^{100}=C_{n-1}^{100} \qquad ④$$

$$C_{n}^{0}-C_{n}^{1}+\cdots-C_{n}^{101}=-C_{n-1}^{101} \qquad ⑤$$

$$C_{n}^{0}-C_{n}^{1}+\cdots+C_{n}^{102}=C_{n-1}^{102} \qquad ⑥$$

而在(B)中令 $n=100,101,102$，则分别得到

$$C_{100}^0-C_{100}^1+\cdots+(-1)^m C_{100}^m=(-1)^m C_{99}^m \quad ⑦$$

$$C_{101}^0-C_{101}^1+\cdots+(-1)^m C_{101}^m=(-1)^m C_{100}^m \quad ⑧$$

$$C_{102}^0-C_{102}^1+\cdots+(-1)^m C_{102}^m=(-1)^m C_{101}^m \quad ⑨$$

显见，第 $m+1$ 项的上标减少1即得前 $m+1$ 项的和，故求和也非常方便.恒等式(B)是求这一类数列之和的母函数.

二、以排列恒等式为母函数

(A)的两边乘以 $m!$，得到

$$P_n^m+P_{m+1}^m+P_{m+n-1}^m=\frac{1}{m+1}P_{m+n}^{m+1} \quad (C)$$

在(C)中令 $m=1,2,3,\cdots,m$.分别得到

$$1+2+\cdots+n=\frac{n(n+1)}{2} \quad ⑩$$

$$1\cdot 2+2\cdot 3+\cdots+n(n+1)=\frac{n(n+1)(n+2)}{3} \quad ⑪$$

$$1\cdot 2\cdot 3+2\cdot 3\cdot 4+\cdots+n(n+1)(n+2)=\frac{n(n+1)(n+2)(n+3)}{4} \quad ⑫$$

$$\vdots$$

$$1\cdot 2\cdot\cdots\cdot m+2\cdot 3\cdot\cdots\cdot(m+1)+\cdots+n(n+1)\cdot\cdots\cdot(n+m-1)=\frac{n(n+1)\cdots(n+m)}{m+1} \quad ⑬$$

这里的⑩～⑬是常见的数列求和的问题，恒等式(C)是求这一类数列之和的母函数.

由

$$\frac{1}{P_{m+n-1}^{m-1}}-\frac{1}{P_{m+n}^{m-1}}=\frac{(m+n)-(n+1)}{(m+n)(m+n-1)\cdots(n+1)}=\frac{m-1}{P_{m+n}^m}$$

当 $m\neq 1$ 时，有

$$\frac{1}{P_{m+n}^m}=\frac{1}{m-1}\left(\frac{1}{P_{m+n-1}^{m-1}}-\frac{1}{P_{m+n}^{m-1}}\right)$$

因为

$$\sum_{n=0}^{n-1}\frac{1}{P_{m+n}^m}=\frac{1}{m-1}\left[\left(\frac{1}{P_{m-1}^{m-1}}-\frac{1}{P_m^{m-1}}\right)+\left(\frac{1}{P_m^{m-1}}-\frac{1}{P_{m+1}^{m-1}}\right)+\cdots+\left(\frac{1}{P_{m-1}^{m-1}}-\frac{1}{P_{m+n-1}^{m-1}}\right)\right]=\frac{1}{m-1}\left(\frac{1}{P_{m-1}^{m-1}}-\frac{1}{P_{m+n+1}^{m-1}}\right)$$

所以

$$\frac{1}{P_m^m}+\frac{1}{P_{m+1}^m}+\cdots+\frac{1}{P_{m+n-1}^m}=\frac{1}{m-1}\left(\frac{1}{P_{m-1}^{m-1}}-\frac{1}{P_{m+n+1}^{m-1}}\right) \quad (D)$$

在(D)中令 $m=2,3,\cdots,m$，分别得到

$$\frac{1}{1\cdot 2}+\frac{1}{2\cdot 3}+\cdots+\frac{1}{n(n+1)}=1-\frac{1}{n+1} \quad ⑭$$

$$\frac{1}{1\cdot2\cdot3}+\frac{1}{2\cdot3\cdot4}+\cdots+\frac{1}{n(n+1)(n+2)}=\frac{1}{2}\left[\frac{1}{2!}-\frac{1}{(n+1)(n+2)}\right] \quad ⑮$$

$$\vdots$$

$$\frac{1}{1\cdot2\cdot\cdots\cdot m}+\frac{1}{2\cdot3\cdot\cdots\cdot(m+1)}+\cdots+\frac{1}{n(n+1)\cdots(n+m-1)}=$$

$$\frac{1}{m-1}\left[\frac{1}{(m-1)!}-\frac{1}{(n+1)(n+2)\cdots(n+m-1)}\right] \quad ⑯$$

这里的 ⑭ ～ ⑯ 也是常见的数列求和的问题，恒等式(D) 是求这一类数列之和的母函数. 注意(C) 与(D) 两类数列的对应项互为倒数.

三、以二项展开式为母函数

在二项展开式

$$\sum_{k=0}^{n}C_n^k x^{n-k}y^k=(x+y)^n \quad (E)$$

中，令 x,y 分别为 1,2;2,－1;3,5，得到

$$C_n^0+2C_n^1+\cdots+2^nC_n^n=3^n \quad ⑰$$

$$2^nC_n^0-2^{n-1}C_n^1+\cdots+(-1)^nC_n^n=1 \quad ⑱$$

$$3^nC_n^0+5\cdot3^{n-1}C_n^1+\cdots+5^nC_n^n=1^{3n} \quad ⑲$$

又在(E) 中，令 $x=1,y=q$，且两边乘以 a，得到

$$aC_n^0+aqC_n^1+\cdots+aq^nC_n^n=a(1+q)^n \quad ⑳$$

⑰ ～ ⑳ 是等比数列各项与二项展开式的系数相结合的 $n+1$ 项之和. 事实上，(E) 本身是公比为$\frac{1}{x}$以及公比为y的两个等比数列与二项展开式系数相结合的$n+1$项之和，因此具有这一属性的数列，都可以(E) 为母函数求得其和.

四、以二项展开式的系数和为母函数

在(E) 中，令 $x=y=1$，得到

$$C_n^0+C_n^1+\cdots+C_n^n=2^n \quad (F)$$

这是二项展开式的系数和公式. 现在从(F) 出发，连续推演. 由

$$\sum_{k=1}^{n}kC_n^k=C_n^1+2C_n^2+\cdots+nC_n^n=$$

$$n(C_{n-1}^0+C_{n-1}^1+\cdots+C_{n-1}^{n-1})=n\cdot2^{n-1}$$

所以

$$C_n^1+2C_n^2+\cdots+nC_n^n=n\cdot2^{n-1} \quad ㉑$$

由

$$\sum_{k=1}^{n}(k+1)C_n^k=\sum_{k=0}^{n}kC_n^k+\sum_{k=0}^{n}C_n^k=n\cdot2^{n-1}+2^n=(n+2)2^{n-1}$$

所以

$$C_n^0+2C_n^1+\cdots+(n+1)C_n^n=(n+2)2^{n-1} \quad ㉒$$

由

$$\sum_{k=2}^{n}(k-1)C_n^k=\sum_{k=2}^{n}kC_n^k-\sum_{k=2}^{n}C_n^k=$$

$$(n\cdot 2^{n-1}-n)(2^n-n-1)=(n-2)2^{n-1}+1$$

所以

$$C_n^2+2C_n^3+\cdots+(n-1)C_n^n=(n-2)2^{n-1}+1 \qquad ㉓$$

由

$$\sum_{k=0}^{n}(k+1)C_n^k=\sum_{k=1}^{n}kC_n^k+\sum_{k=1}^{n}C_n^k=n\cdot 2^n+2^n=(n+1)2^n$$

所以

$$C_n^0+3C_n^1+\cdots+(2n+1)C_n^n=(n+1)2^n \qquad ㉔$$

由

$$\sum_{k=1}^{n}(2k-1)C_n^k=2\sum_{k=1}^{n}kC_n^k-\sum_{k=1}^{n}C_n^k=n\cdot 2^n-(2^n-1)=(n-1)2^n+1$$

所以

$$C_n^1+3C_n^2+\cdots+(2n-1)C_n^n=(n-1)2^n+1 \qquad ㉕$$

由

$$\sum_{k=1}^{n}[a+(k-1)d]C_n^k=a\sum_{k=1}^{n}C_n^k+d\sum_{k=1}^{n}(k-1)C_n^k=$$

$$(2^n-1)a+[(n-2)2^{n-1}+1]d$$

所以

$$aC_n^1+(a+d)C_n^2+\cdots+[a+(n-1)d]C_n^n=$$

$$(2^n-1)a+(n\cdot 2^{n-1}-2^n+1)d \qquad ㉖$$

㉑ ～ ㉖ 是等差数列各项与二项展开式的系数相结合的和.其中 ㉖ 是 ㉑ ～ ㉕ 各式的一般形式.由

$$\sum_{k=0}^{n}\frac{C_n^k}{k+1}=C_n^0+\frac{1}{2}C_n^1+\cdots+\frac{1}{n+1}C_n^n=$$

$$\frac{1}{n+1}(C_{n+1}^1+C_{n+1}^2+\cdots+C_{n+1}^{n+1})=\frac{2^{n+1}-1}{n+1}$$

所以

$$C_n^0+\frac{1}{2}C_n^1+\cdots+\frac{1}{n+1}C_n^n=\frac{2^{n+1}-1}{n+1} \qquad ㉗$$

由

$$\sum_{k=0}^{n}\frac{C_n^k}{k+2}=\frac{1}{2}C_n^0+\frac{1}{3}C_n^1+\cdots+\frac{1}{n+2}C_n^n=\frac{1}{(n+1)(n+2)}[C_{n+2}^2+$$

$$2C_{n+2}^3+\cdots+(n+1)C_{n+2}^{n+2}]=\frac{n\cdot 2^{n+1}+1}{(n+1)(n+2)}$$

所以

$$\frac{1}{2}C_n^0+\frac{1}{3}C_n^1+\cdots+\frac{1}{n+2}C_n^n=\frac{n\cdot 2^{n+1}+1}{(n+1)(n+2)} \qquad ㉘$$

当 n 为偶数时，由

$$\sum_{k=1}^{\frac{n}{2}}\frac{C_n^{2k-1}}{2k}=\frac{1}{2}C_n^1+\frac{1}{4}C_n^3+\cdots+\frac{1}{n}C_n^{n-1}=\frac{1}{n+1}(C_{n+1}^2+C_{n+1}^4+\cdots+C_{n+1}^n)=$$
$$\frac{1}{n+1}(\frac{2^{n+1}}{2}-1)=\frac{2^n-1}{n+1}$$

所以

$$\frac{1}{2}C_n^1+\frac{1}{4}C_n^3+\cdots+\frac{1}{n}C_n^{n-1}=\frac{2^n-1}{n+1} \qquad ㉙$$

又

$$\sum_{k=0}^{\frac{n}{2}}\frac{C_n^{2k}}{2k+1}=C_n^0+\frac{1}{3}C_n^2+\cdots+\frac{1}{n+1}C_n^n=$$
$$1+\frac{1}{n+1}(C_{n+1}^3+C_{n+1}^5+\cdots+C_{n+1}^{n+1})=$$
$$1+\frac{1}{n+1}[\frac{2^{n+1}}{2}-(n+1)]=\frac{2^n-1}{n+1}$$

所以

$$C_n^0+\frac{1}{3}C_n^2+\cdots+\frac{1}{n+1}C_n^n=\frac{2^n}{n+1} \qquad ㉚$$

㉗ ~ ㉚ 是特殊的等差数列各项的倒数与二项展开式系数相结合的和.

从一个母函数延伸繁衍成一系列的问题，这是从一到多. 反过来，也可以把这一系列的问题归结到原来的母函数，这是从多到一. 这种方法的运用，在于把错综复杂的数学问题洗炼整理以成系统，使知识融会贯通思维通彻，从而有利于从各方面扩大学习的效果.

怎样解高考题中有关二项式定理的三大题型

一、通项运用型

这类试题的解题主要是对通项 $T_{r+1}=C_n^r a^{n-r}b^r$ 的灵活与综合运用。

解题时应注意以下四点.

1.形如 $(a-b)^n$ 中负号的处理.在写出通项 $T_{r+1}=C_n^r a^{n-r}(-b)^r$ 后，宜将项中负号“—”单列为 $(-1)^r$.

2.有理项或系数为有理数问题.要仔细分析，找出使项或系数“有理”的 r 的值.

例1 由 $(\sqrt{3}x+\sqrt[3]{2})^{100}$ 展开所得的 x 的多项式中，系数为有理数的共有(　　).

(A)50 项　　(B)17 项　　(C)16 项　　(D)15 项

解析 在写出通项 $T_{r+1}=C_{100}^r(\sqrt{3}x)^{100-r}(\sqrt[3]{2})^r$ 后，观察发现 r 必是 $0\sim100$ 中既是2又是3的整数倍数，即6的整数倍数，计有17个(注意其中包括0也符合条件).

3.注意通项公式使用的条件是 $(a+b)^n$ 括号中只有两项，超过两项时必须先将之化为两项.

例2 求 $(|x|+\frac{1}{|x|}-2)^3$ 展开式中的常数项.

分析 首先将括号中的式子变形，得

$$|x|+\frac{1}{|x|}-2=(\sqrt{|x|}-\frac{1}{\sqrt{|x|}})^2$$

从而将原式化为 $(\sqrt{|x|}-\frac{1}{\sqrt{|x|}})^6$，再用通项公式求解.

4.注意通项中的 n 只能为正整数，r 只能为非负整数.

例3 若 $(1+x)^n$ 展开项中，x^3 项的系数等于 x 项的系数的7倍，求 n.

分析 用通项求得 $n=8,-5$ 后，应取 $n=8$.

要补充的是得出一个关于 n 与 r 的关系式的情况.

若 $(x\sqrt{x}-\frac{1}{x^4})^n$ 展开式中含有 x^4 的项，则 n 的可能值是(　　).

(A)10　　(B)11　　(C)12　　(D)17

在用通项求得 $3n=8+11r$ 时，注意到选择支的值制约，r 只能取0,1,2,3,代入前式发现只当 $r=2$ 时 $n=10$ 适合.

二、系数配对型

例4 在 $(1-x^3)(1+x)^{10}$ 的展开式中，x^5 的系数是(　　).

(A) -297　　(B) -252　　(C)297　　(D)207

解析　列出二因式展开式中 $x^0 \sim x^5$ 系数并依 x 的指数倒序配对.

因为对于 $1-x^3$ 有:x^5 系数为 0;x^4 系数为 0;x^3 系数为 -1;x^2 系数为 0;x^1 系数为 0;x^0 系数为 1.

对于 $(1+x)^{10}$ 有:x^0 系数为 1;x^1 系数为 $C_{10}^1=10$;x^2 系数为 $C_{10}^2=45$;x^3 系数为 $C_{10}^3=120$;x^4 系数为 $C_{10}^4=210$;x^5 系数为 $C_{10}^5=252$.

故可得 x^5 的系数为 $0+0+(-45)+0+0+252=207$.

这类试题要注意的问题同前一注意 3.

例 5　在 $(x^2+3x+2)^5$ 的展开式中 x 的系数为(　　).

(A)160　　(B)240　　(C)360　　(D)800

分析　先将原式化为 $(x+1)^5(x+2)^5$,再依例 4 方法处理.

三、系数性质型

这类试题主要是灵活运用二项展开式系数的性质,或用赋值法求系数和:在 $f(x)=a_0+a_1x+a_2x^2+\cdots+a_nx^n(a_n\neq 0)$ 中根据题目要求对 x 赋值:0,或 1,或 -1,分别得 $f(0)=a_1$;$f(1)=a_0+a_1+a_2+\cdots+a_n$;$f(-1)=a_0-a_1+a_2-\cdots+(-1)^na_n$.

或求二项展开式某些项的系数和,是利用上几式的变式 $a_1+a_3+a_5+\cdots=\dfrac{f(1)-f(-1)}{2}$,$a_0+a_2+a_4+\cdots=\dfrac{f(1)+f(-1)}{2}$.

例 6　若 $(2x+\sqrt{3})^4=a_0+a_1x+a_2x^2+a_3x^3+a_4x^4$,则 $(a_0+a_2+a_4)^2-(a_1+a_3)^2$ 的值为(　　).

(A)1　　(B)-1　　(C)0　　(D)2

解　对原等式赋值 1 与 -1,有

$$f(1)=(2+\sqrt{3})^4=a_0+a_1+a_2+a_3+a_4$$

$$f(-1)=(-2+\sqrt{3})^4=a_0-a_1+a_2-a_3+a_4$$

则

$$\begin{aligned}(a_0+a_2+a_4)^2-(a_1+a_3)^2 &= (a_0+a_2+a_4+a_1+a_3)\cdot\\ &\quad (a_0+a_2+a_4-a_1-a_3)=\\ &\quad (2+\sqrt{3})^4(-2+\sqrt{3})^4=1\end{aligned}$$

解答这类题要注意的问题是需根据题目的要求正确选择所赋数值,并往往用到平方差公式.

(舒昌勇)

怎样应用一个组合公式求数列和

用数学归纳法证明下列公式

$$1^2+2^2+3^2+\cdots+n^2=\frac{1}{6}(n+1)(2n+1) \quad ①$$

$$1^3+2^3+\cdots+n^3=\frac{1}{4}n^2(n+1)^2 \quad ②$$

$$1\cdot 4+2\cdot 7+3\cdot 10+\cdots+n(3n+1)=n(n+1)^2 \quad ③$$

$$1\cdot 2\cdot 3+2\cdot 3\cdot 4+\cdots+n(n+1)(n+2)=\frac{1}{4}n(n+1)(n+2)(n+3) \quad ④$$

那么,这些公式是怎样求得的呢?能有一般的方法可循吗?本节拟就这一问题作些探讨.

一、对一个组合公式的联想

利用组合数性质和数学归纳法可证明如下公式

$$C_m^m+C_{m+1}^m+C_{m+2}^m+\cdots+C_{m+n-1}^m=C_{m+n}^{m+1} \quad ⑤$$

缩写为

$$\sum_{i=1}^{n-1}C_{m+i}^m=C_{m+n}^{m+1}$$

事实上,当 $n=1$ 时,左 $=C_m^m=C_{m+1}^{m+1}=$ 右,公式成立.假设 $n=k$ 时,公式成立,即

$$C_m^m+C_{m+1}^m+\cdots+C_{m+k-1}^m=C_{m+k}^{m+1}$$

则当 $n=k+1$ 时,左 $=C_m^m+C_{m+1}^m+\cdots+C_{m+k-1}^m+C_{m+k}^m=C_{m+k}^{m+1}+C_{m+k}^m=C_{m+k+1}^{m+1}=$ 右,公式亦成立.

故⑤对任意正整数 n 都成立.

由于⑤的左端是 n 项和,而右端是一个组合数,因此,我们可以认为⑤也是一个数列的 n 项和公式.利用它,我们就可求得一类特殊数列 $\{n^m\}(n,m\in \mathbf{N}^+)$ 的前 n 项和.

二、利用公式⑤求数列 $\{n^m\}(n,m\in \mathbf{N}^+)$ 的前 n 项和

引理 对任意的 $k,m,(k,m\in \mathbf{N}^+)$,总存在常数 $A_i(i=1,2,3,\cdots,m-1)$,使

$$k^m=m!\,C_k^m+A_1(m-1)!\,C_k^{m-1}+A_2(m-2)!\,C_k^{m-2}+\cdots+A_{m-1}C_k^1 \quad ⑥$$

成立.

证明 ⑥等价于

$$k^m=k(k-1)(k-2)\cdots(k-m+1)+A_1k(k-1)(k-2)\cdots(k-m+2)+A_2k(k-1)(k-2)\cdots(k-m+3)+\cdots+A_{m-1}\cdot k \quad ⑦$$

⑦的右端经展开整理后等价于

$$k^m=k^m+f_1(A_1)k^{m-1}+f_2(A_1,A_2)k^{m-2}+f_3(A_1,A_2,A_3)k^{m-3}+\cdots+f_{m-1}(A_1,A_2,\cdots,A_{m-1})k \quad ⑧$$

其中 $f_i(i=1,2,3,\cdots,m-1)$ 为整函数.

比较 ⑧ 的两端得

$$\begin{cases}f_1(A_1)=0\\ f_2(A_1,A_2)=0\\ f_3(A_1,A_2,A_3)=0\\ \qquad\vdots\\ f_{m-1}(A_1,A_2,\cdots,A_{m-1})=0\end{cases} \qquad ⑨$$

显然 ⑨ 与 ⑧ 等价,且 ⑨ 有且只有唯一解.根据"等价"的传递与可逆性,⑨ 与 ⑥ 等价.因此,对 ⑨ 的唯一解 $f_{m-1}(A_1,A_2,\cdots,A_{m-1})=0$,⑥ 总成立.

该引理实际上给出了求数列$\{n^m\}(n,m\in\mathbf{N}^+)$的前 n 项和的方法.举例如下.

例 1　求数列$\{n^2\}$的前 n 项和.

解　因为

$$k^2=k(k-1)+k=2!\ \mathrm{C}_k^2+\mathrm{C}_k^1$$

所以

$$1^2+2^2+3^2+\cdots+n^2=\sum_{k=1}^{n}k^2=\sum_{k=1}^{n}(2!\ \mathrm{C}_k^2+\mathrm{C}_k^1)=$$
$$2!\ \sum_{k=1}^{n}\mathrm{C}_k^2+\sum_{k=1}^{n}\mathrm{C}_k^1=2\cdot\mathrm{C}_{n+1}^3+\mathrm{C}_{n+1}^2=$$
$$\frac{2}{3!}(n+1)\cdot n\cdot(n-1)+\frac{1}{2}(n+1)\cdot n=$$
$$\frac{1}{6}n(n+1)(2n+1)$$

例 2　求数列$\{n^3\}$的前 n 项和.

解　设 $k^3=k(k-1)(k-2)+A_1k(k-1)+A_2k=k^3+(A_1-3)k^2+(A_2-A_1+2)k$,比较两端同次项系数得 $A_1=3,A_2=1$.所以

$$k^3=k(k-1)(k-2)+3k(k-1)+k=3!\ \mathrm{C}_k^3+3\cdot2!\ \mathrm{C}_k^2+\mathrm{C}_k^1$$

所以

$$1^3+2^3+\cdots+n^3=\sum_{k=1}^{n}k^3=\sum_{k=1}^{n}(3!\ \mathrm{C}_k^3+3\cdot2!\ \mathrm{C}_k^2+\mathrm{C}_k^1)=$$
$$3!\ \sum_{k=1}^{n}\mathrm{C}_k^3+3\cdot2!\ \sum_{k=1}^{n}\mathrm{C}_k^2+\sum_{k=1}^{n}\mathrm{C}_k^1=$$
$$3!\ \mathrm{C}_{n+1}^4+3\cdot2!\ \mathrm{C}_{n+1}^3+\mathrm{C}_{n+1}^2=\frac{1}{4}n^2(n+1)^2$$

例 3　求数列$\{n^4\}$的前 n 项和.

解　仿例 2,用待定系数法可求得

$$k^4=k(k-1)(k-2)+6k(k-1)(k-2)+7k(k-1)+k=$$
$$4!\ \mathrm{C}_k^4+6\cdot3!\ \mathrm{C}_k^3+7\cdot2!\ \mathrm{C}_k^2+\mathrm{C}_k^1$$

所以

$$1^4+2^4+\cdots+n^4=\sum_{k=1}^{n}k^4=\sum_{k=1}^{n}(4!\ C_k^4+6\cdot 3!\ C_k^3+7\cdot 2!\ C_k^2+C_k^1)=$$
$$4!\ C_{n+1}^5+6\cdot 3!\ C_{n+1}^4+7\cdot 2!\ C_{n+1}^3+C_{n+1}^2=$$
$$\frac{1}{30}(n+1)n(2n+1)(3n^2+3n-1)$$

仿例1至例3的方法,还可求得 $1^5+2^5+3^5+\cdots+n^5=\frac{1}{12}n^2(n+1)^2(2n^2+2n-1)$ 以及 $\sum_{k=1}^{n}k^6$,$\sum_{k=1}^{n}k^7$ 等形如 $\sum_{k=1}^{n}k^m(m\in \mathbf{N}^+)$ 的公式,在此不再一一列举.

三、公式⑤进一步的意义

公式⑤的意义当然不仅仅在于求出 $\sum_{k=1}^{n}k^m$,而是更进一步地表现在以 $\sum_{k=1}^{n}k^m$ 为中间结果,求得其他一些更为复杂的数列的前 n 项的和.

例4 求数列 $1\cdot 4,2\cdot 7,3\cdot 10,\cdots,n(3n+1),\cdots$ 的前 n 项和.

解 该数列的第 k 项为 $k(3k+1)$,所以

$$1\cdot 4+2\cdot 7+3\cdot 10+\cdots+n(3n+1)=\sum_{k=1}^{n}k(3k+1)=$$
$$\sum_{k=1}^{n}(3k^2+k)=\sum_{k=1}^{n}3k^2+\sum_{k=1}^{n}k=3\sum_{k=1}^{n}k^2+\sum_{k=1}^{n}k=$$
$$3\cdot\frac{1}{6}n(n+1)(2n+1)+\frac{1}{2}n(n+1)=n(n+1)^2$$

例5 求数列 $1\cdot 2\cdot 3,2\cdot 3\cdot 4,3\cdot 4\cdot 5,\cdots,n(n+1)(n+2),\cdots$ 的前 n 项和.

解 该数列的第 k 项为 $k(k+1)(k+2)=k^3+3k^2+2k$,所以

$$1\cdot 2\cdot 3+2\cdot 3\cdot 4+\cdots+n(n+1)(n+2)=$$
$$\sum_{k=1}^{n}k(k+1)(k+2)=\sum_{k=1}^{n}(k^3+3k^2+2k)=$$
$$\sum_{k=1}^{n}k^3+3\sum_{k=1}^{n}k^2+2\sum_{k=1}^{n}k=$$
$$\frac{1}{4}n^2(n+1)^2+3\cdot\frac{1}{6}n(n+1)(2n+1)+2\cdot\frac{1}{2}n(n+1)=$$
$$\frac{1}{4}n(n+1)(n+2)(n+3)$$

例6 求数列 $\{\sum_{k=1}^{n}k^2\}$ 的前 n 项和 S_n.

解 该数列的通项(第 m 项)为 $\sum_{k=1}^{n}k^2$,所以

$$S_n=\sum_{m=1}^{n}\sum_{k=1}^{m}k^2=\frac{1}{6}\sum_{m=1}^{n}m(m+1)(2m+1)=\frac{1}{6}\sum_{m=1}^{n}(2m^3+3m^2+m)=$$
$$\frac{1}{6}(2\sum_{m=1}^{n}m^3+3\sum_{m=1}^{n}m^2+\sum_{m=1}^{n}m)=$$

$$\frac{1}{6}[2\cdot\frac{1}{4}n^2(n+1)^2+3\cdot\frac{1}{6}n(n+1)(2n+1)+\frac{1}{2}n(n+1)]=$$

$$\frac{1}{12}n(n+1)^2(n+2)$$

例 7　在 n 个连续奇数 $1,3,5,\cdots,(2n-1)$ 中，求任意相异两数的积的和.

解　我们有

$$(\sum_{k=1}^{n}a_k)^2=\sum_{k=1}^{n}a_k^2+2\sum_{\substack{j=2\\ i<j}}^{n}a_ia_j \quad (\text{用数学归纳法可证明})$$

因此，任意相异两数的积的和为

$$\sum_{\substack{j=2\\ i<j}}^{n}a_ia_j=\frac{1}{2}[(\sum_{k=1}^{n}a_k)^2-\sum_{k=1}^{n}a_k^2]$$

从而，所求的和为

$$\frac{1}{2}\{[1+3+\cdots+(2n-1)]^2-[1^2+3^2+\cdots+(2n-1)^2]\}=$$

$$\frac{1}{2}\{[\frac{n(1+2n-1)}{2}]^2-\sum_{k=1}^{n}(2k-1)^2\}=$$

$$\frac{1}{2}[(n^2)^2-\sum_{k=1}^{n}(4k^2-4k+1)]=$$

$$\frac{1}{2}(n^4-4\sum_{k=1}^{n}k^2+4\sum_{k=1}^{n}k-n)=$$

$$\frac{1}{2}[n^4-4\cdot\frac{1}{6}n(n+1)(2n+1)+4\cdot\frac{1}{2}n(n+1)-n]=$$

$$\frac{1}{6}n[3n^3-2(n+1)(2n+1)+6n(n+1)-3]=$$

$$\frac{1}{6}n(3n^3-4n^2+1)=\frac{1}{6}n(n-1)(3n^2-n-1)$$

从以上各例我们不难看到，凡通项可化为 $f(k^m)$（f 为整函数，$m\in\mathbf{N}^+$）的数列的求和问题，都可利用公式 ⑤ 得到解决，这就对求这类数列的前 n 项和给出了一个一般的方法.

怎样利用组合恒等式求某些数列的前 n 项和

由组合性质 $C_{n+1}^{m}=C_{n}^{m}+C_{n}^{m-1}$ 可推出组合恒等式

$$C_{m}^{m}+C_{m+1}^{m}+C_{m+2}^{m}+\cdots+C_{m+n-1}^{m}=C_{m+n}^{m+1} \quad ①$$

利用此恒等式求某些数列的前 n 项和,其解题思路新颖、简捷,且在求和过程中,无须任何特殊技巧.

例1 求和:

(1)$1+2+3+\cdots+n$;

(2)$1+3+6+\cdots+\frac{1}{2}n(n+1)$;

(3)$1+4+10+\cdots+\frac{1}{6}n(n+1)(n+2)$;

(4)$1\cdot2\cdot\cdots\cdot k+2\cdot3\cdot\cdots\cdot(k+1)+\cdots+n(n+1)\cdots(k+n-1)$.

解 (1)

$$原式=\sum_{k=1}^{n}C_{k}^{1}=C_{n+1}^{2}=\frac{1}{2}n(n+1)$$

(2)

$$原式=\sum_{k=1}^{n}\frac{1}{2}k(k+1)=\sum_{k=1}^{n}C_{k+1}^{2}=C_{n+2}^{3}=\frac{1}{6}n(n+1)(n+2)$$

(3)

$$原式=\sum_{k=1}^{n}\frac{1}{6}k(k+1)(k+2)=\sum_{k=1}^{n}C_{k+2}^{3}=C_{n+3}^{4}=\frac{1}{24}n(n+1)(n+2)(n+3)$$

(4)

$$原式=\sum_{i=1}^{n}\frac{i(i+1)\cdots(i+k-1)}{k!}\cdot k!=k!\sum_{i=1}^{n}C_{i+k-1}^{k}=k!\,C_{n+k}^{k+1}=\frac{1}{k+1}n(n+1)\cdots(n+k)$$

特别当 $n=2,3$ 时,有

$$1\cdot2+2\cdot3+\cdots+n(n+1)=\frac{1}{3}n(n+1)(n+2)$$

$$1\cdot2+2\cdot3+2\cdot3\cdot4+\cdots+n(n+1)(n+2)=\frac{1}{4}n(n+1)(n+2)(n+3)$$

由例1可知,如果一个数列的通项能表示成 R 个连续正整数的积,可用恒等式①来求此数列的前 n 项和.

例 2　求和：

(1)$1\cdot 3+2\cdot 4+\cdots+n(n+2)$；

(2)$1\cdot 4+2\cdot 5+\cdots+n(n+3)$；

(3)$1(k+1)+2(k+2)+\cdots+n(k+n)$.

解　(1)

$$\text{原式}=\sum_{k=1}^{n}k(k+2)=\sum_{k=1}^{m}[k(k+1)+k]=2\sum_{k=1}^{n}C_{k+1}^{2}+\sum_{k=1}^{n}C_{k}^{1}=$$
$$2C_{n+2}^{3}+C_{n+1}^{2}=2\,\frac{(n+2)(n+1)n}{3!}+\frac{1}{2}n(n+1)=$$
$$\frac{1}{6}n(n+1)(2n+7)$$

(2)

$$\text{原式}=\sum_{k=1}^{n}k(k+3)=\sum_{k=1}^{n}[k(k+1)+2k]=2\sum_{k=1}^{n}C_{k+1}^{2}+2\sum_{k=1}^{n}C_{k}^{1}=$$
$$2(C_{n+2}^{3}+C_{n+1}^{2})=\frac{1}{3}n(n+1)(n+5)$$

(3)

$$\text{原式}=\sum_{i=1}^{n}i(k+i)=\sum_{i=1}^{n}i[(i+1)-(k-1)]=$$
$$\sum_{i=1}^{n}(i+1)i+(k-1)\sum_{i=1}^{n}i=$$
$$2\sum_{i=1}^{n}C_{i+1}^{2}+(k-1)\sum_{i=1}^{n}C_{i}^{1}=2C_{n+2}^{3}+(k-1)C_{n+1}^{2}=$$
$$2\,\frac{(n+2)(n+1)n}{3!}+(k-1)\,\frac{(n+1)n}{2}=$$
$$\frac{1}{6}n(n+1)(2n+3k+1)$$

由例 2 可知，如果一个数列的通项是两个正整数之积，且两个正整数之差的绝对值都相等，每一项（第 i 项）都以 i 为第一个因数，可用恒等式 ① 来求前 n 项的和.

例 3　求和：

(1)$1^2+2^2+\cdots+n^2$；

(2)$1^3+2^3+\cdots+n^3$.

解　(1)

$$\text{原式}=\sum_{k=1}^{n}k^2=\sum_{k=1}^{n}[k(k+1)-k]=2\sum_{k=1}^{n}C_{k+1}^{2}-\sum_{k=1}^{n}C_{k}^{1}=$$
$$2C_{n+2}^{3}-C_{n+1}^{2}=$$
$$\frac{1}{3}n(n+1)(n+2)-\frac{1}{2}n(n+1)=$$
$$\frac{1}{6}n(n+1)(2n+1)$$

(2)

$$\text{原式}=\sum_{k=1}^{n}k^3=\sum_{k=1}^{n}[(k+1)k(k-1)+k]=6\sum_{k=1}^{n}C_{k+1}^{3}+\sum_{k=1}^{n}C_{k}^{1}=$$

$$6C_{n+2}^{4}+C_{n+1}^{2}=$$

$$\frac{1}{4}(n-1)n(n+1)(n+2)+\frac{1}{2}n(n+1)=$$

$$\frac{1}{4}n(n+1)[(n-1)(n+2)+2]=$$

$$\frac{1}{4}n^2(n+1)^2$$

由例3可知,利用恒等式①,不仅能解决诸如$\sum\limits_{k=1}^{n}k^2$,$\sum\limits_{k=1}^{n}k^3$等级数的求和问题,它还可用来解一般高阶等差级数的求和问题.限于篇幅,本节不再阐述.

怎样求二项展开式中系数绝对值最大的项

关于二项展开式中系数绝对值最大的项的求法可有如下结论.

设$(ax+by)^n$(a,b为任意非零实数)展开式中第$k+1$项系数绝对值最大,则

$$k=\left[\frac{|b|}{|a|+|b|}\cdot(n+1)\right]$$

即k为不超过$\frac{|b|}{|a|+|b|}\cdot(n+1)$的最大整数.

证明 由二项展开式通项公式知$(ax+by)^n$展开式中第$k+1$项为

$$T_{k+1}=C_n^k(ax)^{n-k}\cdot(by)^k=C_n^k a^n\cdot\left(\frac{b}{a}\right)^k\cdot x^{n-k}\cdot y^k$$

其系数绝对值为

$$|t_{k+1}|=C_n^k\left|a^n\cdot\left(\frac{b}{a}\right)^k\right|$$

同样可知展开式中第k项和第$k+2$项的系数绝对值分别为

$$|t_k|=C_n^{k-1}\left|a^n\cdot\left(\frac{b}{a}\right)^{k-1}\right|$$

和

$$|t_{k+2}|=C_n^{k+1}\left|a^n\cdot\left(\frac{b}{a}\right)^{k+1}\right|$$

由题设知第$k+1$项的系数绝对值最大,故有

$$\begin{cases}\dfrac{|t_{k+1}|}{|t_k|}\geqslant 1\\[2ex]\dfrac{|t_{k+1}|}{|t_{k+2}|}\geqslant 1\end{cases}$$

即

$$\begin{cases}\dfrac{C_n^k\left|a^n\cdot\left(\dfrac{b}{a}\right)^k\right|}{C_n^{k-1}\left|a^n\cdot\left(\dfrac{b}{a}\right)^{k-1}\right|}=\dfrac{n-k+1}{k}\cdot\left|\dfrac{b}{a}\right|\geqslant 1 & ①\\[4ex]\dfrac{C_n^k\left|a^n\cdot\left(\dfrac{b}{a}\right)^k\right|}{C_n^{k+1}\left|a^n\cdot\left(\dfrac{b}{a}\right)^{k+1}\right|}=\dfrac{k+1}{n-k}\cdot\left|\dfrac{a}{b}\right|\geqslant 1 & ②\end{cases}$$

由①得

$$k\leqslant\frac{|b|}{|a|+|b|}(n+1)$$

由②得

$$k \geqslant \frac{n|b|-|a|}{|a|+|b|}$$

于是有

$$\frac{n|b|-|a|}{|a|+|b|} \leqslant k \leqslant \frac{|b|}{|a|+|b|}(n+1)$$

但因为 k 为零或正整数，且

$$\frac{|b|}{|a|+|b|}(n+1)-\frac{n|b|-|a|}{|a|+|b|}=1$$

所以

$$k=\left[\frac{|b|}{|a|+|b|}\cdot(n+1)\right] \quad ③$$

特别地，当 $|a|=|b|$ 时，有 $k=\left[\frac{n+1}{2}\right]$.

于是，若 n 为偶数，$k=\frac{n}{2}$，即展开式第 $\frac{n}{2}+1$ 项(中间项)系数绝对值最大；

若 n 为奇数，$k=\frac{n+1}{2}$，即展开式第 $\frac{n+1}{2}+1$ 项系数绝对值最大.

但此时，因为

$$|a|=|b|,\ |a^{n-\frac{n+1}{2}}\cdot b^{\frac{n+1}{2}}|=|a^{n-\frac{n+1}{2}}\cdot b^{\frac{n+1}{2}}|,\ C_n^{\frac{n+1}{2}}=C_n^{n-\frac{n+1}{2}}=C_n^{\frac{n-1}{2}}$$

所以第 $\frac{n-1}{2}+1$ 项也是展开式中系数绝对值最大的项.

显然，第 $\frac{n+1}{2}+1$ 和 $\frac{n-1}{2}+1$ 项，是展开式中的中间两项.

更特别地，当 $|a|=|b|=1$ 时，可得到我们常用的结论：

在 $(x\pm y)^n$ 展开式中，当 n 是偶数时，以 y 的指数 $k=\frac{n}{2}$ 项的系数的绝对值为最大；当 n 是奇数时，以 y 的指数 $k=\frac{n\pm 1}{2}$ 这两项的系数的绝对值为最大.

式 ③ 是不难记忆的，用它来求二项展开式中系数绝对值最大的项相当方便.

例 1 $(2x-3y)^{28}$ 展开式中系数的绝对值最大的项是第几项？

解 因为

$$|a|=2,\ |b|=3,n=28$$

所以 $$k=\left[\frac{|b|}{|a|+|b|}\cdot(n+1)\right]=\left[\frac{3}{2+3}\times(28+1)\right]=17$$

所以 $(2x-3y)^{28}$ 展开式中第 18 项系数的绝对值最大.

例 2 $(1+\sqrt{2})^{50}$ 展开式中系数最大的项的系数.

解 因为

$$a=1,b=\sqrt{2},n=50$$

所以

$$k=\left[\frac{|b|}{|a|+|b|}\cdot(n+1)\right]=\left[\frac{\sqrt{2}}{1+\sqrt{2}}\times(50+1)\right]=$$

$$[(2-\sqrt{2})\times 51]=29$$

于是，$(1+\sqrt{2})^{50}$ 展开式中最大的项为

$$T_{30}=C_{50}^{29}(\sqrt{2})^{29}=C_{50}^{21}2^{14}\times\sqrt{2}$$

例 3　当 $x=\frac{1}{4}$ 时，求 $(1-3x)^7$ 的展开式中绝对值最大的项的数值.

解　当 $x=\frac{1}{4}$ 时，$(1-3x)^7=(1-\frac{3}{4})^7$.

照例 2 的方法，因为 $|a|=1$，$|b|=\frac{3}{4}$，$n=7$，所以

$$k=[\frac{|b|}{|a|+|b|}\cdot(n+1)]=[\frac{\frac{3}{4}}{1+\frac{3}{4}}\times(7+1)]=[\frac{3}{7}\times 8]=3$$

于是，要求的绝对值最大的项数值为

$$T_4=(-1)^3C_7^3\times(\frac{3}{4})^3=-35(\frac{3}{4})^3$$

怎样在数列求和中应用二项式定理

一、系数成等差数列的数列求和问题

为了讨论方便,我们不妨把数列每项中组合数之外的部分称为该项的系数.

在二项式定理中,分别令 $a=1,b=1$ 和 $a=1,b=-1$,则有

$$C_n^0+C_n^1+\cdots+C_n^n=2^n \quad ①$$

$$C_n^0-C_n^1+\cdots+(-1)^nC_n^n=0 \quad ②$$

公式①,②是两个最基本的等式,许多系数成等差的数列求和问题,经过适当的变形整理后,都可以利用公式①,②得到解决.

例1 计算 $a_1C_n^0+a_2C_n^1+a_3C_n^2+\cdots+a_{n+1}C_n^n$,其中$\{a_i\}$是等差数列.

分析 由于 a_i 都可以由 a_1 和公差 d 表示,所以可以把此和式中的每一项拆为两项.

解

$$a_1C_n^0+a_2C_n^1+a_3C_n^2+\cdots+a_{n+1}C_n^n=$$
$$a_1C_n^0+(a_1+d)C_n^1+(a_1+2d)C_n^2+\cdots+(a_1+nd)C_n^n=$$
$$a_1(C_n^0+C_n^1+C_n^2+\cdots+C_n^n)+d(C_n^1+2C_n^2+\cdots+nC_n^n)=$$
$$a_1\cdot 2^n+d\cdot n\cdot 2^{n-1}=(a_1+a_{n+1})2^{n-1}$$

二、系数成等比数列的数列求和问题

例2 计算 $a_1C_n^0+a_2C_n^1+a_3C_n^2+\cdots+a_{n+1}C_n^n$,其中$\{a_i\}$是以 q 为公比的等比数列.

分析 和式的形式与例1完全相同.受例1的启发,我们很容易想到把 a_i 用 a_1 和 q 表示.

解

$$a_1C_n^0+a_2C_n^1+a_3C_n^2+\cdots+a_{n+1}C_n^n=a_1C_n^0+a_1qC_n^1+$$
$$a_1q^2C_n^2+\cdots+a_1q^nC_n^n=a_1(1+q)^n$$

与上面两道例题相对应,我们不难得出下面四个数列的和

$$C_n^1-2C_n^2+3C_n^3-\cdots+(-1)^{n-1}nC_n^n=0 \quad ①$$

$$C_n^0-2C_n^1+3C_n^2-\cdots+(-1)^n nC_n^n=0 \quad ②$$

$$a_1C_n^0-a_2C_n^1+\cdots+(-1)^n a_{n+1}C_n^n=0 \quad ③$$

$$a_1C_n^0-a_2C_n^1+\cdots+(-1)^n a_{n+1}C_n^n=a_1(1-q)^n \quad ④$$

其中各式中的 $n\geqslant 2$,式③中的$\{a_i\}$是等差数列,式④中的$\{a_i\}$是以 q 为公比的等比数列.

三、各项都是两个组合数之积的数列求和问题

例3 计算$(C_n^0)^2+(C_n^1)^2+\cdots+(C_n^n)^2$.

分析 本题所给的和式,可以看作是某两个二项展开式的积中某一项的系数.例如,可以看作是$(1+x)^n(x+1)^n$ 展开式中 x^n 的系数.

解　$(1+x)^n(x+1)^n=(C_n^0+C_n^1x+\cdots+C_n^nx^n)(C_n^0x^n+C_n^1x^{n-1}+\cdots+C_n^n)$　①

$(1+x)^{2n}=C_{2n}^0+C_{2n}^1x+\cdots+C_{2n}^nx^n+\cdots+C_{2n}^{2n}x^{2n}$　②

一方面，式①右端展开后，含 x^n 项的系数为 $(C_n^0)^2+(C_n^1)^2+\cdots+(C_n^n)^2$，另一方面，式②中 x^n 项的系数为 $C_{2n}^n=\dfrac{(2n)!}{(n!)^2}$. 又因为 $(1+x)^n(x+1)^n\equiv(1+x)^{2n}$，所以，$(C_n^0)^2+(C_n^1)^2+\cdots+(C_n^n)^2=\dfrac{(2n)!}{(n!)^2}$.

例 4　计算 $C_n^0C_n^1+C_n^1C_n^2+\cdots+C_n^{n-1}C_n^n$.

解　仿照例 3，恒等式 $(1+x)^n(x+1)^n=(1+x)^{2n}$ 的两边展开后，x^{n-1} 的系数应该相等，所以

$$C_n^0C_n^1+C_n^1C_n^2+\cdots+C_n^{n-1}C_n^n=C_{2n}^{n-1}=\frac{(2n)!}{(n-1)!\,(n+1)!}$$

四、其他类型的数列求和举例

例 5　计算 $S=(C_n^0-C_n^2+C_n^4-\cdots)^2+(C_n^1-C_n^3+C_n^5-\cdots)^2$.

分析　这是两个和式的平方之和，如果先单独求出每一个和式，再求其平方和，那么很难求出结果. 实际上，根据其形式的特殊性，我们可以把它与复数知识联系起来，构造一个复数，使其模的平方为 S.

解　设 $z=(C_n^0-C_n^2+C_n^4-\cdots)+(C_n^1-C_n^3+C_n^5-\cdots)\mathrm{i}$，一方面，$|z|^2=S$；另一方面 $z=C_n^0+C_n^1i+C_n^2\mathrm{i}^2+\cdots+C_n^n\mathrm{i}^n=(1+\mathrm{i})^n$，$|z|^2=|(1+\mathrm{i})^n|^2=(\sqrt{1+1})^{2n}=2^n$. 所以所求的和为 $S=2^n$.

顺便指出，如果注意到"一、"中的式①，则有

$$(C_n^0-C_n^2+C_n^4-\cdots)^2+(C_n^1-C_n^3+C_n^5-\cdots)^2=C_n^0+C_n^1+C_n^2+\cdots+C_n^n$$

例 6　计算 $C_n^0+\dfrac{1}{2}C_n^1+\dfrac{1}{3}C_n^2+\cdots+\dfrac{1}{n+1}C_n^n$.

分析　从各项系数看，此和式与例 1 中的和式十分相似，例 1 的求解方法可以使我们受到启发 —— 变换系数.

解　因为

$$\frac{1}{m+1}C_n^m=\frac{1}{n+1}C_{n+1}^{m+1}$$

所以

$$C_n^0+\frac{1}{2}C_n^1+\frac{1}{3}C_n^2+\cdots+\frac{1}{n+1}C_n^n=$$

$$\frac{1}{n+1}C_{n+1}^1+\frac{1}{n+1}C_{n+1}^2+\frac{1}{n+1}C_{n+1}^3+\cdots+\frac{1}{n+1}C_{n+1}^{n+1}=$$

$$\frac{1}{n+1}(C_{n+1}^1+C_{n+1}^2+C_{n+1}^3+\cdots+C_{n+1}^{n+1})=\frac{1}{n+1}(2^{n+1}-1)$$

通过上面的讨论可以看到，有许多含有组合数的数列求和问题，看起来十分复杂，但是，若充分利用二项式定理及组合数性质求解，则显得十分简单.

下面的题，可供读者练习之用.

求下列各数列的和：

(1)$C_n^1+2^2C_n^2+3^2C_n^3+\cdots+n^2C_n^n$；

(2)$a_1C_n^1+2a_2C_n^2+3a_3C_n^3+\cdots+na_nC_n^n$，其中$\{a_n\}$是等差数列；

(3)$b_1C_n^1+2b_2C_n^2+3b_3C_n^3+\cdots+nb_nC_n^n$，其中$\{b_n\}$是等比数列，公比为$q$.

（司志本）

怎样抓数列的函数“情结”构建数列的解题思路

数列是定义在正整数集或它的有限子集$\{1,2,\cdots,n\}$上的特殊函数，它是函数概念的继续和延伸，任何数列问题都蕴含着函数的本质及固有特征. 因此在数列的教学中，应充分利用数列的函数“情结”，以函数的概念、图象、性质为纽带，架起函数与数列间的桥梁，揭示它们之间的内在联系，从而使数列与函数知识相互交汇，使学生的知识网络得以不断优化与完善.

一、一抓函数概念，合理消化数列问题

通过对数列中的通项公式、前 n 项和公式等这些特殊函数关系的概念的理解与分析，引导学生充分认识 a_n 与 n，S_n 与 n 之间的对应关系，从而合理地找到解决问题的办法.

对于等差数列的通项而言，可以把它看作自然数 n 的“一次函数”，而前 n 项和自然数 n 的“二次函数”. 等比数列可近似地看作自然数 n 的“指数函数”.

例 1 设

$$f(n)=\frac{1}{n+1}+\frac{1}{n+2}+\cdots+\frac{1}{2n}\quad(n\in\mathbf{N})$$

则 $f(n+1)-f(n)$ 等于(　　)

A. $\frac{1}{2n+1}$　　B. $\frac{1}{2n+2}$　　C. $\frac{1}{2n+1}+\frac{1}{2n+2}$　　D. $\frac{1}{2n+1}-\frac{1}{2n+2}$

分析 此题从形式上看是考查学生对数列的通项的意义的理解，但事实上更侧重于对函数符号及对应关系的考查，解决它的关键在于如何引导学生对函数

$$f(x)=\frac{1}{x+1}+\frac{1}{x+2}+\frac{1}{x+3}+\cdots+\frac{1}{2x}$$

的概念的本质的理解，即如何正确表示 $f(x+1)$，从而得出答案 D.

二、二抓函数图象，直观简化数列问题

函数图象是函数特征的直观体现，利用图象解决数学问题（以形助数）是我们在解决问题中经常采用的手段.

在数列中，对于等差数列$\{a_n\}$，通项公式 $a_n=a_1+(n-1)d$ 可以写成 $a_n=dn+(a_1-d)$. 它是 n 的一次函数，以(n,a_n)为坐标的一群离散点均匀地分布在直线上，公差 $d=\frac{a_n-a_1}{n-1}$ 是相应直线的斜率.

当 $d>0$ 时，数列递增；当 $d<0$ 时，数列递减；当 $d=0$ 时，$\{a_n\}$ 为常数数列.

求和公式 $S_n=na_1+\frac{n(n-1)}{2}d$ 可以写成 $S_n=\frac{d}{2}n^2+(a_1-\frac{d}{2})n$. 它是 n 的二次函数（缺常数项），它的图象是过原点的抛物线上的一群离散点.

从函数的角度理解，当 $d \neq 0$ 时，S_n 是关于 n 的二次式，且常数项为零. 此时，可以应用相应二次函数的图象了解 S_n 的增减变化及最值等问题；当 $d=0$ 时，a_n 是常数列，$S_n = na_1$，此时，若 $a_1 \neq 0$，则 S_n 是关于 n 的一次式；若 $a_1 = 0$，则 $S_n = 0$.

对于等比数列 $\{a_n\}$，通项公式 $a_n = a_1q^{n-1}$ 可以写成 $a_n = \frac{a_1}{q}q^n (n \in \mathbf{N}^*)$. 当 $q>0$ 且 $q \neq 1$ 时，$y = q^x (x \in \mathbf{R})$ 是指数函数，而 $y = \frac{a_1}{q} \cdot q^x (x \in \mathbf{R})$ 是一个不为 0 的常数与指数函数的积，因此 $a_n = \frac{a_1}{q} \cdot q^n (n \in \mathbf{N}^*)$ 的图象是函数 $y = \frac{a_1}{q} \cdot q^x (x \in \mathbf{R})$ 的图象上的一群离散点.

例 2 若 $\{a_n\}$ 是等差数列，首项 $a_1>0$，$a_{2\,003}+a_{2\,004}>0$，$a_{2\,003}a_{2\,004}<0$，则使前 n 项和 $S_n>0$ 成立的最大自然数 n 是(　　).

A. 4 005　　B. 4 006　　C. 4 007　　D. 4 008

分析 1 由于解题目标是前 n 项的和

$$S_n = \frac{n(a_1+a_n)}{2} = na_1 + \frac{n(n-1)}{2}d$$

故可从两方面入手. 由已知条件，能否判断本题中等差数列 a_n 的单调性？由 $a_1>a_2>\cdots>a_{2\,003}>0>a_{2\,004}>a_{2\,005}\cdots$ 知

$$\begin{cases} S_1<S_2<\cdots<S_{2\,003} \\ S_{2\,003}>S_{2\,004}>S_{2\,005}>\cdots \end{cases}$$

虽然 $S_{2\,004}<S_{2\,003}$，但是 $S_{2\,004}$ 仍然大于零. 那么，使前 n 项和 $S_n>0$ 成立的最大自然数 n 是多少呢？借用函数的思想，数形结合的思想，引导学生画出抛物线，判断其对称轴的位置，进而判断出抛物线与 x 轴的交点的坐标.

解法 1 由题意可得，等差数列中，从第 1 项到第 2 003 项是正数，且从第2 004 项开始为负数，则所有的正项的和为 S_n 的最大值，即当 $n=2\,003$ 时，S_n 取得最大值，显然 S_n 是关于 n 的缺常数项的二次函数，且开口向下，所以第 2 003 项离对称轴最近，故其对称轴介于 2 003 到 2 003.5 之间. 又因二次函数的图象与 x 轴的一个交点是(0,0)，则设另一个交点$(x,0)$，x 应介于 4 006 到 4 007 之间(图 1)，所以使 $S_n>0$ 的最大自然数是 4 006，故选 B.

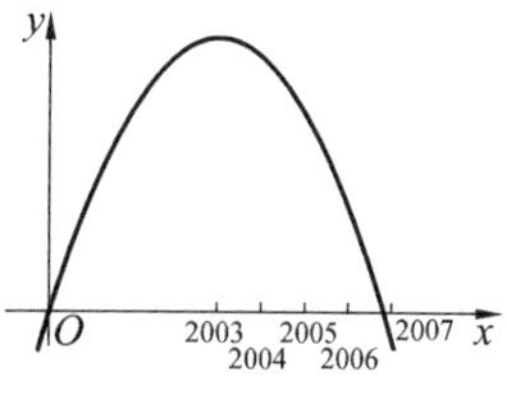

图 1

分析 2 根据 $S_n = \frac{n(a_1+a_n)}{2}$，可以利用等差数列的性质求解. 由 $a_{2\,003}+a_{2\,004}=a_1+a_7$，从而判断出 $S_{4\,006}>0$，进而判断出 $S_{4\,007}<0$.

解法 2 由题意可得，在等差数列中，从第 1 项到第 2 003 项是正数，且从第2 004 项开始为负数，$S_{4\,006}=2\,003(a_{2\,003}+a_{2\,004})>0$，$S_{4\,007}=\frac{4\,007(a_1+a_{4\,007})}{2}=4\,007a_{2\,004}<0$，故 n 的最大值为 4 006，选 B.

点评 等差数列 $\{a_n\}(d \neq 0)$ 的前 n 项的和 $S_n = na_1 + \frac{n(n-1)}{2}d$ 是关于 n 的缺常数

项的二次函数，因此在函数思想的指导下，利用数形结合常常能收到奇异的效果.

例 3　已知等差数列$\{a_n\}$的公差为 d，等比数列$\{b_n\}$的公比为 $q(q>1)$，若 $a_2=b_2=2$，$a_4=b_4$.

(1) 比较 a_1 与 b_1，a_3 与 b_3 的大小关系；

(3) 猜想并证明 a_n 与 $b_n(n\geqslant 5)$ 的大小关系.

分析　由题意知 $a_n=2+(n-2)d=dn+2-2d$，$b_n=2q^{n-2}$，根据函数 $y=2q^{x-2}$ 与 $y=dx+2-2d$ 的图象可知(图 2)，在 $x=2$ 与 $x=4$ 处有两个公共点，则 $a_1<b_1$，$a_3>b_3$，并可判断当 $n\geqslant 5$ 时有 $a_n<b_n$，再可结合比较法及数学归纳法证明.

三、三抓函数性质，有效分化数列问题

函数性质是函数特征的显性反映，深入挖掘并利用函数的性质可以大大简化解题过程，收到较好的解题效果.如函数的单调性、周期性等性质在数列中应用很广泛.通过下面这些问题的分析，不但可以使学生进一步巩固函数的性质，而且可以让学生提高解决数列问题的视野.

例 4　已知数列$\{a_n\}$的通项公式是 $a_n=\dfrac{an}{bn+1}$，其中 a，b 均为正常数，那么 a_n 与 a_{n+1} 的大小关系是(　　).

A. $a_n<a_{n+1}$　　B. $a_n>a_{n+1}$　　C. $a_n<a_{n+1}$　　D. 与 n 的取值相关

分析　要比较 a_n 与 a_{n+1} 的大小关系，其实就是要判断 $a_n=\dfrac{an}{bn+1}$ 的单调性.从函数的观点看，函数 $f(x)=\dfrac{ax}{bx+1}$ 的单调性在“函数”一章中已会判断.

因为 $a_n=\dfrac{an}{bn+1}=\dfrac{a}{b+\dfrac{1}{n}}$，$a$，$b$ 均为正常数，所以 a_n 随 n 的增大而增大，故选 A.

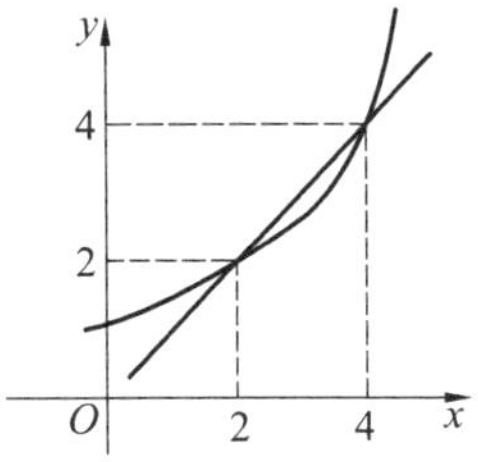

图 2

例 5　已知数列$\{a_n\}$满足 $a_{n+2}=a_{n+1}-a_n$，$a_1=1$，$a_2=2$，求 $S_{2\,005}$.

分析　令 $f(n)=a_n$，则 $f(n+2)=f(n+1)-f(n)$.

若函数 $f(x)$ 满足 $f(x+2)=f(x+1)-f(x)$，则 $f(x+3)=f(x+2)-f(x+1)$.

相加得 $f(x+3)=-f(x)$，则 $f(x+6)=-f(x+3)$，因此 $f(x)=f(x+6)$，即函数 $y=f(x)$ 的周期为 6.则易求

$$f(x)+f(x+1)+f(x+2)+f(x+3)+f(x+4)+f(x+5)=0$$

所以
$$S_{2\,005}=a_1+\cdots+a_{2\,005}=a_1=1$$

点评　本题是通过变量间规律的探求，发现存在周期性，在大大简化解题过程的同时，很好地培养了学生的思维能力.

四、四抓构造函数，巧妙转化数列问题

构造函数解决数学问题是函数思想的中心所在，其实质是把所求问题转化为以函数为

背景的问题，再利用函数的有关概念、图象、性质来帮助解决，这样有利于培养学生的数学思想方法与解题能力.

例6 某计算器有两个数据输入口 J_1，J_2，一个输出口 C.

(1) 当 J_1，J_2 分别输入正整数1，经过计算器运算后，C 输出正整数2；

(2) 当 J_1 输入正整数 m，J_2 输入正整数 n 时，C 的输出要比当 J_1 输入 m，J_2 输入 $n+1$ 时 C 的输出减少3.

试问：当 J_1 输入1，J_2 输入 n 时，C 输出的是多少？

分析 先把问题具体化，引导学生完成表1.

表1

J_1	J_2	C
1	1	2
1	2	5
1	3	8
1	4	11
1	5	14

进而，让 J_1 取2，取3，……，让学生认识到，无论 J_1，J_2 取何正整数，每当 J_1，J_2 各取一个确定的值，C 就有一个唯一确定的值与它对应.引导学生联想函数的定义.可把条件用二元的解析式 $f(m,n)$ 表示，再用函数观点和数列知识解题.

设当 J_1，J_2 分别输入正整数 m，n 时，经计算器运算后，C 输出正整数 k 记为 $k=f(m,n)$.由已知(1)得

$$f(1,1)=2$$

由已知(2)得

$$f(m,n+1)=f(m,n)+3$$

因此，有

$$f(1,2)-f(1,1)=3$$
$$f(1,3)-f(1,2)=3$$
$$\vdots$$
$$f(1,n)-f(1,n-1)=3$$

由此可知，$f(1,1)$，$f(1,2)$，$f(1,3)$，…，$f(1,n)$ 是以2为首项，3为公差的等差数列.所以

$$f(1,n)=2+(n-1)\cdot 3=3n-1$$

即当 J_1 输入1，J_2 输入正整数 n 时，C 输出的是 $3n-1$.

（徐涛）

怎样求一类数列的通项

数列问题中一个很重要的思想是把数列的通项公式或递推公式变形，然后将它看成新数列（通常是等差或等比数列）通项公式或递推公式，最后用新数列的性质解决问题.

联想到勾股定理可构造三角形；于是我们用三角代换和构造三角形两种方法探求，在此基础上对此类数列推广及举例应用.

题 已知数列$\{a_n\}$，满足$a_{n+1}=\sqrt{a_n^2+1}+a_n$，$a_1=a>0$，求数列$\{a_n\}$的通项公式.

分析1 由根式$\sqrt{a_n^2+1}$可以联想三角公式$\csc^2\alpha=\cot^2\alpha+1$，利用三角代换消去根式. 从而想到设$a_n=\cot b_n$，化简递推关系式，使题目明确化.

解法1 由题意可知$a_n>0(n\in\mathbf{N}^*)$，故可设$a_n=\cot b_n(0<b_n<\frac{\pi}{2}$，$n\in\mathbf{N}^*)$，代入已知条件得

$$\cot b_{n+1}=\frac{1}{\sin b_n}+\cot b_n=\frac{1+\cos b_n}{\sin b_n}=$$

$$\frac{2\cos^2\frac{b_n}{2}}{2\sin\frac{b_n}{2}\cos\frac{b_n}{2}}=\cot\frac{b_n}{2}$$

故$b_{n+1}=\frac{b_n}{2}$，$\cot b_1=a_1=a$，故$\{b_n\}$是以首项为$b_1=\operatorname{arccot}a$，公比为$\frac{1}{2}$的等比数列，即$b_n=\frac{b_1}{2^{n-1}}=\frac{\operatorname{arccot}a}{2^{n-1}}$.

图 1

因此$a_n=\frac{\operatorname{arccot}a}{2^{n-1}}$.

注 本题运用了三角函数代换，形成一个等比数列，从而使问题顺利获解.

分析2 由根式$\sqrt{a_n^2+1}$可以联想到勾股定理，从而构造出以a_n，1为直角边的直角三角形.

解法2 如图1，作$\mathrm{Rt}\triangle AOA_1$，使$\angle O=90^\circ$，$OA=1$，$OA_1=a_1=a$.

顺次在OA_1延长线上取点$A_2,A_3,\cdots,A_n$，使得$|A_1A_2|=|AA_1|$，$|A_2A_3|=|AA_2|,\cdots,|A_{n-1}A_n|=|AA_{n-1}|$，则

$$|OA_1|=a_1$$

$$|OA_2|=\sqrt{a_1^2+1}+a_1=a_2$$

$$\vdots$$

$$|OA_n|=\sqrt{a_{n-1}^2+1}+a_{n-1}=a_n$$

因为

$$|A_1A_2|=|AA_1|$$

所以
$$\angle A_1A_2A=\angle A_1AA_2$$
所以
$$\angle A_1A_2A=\frac{1}{2}\angle OA_1A$$

设 $\angle OA_1A=\theta$,则 $\angle OA_2A=\frac{\theta}{2}$,同理

$$\angle OA_3A=\frac{1}{2}\angle OA_2A=\frac{\theta}{2^2}$$
$$\vdots$$
$$\angle OA_nA=\frac{1}{2}\angle OA_{n-1}A=\cdots=\frac{\theta}{2^{n-1}}$$

所以

$$a_n=|OA_n|=\cot\frac{\theta}{2^{n-1}}=\cot\frac{\operatorname{arccot} a}{2^{n-1}}$$

原题的推广 已知数列$\{a_n\}$,满足 $a_{n+1}=\sqrt{a_n^2+k}+a_n$,$a_1=a>0$,$k>0$,求数列$\{a_n\}$的通项公式.

解法1 由题意可知 $a_n>0(n\in\mathbf{N}^*)$,故可设 $a_n=\sqrt{k}\cot b_n(0<b_n<\frac{\pi}{2},n\in\mathbf{N}^*)$,代入已知条件得

$$\sqrt{k}\cot b_{n+1}=\frac{\sqrt{k}}{\sin b_n}+\sqrt{k}\cot b_n=\frac{\sqrt{k}(1+\cos b_n)}{\sin b_n}=$$
$$\frac{\sqrt{k}\cdot 2\cos^2\frac{b_n}{2}}{2\sin\frac{b_n}{2}\cos\frac{b_n}{2}}=\sqrt{k}\cot\frac{b_n}{2}$$

故 $b_{n+1}=\frac{b_n}{2}$,$\cot b_1=\frac{a_1}{\sqrt{k}}=\frac{a}{\sqrt{k}}$,故$\{b_n\}$是以首项为 $b_1=\operatorname{arccot}\frac{a}{\sqrt{k}}$,公比为$\frac{1}{2}$的等比数列,即

$$b_n=\frac{b_1}{2^{n-1}}=\frac{\operatorname{arccot}\frac{a}{\sqrt{k}}}{2^{n-1}}$$

因此
$$a_n=\cot\frac{\operatorname{arccot}\frac{a}{\sqrt{k}}}{2^{n-1}}$$

解法2 如图2,作 $\mathrm{Rt}\triangle AOA_1$,使 $\angle O=90^\circ$,$OA=\sqrt{k}$,$OA_1=a_1=a$.

顺次在 OA_1 延长线上取点 $A_2,A_3,\cdots,A_n$,使得 $|A_1A_2|=|AA_1|$,$|A_2A_3|=|AA_2|$,$\cdots$,$|A_{n-1}A_n|=|AA_{n-1}|$,则

$$|OA_1|=a_1$$
$$|OA_2|=\sqrt{a_1^2+k}+a_1=a_2$$
$$\vdots$$
$$|OA_n|=\sqrt{a_{n-1}^2+k}+a_{n-1}=a_n$$

因为　$|A_1A_2|=|AA_1|$

所以　$\angle A_1A_2A=\angle A_1AA_2$

所以　$\angle A_1A_2A=\frac{1}{2}\angle OA_1A$

设 $\angle OA_1A=\theta$,则 $\angle OA_2A=\frac{\theta}{2}$,同理

$$\angle OA_3A=\frac{1}{2}\angle OA_2A=\frac{\theta}{2^2}$$

$$\vdots$$

$$\angle OA_nA=\frac{1}{2}\angle OA_{n-1}A=\cdots=\frac{\theta}{2^{n-1}}$$

所以　$a_n=|OA_n|=\cot\frac{\theta}{2^{n-1}}=\cot\frac{\operatorname{arccot}\frac{a}{\sqrt{k}}}{2^{n-1}}$

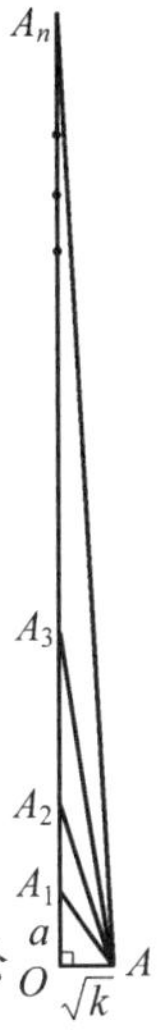

图 2

例　已知数列$\{a_n\}$,满足 $a_{n+1}=\sqrt{a_n^2+2}+a_n$,$a_1=\sqrt{2}$,求数列$\{a_n\}$的通项公式.

解法 1　设 $a_n=\sqrt{2}\cot b_n$($0<b_n<\frac{\pi}{2}$,$n\in\mathbf{N}^*$),代入已知条件得

$$\sqrt{2}\cot b_{n+1}=\frac{\sqrt{2}}{\sin b_n}+\sqrt{2}\cot b_n=\frac{\sqrt{2}(1+\cos b_n)}{\sin b_n}=\sqrt{2}\cot\frac{b_n}{2}$$

故 $b_{n+1}=\frac{b_n}{2}$,$\cot b_1=\frac{a_1}{\sqrt{2}}=1$,故$\{b_n\}$是以首项为 $b_1=\frac{\pi}{4}$,公比为$\frac{1}{2}$的等比数列,即 $b_n=\frac{b_1}{2^{n-1}}=\frac{\pi}{2^{n+1}}$.

因此 $a_n=\cot\frac{\pi}{2^{n+1}}$.

解法 2　如图 3,作 Rt$\triangle AOA_1$,使 $\angle O=90°$,$OA=\sqrt{2}$,$OA_1=a_1=\sqrt{2}$.

顺次在 OA_1 延长线上取点 $A_2,A_3,\cdots,A_n$,使得 $|A_1A_2|=|AA_1|$,$|A_2A_3|=|AA_2|$,$\cdots$,$|A_{n-1}A_n|=|AA_{n-1}|$,则

$$|OA_1|=a_1$$

$$|OA_2|=\sqrt{a_1^2+2}+a_1=a_2$$

$$\vdots$$

$$|OA_n|=\sqrt{a_{n-1}^2+2}+a_{n-1}=a_n$$

因为　$|A_1A_2|=|AA_1|$

所以　$\angle A_1A_2A=\angle A_1AA_2$

所以　$\angle A_1A_2A=\frac{1}{2}\angle OA_1A$

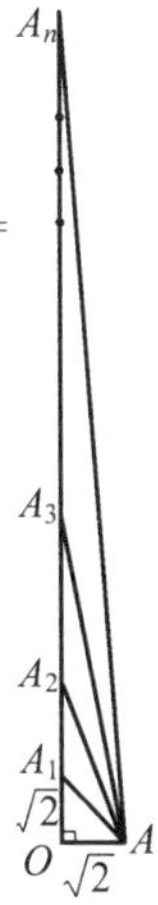

图 3

因为 $\angle OA_1A=\frac{\pi}{4}$,则 $\angle OA_2A=\frac{\pi}{8}$,同理

$$\angle OA_3A = \frac{1}{2}\angle OA_2A = \frac{\theta}{2^4}$$

$$\vdots$$

$$\angle OA_nA = \frac{1}{2}\angle OA_{n-1}A = \cdots = \frac{\pi}{2^{n+1}}$$

所以

$$a_n = |OA_n| = \sqrt{2}\cot\frac{\pi}{2^{n+1}}$$

（邹峰　郭小丽）

怎样求 $a_n=\dfrac{c\cdot a_{n-1}+d}{a\cdot a_{n-1}+b}$ 的通项

一、问题的提出

现行课本中，有下面典型例题：

已知数列$\{a_n\}$的第一项是1，以后各项由公式 $a_n=1+\dfrac{1}{a_{n-1}}$ 给出，写出这个数列的前5项.

这是一个分式递推关系的数列的问题. 如何运用简单明了，学生容易接受的方法予以解决递推关系

$$a_n=\frac{c\cdot a_{n-1}+d}{a\cdot a_{n-1}+b} \qquad ①$$

的通项公式，一直以来是中学数学教学的一个难点，由于在这一问题上没有根本性的突破，在试题的编拟上，只能停留在一些基础问题上，无法深入.

二、特例的解决

为了方便起见，先来解决①的一个特例

$$a_n=\frac{a_{n-1}}{a\cdot a_{n-1}+b} \qquad ②$$

具有递推关系②的数列$\{a_n\}$的通项的求解，普遍地出现在各级各类复习资料与报刊杂志中，形成了常规性的解法如下：

由②求倒数得

$$\frac{1}{a_n}=b\cdot\frac{1}{a_{n-1}}+a$$

若 $b=1$，则数列$\{\dfrac{1}{a_n}\}$就是一个以$\dfrac{1}{a_1}$为首项，a为公差的等差数列. 若 $b\neq1$，用平移替换 $b_n=\dfrac{1}{a_n}+\dfrac{a}{b-1}$，得 $b_n=b\cdot b_{n-1}$，那么，数列$\{b_n\}$就是以 $b_1=\dfrac{1}{a_1}+\dfrac{a}{b-1}$ 为首项，公比为b的数列，即

$$b_n=(\frac{1}{a_1}+\frac{a}{b-1})\cdot b^{n-1}$$

所以

$$a_n=\frac{a_1(b-1)}{(aa_1+b-1)\cdot b^{n-1}}$$

类似地对于递推关系 $a_n=\dfrac{ca_{n-1}}{a\cdot a_{n-1}+b}$ 可以求倒数得$\dfrac{1}{a_n}=\dfrac{b}{c}\cdot\dfrac{1}{a_{n-1}}+\dfrac{a}{c}$. 转化成等差或等比数列求解.

三、一个方法的发现

特例 ② 的解决，给我们解决 ① 带来了希望. 形式 ① 与形式 ② 的区别在于，形式 ② 中的分子常数项为 0，能否运用平移替换把形式 ① 转化为形式 ② 加以解决呢？这是一个自然的，也是富有创意的想法.

设平移替换 $a_n = c_n + p$，则有

$$c_n = \frac{c\cdot(c_{n-1}+p)+d}{a\cdot(c_{n-1}+p)+b} - p$$

即

$$c_n = \frac{(c-ap)c_{n-1}+d+(c-b)p-ap^2}{a(c_{n-1}+p)+b}$$

令

$$d+(c-b)p-ap^2 = 0 \quad ③$$

设 p_0 为方程 ③ 的一个根，则有 $c_n = \dfrac{(c-ap_0)c_{n-1}}{a\cdot c_{n-1}+(b+ap_0)}$，这是特例 ② 的形式.

在上述变化过程中，发现 p_0 是特定方程 ③ 的一个根，我们称

$$d+(c-b)x-ax^2 = 0$$

为递推关系 ① 的特征方程. 在此方程有解的条件下，即 $\Delta = (c-b)^2+4ad \geqslant 0$ 时，我们可以按照上述思路求得以式 ① 给出的递推数列的通项.

下面举例说明这一方法.

例 1 已知在数列 $\{a_n\}$ 中，满足 $a_1 = 2$，且 $a_n = \dfrac{3\cdot a_{n-1}+5}{5\cdot a_{n-1}+3}$，$n = 2,3,\cdots$. 求数列 $\{a_n\}$ 的通项公式.

解 设平移替换 $a_n = c_n + p$（p 为待定常数）则有

$$c_n = \frac{3\cdot(c_{n-1}+p)+5}{5\cdot(c_{n-1}+p)+3} - p$$

即

$$c_n = \frac{(3-5p)\cdot c_{n-1}+5-5p^2}{5c_{n-1}+5p+3} \quad ④$$

令 $5-5p^2 = 0$，得 $p = \pm 1$，取 $p = 1$，得 $c_1 = a_1 - 1$. 由 ④ 得

$$c_n = \frac{-2c_{n-1}}{5c_{n-1}+8}$$

所以

$$\frac{1}{c_n} = -\frac{4}{c_{n-1}} - \frac{5}{2}$$

即

$$\frac{1}{c_n} + \frac{1}{2} = -4\left(\frac{1}{c_{n-1}} + \frac{1}{2}\right)$$

所以数列 $\left\{\dfrac{1}{c_n} + \dfrac{1}{2}\right\}$ 就是以 $\dfrac{3}{2}$ 为首项，公比为 -4 的等比数列. 所以

$$c_n = \frac{2}{3\cdot(-4)^{n-1}-1}$$

从而

$$a_n = \frac{3\cdot(-4)^{n-1}+1}{3\cdot(-4)^{n-1}-1}$$

例 2 已知在数列$\{a_n\}$中，满足$a_1=1$，且$a_n=\dfrac{5\cdot a_{n-1}+4}{a_{n-1}+2}(n\geqslant 2)$，求数列$\{a_n\}$的通项公式.

解 设平移替换$a_n=c_n+p$(p为待定常数)，则有

$$c_n=\frac{5\cdot(c_{n-1}+p)+4}{(c_{n-1}+p)+2-p}$$

即

$$c_n=\frac{(5-p)\cdot c_{n-1}+4+3p-p^2}{c_{n-1}+p+2} \qquad ⑤$$

令$4+3p-p^2=0$，得$p=-1$或4，取$p=-1$，由⑤得

$$c_n=\frac{6c_{n-1}}{c_{n-1}+1}$$

所以

$$\frac{1}{c_n}=\frac{1}{6}\cdot\frac{1}{c_{n-1}}+\frac{1}{6}$$

所以

$$\frac{1}{c_n}-\frac{1}{5}=\frac{1}{6}(\frac{1}{c_{n-1}}-\frac{1}{5})$$

即数列$\{\frac{1}{c_n}-\frac{1}{5}\}$就是以$\frac{3}{10}$为首项，公比为$\frac{1}{6}$的等比数列. 所以

$$\frac{1}{c_n}-\frac{1}{5}=\frac{3}{10}\cdot\frac{1}{6^{n-1}}$$

所以

$$c_n=\frac{10\cdot 6^{n-1}}{2\cdot 6^{n-1}+3}$$

从而

$$a_n=\frac{8\cdot 6^{n-1}-3}{2\cdot 6^{n-1}+3}$$

下面来解决本文开头的课本例题.

解 设平移替换$a_n=c_n+p$，则有

$$c_n=\frac{(1-p)\cdot c_{n-1}+(1+p-p^2)}{c_{n-1}+p} \qquad ⑥$$

令$1+p-p^2=0$，得$p=\frac{1\pm\sqrt{5}}{2}$，取$p=\frac{1\pm\sqrt{5}}{2}$，由式⑥，得

$$c_n=\frac{(1-p)\cdot c_{n-1}}{c_{n-1}+p}$$

所以

$$\frac{1}{c_n}=-p+(-p^2)\cdot\frac{1}{c_{n-1}}$$

所以

$$\frac{1}{c_n}+\frac{p}{p^2+1}=-p^2(\frac{1}{c_{n-1}}+\frac{p}{p^2+1})$$

即数列$\{\frac{1}{c_n}+\frac{p}{p^2+1}\}$就是以$\frac{p^3}{p^2+1}$为首项，公比为$-p^2$的等比数列. 所以

$$\frac{1}{c_n}+\frac{p}{p^2+1}=-\frac{p^3}{p^2+1}(-p^2)^{n-1}$$

所以

$$c_n=\frac{1+p^2}{p((-p^2)^n-1)}$$

即

$$a_n = c_n + p = \frac{1+p^2}{p((-p^2)^n - 1)} + p = \frac{(-1)^n p^{2n+2} + 1}{(-1)^n p^{2n+1} - p} \quad (\text{其中 } p = \frac{1+\sqrt{5}}{2})$$

上述解法的核心是消去分子的常数项.我们将其叫作“常数消去法”.

（包志秀）

怎样在数列和不等式综合问题中放与缩

一、利用裂项求和放缩

如果数列$\{a_n\}$的前n项和S_n可以用裂项法来求，那么所得结果一般都会呈现出：$S_n = a - f(n)$，其中a为与n无关的常数，$f(n)$是关于n的表达式，$n \in \mathbf{N}^*$，且$f(n) > 0$等特征.依据这一系列特征，我们只需舍去$S_n = a - f(n)$中的$f(n)$，便可放大得到$S_n < a$.

例1 已知$f(x) = \frac{1}{3}x^3 + \frac{a}{2}x^2 + bx + c(a,b,c \in \mathbf{R})$的导数记为$f'(x)$.若$a = f'(2)$，$b = f'(1)$，$c = f'(0)$，$a_n = \frac{1}{f'(n)+2}$，$n \in \mathbf{N}^*$.求证：$a_1 + a_2 + a_3 + \cdots + a_n < \frac{11}{18}$.

证明 本题先求出$a = -1$，$b = c = -3$，后得到$a_n = \frac{1}{n^2-n-1}$.现要求数列$\{a_n\}$的前n项和，就必须对通项a_n裂项.而当$a_n = \frac{1}{n^2-n-1}$时，尚不具备裂项条件，所以先得对a_n放缩.若直接将$\frac{1}{n^2-n-1}$放大为$\frac{1}{n^2-n-2}$，则为时过早.因为当$n = 1$时，$\frac{1}{n^2-n-1} = -1$，$\frac{1}{n^2-n-2} = -\frac{1}{2}$；当$n = 2$时，$\frac{1}{n^2-n-1} = 1$，$\frac{1}{n^2-n-2}$因分母为0而没有意义，只有当$n \geqslant 3$时，才有$\frac{1}{n^2-n-1} < \frac{1}{n^2-n-2}$.此时放缩，恰到好处！即当$n = 1$时

$$a_1 = -1 < \frac{11}{18}$$

当$n = 2$时

$$a_1 + a_2 = 0 < \frac{11}{18}$$

当$n \geqslant 3$时

$$a_n < \frac{1}{n^2-n-2} = \frac{1}{3}\left(\frac{1}{n-2} - \frac{1}{n+1}\right)$$

所以

$$a_1 + a_2 + a_3 + \cdots + a_n < -1 + 1 + \frac{1}{3}\left[\left(1 - \frac{1}{4}\right) + \left(\frac{1}{2} - \frac{1}{5}\right) + \left(\frac{1}{3} - \frac{1}{6}\right) + \left(\frac{1}{4} - \frac{1}{7}\right) + \cdots + \left(\frac{1}{n-2} - \frac{1}{n+1}\right)\right] = \frac{11}{18} - \frac{1}{3}\left(\frac{1}{n-1} + \frac{1}{n} + \frac{1}{n+1}\right) < \frac{11}{18}$$

本例的证明过程先后经历了两次放缩：第一次放缩，为裂项求和创造了条件；第二次放缩，证明了不等式.

二、利用数列的单调性放缩

一般的说，已知数列$\{a_n\}$，如果当$n\in\mathbf{N}^*$时，都有$a_{n+1}>a_n$成立，那么$\{a_n\}$叫作递增数列；如果当$n\in\mathbf{N}^*$时，都有$a_{n+1}<a_n$成立，那么$\{a_n\}$叫作递减数列. 递增数列或递减数列均称为单调数列. 如果能够证明数列与不等式综合问题中涉及的数列为单调数列，或者能够通过构造转化使得到的新数列为单调数列，那么就可以利用数列的单调性放缩.

例2 已知数列$\{a_n\}$的通项$a_n=1+\dfrac{1}{2n-1}$，$n\in\mathbf{N}^*$. 求证：$a_1a_2a_3\cdots a_n>\sqrt{2n+1}$.

证明 待证不等式左边为n个因式的连乘积，右边是一个二次根式，不等式左右两边不相匹配的结构特征，导致了无论用作差比较法，还是用作商比较法，都难以直接奏效. 如果将待证目标先变形为$\dfrac{a_1a_2a_3\cdots a_n}{\sqrt{2n+1}}>1$，再设$f(n)=\dfrac{a_1a_2a_3\cdots a_n}{\sqrt{2n+1}}$，此时作商比较$f(n+1)$与$f(n)$的大小，水到渠成！即

$$\frac{f(n+1)}{f(n)}=\frac{a_{n+1}\sqrt{2n+1}}{\sqrt{2n+3}}=\frac{2n+2}{\sqrt{(2n+1)(2n+3)}}>$$
$$\frac{2n+2}{\sqrt{\left(\frac{2n+1+2n+3}{2}\right)^2}}=\frac{2n+2}{2n+2}=1$$

所以新数列$\{f(n)\}$是递增数列. 利用数列$\{f(n)\}$的单调性得$f(n)>f(1)=\dfrac{2}{\sqrt{3}}>1$，从而$a_1a_2a_3\cdots a_n>\sqrt{2n+1}$. 本例利用数列的单调性放缩的妙处在于：把一个原本较为复杂的不等式$\dfrac{a_1a_2a_3\cdots a_n}{\sqrt{2n+1}}>1$的证明问题，顷刻之间转化成了两个极为简单的不等式$f(n)>f(1)$与$f(1)>1$的证明问题，突出了转化思想与引入中间量的思想.

三、利用二项式定理放缩

由二项式定理知，$(a+b)^n=\mathrm{C}_n^0a^n+\mathrm{C}_n^1a^{n-1}b+\cdots+\mathrm{C}_n^nb^n(n\in\mathbf{N}^*)$，当$a>0$，$b>0$时，二项展开式中的每一项均为正数. 若舍去其中若干项，则所得和式的值必不大于原来和式的值. 根据这一基本常识，便可利用二项式定理减项放缩.

例3 已知数列$\{a_n\}$和$\{b_n\}$满足条件：$a_1=1$，$a_{n+1}-2a_n=2n+1$，$b_n=a_{n+1}-a_n$，$n\in\mathbf{N}^*$. 试比较$2a_n$与b_n的大小，并加以证明.

证明 本例先求出$\{b_n\}$与$\{a_n\}$的通项公式

$$b_n=3\cdot2^n-2,a_n=3\cdot2^n-2n-3$$

进而作差比较得

$$2a_n-b_n=3\cdot2^n-4(n+1)=$$
$$3(\mathrm{C}_n^0+\mathrm{C}_n^1+\cdots+\mathrm{C}_n^{n-1}+\mathrm{C}_n^n)-4(n+1)$$

至此，保留二项展开式中的前后四项，便可得到

$$2a_n-b_n\geqslant6(n+1)-4(n+1)=2(n+1)>0$$

所以$2a_n>b_n$. 上述证明过程，初看似乎无懈可击. 但若仔细推敲，就会发现$2a_n>b_n$对$n\in$

$\mathbf{N}^*$ 均成立，是一个错误结论. 因为，当 $n=1$ 时，$2a_n=2$，$b_n=4$，$2a_n<b_n$；当 $n=2$ 时，$2a_n=10$，$b_n=10$，$2a_n=b_n$；当 $n=3$ 时，$2a_n=30$，$b_n=22$，$2a_n>b_n$；当 $n=4$ 时，$2a_n=74$，$b_n=46$，$2a_n>b_n$. 由此猜想：当 $n\geqslant 3$ 时，$2a_n>b_n$. 继续追究错因，还有新的发展，即 $n=1$ 时，二面展开式中只有两项；$n=2$ 时，二项展开式中只有三项；当且仅当 $n\geqslant 3$ 时，二项展开式中的项数才不小于 4，此时利用二项式定理放缩，时机成熟！所以放缩时机过早，才是导致上述错误结论的根本原因. 由此可见，如何把握放缩时机，对处理数列和不等式综合问题中的放与缩十分重要. 本例表明，可以采用先特殊后一般的方法探索，即先利用特殊探路，后利用一般证明. 两个对象之间的大小关系由不确定变为确定之时，便是利用放缩展开证明之际！

四、利用细分逼近放缩

立体几何在推导球的表面积计算公式及球的体积计算公式时，都采用了“分割 —— 求近似和 —— 求近似和的极限”的方法，其实质就是细分求和，化曲为直及无限逼近等微积分思想的具体应用. 利用这一思想，同样可以处理数列和不等式综合问题中的放与缩.

例 4 如图 1，已知直线 $l:y=ax(a>0)$ 及曲线 $C:y=x^2(x\geqslant 0)$，曲线 C 上的点 Q_1 的横坐标为 $a_1(0<a_1<a)$，从 C 上的点 $Q_n(n\geqslant 1)$ 作直线平行 x 轴，交直线 l 于点 P_{n+1}，再过点 P_{n+1} 作直线平行于 y 轴，交曲线 C 于点 Q_{n+1}，点 $Q_n(n=1,2,3,\cdots)$ 的横坐标构成数列 $\{a_n\}$.

(1) 试找出 a_{n+1} 与 a_n 的关系式，并求 $\{a_n\}$ 的通项公式；

(2) 当 $a=1$ 时，证明：$\sum\limits_{k=1}^{n}(a_k-a_{k+1})a_{k+2}<\dfrac{1}{3}$.

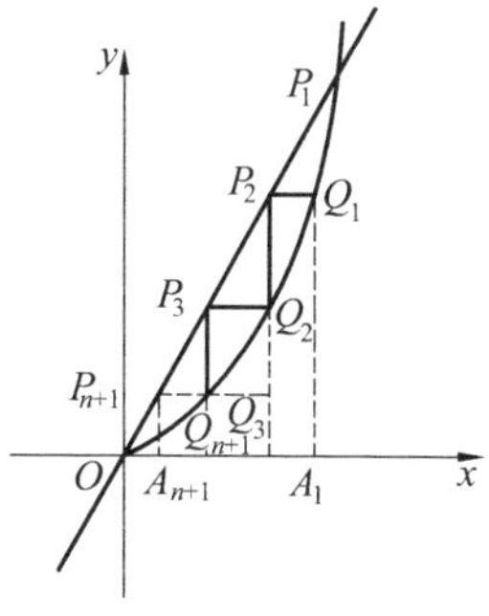

图 1

解 本题问(1) 由点 $Q_n(a_n,a_n^2)$，$P_{n+1}(\dfrac{1}{a}a_n^2,a_n^2)$，$Q_{n+1}(\dfrac{1}{a}a_n^2,\dfrac{1}{a^2}a_n^4)$，易得 $a_{n+1}=\dfrac{1}{a}\cdot a_n^2$，进而利用迭代法得 $a_n=(\dfrac{a_1}{a})^{2^{n-1}}$. 对于问(2)，当 $a=1$ 时，$a_n=a_1^{2^{n-1}}$，因为 $0<a_1<1$，所以 $a_n>a_{n+1}>0$，数列 $\{a_n\}$ 是一个单调递减数列. 从几何直观的角度看，$(a_k-a_{k+1})a_{k+2}$ 的几何意义是：长为 a_{k+2}，宽为 (a_k-a_{k+1}) 的矩形的面积. 通过对区间 $[a_1^{2^n},a_1]$ 的 n 次分割，从而把图中曲边梯形 $A_1Q_1Q_{n+1}A_{n+1}$ 的面积分割成 n 份，每一份都用一个长为 a_{k+2}，宽为 (a_k-a_{k+1}) 的矩形的面积近似表示，所以和式 $\sum\limits_{k=1}^{n}(a_k-a_{k+1})a_{k+2}$ 的几何意义就是这 n 个矩形的面积之和，亦即曲边梯形 $A_1Q_1Q_{n+1}A_{n+1}$ 的面积的一个近似和. 如果对区间 $[a_1^{2^n},a_1]$ 由原来的 n 次分割细分为 (2^n-1) 次分割，那么曲边梯形 $A_1Q_1Q_{n+1}A_{n+1}$ 的面积也由原来的 n 次分割细分为 (2^n-1) 次分割. 细分后每一份都用长为 a_1^{2i+2}，宽为 $(a_1^i-a_1^{i+1})$ 的矩形的面积近似表示，所以细分后所有这些矩形面积之和即为和式 $\sum\limits_{i=1}^{2^n-1}(a_1^i-a_1^{i+1})a_1^{2i+2}$ 的几何意义，亦即细分后曲边梯形 $A_1Q_1Q_{n+1}A_{n+1}$ 的面积的另一个近似和. 因为细分后的近似和更加逼近曲边梯形的面积，所以有

$$\sum_{k=1}^{n}(a_k-a_{k+1})a_{k+2}=\sum_{k=1}^{n}(a_1^{2^{k-1}}-a_1^{2^k})\cdot a_1^{2^{k+1}}\leqslant$$
$$\sum_{i=1}^{2^n-1}(a_1^i-a_1^{i+1})a_1^{2i+2}=$$
$$(1-a_1)a_1^2\sum_{i=1}^{2^n-1}a_1^{3i}<\frac{(1-a_1)a_1^5}{1-a_1^3}=$$
$$\frac{a_1^5}{a_1^2+a_1+1}<\frac{1}{3}$$

本题问(2)的证明前后要经历三次放缩，方能完成. 其构思立意之新颖，思想内涵之深刻，推理论证之精妙，无不令人叹为观止，拍案叫绝！

五、利用已证(已求)结论放缩

命题者在设计数列与不等式综合问题时，为了使问题更具教育教学功能，或更具考查检测功能，一般都会采用小步设问、逐步递进的方式给出问题，以便通过降低问题的切入点，控制问题的思维跨度等手段来调整问题的解答难度，从而使问题能够尽量让更多的学生动手. 对于此类问题，通常可以利用前一问已证(已求)结论放缩，证明后面问题中的不等式.

例 5 已知 $f(x)=\dfrac{x+2}{x+1}$，$x\in(0,+\infty)$，数列 $\{x_n\}$ 满足 $x_{n+1}=f(x_n)$，$n\in\mathbf{N}^*$，$x_1=1$.

(1) 指出 x_n 与 x_{n+1} 中，哪一个更接近 $\sqrt{2}$？并证明你的结论；

(2) 求证 $|x_1-\sqrt{2}|+|x_2-\sqrt{2}|+|x_3-\sqrt{2}|+\cdots+|x_n-\sqrt{2}|<\dfrac{\sqrt{2}}{2}$.

解 本题由 $f(x)=\dfrac{x+2}{x+1}=1+\dfrac{1}{x+1}$ 及 $x\in(0,+\infty)$ 易得 $1<f(x)<2$. 因为 $x_{n+1}=f(x_n)$ 及 $x_1=1$，$n\in\mathbf{N}^*$，所以 $n\geqslant2$ 时，$1<x_n<2$ 且 $x_n\in\mathbf{Q}$. 问(1)的实质就是比较 $|x_{n+1}-\sqrt{2}|$ 与 $|x_n-\sqrt{2}|$ 的大小，因为 $|x_{n+1}-\sqrt{2}|>0$，$|x_n-\sqrt{2}|>0$，所以只需比较 $\dfrac{|x_{n+1}-\sqrt{2}|}{|x_n-\sqrt{2}|}$ 与 1 的大小. 运用作商比较法得

$$\frac{|x_{n+1}-\sqrt{2}|}{|x_n-\sqrt{2}|}=\left|\frac{\dfrac{x_n+2}{x_n+1}-\sqrt{2}}{x_n-\sqrt{2}}\right|=\cdots=\frac{|\sqrt{2}-1|}{x_n+1}\leqslant$$
$$\frac{\sqrt{2}-1}{2}<\sqrt{2}-1<1$$

所以
$$|x_{n+1}-\sqrt{2}|<|x_n-\sqrt{2}|$$

即 x_{n+1} 比 x_n 更接近 $\sqrt{2}$. 利用问(1)中已证结论放缩，可以证明问(2)，但是如何把握放缩的尺度，却并非易事. 若利用 $|x_{n+1}-\sqrt{2}|<|x_n-\sqrt{2}|$ 放缩则有

$$|x_1-\sqrt{2}|+|x_2-\sqrt{2}|+|x_3-\sqrt{2}|+\cdots+|x_n-\sqrt{2}|\leqslant n|x_1-\sqrt{2}|=n(\sqrt{2}-1)$$

因为放缩尺度过大，导致 $n(\sqrt{2}-1)$ 与 $\dfrac{\sqrt{2}}{2}$ 的大小不明，从而问题(2)证明失败，不可为. 若利

用 $|x_{n+1}-\sqrt{2}| \leqslant \frac{\sqrt{2}-1}{2}|x_n-\sqrt{2}|$ 放缩,则有

$$|x_n-\sqrt{2}| \leqslant \frac{\sqrt{2}-1}{2}|x_{n-1}-\sqrt{2}| \leqslant (\frac{\sqrt{2}-1}{2})^2|x_{n-2}-\sqrt{2}| \leqslant \cdots \leqslant$$

$$(\frac{\sqrt{2}-1}{2})^{n-1}|x_1-\sqrt{2}| = \frac{(\sqrt{2}-1)^n}{2^{n-1}}$$

所以,当 $n=1$ 时

$$|x_1-\sqrt{2}| = \sqrt{2}-1 < \frac{\sqrt{2}}{2}$$

当 $n \geqslant 2$ 时

$$|x_1-\sqrt{2}|+|x_2-\sqrt{2}|+|x_3-\sqrt{2}|+\cdots+|x_n-\sqrt{2}| \leqslant$$

$$(\sqrt{2}-1)+\frac{(\sqrt{2}-1)^2}{2}+\frac{(\sqrt{2}-1)^3}{2^2}+\cdots+\frac{(\sqrt{2}-1)^n}{2^{n-1}} <$$

$$\frac{\sqrt{2}-1}{1-\frac{\sqrt{2}-1}{2}} = \frac{2\sqrt{2}-2}{3-\sqrt{2}}$$

因为

$$\frac{2\sqrt{2}-2}{3-\sqrt{2}}-\frac{\sqrt{2}}{2} = \frac{\sqrt{2}-2}{2(3-\sqrt{2})} < 0$$

所以

$$\frac{2\sqrt{2}-2}{3-\sqrt{2}} < \frac{\sqrt{2}}{2}$$

问(2)虽然获证,但因放缩尺度过小,导致运算量加大,推理过程加长,不可取. 若利用 $|x_{n+1}-\sqrt{2}| < (\sqrt{2}-1)|x_n-\sqrt{2}|$ 放缩,则有

$$|x_n-\sqrt{2}| \leqslant (\sqrt{2}-1)^n$$

所以

$$|x_1-\sqrt{2}|+|x_2-\sqrt{2}|+\cdots+|x_n-\sqrt{2}| \leqslant$$

$$\frac{(\sqrt{2}-1)[1-(\sqrt{2}-1)^n]}{2-\sqrt{2}} < \frac{\sqrt{2}-1}{2-\sqrt{2}} = \frac{\sqrt{2}}{2}$$

恰好到处! 由此可见,放缩尺度的调控,对处理数列和不等式综合问题中的放与缩,至关重要.

（朱青峰）

怎样求关于数列 $m,mm,mmm,\cdots$ 的通项公式

我们经常遇到求如下一类数列：$m,mm,mmm,mmmm,\cdots$ 的通项公式问题，其中 m 是 k 位数. $k\in\mathbf{N},k\leqslant n,n\in\mathbf{N}$.

下面讨论：

一、当 m 为一位数时

例1 求数列$\{a_n\}$：7，77，777，7 777，… 的通项公式.

解 观察法

$$7=7\times1=7\times\frac{9}{9}=7\times\frac{10^1-1}{9}$$

$$77=7\times11=7\times\frac{99}{9}=7\times\frac{10^2-1}{9}$$

$$777=7\times111=7\times\frac{999}{9}=7\times\frac{10^3-1}{9}$$

$$\vdots$$

$$a_n=7\,777\cdots7=7\times\underbrace{111\cdots1}_{n个}=7\times\frac{9\,999\cdots9}{9}=$$

$$7\times\frac{10^n-1}{9}=7\times\frac{1-10^n}{1-10}$$

二、当 m 为二位数时，如求数列$\{a_n\}$

例2 求 12，1 212，121 212，… 的通项公式.

解 $a_n=\underbrace{12\,121\,212\cdots12}_{n个12连写}=12+12\times10^2+12\times10^4+12\times10^6+\cdots+12\times10^{2(n-1)}=12[1+10^2+10^4+10^6+\cdots+10^{2(n-1)}]=12\times\dfrac{1-10^{2n}}{1-10^2}$.

三、当 m 是三位数时

例3 求数列$\{a_n\}$：247，247 247，247 247 247，… 通项公式.

解 用阶差相消法求通项，用后项减前项，然后叠加

$$a_1=247$$

$$a_2-a_1=247\times10^3$$

$$a_3-a_2=247\times10^6$$

$$a_4-a_3=247\times10^9$$

$$\vdots$$

$$a_n-a_{n-1}=247\times10^{3(n-1)}$$

等号两边相加，错位相消，得

$$a_n - a_1 = 247 \times [10^3 + 10^6 + 10^9 + \cdots + 10^{3(n-1)}]$$

$$a_n = 247 \times [1 + 10^3 + 10^6 + 10^9 + \cdots + 10^{3(n-1)}] = 247 \times \frac{1-10^{3n}}{1-10^3}$$

四、当 m 为四位数时

例 4　用同样的方法可求出数列 $\{a_n\}$：2 000，20 002 000，200 020 002 000，… 数列的通项为 $a_n = 2\,000 \times \frac{1-10^{4n}}{1-10^4}$.

例 5　当 m 为 k 位数时，$k \in \mathbf{N}$，且 $k \leqslant n$，即 $a_1 = m = c_1c_2c_3\cdots c_k$，$a_2 = mm = c_1c_2c_3\cdots c_kc_1c_2c_3\cdots c_k$（$c$ 是一位数学）也用阶差相消法

$$a_2 - a_1 = m \times 10^k$$

$$a_3 - a_2 = m \times 10^{2k}$$

$$a_4 - a_3 = m \times 10^{3k}$$

$$\vdots$$

$$a_n - a_{n-1} = m \times 10^{(n-1)k}$$

等号两边相加错位相消，得

$$a_n - a_1 = m \times [10^k + 10^{2k} + 10^{3k} + \cdots + 10^{(n-1)k}]$$

$$a_n = m[1 + 10^k + 10^{2k} + 10^{3k} + \cdots + 10^{(n-1)k}] = m \times \frac{1-10^{kn}}{1-10^k}$$

所以当 m 为 k 位时，$m, mm, mmm, mmmm, \cdots$ 数列的通项公式为 $a_n = m \cdot \frac{1-10^{kn}}{1-10^k}$.

这里，m 为数列的第一项，k 为第一项的位数（第一项是 k 位数），n 是数列的项数.

注　这可以作为一个公式用. 因为前边当 $k=1,2,3,4$ 时的结论与 $k=n$ 时的结论相符合，并且用同样的方法也能直接求出 m 是 $k+1$ 位数时的结论是 $a_n = m\,\frac{1-10^{(k+1)n}}{1-10^{k+1}}$，这是直接求出来的，而不是用不完全归纳法归纳的，结果完全正确.

（李素兰）

怎样用简便解法解一个浓度问题

问题 甲乙两个容器中分别盛有浓度为10%,20%的某种溶液500 ml,同时从甲乙两个容器中取出100 ml溶液交换倒入对方的容器中搅匀,称为这是一次"调和".记 $a_1=10\%$,$b_1=20\%$,经 $(n-1)$ 次"调和"后甲乙两个容器的溶液浓度为 a_n,b_n.

(1) 试用含 a_{n-1},b_{n-1} 的式子表示 a_n,b_n.

(2) 求出 $\{a_n\}$,$\{b_n\}$ 的通项公式.

一、简便解法

(1) 根据题意,当 $n\geqslant 2$ 时

$$a_n=\frac{400a_{n-1}+100b_{n-1}}{500}=\frac{4a_{n-1}+b_{n-1}}{5}=\frac{4}{5}a_{n-1}+\frac{1}{5}b_{n-1}$$

即

$$a_n=\frac{4}{5}a_{n-1}+\frac{1}{5}b_{n-1}$$

同理可知

$$b_n=\frac{1}{5}a_{n-1}+\frac{4}{5}b_{n-1}$$

(2) 将(1)中的两式相加得

$$a_n+b_n=a_{n-1}+b_{n-1}\quad(n\geqslant 2)$$

所以数列 $\{a_n+b_n\}$ 是常数列.所以

$$a_n+b_n=a_1+b_1=30\%$$

(1) 中两式相减得

$$a_n-b_n=\frac{3}{5}(a_{n-1}-b_{n-1})\quad(n\geqslant 2)$$

所以数列 $\{a_n-b_n\}$ 是以 -10% 为首项,$\frac{3}{5}$ 为公比的等比数列.所以

$$a_n-b_n=-10\%\times(\frac{3}{5})^{n-1}$$

再由上面两式分别相加、相减后得

$$a_n=-5\%\times(\frac{3}{5})^{n-1}+15\%$$

$$b_n=5\%\times(\frac{3}{5})^{n-1}+15\%$$

二、问题的延拓

根据上面解法,我们观察到:

(1) 数列$\{a_n+b_n\}$是常数列，即"调和"前后两种溶液的浓度之和不变.

(2) 数列$\{a_n-b_n\}$是等比数列，即"调和"过程中两种溶液的浓度之差成等比数列.

这两个性质是否是溶液"调和"问题的一般规律，下面我们进行探讨.

1. 问题中各量用字母表示

设甲乙两个容器中分别盛有浓度为$p\%$，$q\%$ $(p\neq q)$的某种溶液M ml，同时从甲乙两个容器中取出A ml溶液交换倒入对方的容器中进行"调和". 记$a_1=p\%$，$b_1=q\%$，经$(n-1)$次"调和"后甲乙两个容器的溶液浓度为a_n，b_n. 此时

$$a_n+b_n=\frac{(M-A)\times a_{n-1}+A\times b_{n-1}}{M}+\frac{(M-A)\times b_{n-1}+A\times a_{n-1}}{M}=$$

$$a_{n-1}+b_{n-1}\quad(n\geqslant 2)$$

所以数列$\{a_n+b_n\}$是常数列，即"调和"前后两种溶液浓度之和不变

$$a_n-b_n=\frac{(M-A)\times a_{n-1}+A\times b_{n-1}}{M}-\frac{(M-A)\times b_{n-1}+A\times a_{n-1}}{M}=$$

$$\frac{M-2A}{M}\times(a_{n-1}-b_{n-1})\quad(n\geqslant 2)$$

当$M=2A$时，$a_n-b_n=0(n\geqslant 2)$，即从第一次"调和"后两个容器的溶液浓度都对应相同；当$M\neq 2A$时，数列$\{a_n-b_n\}$是等比数列，即"调和"过程中两种溶液的浓度之差成等比数列. 由此可得结论1.

结论1　设甲乙两个容器中分别盛有浓度为$p\%$，$q\%$，$(p\neq q)$的某种溶液M ml，同时从甲乙两个容器中取出A ml溶液交换倒入对方的容器中进行"调和"，则"调和"前后两容器的浓度之和保持不变；在上述"调和"下，当且仅当$M=2A$时，在同一次"调和"完成后，两容器的浓度保持相同，在其他情况下，"调和"过程中两种溶液的浓度之差成等比数列.

我们又注意到，$\frac{M-2A}{M}\neq 1$，因此在上述"调和"下，"调和"前后两容器的浓度之差必定改变.

当$M\neq 2A$，$n\geqslant 2$时，由$a_n+b_n=a_{n-1}+b_{n-1}$得

$$a_n+b_n=\frac{p+q}{100}$$

由$a_n-b_n=\frac{M-2A}{M}\times(a_{n-1}+b_{n-1})$得

$$a_n-b_n=\frac{(p-q)}{100}\times\left(\frac{M-2A}{M}\right)^{n-1}$$

将两式相加得

$$a_n=\frac{(p-q)}{200}\left(\frac{M-2A}{M}\right)^{n-1}+\frac{p+q}{200}$$

$$b_n=-\frac{(p-q)}{200}\left(\frac{M-2A}{M}\right)^{n-1}+\frac{p+q}{200}$$

得到结论2.

结论2　在结论1的条件下，经$(n-1)$次"调和"后甲容器的溶液浓度为$a_n=$

$\frac{(p-q)}{200}(\frac{M-2A}{M})^{n-1}+\frac{p+q}{200}$；乙容器的溶液浓度为 $b_n=-\frac{(p-q)}{200}(\frac{M-2A}{M})^{n-1}+\frac{p+q}{200}$.

2.将问题适当延拓

设甲乙两个容器中分别盛有浓度为 $p\%$，$q\%$ $(p\neq q)$ 的某种溶液 M ml，N ml(不妨设 $M>N$)，同时从甲乙两个容器中取出 A ml溶液交换倒入对方的容器中进行“调和”. 记 $a_1=p\%$，$b_1=q\%$，经 $(n-1)$ 次“调和”后甲乙两个容器的溶液浓度为 a_n，b_n.

若 $n\geqslant 2$，则

$$a_n+b_n=\frac{(M-A)\times a_{n-1}+A\times b_{n-1}}{M}+\frac{(N-A)\times b_{n-1}+A\times a_{n-1}}{N}=$$

$$\left[1+\frac{A(M-N)}{MN}\right](a_{n-1}+b_{n-1})$$

$$a_n-b_n=\frac{(M-A)\times a_{n-1}+A\times b_{n-1}}{M}-\frac{(N-A)\times b_{n-1}+A\times a_{n-1}}{N}=$$

$$\left[1-\frac{A(M+N)}{MN}\right](a_{n-1}-b_{n-1})$$

数列 $\{a_n+b_n\}$ 是等比数列，即“调和”过程中两种溶液的浓度之和成等比数列(不是常数列)，由于 $\frac{A(M-N)}{MN}>0$，因此“调和”次数越多，两容器的浓度之和越大.

当 $A(M+N)=MN$ 时，$a_n-b_n=0(n\geqslant 2)$，即从第一次“调和”后两个容器的溶液浓度都对应相同；当 $A(M+N)\neq MN$ 时，数列 $\{a_n-b_n\}$ 亦是等比数列，即“调和”过程中两种溶液的浓度之差成等比数列. 由此可得结论 3.

结论 3 设甲乙两个容器中分别盛有浓度为 $p\%$，$q\%$ $(p\neq q)$ 的某种溶液 M ml，N ml$(M>N)$，同时从甲乙两个容器中取出 A ml溶液交换倒入对方的容器中进行“调和”，则“调和”过程中两种溶液的浓度之和成等比数列，而且“调和”次数越多，两容器的浓度之和越大；当且仅当 $A(M+N)=MN$ 时，在同一次“调和”完成后，两容器的浓度保持相同；在条件 $A(M+N)\neq MN$ 下，上述“调和”过程中两种溶液的浓度之差亦成等比数列.

当 $M>N$，$n\geqslant 2$ 时，令

$$\alpha=1+\frac{A(M-N)}{MN},\beta=1-\frac{A(M+N)}{MN}$$

由

$$a_n+b_n=\alpha(a_{n-1}+b_{n-1})$$

得

$$a_n+b_n=\frac{p+q}{100}\alpha^{n-1}$$

又由

$$a_n-b_n=\beta(a_{n-1}-b_{n-1})\Rightarrow a_n-b_n=\frac{p-q}{100}\beta^{n-1}$$

两式相加得

$$a_n=\frac{p+q}{200}\alpha^{n-1}+\frac{p-q}{200}\beta^{n-1}$$

两式相减得

$$b_n=\frac{p+q}{200}\alpha^{n-1}-\frac{p-q}{200}\beta^{n-1}$$

结论 4　在结论 3 的条件下，经 $(n-1)$ 次"调和"后甲容器的溶液浓度为 $a_n=\frac{p+q}{200}\alpha^{n-1}+\frac{p-q}{200}\beta^{n-1}$；乙容器的溶液浓度为 $b_n=\frac{p+q}{200}\alpha^{n-1}-\frac{p-q}{200}\beta^{n-1}$，其中 $\alpha=1+\frac{A(M-N)}{MN}$，$\beta=1-\frac{A(M+N)}{MN}$.

注　在更一般的情况下，即设甲乙两个容器中分别盛有浓度为 $p\%$，$q\%$ $(p\neq q)$ 的某种溶液 M ml，N ml，同时从甲乙两个容器中分别取出 A ml，B ml$(A\neq B)$ 溶液交换到入对方的容器中进行"调和"，通过直接计算可得到经 $(n-1)$ 次"调和"后甲乙两个容器的溶液浓度 a_n，b_n 不再具备前面所述两条性质.

（金兔）

怎样解与调和点列有关的平面几何问题

调和点列是射影几何学的重要内容,它在平面几何中也有着广泛的应用.

一、知识简介

1. 调和点列的定义

定义 对于线段 AB 的内分点 C 和外分点 D 满足 $\frac{AC}{CB}=\frac{AD}{DB}$,则称点 C,D 调和分割线段 AB 或者 A,B,C,D 是调和点列.

2. 调和点列的基本性质与判定

性质 对于线段 AB 的内分点 C 和外分点 D 满足 C,D 调和分割线段 AB,M 是线段 AB 的中点,则有以下结论成立:

(1) 点 A,B 调和分割线段 CD;

(2) $\frac{1}{AC}+\frac{1}{AD}=\frac{2}{AB}$;

(3) $AB\cdot CD=2AD\cdot BC$;

(4) $CA\cdot CB=CM\cdot CD$;

(5) $DA\cdot DB=DM\cdot DC$;

(6) $MA^2=MB^2=MC\cdot MD$.

判定 1 对于线段 AB 的内分点 C 和外分点 D,M 是线段 AB 的中点,则满足下列条件之一可判定点 C,D 调和分割线段 AB.

(1) 点 A,B 调和分割线段 CD;

(2) $\frac{1}{AC}+\frac{1}{AD}=\frac{2}{AB}$;

(3) $AB\cdot CD=2AD\cdot BC$;

(4) $DA\cdot DB=DM\cdot DC$.

判定 2 对于线段 AB 的内分点 C 和外分点 D,M 是线段 AB 的中点,且 M 在 A,C 之间.则满足下列条件之一均可判定点 C,D 调和分割线段 AB.

(1) $CA\cdot CB=CM\cdot CD$;

(2) $MA^2=MB^2=MC\cdot MD$.

证明 如图 1,设

$$AC=m,CB=n,BD=p$$

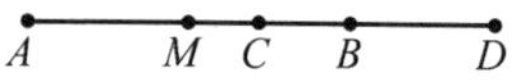

图 1

则

$$DM=\frac{m+n}{2}+p$$

由调和点列的定义知

点 C,D 调和分割线段

$$AB \Leftrightarrow \frac{AC}{CB}=\frac{AD}{DB} \Leftrightarrow$$

$$\frac{m}{n}=\frac{m+n+p}{p} \Leftrightarrow$$

$$mn+n^2+np-mp=0 \qquad ①$$

点 A,B 调和分割线段 $CD \Leftrightarrow \frac{DB}{BC}=\frac{DA}{AC} \Leftrightarrow \frac{p}{n}=\frac{m+n+p}{m} \Leftrightarrow$ 式 ①；

$\frac{1}{AC}+\frac{1}{AD}=\frac{2}{AB} \Leftrightarrow \frac{1}{m}+\frac{1}{m+n+p}=\frac{2}{m+n} \Leftrightarrow$ 式 ①；

$AB \cdot CD=2AD \cdot BC \Leftrightarrow (m+n)(n+p)=2(m+n+p)n \Leftrightarrow$ 式 ①；

$DA \cdot DB=DM \cdot DC \Leftrightarrow (m+n+p)p=(\frac{m+n}{2}+p)(n+p) \Leftrightarrow$ 式 ①.

因此，性质中的结论(1)，(2)，(3)，(5) 及判定 1 成立.

对于性质中的结论(4)，(6)，若 A,B,C,D 是调和点列，则

$$\frac{AC}{CB}=\frac{AD}{DB}>1$$

于是，点 M 在 A,C 这间. 此时，与判定 2 中题设相同. 因此

$$CM=\frac{m-n}{2}$$

故 $CA \cdot CB=CM \cdot CD \Leftrightarrow mn=\frac{m-n}{2}(n+p) \Leftrightarrow$ 式 ①；

$MA^2=MB^2=MC \cdot MD \Leftrightarrow (\frac{m+n}{2})^2=\frac{m-n}{2}(\frac{m+n}{2}+p) \Leftrightarrow$ 式 ①.

所以，性质中的结论(4)，(6) 和判定 2 成立.

3. 与调和点列有关的两个几何命题

下面介绍在平面几何中应用相当广泛的两个调和点列命题.

命题 1　对线段 AB 的内分点 C 和外分点 D 以及直线 AB 外一点 P，给出四个论断：

(1) PC 是 $\angle APB$ 的平分线；

(2) PD 是 $\angle APB$ 的外角平分线；

(3) C,D 调和分割线段 AB；

(4) $PC \perp PD$.

以上四个论断中，任意选取两个作题设，另外两个作结论组成的六个命题均为真命题. 限于篇幅，这里仅对由论断(3) 和(4) 作题设，(1) 和(2) 作结论的命题给出证明.

证明　如图 2，不妨设

$$\angle APC=\alpha, \angle BPC=\beta$$

由 $PC \perp PD$ 知

$$\angle APD=90^\circ+\alpha, \angle BPD=90^\circ-\beta$$

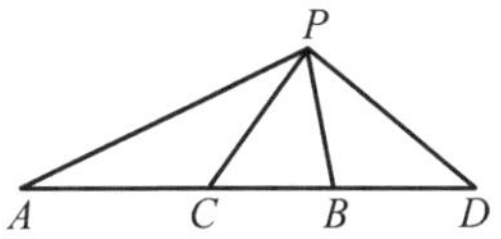

图 2

故

$$\frac{AC}{CB}=\frac{PA\sin\angle APC}{PB\sin\angle BPC}=\frac{PA\sin\alpha}{PB\sin\beta}$$

$$\frac{AD}{DB}=\frac{PA\sin\angle APD}{PB\sin\angle BPD}=\frac{PA\cos\alpha}{PB\cos\beta}$$

所以，$\frac{\sin\alpha}{\sin\beta}=\frac{\cos\alpha}{\cos\beta}$，即 $\alpha=\beta$.

因此，结论(1) 成立.

接下来易证结论(2)，略.

命题 2 设四边形 $ABCD$ 是平面四边表，对角线 AC 和 BD 交于点 P，对边 AB 和 DC，AD 和 BC 分别交于点 Q，R，AC，BD 分别与 QR 交于点 X，Y. 则 Q,R,X,Y；B,D,P,Y；A,C,P,X 均为调和点列.

证明 如图 3. 对于直线 BDY 截 $\triangle AQR$，直线 QRY 截 $\triangle ABD$，直线 QXR 截 $\triangle ABC$，分别应用梅涅劳斯定理得

$$\frac{AB}{BQ}\cdot\frac{QY}{YR}\cdot\frac{RD}{DA}=1 \quad ①$$

$$\frac{AQ}{QB}\cdot\frac{BY}{YD}\cdot\frac{DR}{RA}=1 \quad ②$$

$$\frac{BQ}{QA}\cdot\frac{AX}{XC}\cdot\frac{CR}{RB}=1 \quad ③$$

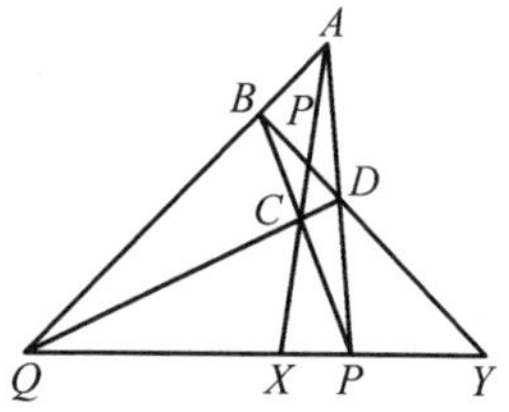

图 3

对于点 C 与 $\triangle AQR$，点 C 与 $\triangle ABD$，点 D 与 $\triangle ABC$，分别应用塞瓦定理得

$$\frac{AB}{BQ}\cdot\frac{QX}{XR}\cdot\frac{RD}{DA}=1 \quad ④$$

$$\frac{AQ}{QB}\cdot\frac{BP}{PD}\cdot\frac{DR}{RA}=1 \quad ⑤$$

$$\frac{AP}{PC}\cdot\frac{CR}{RB}\cdot\frac{BQ}{QA}=1 \quad ⑥$$

比较式 ① 和 ④，② 和 ⑤，③ 和 ⑥ 分别得

$$\frac{QY}{YR}=\frac{QX}{XR},\frac{BY}{YD}=\frac{BP}{PD},\frac{AX}{XC}=\frac{AP}{PC}$$

所以 Q,R,X,Y；B,D,P,Y；A,C,P,X 分别为调和点列.

特别地，若 $BD\parallel QR$，则视交点 Y 在无穷远处. 此时，$\frac{BP}{PD}=\frac{QX}{XR}=1$. 上述三组调和点列仍成立.

二、调和点列的应用

在平面几何中，有许多问题的实质都可以归结为调和点列问题加以解决.

1. 以调和点列为证题目的

例 1 如图 4，过圆外一点 P 引该圆的两条割线 PAB 和 PCD，分别交圆于点 A,B,C,D，弦 AD 和 BC 交于点 Q，割线 PEF 经过点 Q 交圆于点 E,F. 证明

$$\frac{1}{PE}+\frac{1}{PF}=\frac{2}{PQ}$$

讲解 如图 4，记 O 是割线所在圆的圆心. 结合切割线定理，可在射线 PF 上取点 M，使

得

$$PA \cdot PB = PC \cdot PD = PE \cdot PF = PQ \cdot PM$$

联结 OB, OD, OM, BD. 易证 A, B, M, Q 与 C, D, M, Q 分别四点共圆. 则

$$\angle BMF = \angle BAD = \angle BCD = \angle DMF = \frac{1}{2}\angle BOD$$

于是
$$\angle BOD = \angle BMD$$

从而, B, D, M, O 四点共圆. 故

$$\angle OMF = \angle BMO + \angle BMF = \angle BDO + \angle BAD = 90^\circ$$

因此, M 是 EF 的中点.

根据判定 1 中条件(3) 知 E, F 调和分割 PQ.

由性质 1 中结论(2) 得

$$\frac{1}{PE} + \frac{1}{PF} = \frac{2}{PQ}$$

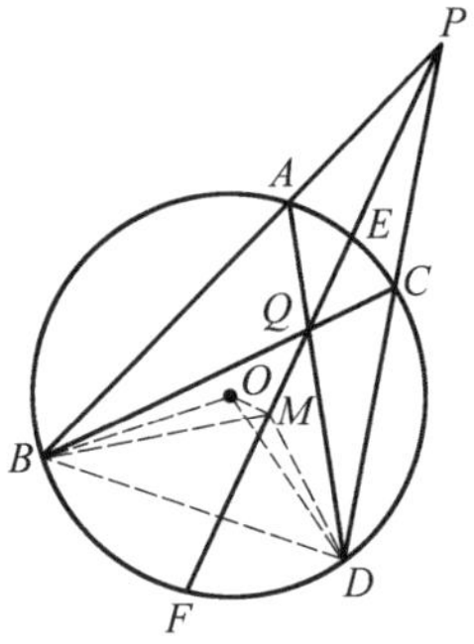

图 4

注　例 1 是《中等数学》数学奥林匹克问题的高 142 问题. 此题的结论在一些文献中称为"三割线定理", 它是圆中调和点列问题的典型代表.

例 2　凸四边形 $ABCD$ 的对角线交于点 P, 两组对边所在的直线分别交于点 Q, R, 经过 P 的直线分别交 AB, CD, QR 于点 M, N, G. 证明: $\frac{1}{MP} + \frac{1}{MG} = \frac{2}{MN}$.

讲解　如图 5, 设 AC 与 QR 交于点 S. 则 S, P, C, A 成调和点列. 于是

$$\frac{SA}{AP} = \frac{SC}{CP} \quad ①$$

由直线 QCN 截 $\triangle PSG$, 直线 AMQ 截 $\triangle PSG$, 分别应用梅涅劳斯定理得

$$\frac{PN}{NG} \cdot \frac{GQ}{QS} \cdot \frac{SC}{CP} = 1 \quad ②$$

$$\frac{PM}{MG} \cdot \frac{GQ}{QS} \cdot \frac{SA}{AP} = 1 \quad ③$$

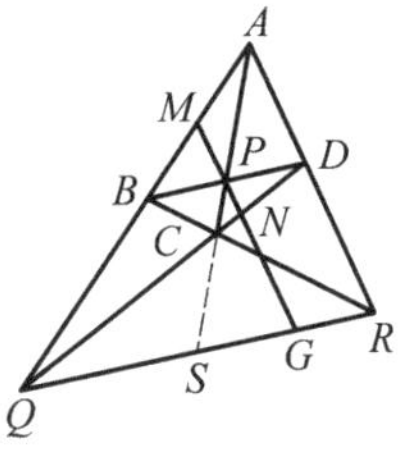

图 5

比较式 ①, ②, ③ 得 $\frac{PN}{NG} = \frac{PM}{MG}$.

因此, M, N, P, G 是调和点列, 即

$$\frac{1}{MP} + \frac{1}{MG} = \frac{2}{MN}$$

注　对于例 2, 若直线 MN 分别与 AC, BD 重合, 则可得到命题 2 中的两个调和点列.

2. 以调和点列为证题工具

例 3　AB 是圆 O 的直径, C 是 AB 上一点, 过点 C 作 AB 的垂线交圆 O 于点 D, 过点 D 作圆 O 的切线交 AB 的延长线于点 E, P 为圆 O 上任意一点. 证明: $\angle BPC = \angle BPE$.

讲解　如图 6, 联结 DA, DB, AP. 易证

$$\angle ADB = 90°, \angle BDE = \angle BAD = \angle BDC$$

于是，由命题1中(1)和(4)⇒(2)和(3)，知 C,E 调和分割线段 AB.

又 $\angle APB = 90°$，则由命题1中(3)和(4)⇒(1)和(2)，知 $\angle BPC = \angle BPE$.

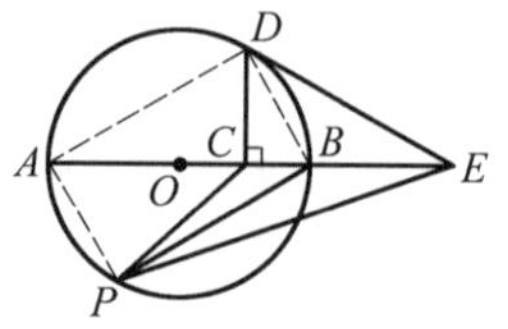

图6

例4 设凸四边形 $ABCD$ 的两组对边分别交于点 E,F，两条对角线的交点为 P，过 P 作 $PO \perp EF$ 于点 O. 求证：$\angle BOC = \angle AOD$.

讲解 如图7，延长 AC,DB 分别与 EF 交于点 Q,R. 若 BD 与 EF 平行，则视点 R 在无穷远处.

由命题2知 P,Q 调和分割线段 AC，P,R 调和分割线段 BD.

因为 $PO \perp EF$，所以，根据命题1中(3)和(4)⇒(1)和(2)，知

$$\angle POA = \angle POC, \angle POB = \angle POD$$

因此 $$\angle BOC = \angle AOD$$

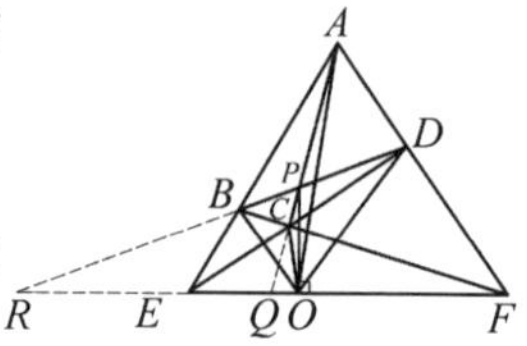

图7

例5 设 O,I 分别是 $\triangle ABC$ 的外心、内心，$\triangle ABC$ 的内切圆与边 BC,CA,AB 分别切于点 D,E,F，直线 DF 与 CA 交于点 P，直线 DE 与 AB 交于点 Q，M,N 分别是线段 PE,QF 的中点. 求证：$OI \perp MN$.

讲解 如图8，易证 $\dfrac{AF}{FB} \cdot \dfrac{BD}{DC} \cdot \dfrac{CE}{EA} = 1$.

所以，AD,BE,CF 三线共点.

由命题2知 P,E,A,C 是调和点列.

因为 M 是线段 PE 的中点，所以，由性质中结论(6)得 $ME^2 = MA \cdot MC$.

同理，$NF^2 = NA \cdot NB$.

因此，点 M,N 分别到 $\triangle ABC$ 的内切圆和外接圆等幂，即点 M,N 在 $\triangle ABC$ 的内切圆与外接圆的根轴上.

故 $OI \perp MN$.

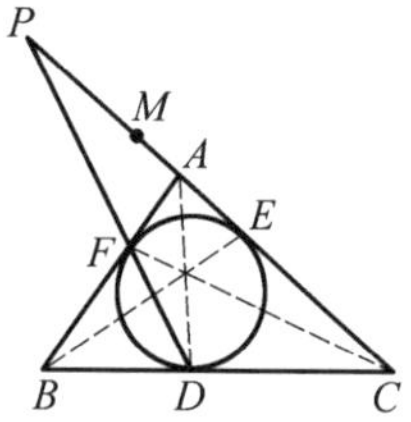

图8

例6 过锐角 $\triangle ABC$ 的顶点 A,B,C 的三条高分别交对边于点 D,E,F，过点 D 平行于 EF 的直线分别交于 AC,AB 于点 Q,R，EF 交 BC 于点 P. 证明：$\triangle PQR$ 的外接圆过 BC 的中点.

讲解 如图9，取边 BC 的中点 M.

由命题2知 P,D,B,C 是调和点列.

又 M 是 BC 的中点，因此

$$DM \cdot DP = DB \cdot DC$$

易证 B,C,E,F 四点共圆.

又因 $RQ \parallel EF$，所以

$$\angle RQC = \angle PEC = \angle RBC$$

因此，B,Q,C,R 四点共圆，即

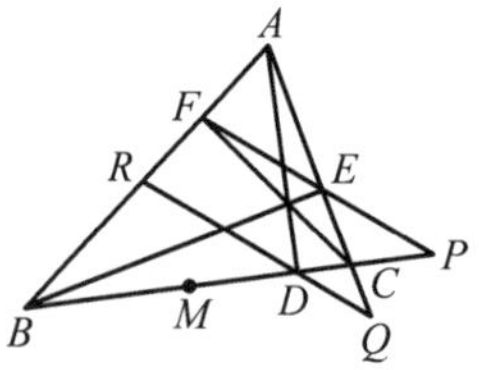

图9

$$DR \cdot DQ = DB \cdot DC = DM \cdot DP$$

由相交弦定理的逆定理知 $\triangle PQR$ 的外接圆过 BC 的中点.

注　例 6 中三条高线的实质是为了确定 B,C,E,F 四点共圆,故将三条高线推广为 B,C,E,F 四点共圆时结论仍成立.

（沈毅）

怎样应用数列恒等式

我们熟知两个数列恒等式

1. $a_1+(a_2-a_1)+(a_3-a_2)+\cdots+(a_n-a_{n-1})=a_n$.

2. $a_1\cdot\frac{a_2}{a_1}\cdot\frac{a_3}{a_2}\cdot\cdots\cdot\frac{a_n}{a_{n-1}}=a_n(a_n\neq 0)$.

这两个恒等式在求数列通项及数列恒等式与不等式的证明中有着不可低估的作用.下面举例说明上述恒等式的应用.

一、求递推数列通项

例1 已知数列$\{a_n\}$,其中$a_1=2,a_{n+1}=a_n+2n$,求其通项a_n.

解 由$a_{n+1}=a_n+2n$,得$a_n-a_{n-1}=2(n-1)(n\geqslant 2)$.

因为$a_1=2$,当$n\geqslant 2$时,由恒等式1

$$a_1+(a_2-a_1)+(a_3-a_2)+\cdots+(a_n-a_{n-1})=a_n$$

得

$$2+2[1+2+3+\cdots+(n-1)]=2+2\times\frac{n(n-1)}{2}=$$

$$n^2-n+2=a_n$$

又

$$a_1=1^2-1+2=2$$

故

$$a_n=n^2-n+2\quad(n\geqslant 1)$$

例2 设$\{a_n\}$是首项为1的正项数列,且$(n+1)a_{n+1}^2-na_n^2+a_{n+1}a_n=0(n=1,2,3,\cdots)$,则它的通项公式是$a_n=$ ________.

解 由题设得

$$[(n+1)a_{n+1}-na_n](a_{n+1}+a_n)=0$$

因为

$$a_{n+1}>0,a_n>0$$

所以

$$(n+1)a_{n+1}-na_n=0$$

所以

$$\frac{a_{n+1}}{a_n}=\frac{n}{n+1}$$

即

$$\frac{a_n}{a_{n-1}}=\frac{n-1}{n}$$

因为 $a_1=1$，当 $n\geqslant 2$ 时，由恒等式 2

$$a_1\cdot\frac{a_2}{a_1}\cdot\frac{a_3}{a_2}\cdot\cdots\cdot\frac{a_n}{a_{n-1}}=a_n\quad(a_n\neq 0)$$

得

$$1\cdot\frac{1}{2}\cdot\frac{2}{3}\cdot\cdots\cdot\frac{n-1}{n}=\frac{1}{n}=a_n$$

又 $a_1=1=\frac{1}{1}$，故 $a_n=\frac{1}{n}(n\geqslant 1)$.

评注 当数列递推公式形如 $a_n-a_{n-1}=f(n)$ 或 $\frac{a_n}{a_{n-1}}=g(n)$ 时均可用上述恒等式求其通项，事实上，等差数列及等比数列通项公式也可由上述恒等式来推导或证明.

二、证数列型等式

例 3 证明 $1^2+2^2+3^2+\cdots+n^2=\frac{1}{6}n(n+1)(2n+1)$.

证明 设

$$a_n=\frac{1}{6}n(n+1)(2n+1)$$

则 $a_1=1=1^2$，当 $n\geqslant 2$ 时

$$a_n-a_{n-1}=\frac{1}{6}n(n+1)(2n+1)-\frac{1}{6}(n-1)n(2n-1)=$$
$$\frac{1}{6}n[(2n^2+3n+1)-(2n^2-3n+1)]=$$
$$\frac{1}{6}n\cdot 6n=n^2$$

由恒等式 1

$$a_1+(a_2-a_1)+(a_3-a_2)+\cdots+(a_n-a_{n-1})=a_n$$

得

$$1^2+2^2+3^2+\cdots+n^2=\frac{1}{6}n(n+1)(2n+1)$$

评述 显然利用恒等式 1 从右向左证明立意更新，更易操作且具有一般性.

例 4 求证：$(n+1)(n+2)\cdot\cdots\cdot(n+n)=2^n\cdot 1\cdot 3\cdot\cdots\cdot(2n-1)(n\in\mathbf{N}^*)$.

证明 设 $a_n=(n+1)(n+2)\cdots(n+n)$，则 $a_1=2$，当 $n\geqslant 2$ 时

$$\frac{a_n}{a_{n-1}}=\frac{(n+1)(n+2)\cdot\cdots\cdot(2n-2)(2n-1)2n}{n(n+1)(n+2)\cdot\cdots\cdot(2n-2)}=2(2n-1)$$

由恒等式 2

$$a_n=a_1\cdot\frac{a_2}{a_1}\cdot\cdots\cdot\frac{a_n}{a_{n-1}}=2\cdot(2\cdot 3)\cdot\cdots\cdot 2(2n-1)=$$
$$2^n\cdot 1\cdot 3\cdot\cdots\cdot(2n-1)$$

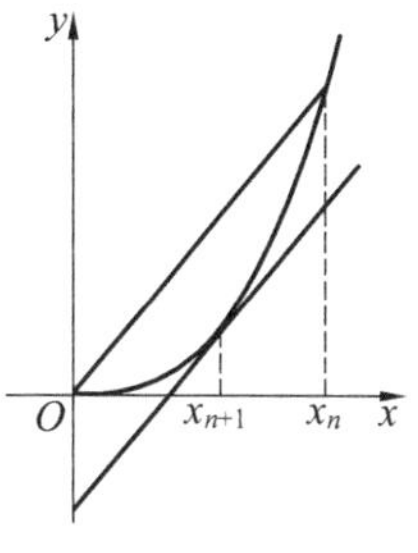

图 1

三、证数列型不等式

例5 已知不等式$\frac{1}{2}+\frac{1}{3}+\cdots+\frac{1}{n}>\frac{1}{2}[\log_2 n]$，其中$n$为大于2的整数．$[\log_2 n]$表示不超过$\log_2 n$的最大整数．设数列$\{a_n\}$的各项为正，且满足$a_1=b(b>0)$，$a_n\leqslant\frac{na_{n-1}}{n+a_{n-1}}$，$n=2,3,4,\cdots$.

(1) 证明$a_n<\frac{2b}{2+b[\log_2 n]}$，$n=3,4,5,\cdots$；

(2) 猜想数列$\{a_n\}$是否有极限？若有，写出极限的值(不必证明)；

(3) 试确定一个正整数N，使得当$n>N$时，对任意$b>0$，都有$a_n<\frac{1}{5}$.

证明 (1)$n=1$时$a_1=b$，当$n\geqslant 2$时$0<a_n\leqslant\frac{na_{n-1}}{n+a_{n-1}}$，所以

$$\frac{1}{a_n}\geqslant\frac{n+a_{n-1}}{na_{n-1}}=\frac{1}{a_{n-1}}+\frac{1}{n}$$

即

$$\frac{1}{a_n}-\frac{1}{a_{n-1}}\geqslant\frac{1}{n}$$

所以由恒等式1得

$$\frac{1}{a_n}=\frac{1}{a_1}+(\frac{1}{a_2}-\frac{1}{a_1})+(\frac{1}{a_3}-\frac{1}{a_2})+\cdots+(\frac{1}{a_n}-\frac{1}{a_{n-1}})\geqslant$$
$$\frac{1}{a_1}+\frac{1}{2}+\frac{1}{3}+\cdots+\frac{1}{n}>\frac{1}{b}+\frac{1}{2}[\log_2 n]=$$
$$\frac{2+b[\log_2 n]}{2b}\quad(n\geqslant 3)$$

所以

$$a_n<\frac{2b}{2+b[\log_2 n]}\quad(n\geqslant 3)$$

(2) 有极限，且$\lim\limits_{n\to\infty}a_n=0$.

(3) 因为$\frac{2b}{2+b[\log_2 n]}<\frac{2}{[\log_2 n]}$，令$\frac{2}{[\log_2 n]}<\frac{1}{5}$，则有

$$\log_2 n\geqslant[\log_2 n]>10,n>2^{10}=1\ 024$$

故取$N=1\ 024$可使当$n>N$时都有$a_n<\frac{1}{5}$.

例6 已知函数$f(x)=x^3+x^2$，数列$\{x_n\}(x_n>0)$的第一项$x_1=1$，以后各项按如下方式取定：曲线$y=f(x)$在$(x_{n+1},f(x_{n+1}))$处的切线与经过$(0,0)$和$(x_n,f(x_n))$两点的直线平行(图1)．求证：当$n\in\mathbf{N}^*$时

(1)$x_n^2+x_n=3x_{n+1}^2+2x_{n+1}$；

(2)$(\frac{1}{2})^{n-1}\leqslant x_n\leqslant(\frac{1}{2})^{n-2}$.

解　(1) 因为 $f'(x)=3x^2+2x$.

所以曲线 $y=f(x)$ 在 $(x_{n+1},f(x_{n+1}))$ 处的切线斜率 $k_{n+1}=3x_{n+1}^2+2x_{n+1}$.

因为过 $(0,0)$ 和 $(x_n,f(x_n))$ 两点的直线斜率是 $x_n^2+x_n$，所以

$$x_n^2+x_n=3x_{n+1}^2+2x_{n+1}$$

(2) 设 $h(x)=x^2+x$，则当 $x>0$ 时单调递增，而

$$x_n^2+x_n=3x_{n+1}^2+2x_{n+1}\leqslant 4x_{n+1}^2+2x_{n+1}=(2x_{n+1})^2+2x_{n+1}$$

所以 $x_n\leqslant 2x_{n+1}$，即 $\dfrac{x_{n+1}}{x_n}\geqslant\dfrac{1}{2}$

当 $n=1$ 时，$x_1=1$.

当 $n\geqslant 2$ 时，由恒等式 2 得

$$x_n=x_1\cdot\frac{x_2}{x_1}\cdot\frac{x_3}{x_2}\cdot\cdots\cdot\frac{x_n}{x_{n-1}}\geqslant 1\cdot\left(\frac{1}{2}\right)^{n-1}$$

又当 $n=1$ 时也成立，故

$$x_n\geqslant\left(\frac{1}{2}\right)^{n-1},n\in\mathbf{N}^*$$

又因为

$$x_n^2+x_n=3x_{n+1}^2+2x_{n+1}\geqslant 2x_{n+1}^2+2x_{n+1}$$

即

$$x_n^2+x_n\geqslant 2(x_{n+1}^2+x_{n+1})$$

设 $y_n=x_n^2+x_n$，即 $0<\dfrac{y_{n+1}}{y_n}\leqslant\dfrac{1}{2}$.

当 $n=1$ 时，$y_1=x_1^2+x_1=2$.

当 $n\geqslant 2$ 时，由恒等式 2 得

$$y_n=y_1\cdot\frac{y_2}{y_1}\cdot\frac{y_3}{y_2}\cdot\cdots\cdot\frac{y_n}{y_{n-1}}\leqslant 2\cdot\left(\frac{1}{2}\right)^{n-1}=\left(\frac{1}{2}\right)^{n-2}$$

当 $n=1$ 时，上式也成立，故

$$y_n=x_n^2+x_n\leqslant\left(\frac{1}{2}\right)^{n-2},n\in\mathbf{N}^*$$

又

$$x_n=x_n^2+x_n\leqslant\left(\frac{1}{2}\right)^{n-2}$$

所以 $\left(\dfrac{1}{2}\right)^{n-1}\leqslant x_n\leqslant\left(\dfrac{1}{2}\right)^{n-2},n\in\mathbf{N}^*$.

可见，挖掘某些式子的潜在功能，会收到事半功倍之效.

（张国治）

怎样进行数列推理论证中的常用策略

一、先猜后证，用数学归纳法代替繁难推导

直接推证若嫌繁难，可紧扣结论与条件先猜相关结论，再用数学归纳法证明.

例1 数列$\{x_n\}$满足：$(1+2^{n+1})x_{n+1}-x_n+2^n a_n=0$，$a_n=-2-4n-\frac{1}{2^{n-1}}$，若$x_1=1$，求证：数列$\{x_n\}$是等差数列($n\in\mathbf{N}^*$).

分析 当$n=1$时，由$(1+2^2)x_2-x_1+2a_1=0$得：$x_2=3$，由结论数列$\{x_n\}$是等差数列，故公差为2，$x_n=2n-1$. 以下只需用数学归纳法证明$x_n=2n-1$即可.

证明 ① 当$n=1$时，$x_1=1$，结论成立；

② 假设当$n=k$时，等式成立，即$x_k=2k-1$，则当$n=k+1$时，由题设条件知

$$(1+2^{k+1})x_{k+1}-x_k+2^k a_k=0$$

又

$$a_k=-2-4k-\frac{1}{2^{k-1}}$$

所以

$$x_{k+1}=\frac{x_k-2^k a_k}{1+2^{k+1}}=2k+1$$

即$n=k+1$时，结论成立. 由①，②知，$n\in\mathbf{N}^*$时，$x_n=2n-1$，故$\{x_n\}$是等差数列.

例2 设数列$\{a_n\}$的前n项和S_n满足：$(5n-8)S_{n+1}-(5n+2)S_n=-20n-8$($n\in\mathbf{N}^*$)，且$a_1=1$，$a_2=6$，证明：数列$\{a_n\}$是等差数列.

分析 由结论数列$\{a_n\}$是等差数列，故公差为

$$a_2-a_1=5, S_n=\frac{n(5n-3)}{2}, a_n=5n-4$$

以下只需先用数学归纳法证明

$$S_n=\frac{n(5n-3)}{2}$$

然后求得$a_n=5n-4$，证明略.

以上两例若从条件去推证数列成等差数列，略嫌繁难，改推为证则可化繁为简.

二、反面求证，从否定结论入手导出矛盾

直接推证若难以入手或难以简明表述时，可考虑从否定结论入手反面求证.

例3 设$k(k\geqslant 3)$个正整数$a_1,a_2,\cdots,a_k$构成公比为q等比数列，试证：如果$k\geqslant a_1$，那么，公比q是一个正整数.

分析 假设公比为q是一个非整数的有理数

$$\frac{p}{q},(p,q)=1,q>1$$

由

$$a_k = a_1(\frac{p}{q})^{k-1} \Rightarrow q^{k-1} \mid a_1 \Rightarrow a_1 \geqslant 2^{k-1}$$

又由

$$k-1 \geqslant 2 \Rightarrow 2^{k-1} = (1+1)^{k-1} > 1 + C_{k-1}^1 = k$$

所以 $a_1 > k$,这与 $a_1 \leqslant k$ 矛盾.

故公比 q 是一个正整数.

例 4 已知数列$\{a_n\}$中,$a_1 = a$,$a_{n+1} = a_n - \frac{1}{a_n}(n \in \mathbf{N}^*)$,问是否存在正实数 a,对任意 $n \in \mathbf{N}^*$ 都有 $a_n a_{n+1} > 0$ 恒成立?证明你的结论.

分析 假设存在正实数 a,对任意 $n \in \mathbf{N}^*$ 都有 $a_n a_{n+1} > 0$ 成立,则由$a_1 a_2 > 0$ 得 $a_2 > 0$;由 $a_2 a_3 > 0$ 得 $a_3 > 0$…,由数学归纳法知,对任意 $n \in \mathbf{N}^*$ 都有 $a_n > 0$.

再由 $a_{n+1} - a_n = -\frac{1}{a_n} < 0$ 知 $a_{n+1} < a_n$,故

$$a_{n+1} < a_n < \cdots < a_2 < a_1 = a$$

又由

$$a_{n+1} - a_1 = (a_{n+1} - a_n) + (a_n - a_{n-1}) + \cdots + (a_2 - a_1) = -(\frac{1}{a_n} + \frac{1}{a_{n-1}} + \cdots + \frac{1}{a_1})$$

得

$$a_{n+1} = a_1 - (\frac{1}{a_n} + \frac{1}{a_{n-1}} + \cdots + \frac{1}{a_1}) \leqslant a - \frac{n}{a} = \frac{a^2 - n}{a}$$

于是当 $n \geqslant a^2$ 时,就有 $a_{n+1} \leqslant 0$,这与对任意 $n \in \mathbf{N}^*$ 都有 $a_n > 0$ 矛盾.故不存在正实数 a,对任意 $n \in \mathbf{N}^*$ 都有 $a_n a_{n+1} > 0$.

三、逆向思考,从问题出发倒推逻辑依据

在顺向推理暂时难以发现求解途径,观察规律未能求得通项公式的情况下,不妨逆向而行,从结论出发倒推回去,从中捕捉信息,打开缺口,获取解题思路.

例 5 已知数列$\{a_n\}$中,$a_1 = 1$,当 $n \geqslant 2$ 时,$a_n = \begin{cases} 1 + a_{\frac{n}{2}}, n\text{是偶数} \\ \frac{1}{a_{n-1}}, n\text{是奇数} \end{cases}$,问:是否存在正整数 n,使 $a_n = \frac{11}{19}$?说明理由.

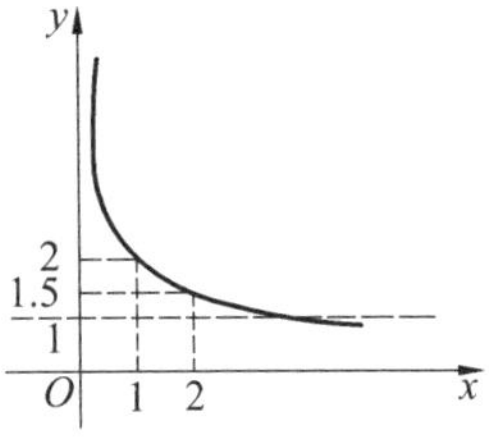

图 1

分析 $a_2 = a_1 + 1 = 2$,$a_3 = \frac{1}{a_2} = \frac{1}{2}$,$a_4 = a_2 + 1 = 3$,$a_5 = \frac{1}{a_4} = \frac{1}{3}$,$a_6 = a_3 + 1 = \frac{3}{2}$,观察规律,通项公式并不明朗,易知,当 n 是偶数时,$a_n > 1$,当 n 是奇数时,$0 < a_n < 1$.由 $a_n = \frac{11}{19}$ 知 n

是奇数，所以 $a_{n-1}=\frac{1}{a_n}=\frac{19}{11}$，于是 $1+a_{\frac{n-1}{2}}=\frac{19}{11}$，$a_{\frac{n-1}{2}}=\frac{8}{11}$，$\frac{n-1}{2}$ 是奇数，所以 $a_{\frac{n-1}{2}-1}=\frac{11}{8}$，即 $a_{\frac{n-2}{2}}=\frac{11}{8}$，$\frac{n-3}{2}$ 是偶数，于是 $1+a_{\frac{n-3}{4}}=\frac{11}{8}$，$a_{\frac{n-3}{4}}=\frac{3}{8}$，$\frac{n-3}{4}$ 是奇数，所以 $a_{\frac{n-3}{4}-1}=\frac{8}{3}$，即 $a_{\frac{n-7}{4}}=\frac{8}{3}$，$\frac{n-7}{4}$ 是偶数，于是 $1+a_{\frac{n-7}{8}}=\frac{8}{3}$，$a_{\frac{n-7}{8}}=\frac{5}{3}$，$\frac{n-7}{8}$ 是偶数，所以 $1+a_{\frac{n-7}{8}}=\frac{5}{3}$，即 $a_{\frac{n-7}{16}}=\frac{2}{3}$，$\frac{n-7}{16}$ 是奇数，于是 $a_{\frac{n-7}{16}-1}=\frac{3}{2}$，令 $\frac{n-7}{16}-1=6$ 得 $n=119$. 故存在正整数 $n=119$，使 $a_n=\frac{11}{19}$.

例6 已知数列 $\{a_n\}$ 满足 $a_1=a$，$a_{n+1}=1+\frac{1}{a_n}$，若 $\frac{3}{2}<a_n<2(n\geqslant 4)$，求 a 的取值范围.

分析 设函数 $f(x)=1+\frac{1}{x}$，则 $a_{n+1}=f(a_n)$，如图1，函数 $f(x)=1+\frac{1}{x}$ 在开区间 $(1,2)$ 上单调递减，值域为 $(\frac{3}{2},2)$，要使 $\frac{3}{2}<a_n<2$，因 $a_n=f(a_{n-1})$，故只需 $a_{n-1}\in(1,2)$. 所以只需 $a_3\in(1,2)$，就有 $\frac{3}{2}<a_n<2(n\geqslant 4)$. 由 $1<a_3=\frac{2a+1}{a+1}<2$，得 $a>0$.

四、构造数列，用新数列的结论回答原数列的问题

在推证过程中可构造辅助数列，通过研究辅助数列的性质来回答原数列的问题.

例7 已知数列 $\{a_n\}$ 中，$a_n=\frac{1}{(n-1)!}(n\in\mathbf{N}^*)$，设点 $M_n(n,a_n)$，当 $n>2$ 时，这些点中是否存在两个点同在曲线：$y=\frac{k}{(x-1)^2}(k>0)$ 上？

分析 设 $A(p,a_p)$，$B(q,a_q)$，$(p\neq q,p>2,q>2)$ 同在曲线上，则

$$\begin{cases}a_p=\frac{k}{(p-1)^2}=\frac{1}{(p-1)!}\\ a_q=\frac{k}{(q-1)^2}=\frac{1}{(q-1)!}\end{cases}\Rightarrow\frac{(p-1)^2}{(p-1)!}=\frac{(q-1)^2}{(q-1)!}\qquad ①$$

考察数列 $b_n=\frac{n^2}{n!}(n\geqslant 2)$ 的单调性，易知

$$b_{n+1}-b_n=\frac{(n+1)^2}{(n+1)!}-\frac{n^2}{n!}=\frac{n+1-n^2}{n!}=-\frac{n(n-1)-1}{n!}<0$$

即

$$b_2>b_3>b_4>\cdots$$

故式①不可能成立，即不存在两个点同在已知曲线上.

例8 已知数列 $\{a_n\}$ 中，$a_n=2n-1$，若 $2^n\geqslant t(a_1+a_2+\cdots+a_n)$ 对于任意 $n\in\mathbf{N}^*$ 都成立，求实数 t 的最大值.

分析 $a_1+a_2+\cdots+a_n=n^2$，若 $2^n\geqslant t(a_1+a_2+\cdots+a_n)$ 对于任意 $n\in\mathbf{N}^*$ 都成立，

则 $t \leqslant \min\{\frac{2^n}{n^2}\}$，令 $b_n = \frac{2^n}{n^2}$，当 $n \geqslant 3$ 时

$$\frac{b_{n+1}}{b_n} = \frac{2n^2}{(n+1)^2} = \frac{n^2+(n-1)n+n}{n^2+2n+1} > 1$$

又 $b_1 = 2, b_2 = 1, b_3 = \frac{8}{9}$，所以 $\min\{b_n\} = \min\{\frac{2^n}{n^2}\} = \frac{8}{9}$，所以 t 的最大值是 $\frac{8}{9}$.

五、构造函数，用函数性质推证数列结论

在推理过程中可构造相关函数，通过研究相关函数的性质来推断数列具有的结论.

例 9 已知数列 $\{a_n\}$ 中 $a_n = \frac{n-\sqrt{79}}{n-\sqrt{80}}(n \in \mathbf{N}^*)$，问：数列 $\{a_n\}$ 中是否存在最大项、最小项？说明理由.

分析 设函数 $f(x) = \frac{x-\sqrt{79}}{x-\sqrt{80}}$，则 $f(x)$ 在区间 $(-\infty, \sqrt{80})$ 上递减且 $f(x) < 1$；在区间 $(\sqrt{80}, +\infty)$ 上递减且 $f(x) > 1$，故有 $1 > f(1) > f(2) > \cdots > f(8)$，$f(9) > f(10) > \cdots > 1$，因此数列 $\{a_n\}$ 中的最大项是 a_9，最小项是 a_8.

例 10 是否存在两个不等的正数 x, y，使 $1, x, y$ 既是一个等差数列的第 m 项，n 项，k 项，又是一个等比数列的第 m 项，n 项，k 项？证明你的结论.

分析 设 $1, x, y$ 是公差为 d 的等差数列 $\{a_n\}$ 的第 m 项，n 项，k 项，其中 $d \neq 0$，则 $x \neq 1, y \neq 1$，且 $x-1 = (n-m)d, y-1 = (k-m)d$，于是

$$\frac{x-1}{y-1} = \frac{n-m}{k-m} \quad ①$$

又设 $1, x, y$ 是公比为 q 的等比数列 $\{b_n\}$ 的第 m 项，n 项，k 项，其中 $|q| \neq 1$，则 $x = q^{n-m}$，$y = q^{k-m}$，于是

$$\frac{\ln x}{\ln y} = \frac{n-m}{k-m} \quad ②$$

由式 ①，② 得

$$\frac{\ln x}{x-1} = \frac{\ln y}{y-1} \quad ③$$

构造函数 $f(x) = \frac{\ln x}{x-1}(x > 0, x \neq 1)$，以下证明：① 当 $x \in (0,1)$ 时，$f(x)$ 递减且 $f(x) > 1$；② 当 $x \in (1, +\infty)$ 时，$f(x)$ 递减且 $f(x) < 1$.

事实上，$f'(x) = \frac{g(x)}{(x-1)^2}$，$g(x) = 1 - \frac{1}{x} - \ln x$，而 $g'(x) = \frac{1-x}{x^2}$.

① 当 $x \in (0,1)$ 时，$g'(x) > 0$，$g(x)$ 递增，故 $g(x) < g(1) = 0$，于是 $f'(x) < 0$，$f(x)$ 在 $(0,1)$ 上递减. 令 $h(x) = \ln x - x + 1$，则 $h'(x) = \frac{1}{x} - 1 > 0$，$h(x)$ 递增，$h(x) < h(1) = 0$，即 $\ln x < x - 1$，因此 $f(x) = \frac{\ln x}{x-1} > 1$.

② 当 $x \in (1, +\infty)$ 时，$g'(x) < 0$，$g(x)$ 递减，故 $g(x) < g(1) = 0$，于是 $f'(x) < 0$，

$f(x)$ 在$(1,+\infty)$上递减. 令 $h(x)=\ln x-x+1$,则 $h'(x)=\frac{1}{x}-1<0$,$h(x)$ 递减,$h(x)<h(1)=0$,即 $\ln x<x-1$,因此 $f(x)=\frac{\ln x}{x-1}<1$.

由函数 $f(x)=\frac{\ln x}{x-1}(x>0,x\neq 1)$ 的性质可断定满足式③的 x,y 不存在.

例 11 已知数列$\{a_n\}$,$\{b_n\}$满足:$a_1=3$,$a_{n+1}=2a_n-1$,$n\lg b_n=\lg a_n$,$n\in\mathbf{N}^*$,求数列$\{b_n\}$中的最大值.

分析 先求得 $a_n=2^n+1$,故 $\lg b_n=\frac{1}{n}\lg a_n=\frac{1}{n}\lg(1+2^n)$.

设 $f(x)=\frac{1}{x}\lg(1+2^x)(x>0)$,则

$$f'(x)=-\frac{1}{x^2}\lg(1+2^x)+\frac{\lg e}{x}\cdot\frac{1}{1+2^x}\cdot 2^x\cdot\ln 2$$

注意到 $\lg e\cdot\ln 2=\lg 2$,上式化为

$$f'(x)=-\frac{1}{x^2}\left[\lg(1+2^x)-\frac{2^x}{1+2^x}\lg 2^x\right]$$

而

$$\lg(1+2^x)>\lg 2^x>\frac{2^x}{1+2^x}\lg 2^x$$

故 $f'(x)<0$,函数 $f(x)$ 在$(0,+\infty)$上递减.

于是 $f(n)=\frac{1}{n}\lg(1+2^n)$ 递减,即 $\lg b_n$ 或数列$\{b_n\}$递减,其最大项为 $b_1=a_1=3$.

例 12 设 $a_n=\frac{2}{1-4n^2}$,$b_n=\frac{1}{\sqrt{(2n+1)^3}}-\frac{1}{\sqrt{(2n-1)^3}}$,求证:当 $n\in\mathbf{N}$,且 $n\geqslant 2$ 时,$a_n<b_n$.

分析 $a_n<b_n$ 等价于

$$\frac{1}{2n-1}-\frac{1}{\sqrt{(2n-1)^3}}>\frac{1}{2n+1}-\frac{1}{\sqrt{(2n+1)^3}}$$

令 $a=\frac{1}{\sqrt{2n-1}}$,$b=\frac{1}{\sqrt{2n+1}}$,当 $n\geqslant 2$ 时,有 $0<b<a\leqslant\frac{1}{\sqrt{3}}$.

设 $f(x)=x^2-x^3$,$0<x\leqslant\frac{1}{\sqrt{3}}$,只需证 $f(x)$ 在$(0,\frac{1}{\sqrt{3}}]$递增.事实上

$$f'(x)=2x-3x^2=2x(1-\frac{3}{2}x)\geqslant$$

$$2x(1-\frac{3}{2}\times\frac{1}{\sqrt{3}})=2x(1-\frac{\sqrt{3}}{2})>0$$

所以 $f(x)$ 在$(0,\frac{1}{\sqrt{3}}]$递增,因此 $f(a)>f(b)$,即 $a_n<b_n$.

(刘学平)

怎样解数列中探索问题

在解数列题中经常碰到一类“试探求”、“试推测”、“试判断”、“是否”、“能否”等词的问题，这类问题总称为探索问题，数列中的探索问题常见的类型分为三类：(1) 存在性问题；(2) 由给出的条件寻求相应的结论；(3) 由给出结论，反索应具备什么条件；数列中的探索性问题在近几年的高考中越来越被重视，因此本文通过具体的例子来说明解题的策略.

一、存在性问题

对于这类问题的解题思路是先假设存在，再根据存在条件进行逻辑推理，若推出矛盾，则假设不成立，否则说明假设正确.

解题的常用方法有直接法、归纳法、特值法.

例 1　已知数列$\{a_n\}$满足$a_n = n\times 2^{n-1}(n\in \mathbf{N})$，是否存在等差数列$\{b_n\}$，使得

$$a_n = b_1C_n^1 + b_2C_n^2 + b_3C_n^3 + b_4C_n^4 + \cdots + b_nC_n^n$$

对一切自然数n恒成立.

解　假设存在等差数列$\{b_n\}$，令

$$S_n = b_1C_n^1 + b_2C_n^2 + b_3C_n^3 + b_4C_n^4 + \cdots + b_nC_n^n$$

则

$$S_n = b_nC_n^n + b_{n-1}C_n^{n-1} + b_{n-2}C_n^{n-2} + b_{n-3}C_n^{n-3} + \cdots + b_1C_n^1$$

对上述两式相加得

$$\begin{aligned}2S_n = & b_nC_n^n + (b_1 + b_{n-1})C_n^1 + (b_2 + b_{n-2})C_n^2 + \cdots + \\ & (b_{n-1} + b_1)C_n^{n-1} + b_nC_n^n = \\ & b_n(C_n^1 + C_n^2 + C_n^3 + \cdots + C_n^n) + b_n = \\ & b_n(2^n - 1) + b_n = b_n\times 2^n\end{aligned}$$

所以$S_n = b_n\times 2^{n-1}$，即$n\times 2^{n-1} = b_n\times 2^{n-1}$，所以，存在等差数列$b_n = n$，使得：$a_n = b_1C_n^1 + b_2C_n^2 + b_3C_n^3 + b_4C_n^4 + \cdots + b_nC_n^n$对一切自然数$n$恒成立.

注　此题利用等差数列的性质求和.

例 2　已知$S_n = 1 + \frac{1}{2} + \frac{1}{3} + \frac{1}{4} + \cdots + \frac{1}{n}$，是否存在整式$g(n)$，使得等式$S_1 + S_2 + S_3 + \cdots + S_{n-1} = g(n)(S_n - 1)$对一切大于1的自然数$n$恒成立？若存在，求出$g(n)$，若不存在说明理由.

解　$n = 2$时，$1 = g(2)(1 + \frac{1}{2} - 1)$，所以，$g(2) = 2$.

$n = 3$时，$1 + 1 + \frac{1}{2} = g(3)(1 + \frac{1}{2} + \frac{1}{3} - 1)$，所以$g(3) = 3$.

$n = 4$时，$1 + 1 + \frac{1}{2} + 1 + \frac{1}{2} + \frac{1}{3} = g(4)(1 + \frac{1}{2} + \frac{1}{3} + \frac{1}{4} - 1)$，所以$g(4) = 4$.

猜想 $g(n)=n$，以下用数学归纳法证明，过程从略.

例3 是否存在常数 a,b,c 使得等式 $1\times2^2+2\times3^2+3\times4^2+4\times5^2+\cdots+n(n+1)^2=\frac{n(n+1)}{12}(an^2+bn+c)$ 对一切自然数 n 都成立？证明你的结论.

分析 假设存在，则用 $n=1,n=2,n=3$ 分别代入得

$$\begin{cases}4=\frac{1\times2}{12}(a+b+c)\\22=\frac{2\times3}{12}(4a+2b+c)\\70=\frac{3\times4}{12}(9a+3b+c)\end{cases}$$

即

$$\begin{cases}a+b+c=24\\4a+2b+c=44\\9a+3b+c=70\end{cases}$$

解得

$$\begin{cases}a=3\\b=11\\c=10\end{cases}$$

再加以用数学归纳法证明(略).

二、由给出的条件寻求相应的结论

对于这类问题的解题思想是从所给条件出发，探索、归纳、猜想出结论，然后再加以证明.

例4 已知数列

$$\frac{8\cdot1}{1^2\cdot3^2},\frac{8\cdot2}{3^2\cdot5^2},\cdots,\frac{8n}{(2n-1)^2\cdot(2n+1)^2},\cdots$$

S_n 为其前 n 项和，计算得 $S_1=\frac{8}{9},S_2=\frac{24}{25},S_3=\frac{48}{49},S_4=\frac{80}{81}$，观察上述结果，推算出 S_n 的公式，并用数学归纳法加以证明.

解 观察发现

$$S_1=\frac{8}{9}=\frac{3^2-1}{3^2}$$

$$S_2=\frac{24}{25}=\frac{5^2-1}{5^2}$$

$$S_3=\frac{48}{49}=\frac{7^2-1}{7^2}$$

$$S_5=\frac{80}{81}=\frac{9^2-1}{9^2}$$

由上述观察，可推测 $S_n=\frac{(2n+1)^2-1}{(2n+1)^2}(n\in\mathbf{N}^*)$. 下面用数学归纳法证明，过程从略.

例 5 已知等比数列$\{a_n\}$的首项为$a_1>0$，公比$q>-1$，且$q\neq 0$，设数列$\{b_n\}$的通项$b_n=a_{n+1}+a_{n+2}(n\in\mathbf{N}^*)$，数列$\{a_n\}$，$\{b_n\}$的前$n$项的和分别记为$A_n$，$B_n$. 试比较$A_n$与$B_n$的大小.

解 因为$A_n=\dfrac{a_1(1-q^n)}{1-q}$，又因为

$$\frac{b_n}{b_{n-1}}=\frac{a_{n+1}+a_{n+2}}{a_n+a_{n+1}}=\frac{a_{n+1}(1+q)}{a_n(1+q)}=q$$

所以

$$B_n=\frac{(a_2+a_3)(1-q^n)}{1-q}=\frac{(q+q^2)a_1(1-q^n)}{1-q}=(q+q^2)A_n$$

从而可得：$B_n-A_n=A_n(q^2+q-1)$，因为$A_n=\dfrac{a_1(1-q^n)}{1-q}$，$a_1>0$.

所以，当$q>0$或$0>q>-1$时，$A_n>0$，所以要比较A_n与B_n的大小，只要对q^2+q-1的值的情况进行分类讨论.

(1) 若$q^2+q-1=0$，即$q=\dfrac{-1+\sqrt{5}}{2}$($q=\dfrac{-1-\sqrt{5}}{2}$舍去)，$B_n=A_n$.

(2) 若$q^2+q-1>0$，且$q>-1$，即$q>\dfrac{\sqrt{5}-1}{2}$时，$B_n>A_n$.

(3) 若$q^2+q-1<1$，且$q>-1$，即$-1<q<\dfrac{\sqrt{5}-1}{2}$时，$B_n<A_n$.

综上所述：当$q\geqslant\dfrac{\sqrt{5}-1}{2}$时，$B_n\geqslant A_n$；当$-1<q<\dfrac{\sqrt{5}-1}{2}$时，$B_n<A_n$.

例 6 若不等式$\dfrac{1}{n+1}+\dfrac{1}{n+2}+\dfrac{1}{n+3}+\cdots+\dfrac{1}{2n}>\dfrac{m}{72}$对一切大于1的自然数$n$恒成立，则正整数$m$的最大值为何值?

解 记$f(n)=\dfrac{1}{n+1}+\dfrac{1}{n+2}+\dfrac{1}{n+3}+\cdots+\dfrac{1}{2n}$.

则原命题可转化为：求最大的正整数m，使$m<72f(n)$对一切大于1的自然数n恒成立，所以，只要$m<\{72f(n)\}_{\min}$即可，又

$$f(n+1)-f(n)=\frac{1}{2n+1}+\frac{1}{2n+2}-\frac{1}{n+1}=$$
$$\frac{1}{2n+1}-\frac{1}{2n+2}=\frac{1}{(2n+1)(2n+2)}>0$$

所以，$f(n)$是关于n的递增函数，因此

$$f(n)>f(n-1)>f(n-2)>\cdots>f(2)=\frac{42}{72}$$

当$m<72\times\dfrac{42}{72}=42$时，原不等式对一切大于1的自然数$n$恒成立，所以正整数$m$的最大值为41时，不等式$\dfrac{1}{n+1}+\dfrac{1}{n+2}+\dfrac{1}{n+3}+\cdots+\dfrac{1}{2n}>\dfrac{m}{72}$对一切大于1的自然数$n$恒成立.

例 7 设首项为1，公差不为0的等差数列$\{a_n\}$的前n项之和为S_n，它的第$n+1$项到第

$3n$ 项的和为 S'_{2n}，若 S_n 与 S'_{2n} 之比与 n 无关，则等差数列的通项公式是什么？

解 设公差为 $d(d\neq 0)$，则由 S_n 与 S'_{2n} 之比与 n 无关，可设 $\frac{S_n}{S'_{2n}}=p$，所以

$$\frac{n[2+(n-1)d]}{3n[2+(3n-1)d]-n[2+(n-1)d]}=p$$

即

$$2-d+nd=p(8nd+4-2d)$$

所以

$$n(8pd-d)+4p-2pd+d-2=0 \quad ①$$

因为式 ① 与 n 无关，且 $d\neq 0$，所以

$$\begin{cases}8pd-d=0\\4p-2pd+d-2=0\end{cases}$$

解得 $\begin{cases}p=\frac{1}{8}\\d=2\end{cases}$，所以等差数列的通项公式是 $a_n=2n-1$.

三、由果导因得出结论

由给出结论，反索应具备什么条件，对这类问题的解题思路是由果导因.

例 8 在公差不为 0 的等差数列 $\{a_n\}$ 和等比数列 $\{b_n\}$ 中，已知 $a_1=b_1=1$，$a_2=b_2$，$a_8=b_3$，问 a,b 为何值时，$a_n=\log_a b_n+b$ 对一切自然数 n 恒成立？

分析 设公差为 $d(d\neq 0)$，公比为 q，则 $a_n=1+(n-1)d$，$b_n=q^{n-1}$，又因为 $\begin{cases}a_2=b_2\\a_3=b_3\end{cases}$，所以 $\begin{cases}1+d=q\\1+7d=q^2\end{cases}$，解得 $\begin{cases}d=5\\q=6\end{cases}$ $(q=1,d=0$ 舍去$)$. 所以要使 $a_n=\log_a b_n+b$ 对一切自然数 n 恒成立，只要 $1+5(n-1)=\log_a 6^{n-1}+b$ 对一切自然数 n 恒成立，即 $n(5-\log_a 6)-4-b+\log_a 6=0$ 恒成立.

所以只要 $\begin{cases}5=\log_a 6\\4+b-\log_a 6=0\end{cases}$，即 $\begin{cases}a=6^{\frac{1}{5}}\\b=1\end{cases}$，所以当 $\begin{cases}a=6^{\frac{1}{5}}\\b=1\end{cases}$ 时，$a_n=\log_a b_n+b$ 对一切自然数 n 恒成立.

（夏国华）

怎样求数列最值项问题

从函数的角度看数列,数列应为定义在自然数集或其子集上的一类特殊函数,而数列的项应为该函数的函数值;因此,求数列的最大项与最小项问题,完全可以回归到函数问题加以解决,其主要策略如下.

一、回归到基本函数的最值问题,利用其定义域的特殊性求解

例 1 已知数列$\{a_n\}$中,$a_n=\dfrac{n}{n^2+156}(n\in \mathbf{N}^*)$,则该数列$\{a_n\}$的最大项是( ).

A. 第 12 项 B. 第 13 项 C. 第 12 项或第 13 项 D. 不存在

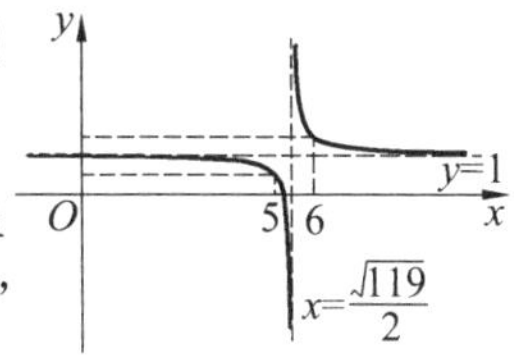

图 1

解析 观察该函数式的结构,容易想到将原式化归为“耐克”函数,利用基本不等式求解. 因此 $a_n=\dfrac{1}{n+\dfrac{156}{n}}$,而 $n+\dfrac{156}{n}\geqslant 4\sqrt{39}$(当且仅当 $n=2\sqrt{39}$ 时成立). 又 $n\in \mathbf{N}^*$,因此 $n=12$ 或 13 时,a_n 的最大项为 $a_{12}=a_{13}=\dfrac{1}{25}$,应选 C.

例 2 已知$\{a_n\}$是递增数列,且对任意的 $n\in \mathbf{N}^*$,都是 $a_n=n^2+\lambda n$ 恒成立,求实数 λ 的取值范围.

解析 显然这是一个与二次函数相关的问题,而且 a_n 是 n 开口向上的二次函数,轴 $n=-\dfrac{\lambda}{2}$;由已知条件得,a_1 必须是最小值,由二次函数的性质知道,轴 $-\dfrac{\lambda}{2}<\dfrac{3}{2}$,即 $\lambda>-3$.

二、回归到具体函数的图象,形数结合,简洁有效

例 3 已知数列$\{a_n\}$的通项公式为 $a_n=\dfrac{2n-\sqrt{109}}{2n-\sqrt{119}}$,试求数列的第几项的值为最大;第几项的值为最小.

解析 由

$$a_n=\frac{2n-\sqrt{119}+(\sqrt{119}-\sqrt{109})}{2n-\sqrt{119}}=1+\frac{\dfrac{\sqrt{119}-\sqrt{109}}{2}}{n-\dfrac{\sqrt{119}}{2}}$$

点(n,a_n)在函数 $y=1+\dfrac{\dfrac{\sqrt{119}-\sqrt{109}}{2}}{n-\dfrac{\sqrt{119}}{2}}$ 的图象上,由该函数的图象知,其中心为$\left(\dfrac{\sqrt{119}}{2},1\right)$,而 $5<\dfrac{\sqrt{119}}{2}<6$,由图象易知,$a_5=\dfrac{10-\sqrt{109}}{10-\sqrt{119}}$ 为最小,$a_6=\dfrac{12-\sqrt{109}}{12-\sqrt{119}}$ 为最大.

例 4 已知数列$\{a_n\}$的通项公式为

$$a_n=(\frac{3}{4})^{(n-1)}[(\frac{3}{4})^{(n-1)}-1]\quad(n\in\mathbf{N}^*)$$

(1) 求数列$\{a_n\}$的最大项及其值；

(2) 求数列$\{a_n\}$的最小项及其值.

解析 该函数a_n可看成n的复合函数$g(n)$，我们也可采用函数换元的方法，令$t=(\frac{3}{4})^{(n-1)}$，其图象如图2，因此令$f(t)=t(t-1)$，$t\in(0,1)$，其图象如图3所示. 由图2得，当n由1增大到$+\infty$时，t由1减为0(不含0)；由图3得，当t由1减为0(不含0)时，$f(t)$由0先减到$-\frac{1}{4}$，又增到0(不含0)，因此从两个函数的特征分析得，复合函数$g(n)$是随着n的增大而先减后增(证明略)，故存在最小值. 又$n\in\mathbf{N}^*$，$n=3$时，$t=\frac{9}{16}$，$n=4$时，$t=\frac{27}{64}$，而$\frac{27}{64}<\frac{1}{2}<\frac{9}{16}$，因此，$f(t)$的最小值在$\frac{27}{64}$与$\frac{9}{16}$处取得，代入即得，$n=3$时，$g(3)$为最小，即$a_n$的最小值为$a_3=-\frac{63}{256}$. 结合两者图象知，$a_1=0$为$a_n$的最大值.

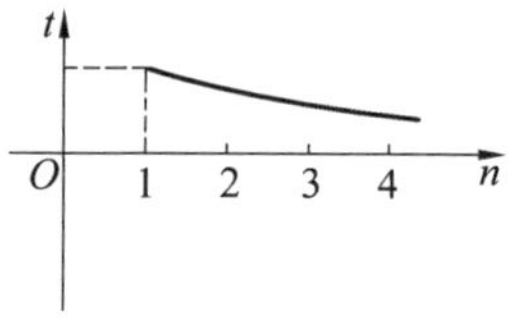

图 2

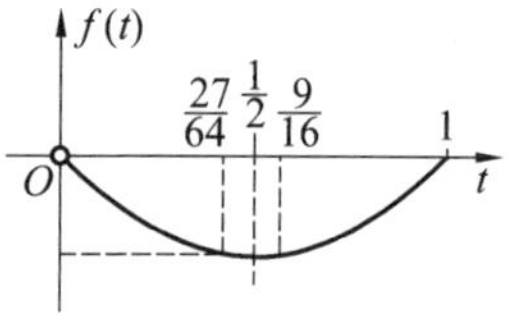

图 3

复合函数的图象运用较复杂，因此用之求数列最值时，每一步要有理有据，才能得到正确的结论.

三、回归利用某些函数的单调性求解数列的最值项

事实上，如果函数在整个定义域上非单调，则由函数的性质可知，a_n为数列的最大项的充要条件是$\begin{cases}a_n\geqslant a_{n-1}\\a_n\geqslant a_{n+1}\end{cases}$，$a_n$为数列的最小项的充要条件是$\begin{cases}a_n\leqslant a_{n-1}\\a_n\leqslant a_{n+1}\end{cases}$.

例 5 已知数列$\{a_n\}$，且$a_n=8+(2n-7)\cdot(\frac{1}{2})^n$. 问数列$\{a_n\}$有无最大值与最小值，若有求其最大值与最小值.

解析

$$a_{n+1}=8+(2n-5)(\frac{1}{2})^{n+1}$$

$$a_{n-1}=8+(2n-9)(\frac{1}{2})^{n+1}$$

由$\begin{cases}a_n\geqslant a_{n-1}\\a_n\geqslant a_{n+1}\end{cases}$，得$\frac{9}{2}\leqslant n\leqslant\frac{11}{2}$，又$n\in\mathbf{N}^*$得，当$n=5$时，$a_n=\frac{259}{32}$为最大项.

当$n\geqslant4$时，$a_n>8$，而$a_1=\frac{11}{2}$，且$a_1<a_2<a_3<a_4$，所以$a_1=\frac{11}{2}$最小.

(张丙成)

怎样巧构矩阵变换,求解数列通项

一、关于"$a_{n+1}=pa_n+q$(p,q 为常数)"与"$a_{n+1}=\dfrac{Aa_n+B}{Ca_n+D}$,$A,B,C,D$ 为常数,$AD\neq BC$"类型数列通项的求法

将线性分式函数 $f(x)=\dfrac{ax+b}{cx+d}$,($a,b,c,d\in\mathbf{R},ad\neq bc$)的 n 次迭代问题都转化为与之相应矩阵 $\begin{pmatrix}a & b\\ c & d\end{pmatrix}$ 的 n 次方幂问题,并分别在特征根互异和相等的情况下得到了线性分式函数 n 次迭代的一般计算公式.由于上述类型的数列递推问题可以看作相应线性分式函数的迭代问题,从而可以进一步转化为矩阵方幂问题.最后,在特征根互异的情况下用二阶矩阵的特征根和特征向量解之;在特征根相同的情况下用矩阵变换和二项式定理解之.

例1　已知数列$\{a_n\}$满足 $a_1=1,a_{n+1}=2a_n+1(n\in\mathbf{N}^*)$,(1)求数列$\{a_n\}$的通项公式;(2)略;(3)略.

解　令

$$f(x)=2x+1$$

则

$$a_{n+1}=f(a_n)=f(f(a_{n-1}))=\cdots=f_n(a_1)$$

易知函数 $f(x)=2x+1$ 的对应矩阵为 $\boldsymbol{A}=\begin{pmatrix}2 & 1\\ 0 & 1\end{pmatrix}$,$f_n(x)$ 的对应矩阵为 $\boldsymbol{A}^n$.

因为 $|\lambda\boldsymbol{I}-\boldsymbol{A}|=\begin{vmatrix}\lambda-2 & -1\\ 0 & \lambda-1\end{vmatrix}=(\lambda-1)(\lambda-2)=0$,所以 $\boldsymbol{A}$ 的特征值为 $\lambda_1=1$,$\lambda_2=2$,相应于 λ_1,λ_2 的特征向量分别为 $\xi_1=\begin{pmatrix}1\\ -1\end{pmatrix}$,$\xi_2=\begin{pmatrix}1\\ 0\end{pmatrix}$.现考虑

$$\boldsymbol{A}\begin{pmatrix}1 & 1\\ -1 & 0\end{pmatrix}=\boldsymbol{A}(\xi_1,\xi_2)=(\boldsymbol{A}\xi_1,\boldsymbol{A}\xi_2)=(\lambda\xi_1,\lambda\xi_2)=$$

$$(\xi_1,\xi_2)\begin{pmatrix}\lambda_1 & 0\\ 0 & \lambda_2\end{pmatrix}=\begin{pmatrix}1 & 1\\ -1 & 0\end{pmatrix}\begin{pmatrix}\lambda_1 & 0\\ 0 & \lambda_2\end{pmatrix}$$

令 $\boldsymbol{P}=\begin{pmatrix}1 & 1\\ -1 & 0\end{pmatrix}$,则

$$\boldsymbol{P}^{-1}=\begin{pmatrix}0 & -1\\ 1 & 1\end{pmatrix}$$

$$\boldsymbol{A}=\begin{pmatrix}1 & 1\\ -1 & 0\end{pmatrix}\begin{pmatrix}\lambda_1 & 0\\ 0 & \lambda_2\end{pmatrix}\begin{pmatrix}1 & 1\\ -1 & 0\end{pmatrix}^{-1}=\boldsymbol{P}\begin{pmatrix}\lambda_1 & 0\\ 0 & \lambda_2\end{pmatrix}\boldsymbol{P}^{-1}$$

$$\boldsymbol{A}^n=\boldsymbol{P}\begin{pmatrix}\lambda_1^n & 0\\ 0 & \lambda_2^n\end{pmatrix}\boldsymbol{P}^{-1}=\begin{pmatrix}1 & 1\\ -1 & 0\end{pmatrix}\begin{pmatrix}\lambda_1^n & 0\\ 0 & \lambda_2^n\end{pmatrix}\begin{pmatrix}0 & -1\\ 1 & 1\end{pmatrix}=$$

$$\begin{pmatrix}\lambda_2^n & \lambda_2^n-\lambda_1^n\\0 & \lambda_1^n\end{pmatrix}=\begin{pmatrix}2^n & 2^n-1\\0 & 1\end{pmatrix}$$

故 $f_n(x)=2^nx+2^n-1$，从而有 $a_{n+1}=f_n(a_1)=f_n(1)=2^{n+1}-1$. 因此 $a_n=2^n-1$ $(n\in\mathbf{N}^*)$.

例 2 证明等差数列 $\{a_n\}$ 的通项公式为 $a_n=a_1+(n-1)d$，$(n\in\mathbf{N}^*)$，其中 d 是公差.

证明 由等差数列定义知

$$a_{n+1}-a_n=d$$

即

$$a_{n+1}=a_n+d$$

令 $f(x)=x+d$，则

$$a_{n+1}=f(a_n)=f(f(a_{n-1}))=\cdots=f_n(a_1)$$

易知 $f(x)=x+d$ 的对应矩阵为 $\mathbf{A}=\begin{pmatrix}1 & d\\0 & 1\end{pmatrix}$，$f_n(x)$ 的对应矩阵为 $\mathbf{A}^n$. 易知 $\mathbf{A}$ 有两个相等的特征根. 但是，由于 $IB=BI$，因此下面用二项式定理处理 $\mathbf{A}^n$. 因为 $\mathbf{A}=\begin{pmatrix}1 & 0\\0 & 1\end{pmatrix}+\begin{pmatrix}0 & d\\0 & 0\end{pmatrix}$. 令 $\mathbf{B}=\begin{pmatrix}0 & d\\0 & 0\end{pmatrix}$，则

$$\mathbf{A}=\mathbf{I}+\mathbf{B}$$

$$\mathbf{A}^n=(\mathbf{I}+\mathbf{B})^n=\mathbf{I}^n+n\mathbf{I}^{n-1}\mathbf{B}+\frac{n(n-1)}{2}\mathbf{I}^{n-2}\mathbf{B}^2+\cdots+\mathbf{B}^n$$

而

$$\mathbf{I}^n=\mathbf{I}^{n-1}=\cdots=\mathbf{I},\mathbf{B}^2=\begin{pmatrix}0 & 0\\0 & 0\end{pmatrix},\mathbf{B}^k=0\quad(k\geqslant 2)$$

于是有

$$\mathbf{A}^n=\mathbf{I}^n+n\mathbf{I}^{n-1}\mathbf{B}=\begin{pmatrix}1 & 0\\0 & 1\end{pmatrix}+\begin{pmatrix}0 & nd\\0 & 0\end{pmatrix}=\begin{pmatrix}1 & nd\\0 & 1\end{pmatrix}$$

因此 $f_n(x)=x+nd$，$a_{n+1}=f_n(a_1)=a_1+nd$. 即 $a_n=a_1+(n-1)d(n\in\mathbf{N}^*)$.

例 3 已知数列 $\{a_n\}$ 中，$a_1=2$，$a_{n+1}=(\sqrt{2}-1)(a_n+2)(n=1,2,\cdots)$. (1) 略；(2) 若数列 $\{b_n\}$ 中 $b_1=2$，$b_{n+1}=\dfrac{3b_n+4}{2b_n+3}(n=1,2,\cdots)$，证明 $\sqrt{2}<b_n\leqslant a_{4n-3}$，$n=1,2,\cdots$.

解 令 $f(x)=\dfrac{3x+4}{2x+3}$，则 $b_{n+1}=f(b_n)=f(f(b_{n-1}))=\cdots=f_n(b_1)=f_n(2)$. 易知 $f(x)=\dfrac{3x+4}{2x+3}$ 的对应矩阵为 $\mathbf{A}=\begin{pmatrix}3 & 4\\2 & 3\end{pmatrix}$，$f_n(x)$ 对应矩阵为 A^n. 因为

$$|\lambda\mathbf{I}-\mathbf{A}|=\begin{vmatrix}\lambda-3 & -4\\-2 & \lambda-3\end{vmatrix}=\lambda^2-6\lambda+1=0$$

所以 $\mathbf{A}$ 的特征值为

$$\lambda_1=3-2\sqrt{2},\lambda_2=3+2\sqrt{2}$$

相应于 λ_1,λ_2 的特征向量分别记为

$$\xi_1=\begin{pmatrix}-\sqrt{2}\\1\end{pmatrix},\xi_2=\begin{pmatrix}\sqrt{2}\\1\end{pmatrix}$$

现考虑

$$\boldsymbol{A}\begin{pmatrix}-\sqrt{2}&\sqrt{2}\\1&1\end{pmatrix}=\boldsymbol{A}(\xi_1,\xi_2)=(\boldsymbol{A}\xi_1,\boldsymbol{A}\xi_2)=(\lambda_1\xi_1,\lambda_2\xi_2)=$$

$$(\xi_1,\xi_2)=\begin{pmatrix}\lambda_1&0\\0&\lambda_2\end{pmatrix}$$

令 $\boldsymbol{P}=\begin{pmatrix}-\sqrt{2}&\sqrt{2}\\1&1\end{pmatrix}$，则

$$\boldsymbol{P}^{-1}=\begin{pmatrix}-\frac{1}{2\sqrt{2}}&\frac{1}{2}\\\frac{1}{2\sqrt{2}}&\frac{1}{2}\end{pmatrix},\boldsymbol{A}=\boldsymbol{P}\begin{pmatrix}\lambda_1&0\\0&\lambda_2\end{pmatrix}\boldsymbol{P}^{-1}$$

$$\boldsymbol{A}^n=\boldsymbol{P}\begin{pmatrix}\lambda_1^n&0\\0&\lambda_2^n\end{pmatrix}\boldsymbol{P}^{-1}=\begin{pmatrix}-\sqrt{2}&\sqrt{2}\\1&1\end{pmatrix}\begin{pmatrix}\lambda_1^n&0\\0&\lambda_2^n\end{pmatrix}\begin{pmatrix}-\frac{1}{2\sqrt{2}}&\frac{1}{2}\\\frac{1}{2\sqrt{2}}&\frac{1}{2}\end{pmatrix}=$$

$$\begin{pmatrix}\frac{1}{2}(\lambda_1^n+\lambda_2^n)&-\frac{\sqrt{2}}{2}\lambda_1^n+\frac{\sqrt{2}}{2}\lambda_2^n\\-\frac{1}{2\sqrt{2}}\lambda_1^n+\frac{1}{2\sqrt{2}}\lambda_2^n&\frac{1}{2}\lambda_1^n+\frac{1}{2}\lambda_2^n\end{pmatrix}$$

于是

$$f_n(x)=\frac{\frac{1}{2}(\lambda_1^n+\lambda_2^n)-\frac{\sqrt{2}}{2}\lambda_1^n+\frac{\sqrt{2}}{2}\lambda_2^n}{(-\frac{1}{2\sqrt{2}}\lambda_1^n+\frac{1}{2\sqrt{2}}\lambda_2^n)x+\frac{1}{2}(\lambda_1^n+\lambda_2^n)}$$

$$b_{n+1}=f_n(2)=\frac{\lambda_1^n+\lambda_2^n-\frac{\sqrt{2}}{2}\lambda_1^n+\frac{\sqrt{2}}{2}\lambda_2^n}{-\frac{1}{\sqrt{2}}\lambda_1^n+\frac{1}{\sqrt{2}}\lambda_2^n+\frac{1}{2}(\lambda_1^n+\lambda_2^n)}=$$

$$\frac{(2-\sqrt{2})\lambda_1^n+(2+\sqrt{2})\lambda_2^n}{(1-\sqrt{2})\lambda_1^n+(1+\sqrt{2})\lambda_2^n}=$$

$$\frac{(2-\sqrt{2})(3-2\sqrt{2})^n+(2+\sqrt{2})(3+2\sqrt{2})^n}{(1-\sqrt{2})(3-2\sqrt{2})^n+(1+\sqrt{2})(3+2\sqrt{2})^n}=$$

$$\sqrt{2}\,\frac{(3+2\sqrt{2})^{2n+1}+1}{(3+2\sqrt{2})^{2n+1}-1}$$

从而有 $b_n=\sqrt{2}\,\frac{(3+2\sqrt{2})^{2n+1}+1}{(3+2\sqrt{2})^{2n+1}-1}(n\in\mathbf{N}^*)$.

二、关于“$a_{n+1}=pa_n+qb^n$”类型数列通项求法

此类递推关系式可以先写成如下矩阵形式

$$\begin{pmatrix}a_n\\b^n\end{pmatrix}=\begin{pmatrix}p&qb\\0&b\end{pmatrix}\begin{pmatrix}a_{n-1}\\b^{n-1}\end{pmatrix}=\begin{pmatrix}p&qb\\0&b\end{pmatrix}^{n-1}\begin{pmatrix}a_1\\b\end{pmatrix}$$

然后利用矩阵的特征多项式理论解之.

例 4 已知数列$\{a_n\}$中,a_0为常数,且$a_n=3^{n-1}-2a_{n-1}(n\in\mathbf{N}^*)$,(1)证明对任意$n\geqslant 1$,$a_n=\frac{1}{5}[3^n+(-1)^{n-1}2^n]+(-1)^n2^na_0$;(2)略.

证明 因为$a_n=-2a_{n-1}+\frac{1}{3}3^n$,所以

$$\begin{pmatrix}a_n\\3^n\end{pmatrix}=\begin{pmatrix}-2&1\\0&3\end{pmatrix}\begin{pmatrix}a_{n-1}\\3^{n-1}\end{pmatrix}=\begin{pmatrix}-2&1\\0&3\end{pmatrix}^n\begin{pmatrix}a_0\\1\end{pmatrix}$$

令$\mathbf{A}=\begin{pmatrix}-2&1\\0&3\end{pmatrix}$,则

$$|\lambda\mathbf{I}-\mathbf{A}|=\begin{pmatrix}\lambda+2&-1\\0&\lambda-3\end{pmatrix}=(\lambda-3)(\lambda+2)=0$$

$\mathbf{A}$的特征根为$\lambda_1=-2,\lambda_2=3$,相应于λ_1,λ_2的特征向量分别记为

$$\xi_1=\begin{pmatrix}1\\0\end{pmatrix},\xi_2=\begin{pmatrix}1\\5\end{pmatrix}$$

$$\mathbf{A}\begin{pmatrix}1&1\\0&5\end{pmatrix}=\mathbf{A}(\xi_1,\xi_2)=(\mathbf{A}\xi_1,\mathbf{A}\xi_2)=$$

$$(\lambda_1\xi_1,\lambda_2\xi_2)=(\xi_1,\xi_2)\begin{pmatrix}\lambda_1&0\\0&\lambda_2\end{pmatrix}$$

令$\mathbf{P}=\begin{pmatrix}1&1\\0&5\end{pmatrix}$,则

$$\mathbf{P}^{-1}=\frac{1}{5}\begin{pmatrix}5&-1\\0&1\end{pmatrix},\mathbf{A}=\mathbf{P}\begin{pmatrix}\lambda_1&0\\0&\lambda_2\end{pmatrix}\mathbf{P}^{-1}$$

$$\mathbf{A}^n=\mathbf{P}\begin{pmatrix}\lambda_1^n&0\\0&\lambda_2^n\end{pmatrix}\mathbf{P}^{-1}$$

于是

$$\mathbf{A}^n=\frac{1}{5}\begin{pmatrix}1&1\\0&5\end{pmatrix}\begin{pmatrix}\lambda_1^n&0\\0&\lambda_2^n\end{pmatrix}\begin{pmatrix}5&-1\\0&1\end{pmatrix}=$$

$$\frac{1}{5}\begin{pmatrix}5\lambda_1^n&-\lambda_1^n+\lambda_2^n\\0&5\lambda_2^n\end{pmatrix}$$

$$\begin{pmatrix}a_n\\3^n\end{pmatrix}=\frac{1}{5}\begin{pmatrix}5\lambda_1^n&-\lambda_1^n+\lambda_2^n\\0&5\lambda_2^n\end{pmatrix}\begin{pmatrix}a_0\\1\end{pmatrix}=$$

$$\frac{1}{5}\begin{pmatrix}5a_0\lambda_1^n+\lambda_2^n-\lambda_1^n\\5\lambda_2^n\end{pmatrix}$$

从而有

$$a_n=\frac{1}{5}[5a_0(-2)^n+3^n-(-2)^n]=$$

$$\frac{1}{5}[3^n+(-1)^{n-1}2^n]+(-1)^n2^na_0$$

证毕.

三、关于“$a_1=a,a_2=b,a_n=pa_{n-1}+qa_{n-2},p,q$ 为常数且 $n\geqslant 3$”类型数列通项的求法

此类递推数列关系式先写成如下的矩阵形式

$$\begin{pmatrix}a_n\\a_{n-1}\end{pmatrix}=\begin{pmatrix}p&q\\1&0\end{pmatrix}\begin{pmatrix}a_{n-1}\\a_{n-2}\end{pmatrix}=\begin{pmatrix}p&q\\1&0\end{pmatrix}^{n-2}\begin{pmatrix}a_2\\a_1\end{pmatrix}$$

然后再用特征多项式理论解之;或者先用待定系数法再用 Cramer 法则解之.

例 5 设 $a_1=1,a_2=\frac{5}{3},a_{n+2}=\frac{5}{3}a_{n+1}-\frac{2}{3}a_n$,令 $b_n=a_{n+1}-a_n(n=1,2,3,\cdots)$,求数列 $\{b_n\}$ 的通项公式.

解 因为

$$\begin{pmatrix}a_n\\a_{n-1}\end{pmatrix}=\begin{pmatrix}\frac{5}{3}&-\frac{2}{3}\\1&0\end{pmatrix}\begin{pmatrix}a_{n-1}\\a_{n-2}\end{pmatrix}=\begin{pmatrix}\frac{5}{3}&-\frac{2}{3}\\1&0\end{pmatrix}^{n-2}\begin{pmatrix}a_2\\a_1\end{pmatrix}$$

所以,令

$$\boldsymbol{A}=\begin{pmatrix}\frac{5}{3}&-\frac{2}{3}\\1&0\end{pmatrix},\begin{pmatrix}a_n\\a_{n-1}\end{pmatrix}=\boldsymbol{A}^{n-2}\begin{pmatrix}\frac{5}{3}\\1\end{pmatrix}$$

$$|\lambda\boldsymbol{I}-\boldsymbol{A}|=\begin{vmatrix}\lambda-\frac{5}{3}&\frac{2}{3}\\-1&\lambda\end{vmatrix}=\lambda^2-\frac{5}{3}\lambda+\frac{2}{3}=0$$

于是有,$\boldsymbol{A}$ 的特征根为 $\lambda_1=\frac{2}{3},\lambda_2=1$,与之相应的特征向量分别记为

$$\xi_1=\begin{pmatrix}1\\\frac{3}{2}\end{pmatrix},\xi_2=\begin{pmatrix}1\\1\end{pmatrix}$$

设
$$\begin{pmatrix}\frac{5}{3}\\1\end{pmatrix}=m\xi_1+n\xi_2=\begin{pmatrix}m+n\\\frac{3}{2}m+n\end{pmatrix}$$

则 $\begin{cases}m=-\frac{4}{3}\\n=3\end{cases}$,于是

$$\begin{pmatrix} a_n \\ a_{n-1} \end{pmatrix} = \boldsymbol{A}^{n-2}\begin{pmatrix} \frac{5}{3} \\ 1 \end{pmatrix} = \boldsymbol{A}^{n-2} \cdot \left(-\frac{4}{3}\xi_1 + 3\xi_2\right) =$$

$$-\frac{4}{3}\lambda_1^{n-2}\xi_1 + 3\lambda_2^{n-2}\xi_2 =$$

$$\begin{pmatrix} -\frac{4}{3}\lambda_1^{n-2} + 3\lambda_2^{n-2} \\ -\frac{4}{3}\lambda_1^{n-2} \times \frac{3}{2} + 3\lambda_2^{n-2} \end{pmatrix}$$

从而有

$$a_n = -\frac{4}{3} \times \left(\frac{2}{3}\right)^{n-2} + 2 = -3\left(\frac{2}{3}\right)^n + 3$$

$$b_n = a_{n+1} - a_n = \left(\frac{2}{3}\right)^n$$

例 6 设 p,q 为实数,α,β 是方程 $x^2 - px + 1 = 0$ 的两个实根,数列 $\{x_n\}$ 满足 $x_1 = p$,$x_2 = p^2 - q$,$x_n = px_{n-1} - qx_{n-2}$ $(n = 3, 4, \cdots)$.(1) 证明:$\alpha + \beta = p$,$\alpha\beta = q$;(2) 求数列 $\{x_n\}$ 的通项公式;(3) 若 $p = 1$,$q = \frac{1}{4}$,求 $\{x_n\}$ 的前 n 项和 S_n.

解 (1) 略;(2) 由(1) 知 $\alpha + \beta = p$,$\alpha\beta = q$,于是

$$x_n = (\alpha + \beta)x_{n-1} - \alpha\beta x_{n-2} \quad (n = 3, 4, \cdots)$$

$$x_n - \alpha x_{n-1} = \beta(x_{n-1} - \alpha x_{n-2})$$

$$x_n - \beta x_{n-1} = \alpha(x_n - 1 - \beta x_{n-2})$$

这样就构造了分别以 α,β 为公比的两个等比数列.于是

$$x_n - \beta x_{n-1} = \alpha^{n-2}(x_2 - \beta x_1)$$

$$x_n - \alpha x_{n-1} = \beta^{n-2}(x_2 - \alpha x_1)$$

当 $\alpha \neq \beta$ 时,上述两式可以写如下矩阵形式

$$\begin{pmatrix} 1 & -\beta \\ 1 & -\alpha \end{pmatrix}\begin{pmatrix} x_n \\ x_{n-1} \end{pmatrix} = \begin{pmatrix} \alpha^{n-2}(x_2 - \beta x_1) \\ \beta^{n-2}(x_2 - \alpha x_1) \end{pmatrix}$$

系数矩阵行列式

$$d = \begin{vmatrix} 1 & -\beta \\ 1 & -\alpha \end{vmatrix} = \beta - \alpha \neq 0$$

于是由 Cramer 法则得

$$x_n = \frac{\begin{vmatrix} \alpha^{n-2}(x_2 - \beta x_1) & -\beta \\ \beta^{n-2}(x_2 - \alpha x_1) & -\alpha \end{vmatrix}}{\beta - \alpha} =$$

$$\frac{-\alpha^{n-1}(x_2 - \beta x_1) + \beta^{n-1}(x_2 - \alpha x_1)}{\beta - \alpha} =$$

$$\frac{(x_2 - \beta x_1)\alpha^n}{\alpha(\alpha - \beta)} - \frac{x_2 - \alpha x_1}{\beta(\alpha - \beta)}\beta^n$$

又因为

$$x_1=\alpha+\beta, x_2=\alpha^2+\alpha\beta+\beta^2$$

所以

$$x_2-\beta x_1=\alpha^2, x_2-\alpha x_1=\beta^2$$

$$x_n=\frac{\alpha^{n+2}}{\alpha(\alpha-\beta)}-\frac{\beta^{n+2}}{\beta(\alpha-\beta)}=\frac{\alpha^{n+1}-\beta^{n+1}}{\alpha-\beta}$$

当 $\alpha=\beta$ 时,上述两个等比数列相同,此时

$$x_n-\alpha x_{n-1}=\alpha(x_{n-1}-\alpha x_{n-2})=\alpha^2(x_{n-2}-\alpha x_{n-3})=\cdots=\alpha^{n-2}(x_2-\alpha x_1)$$

$$(n-2)\alpha^{n-2}(x_2-\alpha x_1)=x_n-\alpha x_{n-1}+\alpha(x_{n-1}-\alpha x_{n-2})+\alpha^2(x_{n-2}-\alpha x_{n-3})+\cdots+\alpha^{n-3}(x_3-\alpha x_{n-2})=x_n-\alpha^{n-2}x_2$$

于是有

$$x_n=(n-2)\alpha^{n-2}(x_2-\alpha x_1)+\alpha^{n-2}x_2=(n-2)\alpha^{n-2}\alpha^2+\alpha^{n-2}3\alpha^2=(n+1)\alpha^n$$

故

$$x_n=\begin{cases}\dfrac{\alpha^{n+1}-\beta^{n+1}}{\alpha-\beta},当\ \alpha\neq\beta\ 时\\(n+1)\alpha^n,当\ \alpha=\beta\ 时\end{cases}$$

(3) 略.

(黄建锋　马化花)

怎样解依托函数背景的坐标数列问题

一、依托一次函数为背景的坐标数列

例1 如图1,直线 $l_1: y = kx + 1 - k\left(k \neq 0, k \neq \pm\frac{1}{2}\right)$,与 l_2:$y = \frac{1}{2}x + \frac{1}{2}$ 相交于点 P,直线 l_1 与 x 轴交于点 P_1,过点 P_1 作 x 轴的垂线交 l_2 于点 Q_1,过点 Q_1 作 y 轴的垂线交 l_1 于 P_2,过点 P_2 作 x 轴垂线交 l_2 于 Q_2,…,这样一直作下去,可得到一系列点 P_1,Q_1,P_2,Q_2,…,点 $P_n(n \in \mathbf{N}^*)$ 的横坐标构成数列 $\{x_n\}$,求数列 $\{x_n\}$ 的通项公式.

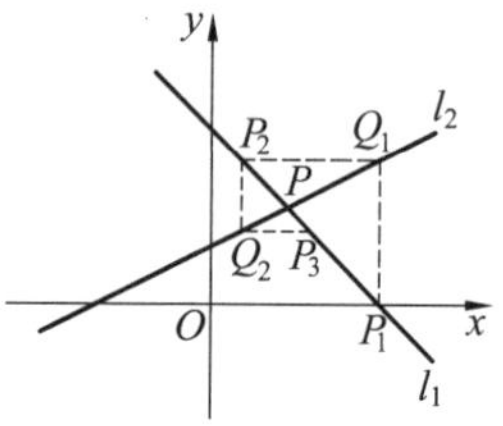

图1

解 设 P_n 的坐标为 (x_n, y_n),由已知条件得点 Q_n,P_{n+1} 的坐标分别为 $\left(x_n, \frac{1}{2}x_n + \frac{1}{2}\right)$,$\left(x_{n+1}, \frac{1}{2}x_n + \frac{1}{2}\right)$.

因为点 P_{n+1} 在直线 l_1 上,所以

$$\frac{1}{2}x_n + \frac{1}{2} = kx_{n+1} + 1 - k$$

所以

$$\frac{1}{2}(x_n - 1) = k(x_{n+1} - 1)$$

即

$$x_{n+1} - 1 = \frac{1}{2k}(x_n - 1)$$

所以数列 $\{x_n - 1\}$ 是等比数列,其公比为 $q = \frac{1}{2k}$,首项为 $x_1 - 1 = \left(1 - \frac{1}{k}\right) - 1 = -\frac{1}{k} \neq 0$,所以 $x_n - 1 = -\frac{1}{k}\left(\frac{1}{2k}\right)^{n-1}$,即 $x_n = 1 - 2\left(\frac{1}{2k}\right)^n$,$n \in \mathbf{N}^*$.

评注 本题的关键所在就是直线 l_1 上的点 P_n 与 l_2 上的点 Q_n 横坐标相同,又点 Q_n 与 l_1 上的点 P_{n+1} 的纵坐标相同,得出点 P_{n+1} 的坐标.再由直线 l_1 的方程,可得出递推关系式 $\frac{1}{2}(x_n - 1) = k(x_{n+1} - 1)$,从而将不能直接解决的问题化归为等比数列 $\{x_n - 1\}$ 来求解.

二、依托二次函数为背景的坐标数列

例2 设点 $A_n(x_n, 0)$,$P_n(x_n, 2^{n-1})$ 和抛物线 $C_n: y = x^2 + a_n x + b_n (n \in \mathbf{N}^*)$,其中 $a_n = -2 - 4n - \frac{1}{2^{n-1}}$,$x_n$ 由以下方法得到:$x_1 = 1$,点 $P_2(x_2, 2)$ 在抛物线 $C_1: y = x^2 + a_1 x + b_1$ 上,点 $A_1(x_1, 0)$ 到 P_2 的距离是 A_1 到 C_1 上点的最短距离,…,点 $P_{n+1}(x_{n+1}, 2^n)$ 在抛物线 C_n:

$y=x^2+a_nx+b_n$ 上，点 $A_n(x_n,0)$ 到 P_{n+1} 的距离是 A_n 到 C_n 上点的最短距离.

(1) 求 x_2 及 C_1 的方程；

(2) 证明 $\{x_n\}$ 是等差数列.

解　(1) 由题意，得 $A_1(1,0)$，$C_1:y=x^2-7x+b_1$.

设点 $P(x,y)$ 是 C_1 上任意一点，则

$$|A_1P|=\sqrt{(x-1)^2+y^2}=\sqrt{(x-1)^2+(x^2-7x+b_1)^2}$$

令

$$f(x)=(x-1)^2+(x^2-7x+b_1)^2$$

则

$$f'(x)=2(x-1)+2(x^2-7x+b_1)(2x-7)$$

由题意，得 $f'(x_2)=0$，即

$$2(x_2-1)+2(x_2^2-7x_2+b_1)(2x_2-7)=0$$

又 $P_2(x_2,2)$ 在 C_1 上，所以

$$2=x_2^2-7x_2+b_1$$

解得 $x_2=3$，$b_1=14$，故 C_1 方程为

$$y=x^2-7x+14$$

(2) 设点 $P(x,y)$ 是 C_n 上任意一点，则

$$|A_nP|=\sqrt{(x-x_n)^2+(x^2+a_nx+b_n)^2}$$

令

$$g(x)=(x-x_n)^2+(x^2+a_nx+b_n)^2$$

则

$$g'(x)=2(x-x_n)+2(x^2+a_nx+b_n)(2x+a_n)$$

由题意 $g'(x_{n+1})=0$，即

$$2(x_{n+1}-x_n)+2(x_{n+1}^2+a_nx_{n+1}+b_n)(2x_{n+1}+a_n)=0$$

又因为

$$2^n=x_{n+1}^2+a_nx_{n+1}+b_n$$

所以

$$(x_{n+1}-x_n)+2^n(2x_{n+1}+a_n)=0\quad(n\geqslant 1)$$

即

$$(1+2^{n+1})x_{n+1}-x_n+2^na_n=0 \tag{*}$$

下面用数学归纳法证明 $x_n=2n-1$.

① 当 $n=1$ 时，$x_1=1$，等式成立.

② 假设当 $n=k$ 时，等式成立，即 $x_k=2k-1$，则当 $n=k+1$ 时，由式(*)知

$$(1+2^{k+1})x_{k+1}-x_k+2^ka_k=0$$

又

$$a_k=-2-4k-\frac{1}{2^{k-1}}$$

所以

$$x_{k+1}=\frac{x_k-2^k a_k}{1+2^{k+1}}=2k+1$$

即当 $n=k+1$ 时,等式成立.

由 ①,② 知,等式对 $n\in\mathbf{N}^*$ 成立.

所以 $\{x_n\}$ 是等差数列.

三、依托指数函数为背景的坐标数列

例 3 已知 $A_n(a_n,b_n)(n\in\mathbf{N}^*)$ 是曲线 $y=e^x$ 上的点,$a_1=a$,S_n 是数列 $\{a_n\}$ 的前 n 项和,且满足 $S_n^2=3n^2a_n+S_{n-1}^2$,$a_n\neq 0$,$n=2,3,4,\cdots$.

(1) 证明:数列 $\{\frac{b_{n+2}}{b_n}\}(n\geqslant 2)$ 是常数数列;

(2) 确定 a 的取值集合 M,使 $a\in M$ 时,数列 $\{a_n\}$ 是单调递增数列;

(3) 证明:当 $a\in M$ 时,弦 $A_nA_{n+1}(n\in\mathbf{N}^*)$ 的斜率随 n 单调递增.

解 (1) 当 $n\geqslant 2$ 时,由已知得

$$S_n^2-S_{n-1}^2=3n^2a_n$$

因为 $a_n=S_n-S_{n-1}\neq 0$,所以

$$S_n+S_{n-1}=3n^2 \quad ①$$

于是

$$S_{n+1}+S_n=3(n+1)^2 \quad ②$$

由式 ② − ① 得

$$a_{n+1}+a_n=6n+3 \quad ③$$

于是

$$a_{n+2}+a_{n+1}=6n+9 \quad ④$$

由式 ④ − ③ 得

$$a_{n+2}-a_n=6 \quad ⑤$$

所以

$$\frac{b_{n+2}}{b_n}=\frac{e^{a_{n+2}}}{e^{a_n}}=e^{a_{n+2}-a_n}=e^6$$

即数列 $\{\frac{b_{n+2}}{b_n}\}(n\geqslant 2)$ 是常数数列.

(2) 由 ① 有 $S_2+S_1=12$,所以 $a_2=12-2a$. 由 ③ 有 $a_3+a_2=15$,$a_4+a_3=21$,所以

$$a_3=3+2a,a_4=18-2a$$

而 ⑤ 表明数列 $\{a_{2k}\}$ 和 $\{a_{2k+1}\}$ 分别是以 a_2,a_3 为首项,6 为公差的等差数列,所以

$$a_{2k}=a_2+6(k-1),a_{2k+1}=a_3+6(k-1)$$

$$a_{2k+2}=a_4+6(k-1)\quad (k\in\mathbf{N}^*)$$

数列$\{a_n\}$是单调递增数列$\Leftrightarrow$

$a_1 < a_2$ 且 $a_{2k} < a_{2k+1} < a_{2k+2}$ 对任意 $k \in \mathbf{N}^*$ 成立$\Leftrightarrow$

$a_1 < a_2$ 且 $a_2 + 6(k-1) < a_3 + 6(k-1) < a_4 + 6(k-1) \Leftrightarrow$

$a_1 < a_2 < a_3 < a_4 \Leftrightarrow$

$a < 12 - 2a < 3 + 2a < 18 - 2a \Leftrightarrow$

$\frac{9}{4} < a < \frac{15}{4}$

即所求 a 的取值集合是

$$M = \left\{a \mid \frac{9}{4} < a < \frac{15}{4}\right\}$$

(3) 解法一：弦 A_nA_{n+1} 的斜率为

$$k_n = \frac{b_{n+1} - b_n}{a_{n+1} - a_n} = \frac{e^{a_{n+1}} - e^{a_n}}{a_{n+1} - a_n}$$

任取 x_0，设函数 $f(x) = \frac{e^x - e^{x_0}}{x - x_0}$，则

$$f'(x) = \frac{e^x(x - x_0) - (e^x - e^{x_0})}{(x - x_0)^2}$$

记 $g(x) = e^x(x - x_0) - (e^x - e^{x_0})$，则

$$g'(x) = e^x(x - x_0) + e^x - e^x = e^x(x - x_0)$$

当 $x > x_0$ 时，$g'(x) > 0$，$g(x)$ 在 $(x_0, +\infty)$ 上为增函数；

当 $x < x_0$ 时，$g'(x) < 0$，$g(x)$ 在 $(-\infty, x_0)$ 上为减函数.

所以 $x \neq x_0$ 时，$g(x) > g(x_0) = 0$，从而 $f'(x) > 0$，所以 $f(x)$ 在 $(-\infty, x_0)$ 和 $(x_0, +\infty)$ 上都是增函数.

由(2)知，$a \in M$ 时，数列$\{a_n\}$单调递增.

取 $x_0 = a_n$. 因为 $a_n < a_{n+1} < a_{n+2}$，所以

$$k_n = \frac{e^{a_{n+1}} - e^{a_n}}{a_{n+1} - a_n} < \frac{e^{a_{n+2}} - e^{a_n}}{a_{n+2} - a_n}$$

取 $x_0 = a_{n+2}$. 因为 $a_n < a_{n+1} < a_{n+2}$，所以

$$k_{n+1} = \frac{e^{a_{n+1}} - e^{a_{n+2}}}{a_{n+1} - a_{n+2}} > \frac{e^{a_n} - e^{a_{n+2}}}{a_n - a_{n+2}}$$

所以 $k_n < k_{n+1}$，即弦 $A_nA_{n+1}(n \in \mathbf{N}^*)$ 的斜率随 n 单调递增.

解法二：设函数 $f(x) = \frac{e^x - e^{a_{n+1}}}{x - a_{n+1}}$，同解法一得 $f(x)$ 在 $(-\infty, a_{n+1})$ 和 $(a_{n+1}, +\infty)$ 上都是增函数，所以

$$k_n = \frac{e^{a_n} - e^{a_{n+1}}}{a_n - a_{n+1}} < \lim_{x \to a_{n+1}^-} \frac{e^x - e^{a_{n+1}}}{x - a_{n+1}} = e^{a_{n+1}}$$

$$k_{n+1} = \frac{e^{a_{n+2}} - e^{a_{n+1}}}{a_{n+2} - a_{n+1}} > \lim_{x \to a_{n+1}^+} \frac{e^x - e^{a_{n+1}}}{x - a_{n+1}} = e^{a_{n+1}}$$

故 $k_n < k_{n+1}$，即弦 $A_nA_{n+1}(n \in \mathbf{N}^*)$ 的斜率随 n 单调递增.

评析 此题以 $y=e^x$ 为背景充分运用了 $\frac{a^m}{a^n}=a^{m-n}$ 这一性质使得第1步得解，第2步建立在其基础上得出 $\{a_n\}$ 的通项公式，再者第3步又充分地利用导数这一工具，综合地考查了函数、数列、导数和不等式等知识.

四、依托对数函数为背景的坐标数列

例4 已知函数 $f(x)=x^2-4$，设曲线 $y=f(x)$ 在点 $(x_n,f(x_n))$ 处的切线与 x 轴的交点为 $(x_{n+1},0)(n\in\mathbf{N}^*)$，其中 x_n 为正实数.

(1) 用 x_n 表示 x_{n+1}；

(2) 若 $x_1=4$，记 $a_n=\lg\frac{x_n+2}{x_n-2}$，证明数列 $\{a_n\}$ 成等比数列，并求数列 $\{x_n\}$ 的通项公式.

解 (1) 由题可得 $f'(x)=2x$.

所以曲线 $y=f(x)$ 在点 $(x_n,f(x_n))$ 处的切线方程是

$$y-f(x_n)=f'(x_n)(x-x_n)$$

即

$$y-(x_n^2-4)=2x_n(x-x_n)$$

令 $y=0$，得

$$-(x_n^2-4)=2x_n(x_{n+1}-x_n)$$

即

$$x_n^2+4=2x_nx_{n+1}$$

显然 $x_n\neq 0$，所以

$$x_{n+1}=\frac{x_n}{2}+\frac{2}{x_n}$$

(2) 由 $x_{n+1}=\frac{x_n}{2}+\frac{2}{x_n}$，知

$$x_{n+1}+2=\frac{x_n}{2}+\frac{2}{x_n}+2=\frac{(x_n+2)^2}{2x_n}$$

同理

$$x_{n+1}-2=\frac{(x_n-2)^2}{2x_n}$$

故

$$\frac{x_{n+1}+2}{x_{n+1}-2}=(\frac{x_n+2}{x_n-2})^2$$

从而

$$\lg\frac{x_{n+1}+2}{x_{n+1}-2}=2\lg\frac{x_n+2}{x_n-2}$$

即 $a_{n+1}=2a_n$. 所以，数列 $\{a_n\}$ 成等比数列. 故

$$a_n=2^{n-1}a_1=2^{n-1}\lg\frac{x_1+2}{x_1-2}=2^{n-1}\lg 3$$

即

$$\lg \frac{x_n+2}{x_n-2} = 2^{n-1}\lg 3$$

从而

$$\frac{x_n+2}{x_n-2} = 3^{2^{n-1}}$$

所以

$$x_n = \frac{2(3^{2^{n-1}}+1)}{3^{2^{n-1}}-1}$$

评析　此题利用第 1,2 步使得题目求通项的难度降低,第 1 步利用导数的几何意义得出 x_n,x_{n+1} 的关系式,第 2 步利用构造法得出$\{a_n\}$是等比数列,再用等比数列的通项公式得到$\{x_n\}$的通项公式.此题充分地考查了导数的几何意义和对数函数中 $\log_a b^n = n\log_a b$ 的性质的运用;另外本题综合考查数列、函数、不等式、导数应用等知识,以及推理论证、计算及解决问题的能力.

（吴松敏）

怎样解活跃在解析几何中的数列问题

一、直线中的数列问题

例1 如图1，直线 $l_1: y=kx+1-k(k\neq 0, k\neq \pm\frac{1}{2})$ 与 $l_2: y=\frac{1}{2}x+\frac{1}{2}$ 相交于点 P，直线 l_1 与 x 轴交于点 P_1，过点 P_1 作 x 轴的垂线交直线 l_2 于 Q_1，过点 Q_1 作 y 轴的垂线交直线 l_1 于点 P_2，过点 P_2 作 x 轴的垂线交直线 l_2 于点 Q_2，…… 这样一直作下去，可得一系列点 $P_1, Q_1, P_2, Q_2, \cdots$，点 $P_n(n=1,2,\cdots)$ 的横坐标构成数列 $\{x_n\}$，求数列 $\{x_n\}$ 的通项公式.

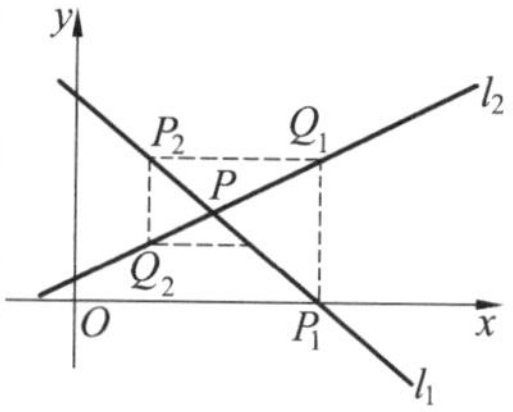

图1

解析 设点 P_n 的坐标 (x_n, y_n)，Q_n 的坐标 $(x_n, \frac{1}{2}x_n+\frac{1}{2})$，$P_{n+1}$ 的坐标 $(x_{n+1}, \frac{1}{2}x_n+\frac{1}{2})$.

因为点 P_{n+1} 在直线 l_1 上，所以

$$\frac{1}{2}x_n+\frac{1}{2}=kx_{n+1}+1-k$$

$$\frac{1}{2}x_n-\frac{1}{2}=kx_{n+1}-k$$

即

$$\frac{1}{2}(x_n-1)=k(x_{n+1}-1)$$

所以

$$x_{n+1}-1=\frac{1}{2k}(x_n-1)$$

由 $x_1=\frac{k-1}{k}=1-\frac{1}{k}$，得

$$x_1-1=-\frac{1}{k}\neq 0$$

所以 $\{x_n-1\}$ 是以 $-\frac{1}{k}$ 为首项，以 $\frac{1}{2k}$ 为公比的等比数列. 从而

$$x_n-1=-\frac{1}{k}(\frac{1}{2k})^{n-1}=-2(\frac{1}{2k})^n$$

故

$$x_n=1-2(\frac{1}{2k})^n, n\in \mathbf{N}$$

评析 由递推关系 $a_{n+1}=ca_n+d(c, d$ 为常数，$c\neq 1)$，求数列通项时，一般可化为

$$a_{n+1}+\frac{d}{c-1}=c(a_n+\frac{d}{c-1})$$

利用等比数列求得 $a_n=\frac{d}{c-1}$ 的表达式，进而求出 a_n.

二、圆中的数列问题

例 2 过圆 $x^2+y^2=10x$ 内一点 $M(5,3)$ 有 k 条弦，它们的长度组成等差数列，且最短弦长为 a_1，最长弦长为 a_k. 若公差 $d\in[\frac{1}{3},\frac{1}{2}]$，则 k 的取值不可能是(　　).

A. 4　　B. 5　　C. 6　　D. 7

解析 已知圆的标准方程为 $(x-5)^2+y^2=5^2$，由题意知：过点 M 的最短弦长 $a_1=8$，最长弦长 $a_k=10$，根据等差数列通项公式得：$a_k=a_1+(k-1)d$，所以

$$d=\frac{a_k-a_1}{k-1}=\frac{2}{k-1}\in[\frac{1}{3},\frac{1}{2}]$$

即 $\frac{1}{3}\leqslant\frac{2}{k-1}\leqslant\frac{1}{2}$，解得 $5\leqslant k\leqslant 7$，故选 A.

评注 本题以圆为背景，重点考查圆的方程和等差数列的通项公式等相关知识，强调形数结合，准确运算.

三、椭圆中的数列问题

例 3 设 F 是椭圆 $\frac{x^2}{7}+\frac{y^2}{6}=1$ 的右焦点，且椭圆上至少有 21 个不同的点 $P_i(i=1,2,\cdots)$，使 $|FP_1|,|FP_2|,|FP_3|\cdots$ 组成公差为 d 的等差数列，则 d 的取值范围是________.

解析 设 $P(x_0,y_0)$ 是椭圆 $\frac{x^2}{7}+\frac{y^2}{6}=1$ 上的任意一点，则 $-\sqrt{7}\leqslant x_0\leqslant\sqrt{7}$，所以

$$|FP|=a-ex_0=\sqrt{7}-\frac{1}{\sqrt{7}}x_0\in[\sqrt{7}-1,\sqrt{7}+1]$$

于是

$$|FP_{21}|\leqslant\sqrt{7}+1,\ |FP_1|\leqslant\sqrt{7}-1$$

$$|d|=\left|\frac{|FP_{21}|-|FP_1|}{20}\right|\leqslant\left|\frac{(\sqrt{7}+1)-(\sqrt{7}-1)}{20}\right|=\frac{1}{10}$$

又 $P_1,P_2,\cdots,P_n$ 互不相同，所以 $d\neq 0$，从而 $d\in[-\frac{1}{10},0)\cup(0,\frac{1}{10}]$.

评注 本题考查椭圆的焦半径、等差数列等相关知识，解题中要注意公差的正负对等差数列的增减性的影响.

四、双曲线中的数列问题

例 4 在双曲线 $\frac{x^2}{13}-\frac{y^2}{12}=-1$ 的一支上不同的三点 $A(x_1,y_1),B(x_2,6),C(x_3,y_3)$ 与焦点 $F(0,5)$ 的距离成等差数列，则 $y_1+y_3=$________.

解析 因为点 B 在双曲线的上支上，所以 A,B,C 三点都在双曲线的上支上，易知双曲线上侧的准线方程为 $y=\frac{12}{5}$，由题意

$$2|BF|=|AF|+|CF|$$

依双曲线的第二定义得

$$2e(6-\frac{12}{5})=e(y_1-\frac{12}{5})+e(y_3-\frac{12}{5})$$

所以 $y_1+y_2=12$.

评注 题设条件中涉及双曲线焦点的问题，解题时可联想利用第二定义；此外，对依据等差数列这一条件所得的等式，要善于把握其整体的结构特征，避免增大运算量.

五、抛物线中的数列问题

例5 过抛物线 $y^2=2px(p>0)$ 的对称轴上的定点 $M(m,0)(m>0)$，作直线 AB 与抛物线相交于 A,B 两点，若点 N 为定直线 $l:x=-m$ 上的任意一点，试证明三条直线 AN，MN，BN 的斜率之间成等差数列.

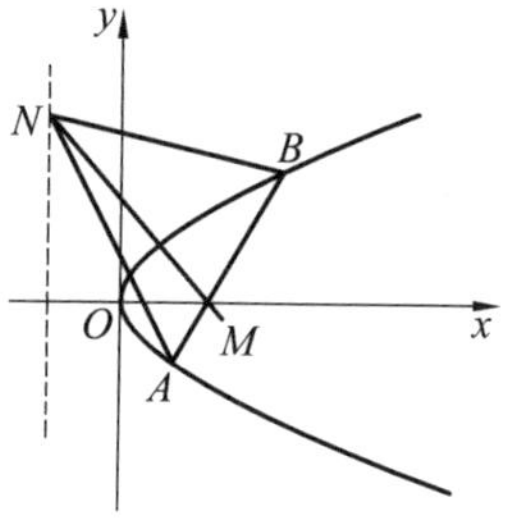

图 2

解析 如图2，设(x_1,y_1)，$B(x_2,y_2)$，$N(-m,n)$，直线 AB 的方程为 $x=ty+m$，则

$$\begin{cases}y^2=2px\\x=ty+m\end{cases}$$

消去 x 得 $y^2-2pty-2pm=0$.

由韦达定理得 $y_1y_2=-2pm$

直线 AN 的斜率为 $k_{AN}=\frac{y_1-n}{x_1+m}$，直线 BN 的斜率为 $k_{BN}=\frac{y_2-n}{x_2+m}$，于是

$$k_{AN}+k_{BN}=\frac{y_1-n}{\frac{y_1^2}{2p}+m}+\frac{y_2-n}{\frac{y_2^2}{2p}+m}=\frac{2p(y_1-n)}{y_1^2+2pm}+\frac{2p(y_2-n)}{y_2^2+2pm}=$$

$$2p\cdot(\frac{y_1-n}{y_1^2-y_1y_2}+\frac{y_2-n}{y_2^2-y_1y_2})=$$

$$2p\cdot\frac{y_2(y_1-n)-y_1(y_2-n)}{y_1y_2(y_1-y_2)}=2p\cdot\frac{n(y_1-y_2)}{y_1y_2(y_1-y_2)}=$$

$$2p\cdot\frac{n}{y_1y_2}=2p\cdot\frac{n}{-2pm}=-\frac{n}{m}$$

又

$$k_{MN}=\frac{n-0}{-m-m,}=-\frac{n}{2m}$$

所以 $k_{AN}+k_{BN}=2k_{MN}$. 即三条直线 AN，MN，BN 的斜率成等差数列.

评注 在本题的证明中，紧紧抓住直线与抛物线相交于两点这一重要条件，结合等差数列的有关概念进行严密推理，思路清晰，给人以简捷流畅，水到渠成的感觉.

解决解析几何中的数列问题，要善于借助题中所给的条件，构建几何信息与数列知识相对应的形数关系，并综合运用转化与化归等数学思想方法，着眼全局，整体把握，灵活变形，准确运算，以切实提高解题效率.

（刘建中）

怎样解高考数列客观题

一、紧扣定义

例 1 已知数列$\{a_n\}$的前n项和S_n满足$\log_2(S_n+1)=n+1$,求数列$\{a_n\}$的通项公式.

解析 由已知$S_n+1=2^{n+1}$,得$S_n=S_{n+1}-1$,故当$n=1$时,$a_1=S_1=3$;当$n\geqslant 2$时,$a_n=S_n-S_{n-1}=2^n$,故$a_n=\begin{cases}3(n=1)\\2^n(n\geqslant 2)\end{cases}$.

点评 任何一个数列,它的前n项的S_n与通项a_n都存在着关系$a_n=\begin{cases}S_1(n=1)\\S_n-S_{n-1}(n\geqslant 2)\end{cases}$,若$a_1$适合$a_n$,则把它们统一起来,否则就用分段函数表示.

变式练习 1 数列$\{a_n\}$的前n项积为n^2,那么当$n\geqslant 2$时,$\{a_n\}$的通项公式为( ).

A. $a_n=2n-1$ B. $a_n=n^2$ C. $a_n=\dfrac{(n+1)^2}{n^2}$ D. $a_n=\dfrac{n^2}{(n-1)^2}$

变式练习 2 已知数列$\{a_n\}$的前n项和$S_n=n^2-9n$,第k项满足$5<a_k<8$,则$k=$( ).

A. 9 B. 8 C. 7 D. 6

二、基本元素

例 2 已知$\{a_n\}$是等比数列,$a_1=2,a_3=18$;$\{b_n\}$是等差数列,$b_1=2,b_1+b_2+b_3+b_4=a_1+a_2+a_3>20$.

(1) 求数列$\{b_n\}$的通项公式;

(2) 求数列$\{b_n\}$的前n项和S_n的公式.

解 (1) 设$\{a_n\}$的公比为q,由$a_3=a_1q^2$得$q^2=\dfrac{a_3}{a_1}=9,q=\pm 3$.当$q=-3$时,$a_1+a_2+a_3=2-6+18=14<20$,这与$a_1+a_2+a_3>20$矛盾,故舍去.当$q=3$时,$a_1+a_2+a_3=2+6+18=26>20$,故符合题意.设数列$\{b_n\}$的公差为$d$,由$b_1+b_2+b_3+b_3=26$得$4b_1+\dfrac{4\times 3}{2}d=26$.又$b_1=2$,解得$d=3$,所以(1)$b_n=3n-1$.(2)$S_n=\dfrac{n(b_1+b_n)}{2}=\dfrac{3}{2}n^2+\dfrac{1}{2}n$.

点评 解决有关等差(比)数列的问题时,常常把它转化为基本元素$a_1,d(q)$来处理,再通过解方程或方程组求出,接下来的问题便迎刃而解.

变式练习 3 等差数列$\{a_n\}$中,$a_1=1,a_3+a_5=14$,其前n项和$S_n=100$,则$n=$( ).

A. 9 B. 10 C. 11 D. 12

变式练习 4 等差数列$\{a_n\}$中,$a_1=2$,公差不为零,且a_1,a_3,a_{11}恰好是某等比数列的前三项,那么该等比数列公比的值等于________.

三、整体代换

例3 公差不为零的等差数列$\{a_n\}$的第二、三及第六项构成等比数列,则$\frac{a_1+a_3+a_5}{a_2+a_4+a_6}=$________.

解析 设公差为$d(d\neq 0)$,由题意$a_3^2=a_2\cdot a_6$,即$(a_1+2d)^2=(a_1+d)(a_1+5d)$,解得$d=-2a_1$,故

$$\frac{a_1+a_3+a_5}{a_2+a_4+a_6}=\frac{3a_1+6d}{3a_1+9d}=\frac{-9a_1}{-15a_1}=\frac{3}{5}$$

点评 基本元素法解题时,即把所有量都用a_1,d来表示,若两个未知数只有一个方程,则没办法求出a_1,d.那么应该大胆做这样的设想a_1和d必存在某种联系,这时所求的问题肯定能够通过整体转化来处理.

变式练习5 在等差数列$\{a_n\}$中,已知$a_2+4a_7+a_{12}=96$,则$2a_3+a_{15}=$________.

变式练习6 在等比数列$\{a_n\}$中,$a_5+a_6=a(a\neq 0)$,$a_{15}+a_{16}=b$,则$a_{25}+a_{26}$的值是(　　).

A. $\frac{b}{a}$　　B. $\frac{b^2}{a^2}$　　C. $\frac{b^2}{a}$　　D. $\frac{b}{a^2}$

四、盯住下标

例4 已知两个等差数列$\{a_n\}$和$\{b_n\}$的前n项和分别为A_n和B_n,有$\frac{A_n}{B_n}=\frac{7n+45}{n+3}$,则使得$\frac{a_n}{b_n}$为整数的正整数$n$的个数是(　　).

A. 2　　B. 3　　C. 4　　D. 5

解 　$2a_n=a_1+a_{2n-1}$,$2b_n=b_1+b_{2n-1}$,$A_{2n-1}=\frac{a_1+a_{2n-1}}{2}\cdot n$

$$B_{2n-1}=\frac{b_1+b_{2n-1}}{2}\cdot n$$

所以

$$\frac{a_n}{b_n}=\frac{A_{2n-1}}{B_{2n-1}}=\frac{7(2n-1)+45}{(2n-1)+3}=\frac{14n+38}{2n+2}=\frac{7n+19}{n+1}=7+\frac{12}{n+1}$$

由$\frac{a_n}{b_n}$为整数,所以$n+1$可取:±1,±2,±3,±4,±6,±12,又n为正整数,所以取1,2,3,5,11.

点评 当$k+l=m+n(k,l,m,n\in\mathbf{N}^*)$时,若$\{a_n\}$是等差数列,则$a_k+a_l=a_m+a_n$;若$\{a_n\}$是等比数列,则$a_ka_l=a_ma_n$.等差数列的求和公式常用有两个:$S_n=\frac{n(a_1+a_n)}{2}=na_1+\frac{n(n-1)}{2}d$,本题住下标巧用等差中项$2a_n=a_1+a_{2n-1}$选择第一个公式,即$S_{2n-1}=\frac{a_1+a_{2n-1}}{2}\cdot n=a_n\cdot n$,问题迎刃而解.

例 5　设等差数列$\{a_n\}$的前n项和为S_n，若$S_3=9$，$S_6=36$，则$a_7+a_8+a_9=$（　　）.

A. 63　　B. 45　　C. 36　　D. 27

解析　因为$\{a_n\}$是等差数列，由等差数列的性质，S_3，S_6-S_3，S_9-S_6也成等差数列，所以$a_7+a_8+a_9=S_9-S_6=2(S_6-S_3)=45$，故选 B.

点评　若数列$\{a_n\}$是公差为d的等差数列，其前n项和为S_n，则数列S_k，$S_{2k}-S_k$，$S_{3k}-S_{2k}$，…$(k\in\mathbf{N}^*)$也是等差数列，且公差是k^2d；若数列$\{a_n\}$是公比为$q(q\neq-1)$的等比数列，其前n项和为S_n，则数列S_k，$S_{2k}-S_k$，$S_{3k}-S_{2k}$，…$(k\in\mathbf{N}^*)$也是等比数列，且公比是q^k.

变式练习 7　已知等差数列$\{a_n\}$的前n项和为S_n，若$S_{12}=21$，则$a_2+a_5+a_8+a_{11}=$________.

变式练习 8　设S_n是等差数列$\{a_n\}$的前n项和，若$\dfrac{S_3}{S_6}=\dfrac{1}{3}$，则$\dfrac{S_6}{S_{12}}=$（　　）.

A. $\dfrac{3}{10}$　　B. $\dfrac{1}{3}$　　C. $\dfrac{1}{8}$　　D. $\dfrac{1}{9}$

答案　1. D.

2. B（当$n\geqslant 2$时，由$a_n=S_n-S_{n-1}=2n-19$，由$5<2k-10<8$得到$k=8$）.

3. B.

4. 解：设a_1，a_3，a_{11}成等比，公比为q，$a_3=a_1\cdot q=2q$，$a_{11}=a_1\cdot a^2=2q^2$. 又$\{a_n\}$是等差数列，所以$a_{11}=a_1+5(a_3-a_1)$，所以$q=4$.

5. 因为$a_2+4a_7+a_{12}=6(a_1+6d)\Rightarrow a_1+6d=16$，所以$2a_3+a_{15}=3a_1+8d=48$.

6. C.

7. $S_{12}=\dfrac{12\times(a_1+a_{12})}{2}=21$，$a_1+a_{12}=\dfrac{7}{2}$，$a_2+a_5+a_8+a_{11}=2(a_1+a_{12})=7$.

8. A.

在“数列”的考察中体现了函数与方程、数形结合、分类讨论、化归等数学思想. 解答数列客观题有四个境界：一是要用函数观点来分析，紧扣定义解决有关数列的问题；二是要运用方程的思想来解决等差数列和等比数列中“知三求二”的计算问题，即转化为解方程组求出基本元素；三是转化为解方程（组）时，没办法具体求出基本元素，则要考虑整体代换；四是能自觉地运用等差、等比数列的特性，即盯住下标来简化计算.

（周伟松）

怎样解高考中数表、数列问题

一、分析数表,寻求数列的通项公式

例1 我们在下面的表1内填写数值:先将第1行的所有空格填上1;再把一个首项为1,公比为q的数列$\{a_n\}$依次填入第一列的空格内;然后按照"任意一格的数是它上面一格的数与它左边一格的数之和"的规则填写其他空格.

表1

	第1列	第2列	…	第n列
第1行	1	1	…	1
第2行	q			
第3行	q^2			
…	…			
第n行	q^n			

(1) 设第2行的数依次为$b_1,b_2,\cdots,b_n$,试用n,q表示$b_1+b_2+\cdots+b_n$的值;

(2) 设第3列的数依次为$c_1,c_2,c_3,\cdots,c_n$,求证:对于任意非零实数q,$c_1+c_3>2c_2$;

(3)① 能否找到q的值,使得(2)中的数列$c_1,c_2,c_3,\cdots,c_n$的前m项$c_1,c_2,\cdots,c_m(m\geqslant 3)$成为等比数列?若能找到,$m$的值有多少个?若不能找到,说明理由.

② 能否找到q的值,使得填完表格后,除第1列外,还有不同的两列数的前三项各自依次成等比数列?并说明理由.

解 (1)$b_1=q,b_2=1+q,b_3=1+(1+q)=2+q,\cdots,b_n=(n-1)+q$

所以
$$b_1+b_2+\cdots+b_n=1+2+\cdots+(n-1)+nq=\frac{n(n-1)}{2}+nq$$

(2)$c_1=1,c_2=1+(1+q)=2+q,c_3=(2+q)+(1+q+q^2)=3+2q+q^2$

由
$$c_1+c_3-2c_2=1+3+2q+q^2-2(2+q)=q^2>0$$
得
$$c_1+c_3>2c_2$$

(3)① 先设c_1,c_2,c_3成等比数列,由$c_1c_3=c_2^2$,得

$$3+2q+q^2=(2+q)^2,q=-\frac{1}{2}$$

此时
$$c_1=1,c_2=\frac{3}{2},c_3=\frac{9}{4}$$

所以c_1,c_2,c_3是一个公比为$\frac{3}{2}$的等比数列.

如果$m\geqslant 4$,$c_1,c_2,\cdots,c_m$为等比数列,那么c_1,c_2,c_3一定是等比数列.

由上所述，此时 $q=-\frac{1}{2}$，$c_1=1$，$c_2=\frac{3}{2}$，$c_3=\frac{9}{4}$，$c_4=\frac{23}{8}$，$\cdots$.

由于 $\frac{c_4}{c_3}\neq\frac{3}{2}$，因此，对于任意 $m\geqslant 4$，$c_1,c_2,c_3,\cdots,c_m$ 一定不是等比数列.

综上所述，当且仅当 $m=3$ 且 $q=-\frac{1}{2}$ 时，数列 $c_1,c_2,c_3,\cdots,c_m$ 是等比数列.

② 设 x_1,x_2,x_3 和 y_1,y_2,y_3 分别为第 $k+1$ 列和第 $m+1$ 列的前三项，$1\leqslant k<m\leqslant n-1$，则

$$x_1=1,x_2=k+q$$

$$x_3=(1+2+3+\cdots+k)+kq+q^2=\frac{k(k+1)}{2}+kq+q^2$$

若第 $k+1$ 列的前三项 x_1,x_2,x_3 是等比数列，则由 $x_1x_3=x_2^2$，得

$$\frac{k(k+1)}{2}+kq+q^2=(k+q)^2$$

$$\frac{k^2-k}{2}+kq=0,q=\frac{1-k}{2}$$

同理，若第 $m+1$ 列的前三项 y_1,y_2,y_3 是等比数列，则 $q=\frac{1-m}{2}$.

当 $k\neq m$ 时，$\frac{1-k}{2}\neq\frac{1-m}{2}$.

所以，无论怎样的 q，都不能同时找到两列数(除第 1 列外)，使它们的前三项都成等比数列.

二、求表中指定的某些项

例 2　在表 2 所示的 25 个空格中填入正整数，使得每一行，每一列都成等差数列，问必须填进标有 * 号的空格的数是________.

表 2

			*	
	74			
$2y$				186
y		103		
0	x	$2x$		

解　记 a_{ij} 为从上到下第 i 行，从左到右第 j 列的格所填的数，则 $a_{52}=x$，$a_{11}=y$. 由第 3 行得 $a_{33}=\frac{2y+186}{2}$，由第 3 列得 $a_{33}=2\times 103-2x$，所以 $2x+y=113$.

由第 2 行得 $a_{23}=2\times 74-3y$，由第 3 列得 $a_{23}=2a_{33}-103=3\times 103-4x$，所以

$$148-3y=3\times 103-4x$$

解得 $x=50$，$y=13$，所以

$$a_{15}=2\times186-a_{55}=2\times186-4x=172$$

$$a_{13}=2a_{33}-a_{53}=112,a_{14}=\frac{a_{13}+a_{15}}{2}=142$$

故标有 * 号的空格应填142.

三、求数表中所有项的和

例3 如图1，在杨辉三角形中从上往下共有$n(n\in\mathbf{N}^*)$行，其中非1的数字之和是________.

$$\begin{array}{ccccccccccc} & & & & & 1 & & & & & \\ & & & & 1 & & 1 & & & & \\ & & & 1 & & 2 & & 1 & & & \\ & & 1 & & 3 & & 3 & & 1 & & \\ & 1 & & 4 & & 6 & & 4 & & 1 & \\ 1 & & 5 & & 10 & & 10 & & 5 & & 1 \\ & & & & & \cdots & & & & & \end{array}$$

图1

解 第1行数字和为1，第2行数字和为2，第3行数字和为4，……，第n行数字和为2^{n-1}，于是所有数字和$S_n=1+2+2^2+\cdots+2^{n-1}$.数表里共有$2n-1$个1，故非1的数字和为

$$2^n-1-(2n-1)=2^n-2n$$

四、求数表中指定项的和

例4 图2数表是由$n^2(n\geqslant4)$个正数排列而成的n行n列的一个方阵，符号$a_{ij}(1\leqslant i\leqslant n,1\leqslant j\leqslant n,i,j\in\mathbf{N}^*)$表示位于第$i$行第$j$列的正数.已知第一行的数依次成等差数列，每一列的数依次成等比数列，且每列数的公比都相等，若$a_{11}=\frac{1}{2},a_{24}=1,a_{32}=\frac{1}{4}$.

$$\begin{array}{cccccc} a_{11} & a_{12} & a_{13} & a_{14} & \cdots & a_{1n} \\ a_{21} & a_{22} & a_{23} & a_{24} & \cdots & a_{2n} \\ a_{31} & a_{32} & a_{33} & a_{34} & \cdots & a_{3n} \\ \vdots & \vdots & \vdots & \vdots & & \vdots \\ a_{n1} & a_{n2} & a_{n3} & a_{n4} & \cdots & a_{nn} \end{array}$$

图2

(1) 求a_{ij}；

(2) 求$a_{11}+a_{22}+a_{33}+\cdots+a_{nn}$.

解析 依题意，不妨设每列数的公比为$q(q>0)$.则

$$a_{21}=a_{11}q=\frac{1}{2}q,a_{24}-a_{22}=2(a_{22}-a_{21})$$

又$a_{22}=\frac{a_{32}}{q}=\frac{1}{4q}$，则

$$1-\frac{1}{4q}=2(\frac{1}{4q}-\frac{q}{2})$$

即

$$4q^2+4q-3=0$$

解之得$q=\frac{1}{2}$或$q=-\frac{3}{2}$(舍去).所以$a_{22}=\frac{1}{2}\Rightarrow a_{12}=1$，第一行的公差为$\frac{1}{2}$.亦即

$$a_{1j}=\frac{1}{2}+\frac{1}{2}(j-1)=\frac{j}{2}$$

故

$$a_{ij}=a_{1j}\cdot(\frac{1}{2})^{i-1}=\frac{j}{2}\cdot(\frac{1}{2})^{i-1}=j\cdot(\frac{1}{2})^i$$

记

$$T=a_{11}+a_{22}+a_{33}+\cdots+a_{nn}$$

所以

$$T=1\times(\frac{1}{2})+2\times(\frac{1}{2})^2+3\times(\frac{1}{2})^3+\cdots+n\times(\frac{1}{2})^n \quad ①$$

则

$$\frac{1}{2}T=1\times(\frac{1}{2})^2+2\times(\frac{1}{2})^3+\cdots+(n-1)\times(\frac{1}{2})^n+n\times(\frac{1}{2})^{n-1} \quad ②$$

由①－②得

$$\frac{1}{2}T=\frac{1}{2}+(\frac{1}{2})^2+\cdots+(\frac{1}{2})^n-n\times(\frac{1}{2})^{n+1}=$$

$$1-(\frac{1}{2})^n-n\times(\frac{1}{2})^{n+1}=1-\frac{n+2}{2^{n+1}}$$

所以

$$T=2-\frac{n+2}{2^n}$$

五、构造数表，求数列的指定项

例 5　把集合$\{2^t+2^s\mid 0\leqslant s<t,s,t\in\mathbf{Z}\}$的元素由小到大排列得到数列$\{a_n\}$，例如$a_1=2^0+2^1=3,a_2=2^0+2^2=5,a_3=2^1+2^2=6,a_4=2^0+2^3=9,a_5=2^1+2^3=10,a_6=2^2+2^3=12,\cdots$，把数列$\{a_n\}$的项依次写成塔形，如图 3 所示.

(1) 写出数塔的第 4 行和第 5 行；

(2) 求 a_{100}.

3

5　6

9　10　12

图 3

解析　容易想到，按照这种塔形排法，第 4 行有 4 个数字，第 5 行有 5 个数字，应当指出，一方面它不满足杨辉三角的排列规律；另一方面，单凭已列出的数列$\{a_n\}$的前几项 3,5,6,9,10,12,… 试图要猜出 a_n 是困难的.

我们可以先研究一下数列$\{a_n\}$的生成过程，再从生成过程来发现规律.

因为元素 2^t+2^s 与数对(t,s)存在着一一对应的关系，这样可以将塔形图替换成(t,s)数表，进而发现它的排序规律，从而找到解决问题的突破口.事实上

$$\begin{matrix} & 2^1+2^0 & \\ 2^2+2^0 & & 2^2+2^1 \\ 2^3+2^0 & 2^3+2^1 & 2^3+2^2 \\ & \cdots & \end{matrix}\Rightarrow\begin{matrix}(1,0)\\(2,0),(2,1)\\(3,0),(3,1),(3,2)\\(4,0),(4,1),(4,2),(4,3)\\(5,0),(5,1),(5,2),(5,3),(5,4)\end{matrix}$$

故数塔的第 4 行的 4 个数依次为

$$2^4+2^0=17,2^4+2^1=18,2^4+2^2=20,2^4+2^3=24$$

第 5 行的 5 个数依次为

$$2^5+2^0=33,2^5+2^1=34,2^5+2^2=36,2^5+2^3=40,2^5+2^4=48$$

根据问题 1 的结果，a_{100} 为该数表的第 14 行的第 9 个数，故 $a_{100}=2^{14}+2^8=16\ 640$.

六、重组数表，探究数列新题型

例 6　如图 4，一个粒子在第一象限运动，在第 1 秒内它从原点运动到(0,1)，然后它接着按图所示在 x 轴、y 轴的平行方向来回运动(即(0,0)→(0,1)→(1,1)→(1,0)→(2,0)→…).且每秒移动一个单位长度，那么 2 005 秒时，这个粒子所处的位置为________.

经过分析，若将粒子的运动轨迹定义为数对(i,j)，则它的运动整点，可排成数表：

(0,0)

(0,1)，(1,1)，(1,0)

(2,0)，(2,1)，(2,2)，(1,2)，(0,2)

(0,3)，(1,3)，(2,3)，(3,3)，(3,2)，(3,1)，(3,0)

…

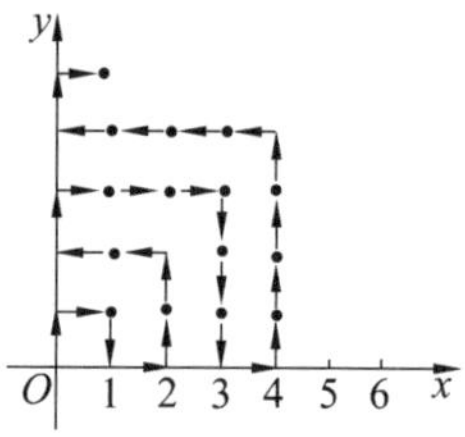

图 4

通过推算可知：经过 $2=1\times 2$ 秒，粒子运动到点(1,1)；经过 $6=2\times 3$ 秒，粒子运动到点(2,2)；经过 $12=3\times 4$ 秒，粒子运动到点(3,3)；则经过 $44\times 45=1\ 980$ 秒，粒子运动到点(44,44)．根据该粒子的运动规律，粒子再继续运动 25 秒，到达点(19,44)．

七、求数表、数列的综合题

例 7 把自然数按上小下大、左小右大的原则排成如图 5 三角形数表（每行比上一行多一个数）：设 $a_{ij}(i,j\in \mathbf{N}^*)$ 是位于这个三角形数表中从上往下数第 i 行、从左往右数第 j 个数，如 $a_{42}=8$．

1

2　3

4　5　6

7　8　9　10

图 5

(1) 若 $a_{ij}=2\ 006$，求 i,j 的值；

(2) 记三角形数表从上往下数第 n 行各数的和为 b_n，令 $c_n=\begin{cases}1(n=1)\\ \dfrac{n}{b_n-n}(n\geqslant 2)\end{cases}$，求数列$\{c_n\}$的前 n 项为 T_n．

解 (1) 三角形数表中前 n 行共有 $1+2+3+\cdots+n=\dfrac{n(n+1)}{2}$ 个数，即第 i 行的最后一个数是$\dfrac{i(i+1)}{2}$，所以要使 $a_{ij}=2\ 006$ 的 i 是不等式$\dfrac{i(i+1)}{2}\geqslant 2\ 006$ 的最小正整数解．

因为$\dfrac{62\times 63}{2}=1\ 953$，而$\dfrac{63\times 64}{2}=2\ 016$，所以 $i=63$．

于是第 63 行的第一个数是$\dfrac{62\times 63}{2}+1=1\ 954$．

所以
$$j=(2\ 006-1\ 954)+1=53$$

(2) 因为三角形数表中前 n 行共有 $1+2+3+\cdots+n=\dfrac{n(n+1)}{2}$ 个数．

所以前 n 行的所有自然数的和为
$$S_n=\frac{n(n+1)}{2}+\frac{1}{2}\cdot\frac{n(n+1)}{2}\left[\frac{n(n+1)}{2}-1\right]=\frac{n(n+1)(n^2+n+2)}{8}$$

所以
$$b_n=S_n-S_{n-1}=\cdots=\frac{n(n^2+1)}{2}$$

所以当 $n\geqslant 2$ 时
$$c_n=\frac{n}{b_n-n}=\frac{2}{(n^2-1)}=\frac{1}{n-1}-\frac{1}{n+1}$$

所以其前 n 项和

$$T_n=1+(\frac{1}{1}-\frac{1}{3})+(\frac{1}{2}-\frac{1}{4})+(\frac{1}{3}-\frac{1}{5})+\cdots+(\frac{1}{n-1}-\frac{1}{n+1})=$$

$$1+1+\frac{1}{2}-\frac{1}{n}-\frac{1}{n+1}=\frac{5}{2}-\frac{1}{n}-\frac{1}{n+1}$$

（于发智）

第二编

试题精粹编

题目 1(10 四川　理 8) 已知数列$\{a_n\}$的首项$a_1 \neq 0$，其前n项和为S_n，且$S_{n+1} = 2S_n + a_1$，则$\lim\limits_{n\to\infty}\frac{a_n}{S_n} =$ (　　).

A. 0　　B. $\frac{1}{2}$　　C. 1　　D. 2

解法 1　因为

$$S_{n+1} = 2S_n + a_1 \quad ①$$

所以

$$S_n = 2S_{n-1} + a_1 \quad ②$$

① − ②，得$a_{n+1} = 2a_n$，所以$\frac{a_{n+1}}{a_n} = 2$，即$\{a_n\}$是以a_1为首项，2 为公比的等比数列，所以

$$a_n = a_1 \cdot 2^{n-1}, S_n = \frac{a_1(1-2^n)}{1-2} = a_1(2^n - 1)$$

所以$\lim\limits_{n\to\infty}\frac{a_n}{S_n} = \lim\limits_{n\to\infty}\frac{2^{n-1}}{2^n - 1} = \frac{1}{2}$.

解法 2　由条件有$S_{n+1} + a_1 = 2(S_n + a_1)$，所以

$$S_n = 2a_1 \cdot 2^{n-1} - a_1 = a_1 \cdot 2^n - a_1, S_{n-1} = a_1 \cdot 2^{n-1} - a_1$$

所以$a_n = S_n - S_{n-1} = (a_1 \cdot 2^n - a_1) - (a_1 \cdot 2^{n-1} - a_1) = a_1 \cdot 2^{n-1}$，下同解法 1.

题目 2(07 江西　理 14) 已知数列$\{a_n\}$对于任意$p, q \in \mathbf{N}^*$，有$a_p + a_q = a_{p+q}$，若$a_1 = \frac{1}{9}$，则$a_{36} =$ ________.

解　令$p = 1, q = n$，则有$a_1 + a_n = a_{n+1}$，所以$a_{n+1} - a_n = a_1$，故数列$\{a_n\}$是以a_1为首项，且以a_1为公差的等差数列. 故$a_n = a_1 + (n-1)a_1 = na_1$，所以$a_{36} = 36 \times \frac{1}{9} = 4$.

题目 3(08 北京　理 6) 已知数列$\{a_n\}$对任意的$p, q \in \mathbf{N}^*$满足$a_{p+q} = a_p + a_q$，且$a_2 = -6$，那么a_{10}等于(　　).

A. −165　　B. −33　　C. −30　　D. −21

解法 1　由$a_{p+q} = a_p + a_q$，易知$na_1 = a_n$，则$a_{10} = 10a_1 = -30$. 选 C.

解法 2　由$a_{p+q} = a_p + a_q$，则$a_{10} = a_8 + a_2 = a_6 + a_2 + a_2 = \cdots = 5a_2 = -30$. 选 C.

题目 4(07 北京　理 10) 若数列$\{a_n\}$的前n项和$S_n = n^2 - 10n(n = 1, 2, 3, \cdots)$，则此数列的通项公式为________；数列$\{na_n\}$中数值最小的项是第________项.

解　$n \geqslant 2$时，$a_n = S_n - S_{n-1} = (n^2 - 10n) - [(n-1)^2 - 10(n-1)] = 2n - 11$，又$n = 1$时，$a_1 = S_1 = 1^2 - 10 \times 1 = -9$适合上式，所以对任意的$n \in \mathbf{N}^*$，$a_n = 2n - 11$.

因为$na_n = n(2n-11) = 2n^2 - 11n$，所以对称轴为$x = \frac{11}{4} = 2\frac{3}{4}$. 又因为$n \in \mathbf{N}^*$，所以$n = 3$时，$na_n$最小.

题目 5(08 四川　文 16) 设数列$\{a_n\}$中，$a_1 = 2$，$a_{n+1} = a_n + n + 1$，则通项$a_n =$ ________.

解　由$a_{n+1} - a_n = n + 1$，即有

$$b_1=a_2-a_1=2,b_2=a_3-a_2=3,\cdots,b_{n-1}=a_n-a_{n-1}=n$$

将以上 $n-1$ 个式子相加得

$$a_n-a_1=2+3+\cdots+n$$

所以

$$a_n=1+(1+2+3+\cdots+n)=\frac{n(n+1)}{2}+1$$

题目 6(09 重庆　理 14) 设 $a_1=2,a_{n+1}=\dfrac{2}{a_n+1},b_n=\left|\dfrac{a_n+2}{a_n-1}\right|,n\in\mathbf{N}^*$，则数列 $\{b_n\}$ 的通项公式 $b_n=$ ________.

解法 1　由已知

$$a_{n+1}+2=\frac{2}{a_n+1}+2=\frac{2a_n+4}{a_n+1},a_{n+1}-1=\frac{2}{a_n+1}-1=\frac{1-a_n}{a_n+1}$$

所以

$$b_{n+1}=\left|\frac{a_{n+1}+2}{a_{n+1}-1}\right|=2\left|\frac{a_n+2}{a_n-1}\right|=2b_n$$

又 $b_1=\left|\dfrac{a_1+2}{a_1-1}\right|=\left|\dfrac{2+2}{2-1}\right|=4$，所以数列 $\{b_n\}$ 是以 4 为首项，以 2 为公比的等比数列. 故 $b_n=4\cdot 2^{n-1}=2^{n+1}$.

解法 2　由已知，$\{a_n\}$：$2,\dfrac{2}{3},\dfrac{6}{5},\dfrac{10}{11},\dfrac{22}{21},\dfrac{42}{43},\cdots$，则 $\{b_n\}$：$4,8,16,32,64,128,\cdots$，于是 $b_n=2^{n+1}$.

题目 7(09 北京　理 14) 已知数列 $\{a_n\}$ 满足：$a_{4n-3}=1,a_{4n-1}=0,a_{2n}=a_n,n\in\mathbf{N}^*$，则 $a_{2\,009}=$ ________；$a_{2\,014}=$ ________.

解　因为 $2\,009=4\times 503-3$，所以 $a_{2\,009}=1$. $a_{2\,014}=a_{1007}$，而 $1\,007=4\times 252-1$，故 $a_{2\,014}=a_{1\,007}=0$.

题目 8(09 江西　理 8) 数列 $\{a_n\}$ 的通项 $a_n=n^2(\cos^2\dfrac{n\pi}{3}-\sin^2\dfrac{n\pi}{3})$，其前 n 项和为 S_n，则 S_{30} 为(　　).

A. 470　　B. 490　　C. 495　　D. 510

解　由已知 $a_n=n^2\cdot\cos\dfrac{2n\pi}{3}$，其周期为 3 注意到

$$\cos\frac{(3k-2)\cdot 2\pi}{3}=\cos(k-\frac{2}{3})2\pi=-\frac{1}{2}$$

$$\cos\frac{(3k-1)\cdot 2\pi}{3}=\cos(k-\frac{1}{3})2\pi=-\frac{1}{2},\cos\frac{3k\cdot 2\pi}{3}=\cos 2k\pi=1(k\in\mathbf{N}^*)$$

故有 $a_{3k-2}=-\dfrac{1}{2}(3k-2)^2,a_{3k-1}=-\dfrac{1}{2}(3k-1)^2,a_{3k}=(3k)^2(k\in\mathbf{N}^*)$. 于是

$$a_{3k-2}+a_{3k-1}+a_{3k}=-\frac{1}{2}[(3k-2)^2+(3k-1)^2-2(3k)^2]=9k-\frac{5}{2}(k\in\mathbf{N}^*)$$

所以 $S_{30}=\sum\limits_{k=1}^{10}(9k-\dfrac{5}{2})=470$. 故选 A.

题目 9(10 辽宁　文 14) 设 S_n 为等差数列 $\{a_n\}$ 的前 n 项和，若 $S_3=3$，$S_6=24$，则 $a_9=$ ________.

解　$a_9=a_2+7d=1+7\times2=15$.

题目 10(09 安徽　文 5) 已知 $\{a_n\}$ 为等差数列，$a_1+a_3+a_5=105$，$a_2+a_4+a_6=99$，则 a_{20} 等于(　　).

A. -1　　B. 1　　C. 3　　D. 7

解法 1　由题意可得 $\begin{cases}3a_1+6d=105\\3a_1+9d=99\end{cases}$，即 $\begin{cases}a_1+2d=35\\a_1+3d=33\end{cases}$，解得 $\begin{cases}a_1=39\\d=-2\end{cases}$，所以 $a_n=39-2(n-1)=41-2n$，故 $a_{20}=41-2\times20=1$，选 B.

解法 2　由 $a_1+a_3+a_5=105$，得 $a_3=35$，由 $a_2+a_4+a_6=99$，得 $a_4=33$，故 $d=a_4-a_3=-2$，于是 $a_{20}=a_4+16d=33+16\cdot(-2)=1$，选 B.

题目 11(10 全国　文 6 理 4) 如果等差数列 $\{a_n\}$ 中，$a_3+a_4+a_5=12$，那么 $a_1+a_2+\cdots+a_7=$(　　).

A. 14　　B. 21　　C. 28　　D. 35

解　因为 $a_1+a_2+\cdots+a_7=(a_1+a_7)+(a_2+a_6)+(a_3+a_5)+a_4=7a_4=28$，所以选 C.

题目 12(08 北京　文 7) 等差数列 $\{a_n\}$ 中，$a_2=6$，$a_5=15$，若 $b_n=a_{2n}$，则数列 $\{b_n\}$ 的前 5 项和等于(　　).

A. 30　　B. 45　　C. 90　　D. 186

解　设数列 $\{b_n\}$ 的前 n 项和为 S_n，由 $S_5=a_2+a_4+a_6+a_8+a_{10}=5a_6$，又 $d=\dfrac{a_5-a_2}{5-2}=3$. 所以 $a_6=a_5+3=18$，故 $S_5=5\times18=90$.

题目 13(07 辽宁　文 5 理 4) 设等差数列 $\{a_n\}$ 的前 n 项和为 S_n，若 $S_3=9$，$S_6=36$，则 $a_7+a_8+a_9=$(　　).

A. 63　　B. 45　　C. 36　　D. 27

解　因为 $\{a_n\}$ 为等差数列，所以 S_3，S_6-S_3，S_9-S_6 成等差数列. 由等差中项性质，$2(S_6-S_3)=S_3+(S_9-S_6)$，将 $S_3=9$，$S_6=36$ 代入之，解得 $S_9-S_6=45$. 故选 B.

题目 14(10 浙江　理 15) 设 a_1，d 为实数，首项为 a_1，公差为 d 的等差数列 $\{a_n\}$ 的前 n 项和为 S_n，满足 $S_5S_6+15=0$，则 d 的取值范围是________.

解　由 $S_5S_6+15=0$，得 $(5a_1+10d)(6a_1+15d)+15=0$ 即 $2a_1^2+9da_1+10d^2+1=0$，因为 a_1，d 均为实数，所以 $\Delta=81d^2-8(10d^2+1)\geqslant0$，即 $d^2\geqslant8$，解得 $d\geqslant2\sqrt{2}$ 或 $d\leqslant-2\sqrt{2}$.

题目 15(09 辽宁　理 14) 等差数列 $\{a_n\}$ 的前 n 项和为 S_n，且 $6S_5-5S_3=5$，则 $a_4=$ ________.

解法 1　$5=6S_5-5S_3=S_5+5(S_5-S_3)=5a_3+5(a_4+a_5)$，于是 $1=a_3+a_4+a_5=3a_4$，$a_4=\dfrac{1}{3}$.

解法 2　因为 $5=6S_5-5S_3=6\times5a_3-5\times3a_2$，所以 $1=6a_3-3a_2=3a_3+3(a_3-$

$a_2)=3(a_3+d)=3a_4$，即 $a_4=\dfrac{1}{3}$.

题目 16(09 海南、宁夏　理 16) 等差数列$\{a_n\}$前 n 项和为 S_n. 已知 $a_{m-1}+a_{m+1}-a_m^2=0$，$S_{2m-1}=38$，则 $m=$ ________.

解　由 $S_{2m-1}=38$，有$(2m-1)a_m=38$，又由题设得 $a_m^2=a_{m-1}+a_{m+1}=2a_m$，$a_m=0$(舍)，得 $a_m=2$，于是有$(2m-1)\cdot 2=38$，$m=10$.

题目 17(09 全国Ⅰ　文 14 理 14) 设等差数列$\{a_n\}$的前 n 项和为 S_n，若 $S_9=72$，则$a_2+a_4+a_9=$ ________.

解法 1　由等差数列性质，得 $S_9=9a_5=72$，所以 $a_5=8$，从而

$$a_2+a_4+a_9=(a_2+a_9)+a_4=(a_5+a_6)+a_4=3a_5=24$$

解法 2　$a_2+a_4+a_9=(a_5-3d)+(a_5-d)+(a_5+4d)=3a_5=\dfrac{9a_5}{3}=\dfrac{S_9}{3}=\dfrac{72}{3}=24$.

题目 18(08 四川延考　理 14 文 15) 设等差数列$\{a_n\}$的前 n 项和为 S_n，且 $S_5=a_5$. 若 $a_4\neq 0$，则 $\dfrac{a_7}{a_4}=$ ________.

解　由 $S_5=a_5$ 得，$5a_1+10d=a_1+4d\Rightarrow 6d=-4a_1$，从而$\dfrac{a_7}{a_4}=\dfrac{a_1+6d}{a_1+3d}=\dfrac{a_1-4a_1}{a_1-2a_1}=3$.

题目 19(07 江西　文 14) 已知等差数列$\{a_n\}$的前 n 项和为 S_n，若 $S_{12}=21$，则 $a_2+a_5+a_8+a_{11}=$ ________.

解　由已知，$S_{12}=6(a_1+a_{12})=21$，故 $2(a_1+a_{12})=7$. 而 $a_2+a_{11}=a_5+a_8=a_1+a_{12}$. 从而 $a_2+a_5+a_8+a_{11}=2(a_1+a_{12})=7$.

题目 20(08 湖北　理 14) 已知函数 $f(x)=2^x$，等差数列$\{a_n\}$的公差为 2. 若 $f(a_2+a_4+a_6+a_8+a_{10})=4$，则$\log_2[f(a_1)\cdot f(a_2)\cdot f(a_3)\cdot\cdots\cdot f(a_{10})]=$ ________.

解　由已知条件 $f(x)=2^x$，易知

$$a_2+a_4+a_6+a_8+a_{10}=2$$

所以

$$\begin{aligned}&\log_2[f(a_1)\cdot f(a_2)\cdot\cdots\cdot f(a_{10})]=\\&\log_2 2^{a_1}+\cdots+\log_2 2^{a_{10}}=a_1+a_2+\cdots+a_{10}=\\&2(a_2+a_4+a_6+a_8+a_{10})-5d=2\times 2-10=-6.\end{aligned}$$

题目 21(10 浙江　文 5 理 3) 设 S_n 为等比数列$\{a_n\}$的前 n 项和，$8a_2+a_5=0$，则$\dfrac{S_5}{S_2}=$ (　　).

A. -11　　B. -8　　C. 5　　D. 11

解　由已知，$8a_1q+a_1q^4=0$，即得 $q^3=-8$，$q=-2$，则$\dfrac{S_5}{S_2}=\dfrac{a_1(1+2^5)}{a_1(1-2^2)}=-11$. 故选 A.

题目 22(10 广东　理 4) 已知数列$\{a_n\}$为等比数列，S_n 是它的前 n 项和，若 $a_2\cdot a_3=$

$2a_1$，且 a_4 与 $2a_7$ 的等差中项为 $\frac{5}{4}$，则 $S_5=$（　　）.

A. 35　　B. 33　　C. 31　　D. 29

解　由 $a_4=2$ 及 a_4 与 $2a_7$ 的等差中项为 $\frac{5}{4}$，即 $a_7=\frac{1}{2}(\frac{5}{2}-a_4)=\frac{1}{2}(\frac{5}{2}-2)=\frac{1}{4}$，所以 $q^3=\frac{a_7}{a_4}=\frac{1}{8}$，则 $q=\frac{1}{2}$. 又 $a_4=a_1q^3=a_1\times\frac{1}{8}=2$，所以 $a_1=16$. 因此

$$S_5=\frac{a_1(1-q^5)}{1-q}=\frac{16[1-(\frac{1}{2})^5]}{1-\frac{1}{2}}=31$$

题目 23（10 辽宁　理 6）设 $\{a_n\}$ 是由正数组成的等比数列，S_n 为其前 n 项和. 已知 $a_2a_4=1$，$S_3=7$，则 $S_5=$（　　）.

A. $\frac{15}{2}$　　B. $\frac{31}{4}$　　C. $\frac{33}{4}$　　D. $\frac{17}{2}$

解法 1　设公比为 q，则由题设 $a_3^2=a_2a_4=1$ 及 $a_3>0$，得 $a_3=1$. 于是 $\begin{cases}a_3=a_1q^2\\S_3=a_1(1+q+q^2)=7\end{cases}$，所以 $6q^2-q-1=0$. 由 $q>0$，得 $q=\frac{1}{2}$. 因为 $a_3=a_1q^2=1$，所以 $a_1=4$，$S_5=\frac{a_1(1-q^5)}{1-q}=\frac{31}{4}$. 故选 B.

解法 2　显然公比 $q\neq1$，由题意得，$\begin{cases}a_1q\cdot a_1q^3=1\\\frac{a_1(1-q^3)}{1-q}=7\end{cases}$，解得 $\begin{cases}a_1=4\\q=\frac{1}{2}\end{cases}$，于是 $S_5=\frac{a_1(1-q^5)}{1-q}=\frac{31}{4}$. 故选 B.

题目 24（09 全国 Ⅱ　文 13）设等比数列 $\{a_n\}$ 的前 n 项和为 S_n，若 $a_1=1$，$S_6=4S_3$，则 $a_4=$ ________.

解　由 $S_6=4S_3$，知 $q\neq1$，即有 $\frac{1-q^6}{1-q}=4\cdot\frac{1-q^3}{1-q}$，化简，得 $(1+q^3)(1-q^3)=4(1-q^3)$，即 $1+q^3=4$，解得 $q^3=3$. 所以 $a_4=a_1q^3=1\times3=3$.

题目 25（10 湖北　文 7）等比数列 $\{a_n\}$ 中，各项都是正数，且 a_1，$\frac{1}{2}a_3$，$2a_2$ 成等差数列，则 $\frac{a_9+a_{10}}{a_7+a_8}=$（　　）.

A. $1+\sqrt{2}$　　B. $1-\sqrt{2}$　　C. $3+2\sqrt{2}$　　D. $3-2\sqrt{2}$

解　由已知，公比 $q>0$. 依题意，$2\times(\frac{1}{2}a_3)=a_1+2a_2$，即 $a_3=a_1+2a_2$，于是有 $a_1q^2=a_1+2a_1q$，即 $q^2=1+2q$，解得 $q=1+\sqrt{2}$ 或 $q=1-\sqrt{2}$（舍），从而 $\frac{a_9+a_{10}}{a_7+a_8}=q^2=3+2\sqrt{2}$. 故选 C.

题目 26（08 全国 Ⅰ　文 7）已知等比数列 $\{a_n\}$ 满足 $a_1+a_2=3$，$a_2+a_3=6$，则 $a_7=$

(　　)

A. 64　　B. 81　　C. 128　　D. 24

解　由已知及"等比定理",易知公比 $q=\frac{a_2+a_3}{a_1+a_2}=\frac{6}{3}=2$,又 $a_1+a_2=a_1(1+q)=a_1\cdot 3=3$,所以 $a_1=1$,故 $a_7=a_1\cdot q^6=64$.选A.

题目 27(08浙江　理6) 已知$\{a_n\}$是等比数列,$a_2=2$,$a_5=\frac{1}{4}$,则 $a_1a_2+a_2a_3+\cdots+a_na_{n+1}=$(　　).

A. $16(1-4^{-n})$　B. $16(1-2^{-n})$　C. $\frac{32}{3}(1-4^{-n})$　D. $\frac{32}{3}(1-2^{-n})$

解　由上知 $q=\frac{1}{2}$,$a_1\cdot a_2=\frac{a_2^2}{q}=8$,于是

$$a_1a_2+a_2a_3+\cdots+a_na_{n+1}=\frac{8[1-(q^2)^n]}{1-q^2}=\frac{32}{3}(1-4^{-n})$$

选C.

题目 28(10天津　理6) 已知$\{a_n\}$是首项为1的等比数列,S_n是$\{a_n\}$的前n项和,且$9S_3=S_6$,则数列$\{\frac{1}{a_n}\}$的前5项和为(　　).

A. $\frac{15}{8}$或5　B. $\frac{31}{16}$或5　C. $\frac{31}{16}$　D. $\frac{15}{8}$

解　设等比数列$\{a_n\}$的公比为q,由$9S_3=S_6$,即有$\frac{9(1-q^3)}{1-q}=\frac{1-q^6}{1-q}$,于是$9=1+q^3$,解得$q=2$,故等比数列$\{\frac{1}{a_n}\}$公比为$\frac{1}{2}$,首项$\frac{1}{a_1}=1$.设数列$\{\frac{1}{a_n}\}$前$n$项和为$T_n$,依题意,

$T_5=\frac{1-(\frac{1}{2})^5}{1-\frac{1}{2}}=\frac{31}{16}$,选C.

题目 29(10全国Ⅰ　文4理4) 已知各项均为正数的等比数列$\{a_n\}$中,$a_1a_2a_3=5$,$a_7a_8a_9=10$,则$a_4a_5a_6=$(　　).

A. $5\sqrt{2}$　B. 7　C. 6　D. $4\sqrt{2}$

解　$a_4a_5a_6=\sqrt{5\times 10}=5\sqrt{2}$,选A.

题目 30(07陕西　理5) 各项均为正数的等比数列$\{a_n\}$的前n项和为S_n,若$S_n=2$,$S_{3n}=14$,则S_{4n}等于(　　).

A. 80　B. 30　C. 26　D. 16

解法1　若$q=1$,由$S_n=na_1=2$,应有$S_{3n}=3na_1=6$.但已知$S_{3n}=14$,所以$q=1$不成立,故$q\neq 1$.则$S_n=\frac{a_1(1-q^n)}{1-q}$,$S_{3n}=\frac{a_1(1-q^{3n})}{1-q}$,两式相除得$1+q^n+q^{2n}=7$,所以$q^n=2$或$q^n=-3$(舍去),所以

$$\frac{S_{4n}}{S_n}=\frac{1-q^{4n}}{1-q^n}=\frac{1-2^4}{1-2}=15$$

所以 $S_{4n}=15\times 2=30$. 选 B.

解法 2　由等比数列的重要性质得 $S_n, S_{2n}-S_n, S_{3n}-S_{2n}, \cdots$,仍构成等比数列,不妨设其公比为 q'. 因为 $S_n=2$,所以 $S_{2n}-S_n=2q'$,$S_{3n}-S_{2n}=2q'^2$,$S_{4n}-S_{3n}=2q'^3$. 所以 $S_{3n}=2+2q'+2q'^2=14$,由 $q'>0$,解得 $q'=2$,所以 $S_{4n}=2+4+8+16=30$. 故选 B.

题目 31(09 辽宁　理 6) 设等比数列 $\{a_n\}$ 的前 n 项和为 S_n,若 $\frac{S_6}{S_3}=3$,则 $\frac{S_9}{S_6}=(\quad)$.

A. 2　　B. $\frac{7}{3}$　　C. $\frac{8}{3}$　　D. 3

解法 1　由已知 $\frac{S_6}{S_3}=\frac{1-q^6}{1-q^3}=1+q^3=3$,即 $q^3=2$,则 $\frac{S_9}{S_6}=\frac{1-q^9}{1-q^6}=\frac{1-2^3}{1-2^2}=\frac{7}{3}$,选 B.

解法 2　由已知 $\frac{S_6}{S_3}=3$,得 $S_6=3S_3$. 又因为 S_3, S_6-S_3, S_9-S_6 为等比数列,所以 $(S_6-S_3)^2=S_3(S_9-S_6)$,则 $(2S_3)^2=S_3(S_9-3S_3)$,化简即得 $S_9=7S_3$,从而 $\frac{S_9}{S_6}=\frac{7S_3}{3S_3}=\frac{7}{3}$. 选 B.

题目 32(10 江西　文 7) 等比数列 $\{a_n\}$ 中,$|a_1|=1$,$a_5=-8a_2$,$a_5>a_2$,则 $a_n=(\quad)$.

A. $(-2)^{n-1}$　　B. $-(-2)^{n-1}$　　C. $(-2)^n$　　D. $-(-2)^n$

解　综上,$a_n=a_1q^{n-1}=(-2)^{n-1}$,故选 A.

题目 33(10 江西　理 5) 等比数列 $\{a_n\}$ 中,$a_1=2$,$a_8=4$,函数 $f(x)=x(x-a_1)(x-a_2)\cdots(x-a_8)$,则 $f'(0)=(\quad)$.

A. 2^6　　B. 2^9　　C. 2^{12}　　D. 2^{15}

解　由 $a_1\cdot a_2\cdot\cdots\cdot a_8=(a_1\cdot a_8)^4=8^4=2^{12}$,即知选 C.

题目 34(10 天津　文 15) 设 $\{a_n\}$ 是等比数列,公比 $q=\sqrt{2}$,S_n 为 $\{a_n\}$ 的前 n 项和,记 $T_n=\frac{17S_n-S_{2n}}{a_{n+1}}$,$n\in\mathbf{N}^*$. 设 T_{n_0} 为数列 $\{T_n\}$ 的最大项,则 $n_0=$ ________.

解法 1　令首项为 a_1,$t=q^n$,由审题要津知

$$T_n=\frac{1}{1-\sqrt{2}}\cdot\frac{t^2-17t+16}{t}=\frac{1}{1-\sqrt{2}}\left(t+\frac{16}{t}-17\right)(t\geqslant\sqrt{2}>0)$$

因为 $\frac{1}{1-\sqrt{2}}<0$,所以 $T_n\leqslant\frac{1}{1-\sqrt{2}}(2\sqrt{16}-17)$,当 $t=\frac{16}{t}$,即 $t^2=q^{2n}=(\sqrt{2})^{2n}=16$,$n=4$ 时,T_n 最大. 故 $n_0=4$.

解法 2

$$T_{n+1}-T_n=\frac{16-17q^{n+1}+q^{2n+2}}{(1-q)q^{n+1}}-\frac{16-17q^n+q^{2n}}{(1-q)q^n}=$$

$$\frac{16(1-q)+q^{2n+1}(q-1)}{(1-q)q^{n+1}}=$$

$$\frac{16-q^{2n+1}}{q^{n+1}}=\frac{16-\sqrt{2}\cdot 2^n}{(\sqrt{2})^{n+1}}$$

所以当 $n \leqslant 3$ 时，$T_{n+1} - T_n > 0$；当 $n > 4$ 时，$T_{n+1} - T_n < 0$. 也即 $T_1 < T_2 < T_3 < T_4$，$T_4 > T_5 > T_6 > \cdots$，所以 $n_0 = 4$.

题目 35(10浙江文19) 设 a_1，d 为实数，首项为 a_1，公差为 d 的等差数列 $\{a_n\}$ 的前 n 项和为 S_n，满足 $S_5 \cdot S_6 + 15 = 0$.

(Ⅰ) 若 $S_5 = 5$，求 S_6 及 a_1；(Ⅱ) 求 d 的取值范围.

解 (Ⅰ) 将 $S_5 = 5$ 代入 $S_5 \cdot S_6 + 15 = 0$，得 $S_6 = -3$. 因为 $S_5 = 5$，又 $S_5 = 5a_3$，得 $a_3 = 1$，$S_6 = 3(a_3 + a_4)$，得 $a_4 = -2$，于是 $d = a_4 - a_3 = -3$，所以 $a_1 = a_3 - 2d = 7$.

(Ⅱ) 将 $S_5 = 5a_3$ 及 $S_6 = 3(a_3 + a_4)$，代入 $S_5 \cdot S_6 + 15 = 0$，得 $a_3(a_3 + a_4) = -1$，即 $a_3(2a_3 + d) = -1$(显然有 $a_3 \neq 0$)，$d = -\dfrac{1}{a_3} - 2a_3$. $|d| = \dfrac{1}{|a_3|} + 2|a_3| \geqslant 2\sqrt{2}$. 即 d 的取值范围是 $d \leqslant -2\sqrt{2}$ 或 $d \geqslant 2\sqrt{2}$.

题目 36(10全国Ⅱ　文18) 已知 $\{a_n\}$ 是各项均为正整数的等比数列，且 $a_1 + a_2 = 2(\dfrac{1}{a_1} + \dfrac{1}{a_2})$，$a_3 + a_4 + a_5 = 64(\dfrac{1}{a_3} + \dfrac{1}{a_4} + \dfrac{1}{a_5})$. (Ⅰ) 求 $\{a_n\}$ 的通项公式；(Ⅱ) 设 $b_n = (a_n + \dfrac{1}{a_n})^2$，求 $\{b_n\}$ 的前 n 项和 T_n.

解 (Ⅰ) $a_3 + a_4 + a_5 = a_4(\dfrac{1}{q} + 1 + q) = 64(\dfrac{1}{a_3} + \dfrac{1}{a_4} + \dfrac{1}{a_5}) = \dfrac{64}{a_4}(q + 1 + \dfrac{1}{q})$，于是 $a_4^2 = 64$，由于 $a_n > 0$，$a_4 = 8$. 又由 $a_1 + a_2 = 2(\dfrac{1}{a_1} + \dfrac{1}{a_2})$，得 $a_1 \cdot a_2 = 2$，$\dfrac{a_4}{q^3} \cdot \dfrac{a_4}{q^2} = 2$，$q^5 = 32$，$q = 2$. $a_n = a_4 \cdot q^{n-4} = 2^{n-1}$.

(Ⅱ) $b_n = a_n^2 + \dfrac{1}{a_n^2} + 2 = 4^{n-1} + (\dfrac{1}{4})^{n-1} + 2$，$T_n = b_1 + b_2 + \cdots + b_n$，所以

$$T_n = \frac{(4^n - 1)}{4 - 1} + \frac{[1 - (\frac{1}{4})^n]}{1 - \frac{1}{4}} + 2n = \frac{1}{3} \cdot 4^n - \frac{4}{3}(\frac{1}{4})^n + 2n + 1$$

题目 37(10四川　理21) 已知数列 $\{a_n\}$ 满足 $a_1 = 0$，$a_2 = 2$，且对任意 $m, n \in \mathbf{N}^*$ 都有 $a_{2m-1} + a_{2n-1} = 2a_{m+n-1} + 2(m-n)^2$.

(Ⅰ) 求 a_3，a_5；

(Ⅱ) 设 $b_n = a_{2n+1} - a_{2n-1}(n \in \mathbf{N}^*)$，证明：数列 $\{b_n\}$ 是等差数列；

(Ⅲ) 设 $c_n = (a_{n+1} - a_n)q^{n-1}(q \neq 0, n \in \mathbf{N}^*)$，求数列 $\{c_n\}$ 的前 n 项和 S_n.

解 (Ⅰ) $m = 2$，$n = 1$ 时，$a_3 + a_1 = 2a_2 + 2 \Rightarrow a_3 = 6$. $m = 3$，$n = 1$ 时，$a_5 + a_1 = 2a_3 + 8 \Rightarrow a_5 = 20$.

(Ⅱ) 取 $m = n + 2$，由已知，有

$$a_{2n+3} + a_{2n-1} = 2a_{2n+1} + 8, a_{2n+3} - a_{2n+1} = a_{2n+1} - a_{2n-1} + 8$$

即 $b_{n+1} = b_n + 8$. 于是 $\{b_n\}$ 是首项 $b_1 = a_3 - a_1 = 6$，公差 $d = 8$，即 $b_n = 8n - 2$.

(Ⅲ) 由(Ⅱ) $a_{2n-1} = a_1 + \sum\limits_{k=1}^{n-1} b_k = \sum\limits_{k=1}^{n-1}(8k - 2) = (2n-2)(2n-1)(n \geqslant 2)$. 显然 $a_1 =$

0 也满足，于是 $a_{2n-1}=(2n-2)(2n-1)$，$a_{2n+1}=2n(2n+1)$. 取 $m=n+1$ 得，$a_{2n+1}+a_{2n-1}=2a_{2n}+2$，代入 a_{2n-1} 与 a_{2n+1}，得 $a_{2n}=2n(2n-1)$. 注意到 $a_{2n-1}=(2n-1)\cdot(2n-1-1)$，于是总有 $a_n=n(n-1)$. $a_{n+1}-a_n=(n+1)\cdot n-n\cdot(n-1)=2n$，于是 $c_n=2n\cdot q^{n-1}$.

(1)$q=1$ 时，$c_n=2n$，$S_n=n(n+1)$.

(2)$q\neq 1$ 时

$$S_n=2+4q+6q^2+\cdots+2n\cdot q^{n-1}$$

$$qS_n=2q+4q^2+\cdots+(2n-2)\cdot q^{n-1}+2n\cdot q^n$$

$$(1-q)S_n=2+2q+2q^2+\cdots+2q^{n-1}-2n\cdot q^n=\frac{2(1-q^n)}{1-q}-2n\cdot q^n$$

$$S_n=\frac{2(1-q^n)-2n(1-q)\cdot q^n}{(1-q)^2}=\frac{2n\cdot q^{n+1}-2(n+1)q^n+2}{(1-q)^2}$$

题目 38(10 天津　文 22) 在数列 $\{a_n\}$ 中，$a_1=0$，且对任意 $n\in\mathbf{N}^*$，a_{2k-1}，a_{2k}，a_{2k+1} 成等差数列，其公差为 $2k$.

(Ⅰ) 证明：a_4，a_5，a_6 成等比数列；(Ⅱ) 求数列 $\{a_n\}$ 的通项公式；

(Ⅲ) 记 $T_n=\frac{2^2}{a_2}+\frac{3^2}{a_3}+\cdots+\frac{n^2}{a_n}$，证明 $\frac{3}{2}<2n-T_n\leqslant 2(n\geqslant 2)$.

解　(Ⅱ) 由题意得知 $a_{2k+1}-a_{2k-1}=4k$，且 $a_1=0$，于是

$$a_{2k-1}-a_1=\sum_{i=1}^{k-1}(a_{2i+1}-a_{2i-1})=\sum_{i=1}^{k-1}4i=2k(k-1),a_{2k-1}=2k(k-1)\quad(k\geqslant 2)$$

$a_1=0$ 也满足通式，故 $a_{2k-1}=2k(k-1)(k\geqslant 1)$，$a_{2k}=a_{2k-1}+2k=2k^2$. 因此

$$a_n=\begin{cases}2k(k-1),n=2k-1\\2k^2,n=2k\end{cases}=\begin{cases}(n+1)\cdot\frac{n-1}{2},n\text{ 为奇数时}\\\frac{n^2}{2},n\text{ 为偶数时}\end{cases}=\begin{cases}\frac{1}{2}(n^2-1),n\text{ 为奇数}\\\frac{1}{2}n^2,n\text{ 为偶数}\end{cases}$$

$$a_{2k}\cdot a_{2k+2}=2k^2\cdot 2(k+1)^2=[2k(k+1)]^2=a_{2k+1}^2\neq 0$$

所以 a_{2k}.，a_{2k+1}，a_{2k+2} 为等比数列，$k=2$ 即是(Ⅰ)的情形.

(Ⅲ) $\frac{(2k)^2}{a_{2k}}=\frac{4k^2}{2k^2}=2$，$\frac{(2k+1)^2}{a_{2k+1}}=\frac{4k^2+4k+1}{2k(k+1)}=2+\frac{1}{2k(k+1)}=2+\frac{1}{2}(\frac{1}{k}-\frac{1}{k+1})$.

(1) 当 $n=2m(m>1)$ 时

$$T_n=\sum_{k=1}^{m}\frac{(2k)^2}{a_{2k}}+\sum_{k=1}^{m-1}\frac{(2k+1)^2}{a_{2k+1}}=2m+2(m-1)+\frac{1}{2}(1-\frac{1}{m})=$$

$$4m-\frac{3}{2}-\frac{1}{2m}=2n-\frac{3}{2}-\frac{1}{n}$$

$2n-T_n=\frac{3}{2}+\frac{1}{n}$，$m=1$，即 $n=2$ 时也成立.

于是 $n\geqslant 2$ 时，$\frac{3}{2}<\frac{3}{2}+\frac{1}{n}\leqslant\frac{3}{2}+\frac{1}{2}=2$，即 $\frac{3}{2}<2n-T_n\leqslant 2$.

(2) 当 $n=2m+1(m\geqslant 1)$ 时

$$T_n=\sum_{k=1}^{m}\frac{(2k)^2}{a_{2k}}+\sum_{k=1}^{m}\frac{(2k+1)^2}{a_{2k+1}}=2m+2m+\frac{1}{2}(1-\frac{1}{m+1})=$$

$$4m+\frac{1}{2}-\frac{1}{2m+2}=4m+2-\frac{3}{2}-\frac{1}{2m+2}=2n-\frac{3}{2}-\frac{1}{n+1}$$

$$2n-T_n=\frac{3}{2}+\frac{1}{n+1}$$

这里 $n\geqslant 3$. 显然也有 $\frac{3}{2}<\frac{3}{2}+\frac{1}{n+1}<2$.

综合(1),(2),对 $n\geqslant 2,n\in\mathbf{N}^*$,总有 $\frac{3}{2}<2n-T_n\leqslant 2$.

题目 39(08 全国 Ⅱ 理 20) 设数列 $\{a_n\}$ 的前 n 项和为 S_n. 已知 $a_1=a,a_{n+1}=S_n+3^n$, $n\in\mathbf{N}^*$.

(Ⅰ) 设 $b_n=S_n-3^n$,求数列 $\{b_n\}$ 的通项公式;

(Ⅱ) 若 $a_{n+1}\geqslant a_n,n\in\mathbf{N}^*$,求 a 的取值范围.

解 (Ⅰ) 依题意,$a_{n+1}=S_{n+1}-S_n,a_{n+1}=S_n+3^n$,所以 $S_{n+1}=2S_n+3^n$. 于是 $S_{n+1}=2S_n+3^{n+1}-2\cdot 3^n$,从而有 $S_{n+1}-3^{n+1}=2(S_n-3^n)$,当 $S_1-3=a-3=0$ 时,$S_n-3^n=0$,当 $a-3\neq 0$ 时,$S_n-3^n=(a-3)2^{n-1}$. 于是总有 $b_n=S_n-3^n=(a-3)\cdot 2^{n-1}(n\in\mathbf{N}^*)$.

(Ⅱ) 由(Ⅰ)知 $S_n=3^n+(a-3)2^{n-1}(n\in\mathbf{N}^*)$,则

$$a_{n+1}=S_n+3^n=2\cdot 3^n+(a-3)\cdot 2^{n-1}$$

于是

$$a_n=2\cdot 3^{n-1}+(a-3)\cdot 2^{n-2}\quad(n\geqslant 2)$$

从而有

$$a_{n+1}-a_n=4\cdot 3^{n-1}+(a-3)2^{n-2}=12\cdot 3^{n-2}+(a-3)\cdot 2^{n-2}=$$

$$2^{n-2}[12\left(\frac{3}{2}\right)^{n-2}+a-3]\quad(n\geqslant 2)$$

当 $n\geqslant 2$ 时

$$a_{n+1}\geqslant a_n\Leftrightarrow 12\left(\frac{3}{2}\right)^{n-2}+a-3\geqslant 0\Leftrightarrow a\geqslant 3-12\left(\frac{3}{2}\right)^{n-2}$$

显然 $n\geqslant 2$ 时,$[3-12\left(\frac{3}{2}\right)^{n-2}]_{\max}=-9$,故 $n\geqslant 2$ 时,$a\geqslant -9$. 又 $a_2=a_1+3\geqslant a_1$ 与 a 无关.

综上所述,a 的取值范围为 $[-9,+\infty)$.

题目 40(08 四川延考 文 20 理 20) 在数列 $\{a_n\}$ 中,$a_1=1,2a_{n+1}=\left(1+\frac{1}{n}\right)^2a_n$.

(Ⅰ)(文) 证明数列 $\{\frac{a_n}{n^2}\}$ 是等比数列,并求 $\{a_n\}$ 的通项公式;

(理) 求 $\{a_n\}$ 的通项公式;

(Ⅱ) 令 $b_n=a_{n+1}-\frac{1}{2}a_n$,求数列 $\{b_n\}$ 的前 n 项和 S_n;

(Ⅲ)求数列$\{a_n\}$的前n项和T_n.

解 (Ⅰ)由条件得$\frac{a_{n+1}}{(n+1)^2}=\frac{1}{2}\cdot\frac{a_n}{n^2}$,又$n=1$时,$\frac{a_n}{n^2}=1$,故数列$\{\frac{a_n}{n^2}\}$构成首项为1,公比为$\frac{1}{2}$的等比数列.从而$\frac{a_n}{n^2}=\frac{1}{2^{n-1}}$,即$a_n=\frac{n^2}{2^{n-1}}$.

(Ⅱ)由$b_n=\frac{(n+1)^2}{2^n}-\frac{n^2}{2^n}=\frac{2n+1}{2^n}$得

$$S_n=\frac{3}{2}+\frac{5}{2^2}+\cdots+\frac{2n+1}{2^n} \quad ①$$

所以

$$\frac{1}{2}S_n=\frac{3}{2^2}+\frac{5}{2^3}+\cdots+\frac{2n-1}{2^n}+\frac{2n+1}{2^{n+1}} \quad ②$$

①-②得

$$\frac{1}{2}S_n=\frac{3}{2}+2(\frac{1}{2^2}+\frac{1}{2^3}+\cdots+\frac{1}{2^n})-\frac{2n+1}{2^{n+1}}=\frac{5}{2}-\frac{2n+5}{2^{n+1}}$$

所以$S_n=5-\frac{2n+5}{2^n}$.

(Ⅲ)由

$$S_n=(a_2+a_3+\cdots+a_{n+1})-\frac{1}{2}(a_1+a_2+\cdots+a_n)=T_n-a_1+a_{n+1}-\frac{T_n}{2}$$

所以

$$T_n=2S_n+2a_1-2a_{n+1}=12-\frac{n^2+4n+6}{2^{n-1}}$$

题目41(08天津 文20)在数列$\{a_n\}$中,$a_1=1$,$a_2=2$,且$a_{n+1}=(1+q)a_n-qa_{n-1}$($n\geqslant 2$,$q\neq 0$).

(Ⅰ)设$b_n=a_{n+1}-a_n$($n\in\mathbf{N}^*$),证明$\{b_n\}$是等比数列;

(Ⅱ)求数列$\{a_n\}$的通项公式;

(Ⅲ)若a_3是a_6与a_9的等差中项,求q的值,并证明:对任意的$n\in\mathbf{N}^*$,a_n是a_{n+3}与a_{n+6}的等差中项.

解 (Ⅰ)证明:由题设$a_{n+1}=(1+q)a_n-qa_{n-1}$($n\geqslant 2$),得$a_{n+1}-a_n=q(a_n-a_{n-1})$,即$b_n=qb_{n-1}$($n\geqslant 2$).

又$b_1=a_2-a_1=1$,$q\neq 0$,所以$\{b_n\}$是首项为1,公比为q的等比数列,即$b_n=q^{n-1}$.

(Ⅱ)由(Ⅰ)$a_2-a_1=1$,$a_3-a_2=q$,…,$a_n-a_{n-1}=q^{n-2}$,($n\geqslant 2$).

将以上各式相加,得$a_n-a_1=1+q+\cdots+q^{n-2}$($n\geqslant 2$).

所以当$n\geqslant 2$时,$a_n=\begin{cases}1+\frac{1-q^{n-1}}{1-q}, & q\neq 1\\ n, & q=1\end{cases}$,此式对$n=1$显然成立.

(Ⅲ)由(Ⅱ),当$q=1$时,显然a_3不是a_6与a_9的等差中项,故$q\neq 1$.

由$a_3-a_6=a_4-a_3$可得$q^5-q^2=q^2-q^8$,由$q\neq 0$得

$$q^3-1=1-q^6 \quad ①$$

约去 q^3-1 解得 $q^3=-2$. 于是 $q=-\sqrt[3]{2}$. 另一方面

$$a_n-a_{n+3}=\frac{q^{n+2}-q^{n-1}}{1-q}=\frac{q^{n-1}}{1-q}(q^3-1)$$

$$a_{n+6}-a_n=\frac{q^{n-1}-q^{n+5}}{1-q}=\frac{q^{n-1}}{1-q}(1-q^6)$$

由 ① 可得 $a_n-a_{n+3}=a_{n+6}-a_n, n\in\mathbf{N}^*$，所以对任意的 $n\in\mathbf{N}^*$，a_n 是 a_{n+3} 与 a_{n+6} 的等差中项.

题目 42(10 福建　文 17) 数列 $\{a_n\}$ 中，$a_1=\frac{1}{3}$，前 n 项和 S_n 满足 $S_{n+1}-S_n=(\frac{1}{3})^{n+1}$ $(n\in\mathbf{N}^*)$.

(Ⅰ) 求数列 $\{a_n\}$ 的通项公式 a_n 以及前 n 项和 S_n；

(Ⅱ) 若 $S_1, t(S_1+S_2), 3(S_2+S_3)$ 成等差数列，求实数 t 的值.

解　(Ⅰ) $S_{n+1}-S_n=a_{n+1}=(\frac{1}{3})^{n+1}$. 即 $a_n=(\frac{1}{3})^n(n\geqslant 2)$. 注意到 $a_1=\frac{1}{3}$ 也适合通项.

所以 $a_n=(\frac{1}{3})^n(n\in\mathbf{N}^*)$. 于是 $S_n=\dfrac{\frac{1}{3}[1-(\frac{1}{3})^n]}{1-\frac{1}{3}}=\frac{1}{2}[1-(\frac{1}{3})^n]$.

(Ⅱ) 由题设得

$$t=\frac{S_1+3(S_2+S_3)}{2(S_1+S_2)}=\frac{3a_3+6a_2+7a_1}{2(a_2+2a_1)}=\frac{3q^2+6q+7}{2(q+2)}=\frac{3}{2}q+\frac{7}{2(q+2)}=$$

$$\frac{1}{2}+\frac{7}{2(\frac{1}{3}+2)}=\frac{1}{2}+\frac{3}{2}=2$$

题目 43(10 安徽　文 21) 如图 1，设 $C_1, C_2, \cdots, C_n, \cdots$ 是坐标平面上的一列圆，它们的圆心都在 x 轴的正半轴上，且都与直线 $y=\frac{\sqrt{3}}{3}x$ 相切，对每一个正整数 n，圆 C_n 都与圆 C_{n+1} 相互外切，以 r_n 表示 C_n 的半径，已知 $\{r_n\}$ 为递增数列.

(Ⅰ) 证明：$\{r_n\}$ 为等比数列；

(Ⅱ) 设 $r_1=1$，求数列 $\{\frac{n}{r_n}\}$ 的前 n 项和.

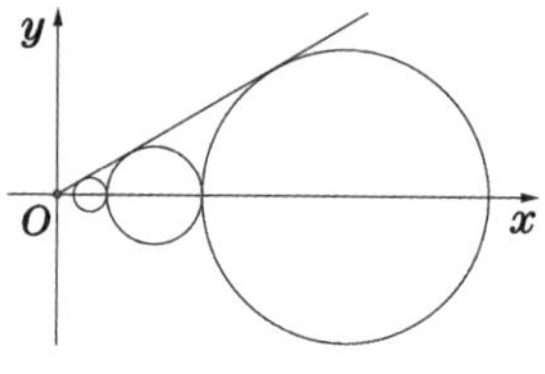

图 1

解　(Ⅰ) 由于直线的倾斜角为 30°，如图 2，$r_{n+1}-r_n=(r_{n+1}+r_n)\cdot\sin 30°\Rightarrow r_{n+1}=3r_n$，所以 $\{r_n\}$ 为公比是 3 的等比数列.

(Ⅱ) $r_1=1$ 时，$\frac{n}{r_n}=n\cdot(\frac{1}{3})^{n-1}$，记前 n 项如为 S_n，则

$$S_n=1+2\cdot\frac{1}{3}+3\cdot(\frac{1}{3})^2+\cdots+n(\frac{1}{3})^{n-1} \quad ①$$

$$\frac{1}{3}S_n=1\cdot\frac{1}{3}+2\cdot(\frac{1}{3})^2+\cdots+(n-1)\cdot(\frac{1}{3})^{n-1}+n\cdot(\frac{1}{3})^n \quad ②$$

①－②为

$$\frac{2}{3}S_n=1+\frac{1}{3}+(\frac{1}{3})^2+\cdots+(\frac{1}{3})^{n-1}-n(\frac{1}{3})^n=\frac{1-(\frac{1}{3})^n}{1-\frac{1}{3}}-n(\frac{1}{3})^n$$

$$S_n=\frac{9}{4}-(\frac{9}{4}+\frac{3}{2}n)\cdot(\frac{1}{3})^n$$

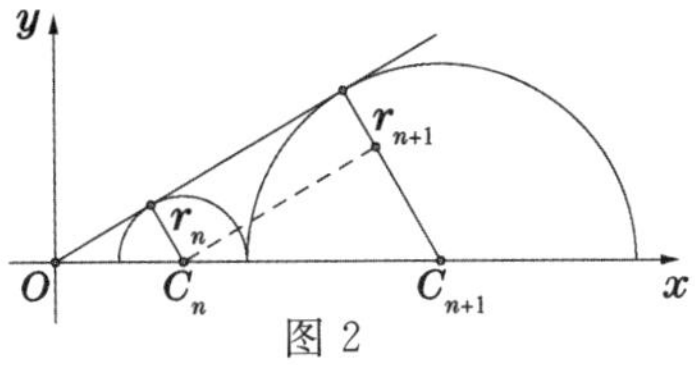

图 2

题目 44(10 全国 Ⅱ　理 18) 已知数列$\{a_n\}$的前 n 项和 $S_n=(n^2+n)\cdot 3^n$.

(Ⅰ)求$\lim\limits_{n\to\infty}\frac{a_n}{S_n}$;(Ⅱ)证明:$\frac{a_1}{1^2}+\frac{a_2}{2^2}+\cdots+\frac{a_n}{n^2}>3^n$.

解　(Ⅰ)$a_1=S_1=6$,$n\geqslant 2$ 时

$$a_n=S_n-S_{n-1}=n(n+1)\cdot 3^n-n(n-1)\cdot 3^{n-1}=$$
$$n\cdot 3^{n-1}(3n+3-n+1)=2n(n+2)\cdot 3^{n-1}$$

$n=1$ 时也满足.所以

$$\frac{a_n}{S_n}=\frac{2n(n+2)\cdot 3^{n-1}}{(n^2+n)\cdot 3^n}=\frac{2(n+2)}{3(n+1)}$$

故

$$\lim_{n\to\infty}\frac{a_n}{S_n}=\lim_{n\to\infty}\frac{2(n+2)}{3(n+1)}=\frac{2}{3}$$

(Ⅱ)**方法** 1:

$$\frac{a_k}{k^2}=\frac{2(k+2)}{k}\cdot 3^{k-1}>2\cdot 3^{k-1}(k\geqslant 2),a_1=6$$

$$\frac{a_1}{1^2}+\frac{a_2}{2^2}+\cdots+\frac{a_n}{n^2}>(4+2)+2\cdot 3+\cdots+2\cdot 3^{n-1}=$$

$$4+(2+2\cdot 3+\cdots+2\cdot 3^{n-1})=4+\frac{2\cdot(3^n-1)}{3-1}=3^n+3>3^n$$

方法 2:$a_1=6>3^1$ 成立,$n\geqslant 2$ 时

$$\frac{a_1}{1^2}+\frac{a_2}{2^2}+\cdots+\frac{a_n}{n^2}=S_1+\frac{S_2-S_1}{2^2}+\frac{S_3-S_2}{3^2}+\cdots+\frac{S_n-S_{n-1}}{n^2}=$$

$$(1-\frac{1}{2^2})S_1+(\frac{1}{2^2}-\frac{1}{3^2})S_2+\cdots+[\frac{1}{(n-1)^2}-\frac{1}{n^2}]S_{n-1}+\frac{S_n}{n^2}>$$

$$\frac{S_n}{n^2}=\frac{n+1}{n}\cdot 3^n>3^n$$

其中$\frac{1}{(k-1)^2}-\frac{1}{k^2}>0$,$S_{k-1}>0(k\geqslant 2)$.

题目 45(10广东　文21) 已知曲线 $C_n: y = nx^2$,点 $P_n(x_n, y_n)(x_n > 0, y_n > 0)$ 是曲线 C_n 上的点 $(n = 1,2,\cdots)$.

(Ⅰ) 试写出曲线 C_n 在点 P_n 处的切线 l_n 的方程,并求出 l_n 与 y 轴的交点 Q_n 的坐标;

(Ⅱ) 若原点 $O(0,0)$ 到 l_n 的距离与线段 P_nQ_n 的长度之比取得最大值,试求点 P_n 的坐标 (x_n, y_n);

(Ⅲ) 设 m 与 k 为两个给定的不同的正整数,x_n 与 y_n 是满足(Ⅱ)中条件的点 P_n 的坐标,证明 $\sum\limits_{n=1}^{s}\left|\sqrt{\dfrac{(m+1)x_n}{2}} - \sqrt{(k+1)y_n}\right| < |\sqrt{ms} - \sqrt{ks}|\ (s = 1,2,\cdots)$.

解 (Ⅰ) $y' = 2nx$,于是 l_n 的斜率为 $2nx_n$,l_n 的方程为 $y - y_n = 2nx_n(x - x_n)$. 代入 $y_n = nx_n^2$,化简得 $y = 2nx_nx - nx_n^2$. 令 $x = 0$,$y = -nx_n^2$. 于是 Q_n 坐标为 $(0, -nx_n^2)$.

(Ⅱ) 点 O 到 l_n 的距离 $d = \dfrac{nx_n^2}{\sqrt{1 + 4n^2x_n^2}}$,$|P_nQ_n| = \sqrt{x_n^2 + 4n^2x_n^4} = x_n\sqrt{1 + 4n^2x_n^2}$.

于是,$\dfrac{d}{|P_nQ_n|} = \dfrac{nx_n}{1 + 4n^2x_n^2} \leqslant \dfrac{nx_n}{2\sqrt{4n^2x_n^2}} = \dfrac{1}{4}$,当且仅当 $1 = 4n^2x_n^2$,$x_n = \dfrac{1}{2n}$ 时取得最大值. 此时 P_n 的坐标为 $(\dfrac{1}{2n}, \dfrac{1}{4n})$.

(Ⅲ)
$$\sqrt{\frac{(m+1)x_n}{2}} - \sqrt{(k+1)y_n} = \sqrt{\frac{m+1}{4n}} - \sqrt{\frac{k+1}{4n}} = \frac{\sqrt{m+1} - \sqrt{k+1}}{2\sqrt{n}} < \frac{\sqrt{m+1} - \sqrt{k+1}}{\sqrt{n} + \sqrt{n-1}} = (\sqrt{m+1} - \sqrt{k+1})(\sqrt{n} - \sqrt{n-1})$$

$$\sum_{n=1}^{s}\left|\sqrt{\frac{(m+1)x_n}{2}} - \sqrt{(k+1)y_n}\right| < |\sqrt{m+1} - \sqrt{k+1}|\cdot\sum_{n=1}^{s}(\sqrt{n} - \sqrt{n-1}) = |\sqrt{m+1} - \sqrt{k+1}|\cdot\sqrt{s}$$

由

$$|\sqrt{m+1} - \sqrt{k+1}| = \left|\frac{m-k}{\sqrt{m+1} + \sqrt{k+1}}\right| < \left|\frac{m-k}{\sqrt{m} + \sqrt{k}}\right| = |\sqrt{m} - \sqrt{k}|$$

得

$$\sum_{n=1}^{s}\left|\sqrt{\frac{(m+1)x_n}{2}} - \sqrt{(k+1)y_n}\right| < |\sqrt{ms} - \sqrt{ks}|\quad (s = 1,2,\cdots)$$

题目 46(09全国Ⅰ　理20) 在数列 $\{a_n\}$ 中,$a_1 = 1$,$a_{n+1} = (1 + \dfrac{1}{n})a_n + \dfrac{n+1}{2^n}$.

(Ⅰ) 设 $b_n = \dfrac{a_n}{n}$,求数列 $\{b_n\}$ 的通项公式;(Ⅱ) 求数列 $\{a_n\}$ 的前 n 项和 S_n.

解 (Ⅰ) 由已知得 $b_1 = a_1 = 1$,且 $\dfrac{a_{n+1}}{n+1} = \dfrac{a_n}{n} + \dfrac{1}{2^n}$,即 $b_{n+1} = b_n + \dfrac{1}{2^n}$,从而

$$b_2 = b_1 + \frac{1}{2^1}, b_3 = b_2 + \frac{1}{2^2}, \cdots, b_n = b_{n-1} + \frac{1}{2^{n-1}}\quad (n \geqslant 2)$$

将这 $n-1$ 个等式相加,即

$$b_2+b_3+\cdots+b_{n-1}+b_n=(b_1+b_2+b_3+\cdots+b_{n-1})+\frac{1}{2}+\frac{1}{2^2}+\cdots+\frac{1}{2^{n-1}}$$

化简得 $b_n=b_1+\frac{1}{2}+\frac{1}{2^2}+\cdots+\frac{1}{2^{n-1}}=b_1+1-\frac{1}{2^{n-1}}(n\geqslant 2)$，又 $b_1=1$ 也满足上式，故所求的通项公式为 $b_n=2-\frac{1}{2^{n-1}}(n\in\mathbf{N}^*)$.

（Ⅱ）由（Ⅰ）知 $a_n=2n-\frac{n}{2^{n-1}}$，所以

$$S_n=\sum_{k=1}^{n}(2k-\frac{k}{2^{k-1}})=\sum_{k=1}^{n}(2k)-\sum_{k=1}^{n}\frac{k}{2^{k-1}}$$

而 $\sum\limits_{k=1}^{n}(2k)=n(n+1)$，又 $\sum\limits_{k=1}^{n}\frac{k}{2^{k-1}}$ 可用错位相减法求和，易得 $\sum\limits_{k=1}^{n}\frac{k}{2^{k-1}}=4-\frac{n+2}{2^{n-1}}$ 所以 $S_n=n(n+1)+\frac{n+2}{2^{n-1}}-4$.

题目 47（08 安徽　文 21）设数列 $\{a_n\}$ 满足 $a_1=a,a_{n+1}=ca_n+1-c,n\in\mathbf{N}^*$，其中 a，c 为实数，且 $c\neq 0$.

（Ⅰ）求数列 $\{a_n\}$ 的通项公式；

（Ⅱ）设 $a=\frac{1}{2},c=\frac{1}{2},b_n=n(1-a_n),n\in\mathbf{N}^*$，求数列 $\{b_n\}$ 的前 n 项和 S_n；

（Ⅲ）若 $0<a_n<1$ 对任意 $n\in\mathbf{N}^*$ 成立，证明 $0<c\leqslant 1$.

解　（Ⅰ）因为 $a_{n+1}-1=c(a_n-1)$，所以当 $a\neq 1$ 时，$\{a_n-1\}$ 是首项为 $a-1$，公比为 c 的等比数列. 所以 $a_n-1=(a-1)c^{n-1}$，即 $a_n=(a-1)c^{n-1}+1$.

当 $a=1$ 时，$a_n=1$ 仍满足上式. 所以数列 $\{a_n\}$ 的通项公式为 $a_n=(a-1)c^{n-1}+1$ $(n\in\mathbf{N}^*)$.

（Ⅱ）由（Ⅰ）得 $b_n=n(1-a)c^{n-1}=n\left(\frac{1}{2}\right)^n$

$$S_n=b_1+b_2+\cdots+b_n=\frac{1}{2}+2\left(\frac{1}{2}\right)^2+\cdots+n\left(\frac{1}{2}\right)^n \quad ①$$

$$\frac{1}{2}S_n=\left(\frac{1}{2}\right)^2+2\left(\frac{1}{2}\right)^3+\cdots+(n-1)\left(\frac{1}{2}\right)^n+n\left(\frac{1}{2}\right)^{n+1} \quad ②$$

由 ① − ② 得

$$\frac{1}{2}S_n=\frac{1}{2}+\left(\frac{1}{2}\right)^2+\cdots+\left(\frac{1}{2}\right)^n-n\left(\frac{1}{2}\right)^{n+1}$$

所以

$$S_n=1+\frac{1}{2}+\left(\frac{1}{2}\right)^2+\cdots+\left(\frac{1}{2}\right)^{n-1}-n\left(\frac{1}{2}\right)^n=2\left[1-\left(\frac{1}{2}\right)^n\right]-n\left(\frac{1}{2}\right)^n$$

即

$$S_n=2-(2+n)\left(\frac{1}{2}\right)^n$$

（Ⅲ）由（Ⅰ）知 $a_n=(a-1)c^{n-1}+1$，若 $0<(a-1)c^{n-1}+1<1$，则 $0<(1-a)c^{n-1}<1$，

因为 $0<a_1=a<1$，所以 $0<c^{n-1}<\frac{1}{1-a}(n\in\mathbf{N}^*)$，由 $c^{n-1}>0$ 对任意 $n\in\mathbf{N}^*$ 成立，知 $c>0$.

下面用反证法证明 $c\leqslant 1$.

假设 $c>1$，由函数 $f(x)=c^x$ 的图象知，当 n 趋于无穷大时，c^{n-1} 趋于无穷大，所以 $c^{n-1}<\frac{1}{1-a}$ 不能对 $n\in\mathbf{N}^*$ 恒成立，导致矛盾. 所以 $c\leqslant 1$，所以 $0<c\leqslant 1$.

题目 48(07 浙江　文 19) 已知数列 $\{a_n\}$ 中的相邻两项 a_{2k-1}, a_{2k} 是关于 x 的方程 $x^2-(3k+2^k)x+3k\cdot 2^k=0$ 的两个根，且 $a_{2k-1}\leqslant a_{2k}(k=1,2,3,\cdots)$.

（Ⅰ）求 a_1,a_3,a_5,a_7 及 $a_{2n}(n\geqslant 4)$（不必证明）；（Ⅱ）求数列 $\{a_n\}$ 的前 $2n$ 项和 S_{2n}.

解　（Ⅰ）当 $k=1,2,3$ 时，均有 $2^k<3k$，故 $a_1=2, a_3=2^2, a_5=2^3$，此时 $a_2=3$，$a_4=6, a_6=9$.

当 $k=4$ 时，$2^k>3k$，故 $a_7=12$.

当 $n\geqslant 4$ 时，$2^n>3n$，所以 $a_{2n}=2^n(n\geqslant 4)$.

（Ⅱ）$S_{2n}=(a_1+a_2)+\cdots+(a_{2n-1}+a_{2n})=3(1+2+\cdots+n)+(2+2^2+\cdots+2^n)=\frac{3n^2+3n}{2}+2^{n+1}-2$.

题目 49(08 四川　理 20) 设数列 $\{a_n\}$ 的前 n 项和为 S_n，已知 $ba_n-2^n=(b-1)S_n$.

（Ⅰ）证明：当 $b=2$ 时，$\{a_n-n\cdot 2^{n-1}\}$ 是等比数列；（Ⅱ）求 $\{a_n\}$ 的通项公式.

解　（Ⅰ）令 $n=1$，有 $ba_1-2=(b-1)a_1$，易求得 $a_1=2$.

由已知 $ba_n-2^n=(b-1)S_n$，$ba_{n+1}-2^{n+1}=(b-1)S_{n+1}$.

两式相减得 $b(a_{n+1}-a_n)-2^n=(b-1)a_{n+1}$，即

$$a_{n+1}=ba_n+2^n \qquad ①$$

方法 1：当 $b=2$ 时，由 ① 知 $a_{n+1}=2a_n+2^n$，于是

$$a_{n+1}-(n+1)\cdot 2^n=2a_n+2^n-(n+1)\cdot 2^n=2(a_n-n\cdot 2^{n-1})$$

又 $a_1-1\cdot 2^{1-1}=1\neq 0$，所以 $\{a_n-n\cdot 2^{n-1}\}$ 是首项为 1，公比为 2 的等比数列.

方法 2：当 $b=2$ 时，由 ① 知 $a_{n+1}=2a_n+2^n$，两边同除 2^n，得 $\frac{a_{n+1}}{2^n}=\frac{a_n}{2^{n-1}}+1$，于是数列 $\{\frac{a_n}{2^{n-1}}\}$ 是以 2 为首项，1 为公差的等差数列，有

$$\frac{a_n}{2^{n-1}}=2+(n-1)=n+1$$

又因为 $a_1=2$，所以

$$a_n=(n+1)\cdot 2^{n-1} \qquad ②$$

即有 $a_n-n\cdot 2^{n-1}=2^{n-1}$，所以数列 $\{a_n-n\cdot 2^{n-1}\}$ 是以 1 为首项，2 为公比的等比数列.

（Ⅱ）**方法** 1：当 $b\neq 2$ 时，令 $a_{n+1}-\alpha\cdot 2^{n+1}=b(a_n-\alpha\cdot 2^n)$，与 ① 比较可得 $\alpha=\frac{1}{2-b}$.

于是 $a_{n+1}-\frac{1}{2-b}\cdot 2^{n+1}=b(a_n-\frac{1}{2-b}\cdot 2^n)$. 又

$$a_1-\frac{1}{2-b}\cdot 2=2-\frac{2}{2-b}=\frac{2(1-b)}{2-b}\neq 0(b\neq 1)$$

此时$\{a_n-\frac{2^n}{2-b}\}$是首项为$\frac{2(1-b)}{2-b}$公比为b的等比数列.因此

$$a_n-\frac{1}{2-b}\cdot 2^n=\frac{2(1-b)}{2-b}\cdot b^{n-1} \qquad ③$$

所以$a_n=\frac{2^n+(2-2b)b^{n-1}}{2-b}$,$a_1=2$也满足此式.

当$b=1$时式③也成立,所以$a_n=\begin{cases}(n+1)2^{n-1}(b=2)\\ \frac{2^n+(2-2b)b^{n-1}}{2-b}(b\neq 2)\end{cases}$.

方法 2:由$a_{n+1}=ba_n+2^n$两边同除2^n得

$$\frac{a_{n+1}}{2^n}=\frac{b}{2}\cdot\frac{a_n}{2^{n-1}}+1 \qquad ④$$

当$b\neq 2$时,令$\frac{a_{n+1}}{2^n}-\beta=\frac{b}{2}(\frac{a_n}{2^{n-1}}-\beta)$,与④比较可得$\beta=\frac{2}{2-b}$,即

$$\frac{a_{n+1}}{2^n}-\frac{2}{2-b}=\frac{b}{2}(\frac{a_n}{2^{n-1}}-\frac{2}{2-b})$$

当$b=1$时,$\frac{a_1}{2^{1-1}}-\frac{2}{2-1}=0$.$\{\frac{a_n}{2^{n-1}}-\frac{2}{2-b}\}$为常数列$\{0\}$.$b\neq 1$时,$\{\frac{a_n}{2^{n-1}}-\frac{2}{2-b}\}$为等比数列.

无论怎样都有$\frac{a_n}{2^{n-1}}-\frac{2}{2-b}=(a_1-\frac{2}{2-b})\cdot(\frac{b}{2})^{n-1}$,化简整理得,$a_n=\frac{2^n+(2-2b)b^{n-1}}{2-b}$,$n\in\mathbf{N}^*$,所以$a_n=\begin{cases}(n+1)2^{n-1}(b=2)\\ \frac{2^n+(2-2b)b^{n-1}}{2-b}(b\neq 2)\end{cases}$.

题目 50(09 天津　文 20)已知等差数列$\{a_n\}$的公差d不为0.设$S_n=a_1+a_2q+\cdots+a_nq^{n-1}$,$T_n=a_1-a_2q+\cdots+(-1)^{n-1}a_nq^{n-1}$,$q\neq 0$,$n\in\mathbf{N}^*$.

(Ⅰ)若$q=1$,$a_1=1$,$S_3=15$,求数列$\{a_n\}$的通项公式;

(Ⅱ)若$a_1=d$,且S_1,S_2,S_3成等比数列,求q的值;

(Ⅲ)若$q\neq\pm 1$,证明$(1-q)S_{2n}-(1+q)T_{2n}=\frac{2dq(1-q^{2n})}{1-q^2}$,$n\in\mathbf{N}^*$.

解　(Ⅰ)因为$q=1$,故S_n为等差数列$\{a_n\}$的前n项和,于是$S_3=3a_2=15$,$a_2=5$,又$a_1=1$,则$d=4$,所以$a_n=4n-3$.

(Ⅱ)由$a_1=d$,则$a_n=nd$,此时$S_1=d$,$S_2=d(1+2q)$,$S_3=d(1+2q+3q^2)$.

由S_1,S_2,S_3成等比数列,$d^2(1+2q)^2=d^2(1+2q+3q^2)(d\neq 0)$,有$q^2+2q=0$,由$q\neq 0$,即得$q=-2$.

(Ⅲ)　$(1-q)S_{2n}-(1+q)T_{2n}=S_{2n}-T_{2n}-q(S_{2n}+T_{2n})=$

$2(a_2q+a_4q^3+\cdots+a_{2n}q^{2n-1})-2q(a_1+a_3q^2+\cdots+a_{2n-1}q^{2n-2})=$

$2q[(a_2-a_1)+(a_4-a_3)q^2+\cdots+(a_{2n}-a_{2n-1})q^{2n-2}]=$

$2dq(1+q^2+\cdots+q^{2(n-1)})=$

$\dfrac{2dq[1-(q^2)^n]}{1-q^2}=\dfrac{2dq(1-q^{2n})}{1-q^2}$

题目 51(09 安徽　理 21) 首项为正数的数列$\{a_n\}$满足$a_{n+1}=\dfrac{1}{4}(a_n^2+3)$,$n\in\mathbf{N}^*$.

(Ⅰ)证明:若a_1为奇数,则对一切$n\geqslant 2$,a_n都是奇数;

(Ⅱ)若对一切$n\in\mathbf{N}^*$都有$a_{n+1}>a_n$,求a_1的取值范围.

解 (Ⅰ)已知a_1是奇数,假设a_k是奇数,即有$a_k=2m-1$,其中$m\in\mathbf{N}^*$,由递推关系得

$$a_{k+1}=\frac{a_k^2+3}{4}=\frac{1}{4}[(2m-1)^2+3]=m(m-1)+1$$

由$m(m-1)$为偶数,所以a_{k+1}必是奇数.

根据数学归纳法,对任何$n\in\mathbf{N}^*$,a_n都是奇数.

(Ⅱ)依题意由$a_2=\dfrac{a_1^2+3}{4}>a_1\Leftrightarrow a_1^2-4a_1+3>0\Leftrightarrow 0<a_1<1$或$a_1>3$.

当$a_1>0$时,由$a_{n+1}=\dfrac{a_n^2+3}{4}$,即知所有的$a_n$均大于0.

此时$a_{n+1}-a_n=\dfrac{a_n^2+3}{4}-\dfrac{a_{n-1}^2+3}{4}=\dfrac{(a_n+a_{n-1})(a_n-a_{n-1})}{4}$,由$a_n+a_{n-1}>0$即知$a_{n+1}-a_n$与$a_n-a_{n-1}$同号.

根据数学归纳原理,$\forall n\in\mathbf{N}^*$,$a_{n+1}-a_n$与a_2-a_1同号,即$a_{n+1}>a_n\Leftrightarrow a_2>a_1$.因此,对一切$n\in\mathbf{N}^*$都有$a_{n+1}>a_n$的充要条件是$0<a_1<1$或$a_1>3$.

题目 52(10 湖南　文 20) 给出下面的数表序列(表1,表2,表3):

表1	表2	表3	…
1	1　3	1　3　5	
	4	4　8	
		12	

其中表$n(n=1,2,3,\cdots)$有n行,第1行的n个数是$1,3,5,\cdots,2n-1$,从第2行起,每行中的每个数都等于它肩上的两数之和.

(Ⅰ)写出表4,验证表4各行中的数的平均数按从上到下的顺序构成等比数列,并将结论推广到表$n(n\geqslant 3)$(不要求证明).

(Ⅱ)每个数表中最后一行都只有一个数,它们构成数列$1,4,12,\cdots$,记此数列为$\{b_n\}$.

求和:$\dfrac{b_3}{b_1b_2}+\dfrac{b_4}{b_2b_3}+\cdots+\dfrac{b_{n+2}}{b_nb_{n+1}}(n\in\mathbf{N}^*)$.

解 (Ⅰ)表4各行的平均数自上而下分别为4,8,16,32,构成首项为4,公比为2的等比数列.再结合表3,各行的平均数分别为3,6,12,构成首项为3,公比为2的等比数列.推广到表n,各行的平均数自上而下应构成首项为n,公比为2的等比数列$\{n\cdot 2^{k-1}\}$.

表4

1　3　5　7

4　8　12

12　20

32

(Ⅱ)设表n中第i行第j个数为$a_{i,j}(i=1,2,\cdots,n;j=1,2,\cdots,n-i+1)$.

由题设有：$a_{i+1,j}=a_{i,j}+a_{i,j+1}$，$a_{i+1,j+1}=a_{i,j+1}+a_{i,j+2}$. 两式相减

$$a_{i+1,j+1}-a_{i+1,j}=(a_{i,j+1}-a_{i,j})+(a_{i,j+2}-a_{i,j+1}) \qquad ①$$

此式表明，只要第 i 行是等差数列，第 $i+1$ 行必是等差数列. 由于第 1 行是等差数列，所以各行（除最后两行）均构成等差数列. 设第 i 行的公差为 d_i，则 $d_1=2$，且由 ① 知 $d_{i+1}=2d_i$，于是 $d_k=2^k$. 注意到 $b_k=a_{k,1}$，且

$$b_{k+1}=b_k+(b_k+d_k)=2b_k+2^k \qquad ②$$

$b_1=1$，则 $\frac{b_{k+1}}{2^k}=\frac{b_k}{2^{k-1}}+1$. $\{\frac{b_k}{2^{k-1}}\}$ 是首项为 $\frac{b_1}{2^0}=1$，公差为 1 的等差数列. $\frac{b_k}{2^{k-1}}=k$，$b_k=k\cdot 2^{k-1}$. 由于 ① 对倒数第 2 行也成立. ② 对 b_n 也成立，故 $b_k=k\cdot 2^{k-1}$，$k=1,2,\cdots,n$ 均成立

$$\frac{b_{k+2}}{b_kb_{k+1}}=\frac{(k+2)2^{k+1}}{k(k+1)2^{2k-1}}=\frac{2(k+1)-k}{k(k+1)}\cdot 2^{2-k}=\frac{2^{3-k}}{k}-\frac{2^{2-k}}{k+1}$$

记 $\frac{2^{3-k}}{k}=c_k$，则 $\frac{2^{2-k}}{k+1}=\frac{2^{3-(k+1)}}{k+1}=c_{k+1}$，于是

$$\frac{b_{k+2}}{b_k\cdot b_{k+1}}=c_k-c_{k+1}$$

$$\frac{b_3}{b_1\cdot b_2}+\frac{b_4}{b_2\cdot b_3}+\cdots\frac{b_{n+2}}{b_n\cdot b_{n+1}}+c_1-c_2+c_2-c_3\cdots c_n-c_{n+1}=$$

$$c_1-c_{n+1}=2^2-\frac{2^{2-n}}{n+1}=4[1-\frac{1}{(n+1)\cdot 2^n}]$$

题目 53（10 安徽　理 20）设数列 $a_1,a_2,\cdots,a_n,\cdots$ 中的每一项都不为 0.

证明：$\{a_n\}$ 为等差数列的充分必要条件是：对任何 $n\in\mathbf{N}^*$，都有 $\frac{1}{a_1a_2}+\frac{1}{a_2a_3}+\cdots+\frac{1}{a_na_{n+1}}=\frac{n}{a_1a_{n+1}}$.

证明　必要性. 即已知 $\{a_n\}$ 为等差数列，求证 $\frac{1}{a_1a_2}+\frac{1}{a_2a_3}+\cdots\frac{1}{a_na_{n+1}}=\frac{n}{a_1a_{n+1}}$.

(1) 若 $\{a_n\}$ 的公差 $d=0$，则

$$\frac{1}{a_1a_2}+\frac{1}{a_2a_3}+\cdots\frac{1}{a_na_{n+1}}=\frac{n}{a_1^2}=\frac{n}{a_1a_{n+1}}$$

(2) 若 $d\neq 0$，由

$$\frac{1}{a_ka_{k+1}}=\frac{1}{d}(\frac{1}{a_k}-\frac{1}{a_{k+1}}) \quad (k=1,2,\cdots,n)$$

于是

$$\frac{1}{a_1a_2}+\frac{1}{a_1a_2}+\cdots+\frac{1}{a_na_{n+1}}=$$

$$\frac{1}{d}[(\frac{1}{a_1}-\frac{1}{a_2})+(\frac{1}{a_2}-\frac{1}{a_3})+\cdots+(\frac{1}{a_n}-\frac{1}{a_{n+1}})]=$$

$$\frac{1}{d}(\frac{1}{a_1}-\frac{1}{a_{n+1}})=\frac{1}{d}\cdot\frac{a_{n+1}-a_1}{a_1\cdot a_{n+1}}=\frac{n}{a_1a_{n+1}}$$

综上，$\{a_n\}$ 为等差数列时，$\frac{1}{a_1a_2}+\frac{1}{a_2a_3}+\cdots+\frac{1}{a_na_{n+1}}=\frac{n}{a_1a_{n+1}}$ 成立.

充分性.即已知$\frac{1}{a_1a_2}+\frac{1}{a_2a_3}+\cdots+\frac{1}{a_na_{n+1}}=\frac{n}{a_1a_{n+1}}$,求证$\{a_n\}$是等差数列.

由已知有

$$\frac{1}{a_1a_2}+\frac{1}{a_2a_3}+\cdots+\frac{1}{a_na_{n+1}}+\frac{1}{a_{n+1}a_{n+2}}=\frac{n+1}{a_1a_{n+1}}$$

两式相减可得

$$\frac{n+1}{a_1a_{n+2}}-\frac{n}{a_1a_{n+1}}=\frac{1}{a_{n+1}a_{n+2}}$$

去分母可得

$$(n+1)a_{n+1}-na_{n+1}=a_1\Rightarrow\frac{a_{n+1}}{n}-\frac{a_{n+2}}{n+1}=\frac{a_1}{n(n+1)}=\frac{a_1}{n}-\frac{a_1}{n+1}$$

故$\frac{a_{n+1}-a_1}{n}=\frac{a_{n+2}-a_1}{n+1}$,这表明$\{\frac{a_{n+1}-a_1}{n}\}$为一个常数列($n\geqslant 1$),于是$\frac{a_{n+1}-a_1}{n}=\frac{a_2-a_1}{1}$.记$a_2-a_1=d$,则$a_{n+1}=a_1+nd$.

$a_n=a_1+(n-1)d$,且$n=1$时显然满足,于是$\{a_n\}$为等差数列.

题目 54(10江西　文22)正实数数列$\{a_n\}$中,$a_1=1,a_2=5$,且$\{a_n^2\}$成等差数列.

(1)证明数列$\{a_n\}$中有无穷多项为无理数;

(2)当n为何值时,a_n为整数,并求出使$a_n<200$的所有整数项的和.

证明:(1)由已知有:$a_n^2=1+24(n-1)$,从而$a_n=\sqrt{1+24(n-1)}$.

解法1　取$n-1=24^{2k-1}$,则$a_n=\sqrt{1+24^{2k}}(k\in\mathbf{N}^*)$,用反证法证明这些$a_n$都是无理数.假设$a_n=\sqrt{1+24^{2k}}$为有理数,则$a_n$必为正整数,且$a_n>24^k$.故$a_n-24^k\geqslant 1$. $a_n-24^k>1$,与$(a_n-24^k)(a_n+24^k)=1$矛盾.所以$a_n=\sqrt{1+24^{2k}}(k\in\mathbf{N}^*)$都是无理数,即数列$\{a_n\}$中有无穷多项为无理数.

解法2　因为$a_{n+1}^2=1+24n(n\in\mathbf{N})$,当$n$的末位数字是3,4,8,9时,$1+24n$的末位数字是3和7,它不是整数的平方,也不是既约分数的平方,故此时$a_{n+1}=\sqrt{1+24n}$不是有理数,因这种n有无穷多,故这种无理项a_{n+1}也有无穷多.

(2)要使a_n为整数,由$(a_n-1)(a_n+1)=24(n-1)$可知:a_n-1,a_n+1同为偶数,且其中一个必为3的倍数,所以有$a_n-1=6m$或$a_n+1=6m$.

当$a_n=6m+1$时,有$a_n^2=360m^2+12m+1=1+12m(3m+1)(m\in\mathbf{N})$.

又$m(3m+1)$必为偶数,所以$a_n=6m+1(m\in\mathbf{N})$满足$a_n^2=1+24(n-1)$.

即$n=\frac{m(3m+1)}{2}=1(m\in\mathbf{N})$时,$a_n$为整数;同时$a_n=6m-1(m\in\mathbf{N}^*)$有

$$a_n^2=360m^2+12m+1=1+12m(3m+1)\quad(m\in\mathbf{N}^*)$$

也满足$a_n^2=1+24(n-1)$,即$n=\frac{m(3m-1)}{2}+1(m\in\mathbf{N}^*)$时,$a_n$为整数.

显然$a_n=6m-1(m\in\mathbf{N}^*)$和$a_n=6m+1(m\in\mathbf{N})$是数列中的不同项;所以当$n=\frac{m(3m-1)}{2}+1(m\in\mathbf{N})$和$n=\frac{m(3m-1)}{2}+1(m\in\mathbf{N}^*)$时,$a_n$为整数;

由 $a_n=6m+1<200(m\in\mathbf{N})$ 有 $0\leqslant m\leqslant 33$，由 $a_n=6m-1<200(m\in\mathbf{N}^*)$ 有 $1\leqslant m\leqslant 33$. 设 a_n 中满足 $a_n<200$ 的所有整数项的和为 S，则

$$S=(5+11+\cdots+197)+(1+7+\cdots+199)=\frac{5+197}{2}\times 33+\frac{1+199}{2}\times 34=6\ 733$$

题目 55(10 江西　理 22) 证明以下命题：

(1) 对任一正整 a，都存在整数 $b,c(b<c)$，使得 a^2,b^2,c^2 成等差数列.

(2) 存在无穷多个互不相似的三角形 $\triangle_n$，其边长 a_n,b_n,c_n 为正整数且 a_n^2,b_n^2,c_n^2，成等差数列.

解　(1) 考虑到结构特征，取特值 $1^2,5^2,7^2$ 满足等差数列，只需取 $b=5a,c=7a$，对一切正整数 a 均能成立.

(2) 当 a_n^2,b_n^2,c_n^2，成等差数列，则 $b_n^2-a_n^2,=c_n^2-b_n^2$，分解得：$(b_n+a_n)(b_n-a_n)=(c_n+b_n)(c_n-b_n)$.

选取关于 n 的一个多项式 $4n(n^2-1)$ 做两种途径的分解

$$4n(n^2-1)=(2n-2)(2n^2+2n)=(2n^2-2n)(2n+2)$$

对比目标式，令

$$a_n+b_n=2n^2-2n,b_n-a_n=2n+2,c_n+b_n=2n^2+2n,c_n-b_n=2n-2$$

可得 $\begin{cases}a_n=n^2-2n-1\\b_n=n^2+1\\c_n=n^2+2n-1\end{cases}$ $(n\geqslant 4)$，易验证 a_n^2,b_n^2,c_n^2 成等差数列，考察三角形边长关系，a_n,b_n,c_n 可构成三角形的三边. 下证这些三角形互不相似.

任取正整数 $m,n,(m,n\geqslant 4$，且 $m\neq n)$，若 $\triangle_m$ 与 $\triangle_n$ 相似：则三边对应成比例

$$\frac{m^2-2m-1}{n^2-2n-1}=\frac{m^2+1}{n^2+1}=\frac{m^2+2m-1}{n^2+2n-1}$$

由比例的性质得：$\dfrac{m-1}{n-1}=\dfrac{m+1}{n+1}\Rightarrow m=n$，与约定 m,n 为不同的值矛盾，故互不相似.

题目 56(09 重庆　文 21) 已知 $a_1=1,a_2=4,a_{n+1}=4a_{n+1}+a_n,b_n=\dfrac{a_{n+1}}{a_n},n\in\mathbf{N}^*$.

(Ⅰ) 求 b_1,b_2,b_3 的值；

(Ⅱ) 设 $c_n=b_nb_{n+1},S_n$ 为数列 $\{c_n\}$ 的前 n 项和，求证：$S_n\geqslant 17n$；

(Ⅲ) 求证：$|b_{2n}-b_n|<\dfrac{1}{64}\cdot\dfrac{1}{17^{n-2}}$.

解　(Ⅰ) 由 $a_1=1,a_2=4$，则 $a_3=4a_2+a_1=17$；由 $a_2=4,a_3=17$，则 $a_4=4a_3+a_2=72$. 所以

$$b_1=\frac{a_2}{a_1}=4,b_2=\frac{a_3}{a_2}=\frac{17}{4},b_3=\frac{a_4}{a_3}=\frac{72}{17}$$

(Ⅱ) 由 $a_1=1,a_2=4$ 及 $a_{n+2}=4a_{n+1}+a_n$，即知 $a_n>0$，从而 $b_n>0$，由 $\dfrac{a_{n+2}}{a_{n+1}}=\dfrac{a_n}{a_{n+1}}+4$，即 $b_{n+1}=\dfrac{1}{b_n}+4$. 因为 $b_1=4$，于是当 $n\geqslant 2$ 时，$b_n>4$，即 $b_n\geqslant 4(n\in\mathbf{N}^*)$. 由 $c_1=b_1\cdot$

$b_2=17$.所以 $c_n=b_n\cdot b_{n+1}=4b_n+1\geqslant 17(n\geqslant 2)$,因此,$S_n=c_1+c_2+\cdots+c_n\geqslant 17n$.

(Ⅲ)$n=1$ 时,$b_2-b_1=\frac{1}{4}=\frac{16}{64}<\frac{1}{64}\cdot\frac{1}{17^{1-2}}$.

当 $n\geqslant 2$ 时

$$|b_{n+1}-b_n|=|(\frac{1}{b_n}+4)-(\frac{1}{b_{n-1}}+4)|=\frac{|b_n-b_{n-1}|}{b_nb_{n-1}}\leqslant$$
$$\frac{1}{17}|b_n-b_{n-1}|\leqslant\frac{1}{17^2}|b_{n-1}-b_{n-2}|\leqslant\cdots\leqslant$$
$$\frac{1}{17^{n-1}}|b_2-b_1|=\frac{1}{4\cdot 17^{n-1}}$$

$$|b_{2n}-b_n|=|b_{2n}-b_{2n-1}+b_{2n-1}-b_{2n-2}+\cdots+b_{n+1}-b_n|\leqslant$$
$$|b_{2n}-b_{2n-1}|+|b_{2n-1}-b_{2n-2}|+\cdots+|b_{n+1}-b_n|\leqslant$$
$$\frac{1}{4}(\frac{1}{17^{n-1}}+\frac{1}{17^n}+\cdots+\frac{1}{17^{2n-2}})=$$
$$\frac{1}{4}\cdot\frac{1}{17^{n-1}}\cdot\frac{(1-\frac{1}{17^n})}{1-\frac{1}{17}}=$$
$$\frac{1}{64}\cdot\frac{1}{17^{n-2}}(1-\frac{1}{17^n})<\frac{1}{64}\cdot\frac{1}{17^{n-2}}$$

题目 57(07 辽宁　文 20)已知数列$\{a_n\}$,$\{b_n\}$满足 $a_1=2,b_1=1$,且

$$\begin{cases}a_n=\frac{3}{4}a_{n-1}+\frac{1}{4}b_{n-1}+1\\ b_n=\frac{1}{4}a_{n-1}+\frac{3}{4}b_{n-1}+1\end{cases}(n\geqslant 2)$$

(Ⅰ)令 $c_n=a_n+b_n$,求数列$\{c_n\}$的通项公式;

(Ⅱ)求数列$\{a_n\}$的通项公式及前 n 项和公式 S_n.

解　(Ⅰ)由题设得 $c_n=a_n+b_n=(a_{n-1}+b_{n-1})+2=c_{n-1}+2(n\geqslant 2)$,即 $c_n-c_{n-1}=2\ (n\geqslant 2)$.所以$\{c_n\}$是首项为 $c_1=a_1+b_1=3$,公差为 2 的等差数列,通项公式为 $c_n=2n+1$.

(Ⅱ)由题设得 $a_n-b_n=\frac{1}{2}(a_{n-1}-b_{n-1})(n\geqslant 2)$,设 $d_n=a_n-b_n$,即 $d_n=\frac{1}{2}d_{n-1}$,易知$\{d_n\}$是首项为 $d_1=a_1-b_1=1$,公比为$\frac{1}{2}$的等比数列,通项公式为 $d_n=a_n-b_n=\frac{1}{2^{n-1}}$.由

$$\begin{cases}a_n+b_n=2n+1\\ a_n-b_n=\frac{1}{2^{n-1}}\end{cases}$$,解得 $a_n=\frac{1}{2^n}+n+\frac{1}{2}$,求和得

$$S_n=(\frac{1}{2}+\frac{1}{2^2}+\cdots+\frac{1}{2^n})+(1+2+3+\cdots+n)+\frac{n}{2}=-\frac{1}{2^n}+\frac{n^2}{2}+n+1$$

题目 58(08 辽宁　理 21)在数列$\{a_n\}$,$\{b_n\}$中,$a_1=2,b_1=4$,且 a_n,b_n,a_{n+1}成等差数列,b_n,a_{n+1},b_{n+1}成等比数列($n\in\mathbf{N}^*$).

（Ⅰ）求 a_2,a_3,a_4 及 b_2,b_3,b_4，由此猜测 $\{a_n\}$，$\{b_n\}$ 的通项公式，并证明你的结论；

（Ⅱ）证明：$\dfrac{1}{a_1+b_1}+\dfrac{1}{a_2+b_2}+\cdots+\dfrac{1}{a_n+b_n}<\dfrac{5}{12}$.

解　（Ⅰ）由条件得 $2b_n=a_n+a_{n+1}$，$a_{n+1}^2=b_nb_{n+1}$，令 $n=1$，即 $\begin{cases}8=2+a_2\\a_2^2=4\cdot b_2\end{cases}$，解得 $a_2=6$，$b_2=9$. 以下令 $n=2$，$n=3$，分别解得 $a_3=12$，$b_3=16$；$a_4=20$，$b_4=25$. 猜测 $a_n=n(n+1)$，$b_n=(n+1)^2$.

用数学归纳法证明：

① 当 $n=1$ 时，由题设即知结论成立.

② 假设当 $n=k$ 时结论成立，即

$$a_k=k(k+1),b_k=(k+1)^2$$

那么当 $n=k+1$ 时

$$a_{k+1}=2b_k-a_k=2(k+1)^2-k(k+1)=(k+1)(k+2),b_{k+1}=\frac{a_{k+1}^2}{b_k}=(k+2)^2$$

所以当 $n=k+1$ 时，结论也成立. 由 ①，②，可知 $a_n=n(n+1)$，$b_n=(n+1)^2$ 对一切正整数都成立.

（Ⅱ）当 $n=1$ 时，$\dfrac{1}{a_1+b_1}=\dfrac{1}{6}<\dfrac{5}{12}$. $n\geqslant 2$ 时，由（Ⅰ）知

$$a_n+b_n=(n+1)(2n+1)>2(n+1)n$$

所以 $\dfrac{1}{a_n+b_n}<\dfrac{1}{2}\cdot\dfrac{1}{(n+1)n}$，故

$$\frac{1}{a_1+b_1}+\frac{1}{a_2+b_2}+\cdots+\frac{1}{a_n+b_n}<\frac{1}{6}+\frac{1}{2}(\frac{1}{2\times 3}+\frac{1}{3\times 4}+\cdots+\frac{1}{n(n+1)})=$$

$$\frac{1}{6}+\frac{1}{2}(\frac{1}{2}-\frac{1}{3}+\frac{1}{3}-\frac{1}{4}+\cdots+\frac{1}{n}-\frac{1}{n+1})=$$

$$\frac{1}{6}+\frac{1}{2}(\frac{1}{2}-\frac{1}{n+1})<\frac{1}{6}+\frac{1}{4}=\frac{5}{12}$$

综上，原不等式成立.

题目 59（07 四川　文 22）已知函数 $f(x)=x^2-4$，设曲线 $y=f(x)$ 在点 $(x_n,f(x_n))$ 处的切线与 x 轴的交点为 $(x_{n+1},0)(n\in\mathbf{N}^*)$，其中 x_1 为正实数.

（Ⅰ）用 x_n 表示 x_{n+1}；

（Ⅱ）若 $x_1=4$，记 $a_n=\lg\dfrac{x_n+2}{x_n-2}$，证明数列 $\{a_n\}$ 成等比数列，并求数列 $\{x_n\}$ 的通项公式；

（Ⅲ）若 $x_1=4$，$b_n=x_n-2$，T_n 是数列 $\{b_n\}$ 的前 n 项和，证明 $T_n<3$.

解　（Ⅰ）按审题要津 1，因为点 $(x_{n+1},0)$ 在切线上，得 $-(x_n^2-4)=2x_n(x_{n+1}-x_n)$. 即 $x_n^2+4=2x_nx_{n+1}$. 显然 $x_n\neq 0$，所以 $x_{n+1}=\dfrac{x_n^2+4}{2x_n}$.

（Ⅱ）由 $x_{n+1}=\dfrac{x_n^2+4}{2x_n}$，知

$$x_{n+1}+2=\frac{x_n^2+4x_n+4}{2x_n}=\frac{(x_n+2)^2}{2x_n}$$

同理

$$x_{n+1}-2=\frac{(x_n-2)^2}{2x_n}$$

故$\frac{x_{n+1}+2}{x_{n+1}-2}=\left(\frac{x_n+2}{x_n-2}\right)^2$. 从而$\lg\frac{x_{n+1}+2}{x_{n+1}-2}=2\lg\frac{x_n+2}{x_n-2}$,即$a_{n+1}=2a_n$. 所以,数列$\{a_n\}$是等比数列,其公比为2,首项$a_1=\lg\frac{x_1+2}{x_1-2}=\lg 3$. 故$a_n=2^{n-1}a_1=2^{n-1}\cdot\lg 3$,即$\lg\frac{x_n+2}{x_n-2}=2^{n-1}\lg 3$. 从而$\frac{x_n+2}{x_n-2}=3^{2^{n-1}}$,所以

$$x_n=\frac{2(3^{2^{n-1}}+1)}{3^{2^{n-1}}-1}$$

(Ⅲ)由(Ⅱ)知$x_n=\frac{2(3^{2^{n-1}}+1)}{3^{2^{n-1}}-1}$,所以

$$b_n=x_n-2=\frac{4}{3^{2^{n-1}}-1}>0$$

因此

$$\frac{b_{n+1}}{b_n}=\frac{3^{2^{n-1}}-1}{3^{2^n}-1}=\frac{3^{2^{n-1}}-1}{(3^{2^{n-1}})^2-1}=\frac{3^{2^{n-1}}-1}{(3^{2^{n-1}}-1)(3^{2^{n-1}}+1)}=\frac{1}{3^{2^{n-1}}+1}<\frac{1}{3^{2^{n-1}}}\leqslant\frac{1}{3^{2^{1-1}}}=\frac{1}{3}$$

当$n=1$时,显然$T_1=b_1=2<3$;当$n>1$时,$b_n<\frac{1}{3}b_{n-1}<\left(\frac{1}{3}\right)^2b_{n-2}<\cdots<\left(\frac{1}{3}\right)^{n-1}b_1$.

所以

$$T_n=b_1+b_2+\cdots+b_n<b_1+\frac{1}{3}b_1+\cdots+\left(\frac{1}{3}\right)^{n-1}b_1=$$

$$\frac{b_1\left[1-\left(\frac{1}{3}\right)^n\right]}{1-\frac{1}{3}}=3-3\cdot\left(\frac{1}{3}\right)^n<3$$

综上,$T_n<3(n\in\mathbf{N}^*)$.

题目60(09北京　文20)设数列$\{a_n\}$的通项公式为$a_n=pn+q(n\in\mathbf{N}^*,p>0)$. 数列$\{b_m\}$定义如下:对于正整数$m$,$b_m$是使得不等式$a_n\geqslant m$成立的所有$n$中的最小值.

(Ⅰ)若$p=\frac{1}{2}$,$q=-\frac{1}{3}$,求b_3;

(Ⅱ)若$p=2$,$q=-1$,求数列$\{b_m\}$的前$2m$项和公式;

(Ⅲ)是否存在p和q,使得$b_m=3m+2(m\in\mathbf{N}^*)$?如果存在,求$p$和$q$的取值范围;如果不存在,请说明理由.

解　(Ⅰ)依题意,$a_n=\frac{1}{2}n-\frac{1}{3}$,由$\frac{1}{2}n-\frac{1}{3}\geqslant 3$,得$n\geqslant 6\frac{2}{3}$,所以使得$\frac{1}{2}n-\frac{1}{3}\geqslant 3$成立的所有$n$中的最小整数为7,即$b_3=7$.(或更一般化处理:$\frac{1}{2}n-\frac{1}{3}\geqslant m\Rightarrow n\geqslant 2m+$

$\frac{2}{3}$，注意到 $n,m\in\mathbf{N}^*$，故满足 $n\geqslant 2m+\frac{2}{3}$ 的最小 n 为 $2m+1$，即 $b_m=2m+1,b_3=7$）

（Ⅱ）由 $a_n\geqslant m$，即 $2n-1\geqslant m\Rightarrow n\geqslant\frac{m+1}{2}$.

（ⅰ）当 $m=2k-1$ 时，$n\geqslant k$，于是 $b_m=k=\frac{m+1}{2}(k\in\mathbf{N}^*)$.

（ⅱ）当 $m=2k$ 时，$n\geqslant k+\frac{1}{2}$，于是 $b_m=k+1=\frac{m}{2}+1(k\in\mathbf{N}^*)$.

所以

$$b_1+b_2+\cdots+b_{2m}=(b_1+b_3+\cdots+b_{2m-1})+(b_2+b_4+\cdots+b_{2m})=$$
$$\sum_{k=1}^{m}k+\sum_{k=1}^{m}(k+1)=\sum_{k=1}^{m}(2k+1)=m(m+2)$$

（Ⅲ）假设存在 p,q，使得 $b_m=3m+2(m\in\mathbf{N}^*)$. 即满足不等式 $pn+q\geqslant m$ 的 n 的最小值为 $b_m=3m+2(m\in\mathbf{N}^*)$，于是有不等式组 $\begin{cases}pb_m+q\geqslant m\\p(b_m-1)+q<m\end{cases}$，即 $\begin{cases}(3m+2)p+q\geqslant m\\(3m+1)p+q<m\end{cases}$，从而

$$\begin{cases}(3p-1)m+2p+q\geqslant 0 & ①\\(3p-1)m+p+q<0 & ②\end{cases}$$

对 $\forall m\in\mathbf{N}^*$ 恒成立. 此时将不等式 ①，② 左端视为以 m 为自变量的一次函数(其图象为可连成直线的点列). 于是由 ① 对 $m\in\mathbf{N}^*$ 恒成立，有

$$\begin{cases}1\cdot(3p-1)+2p+q\geqslant 0\\3p-1\geqslant 0\end{cases}\qquad ③$$

必要的有 $3p-1\geqslant 0$；

由 ② 对 $m\in\mathbf{N}^*$ 恒成立，有

$$\begin{cases}1\cdot(3p-1)+p+q<0\\3p-1\leqslant 0\end{cases}\qquad ④$$

必要的有 $3p-1\leqslant 0$，故 $p=\frac{1}{3}$. 将 $p=\frac{1}{3}$ 代入 ③，④，于是有 $\begin{cases}\frac{2}{3}+q\geqslant 0\\\frac{1}{3}+q<0\end{cases}$，从而 $q\in[-\frac{2}{3},-\frac{1}{3})$，即 $p=\frac{1}{3},q\in[-\frac{2}{3},-\frac{1}{3})$ 时，$b_m=3m+2(m\in\mathbf{N}^*)$.

题目 61（07 全国 Ⅱ　理 21）设数列 $\{a_n\}$ 的首项 $a_1\in(0,1)$，$a_n=\frac{3-a_{n-1}}{2}$，$n=2,3,4,\cdots$.

（Ⅰ）求 $\{a_n\}$ 的通项公式；（Ⅱ）设 $b_n=a_n\sqrt{3-2a_n}$，证明 $b_n<b_{n+1}$，其中 n 为正整数.

解　（Ⅰ）设 $a_n+\lambda=-\frac{1}{2}(a_{n-1}+\lambda)$，所以 $a_n=-\frac{1}{2}a_{n-1}-\frac{3}{2}\lambda$，所以 $-\frac{3}{2}\lambda=\frac{3}{2}$，所以 $\lambda=-1$. 代入有 $1-a_n=-\frac{1}{2}(1-a_{n-1})$.

又 $1-a_1\neq 0$，所以 $\{1-a_n\}$ 是首项为 $1-a_1$，公比为 $-\frac{1}{2}$ 的等比数列，得 $1-a_n=(1-a_1)\cdot(-\frac{1}{2})^{n-1}$，所以 $a_n=1-(1-a_1)(-\frac{1}{2})^{n-1}$.

(Ⅱ) **方法 1**：$a_n=1-(1-a_1)(-\frac{1}{2})^{n-1}$，由 $a_1\in(0,1)$，即知 $0<1-a_1<1$，又因为 $(-\frac{1}{2})^{n-1}\in[-\frac{1}{2},1]$，所以 $(1-a_1)(-\frac{1}{2})^{n-1}\in(-\frac{1}{2},1)$，因此，$a_n=1-(1-a_1)(-\frac{1}{2})^{n-1}\in(0,\frac{3}{2})$，且 $a_n\neq 1$ 故 $b_n>0$. 而

$$a_n=3-2a_{n+1}$$

$$\begin{aligned}b_{n+1}^2-b_n^2&=a_{n+1}^2(3-2a_{n+1})-a_n^2(3-2a_n)=\\&(\frac{3-a_n}{2})^2a_n-a_n^2(3-2a_n)=\\&\frac{a_n}{4}[(3-a_n)^2-4a_n(3-a_n-a_n)]=\\&\frac{a_n}{4}[(3-a_n)^2-4a_n(3-a_n)+4a_n^2]=\\&\frac{a_n}{4}[(3-a_n)-2a_n]^2=\frac{a_n}{4}(3-3a_n)^2=\frac{9a_n}{4}(1-a_n)^2\end{aligned}$$

由(Ⅰ)$a_n>0$，$a_n\neq 1$，所以 $b_{n+1}^2-b_n^2>0$，故 $b_{n+1}^2>b_n^2$. 又 $b_n>0$，因此 $b_n<b_{n+1}$，其中 n 为正整数.

方法 2：由(Ⅱ)的题设即知 $a_n\in(0,\frac{3}{2})$ 且 $a_n\neq 1$，故 $b_n>0$，$n\in\mathbf{N}^*$ 且 $a_{n+1}=\frac{3-a_n}{2}$.

要证 $b_{n+1}>b_n$，只需证 $a_{n+1}\sqrt{3-2a_{n+1}}>a_n\sqrt{3-2a_n}$，即证 $\frac{3-a_n}{2}\sqrt{a_n}>a_n\sqrt{3-2a_n}$.

为此只需证

$$\frac{3-a_n}{2}>\sqrt{a_n(3-2a_n)} \qquad (*)$$

而 $\sqrt{a_n(3-2a_n)}\leqslant\frac{a_n+3-2a_n}{2}=\frac{3-a_n}{2}$.

因为 $a_n\neq 1$，上式中“等号”不成立，从而证得式(*)，故(*)成立，所以原不等式成立.

题目 62(07 全国 Ⅰ　理 22) 已知数列 $\{a_n\}$ 中 $a_1=2$，$a_{n+1}=(\sqrt{2}-1)(a_n+2)$，$n=1,2,3,\cdots$.

(Ⅰ) 求 $\{a_n\}$ 的通项公式；

(Ⅱ) 若数列 $\{b_n\}$ 中 $b_1=2$，$b_{n+1}=\frac{3b_n+4}{2b_n+3}$，$n=1,2,3,\cdots$，证明：$\sqrt{2}<b_n\leqslant a_{4n-3}$，$n=1,2,3,\cdots$.

解　(Ⅰ) 由题设：$a_{n+1}=(\sqrt{2}-1)a_n+2(\sqrt{2}-1)$. 设 $(a_{n+1}+\lambda)=(\sqrt{2}-1)(a_n+\lambda)$，则 $a_{n+1}=(\sqrt{2}-1)a_n+\lambda(\sqrt{2}-2)$.

所以
$$\lambda(\sqrt{2}-2)=2(\sqrt{2}-1)$$
所以
$$\lambda=-\sqrt{2}$$
所以
$$a_{n+1}-\sqrt{2}=(\sqrt{2}-1)(a_n-\sqrt{2})$$
所以数列$\{a_n-\sqrt{2}\}$是首项为$2-\sqrt{2}$，公比为$\sqrt{2}-1$的等比数列
$$a_n-\sqrt{2}=(2-\sqrt{2})(\sqrt{2}-1)^{n-1}=\sqrt{2}(\sqrt{2}-1)^n$$
即a_n的通项公式为$a_n=\sqrt{2}[(\sqrt{2}-1)^n+1]$，$n=1,2,3,\cdots$.

（Ⅱ）**方法**1:用数学归纳法证明.

（ⅰ）当$n=1$时，因$b_1=2>\sqrt{2}$，$b_1=a_1=a_{4\times1-3}=2$，所以$\sqrt{2}<b_1\leqslant a_{4\times1-3}$，$n=1$时结论成立.

（ⅱ）假设当$n=k$时，结论成立，即$\sqrt{2}<b_k\leqslant a_{4k-3}$，也即$0<b_k-\sqrt{2}\leqslant a_{4k-3}-\sqrt{2}$.

当$n=k+1$时
$$b_{k+1}-\sqrt{2}=\frac{3b_k+4}{2b_k+3}-\sqrt{2}=\frac{(3-2\sqrt{2})b_k+(4-3\sqrt{2})}{2b_k+3}=\frac{(3-2\sqrt{2})(b_k-\sqrt{2})}{2b_k+3}>0$$
所以$b_{k+1}>\sqrt{2}$.又$\dfrac{1}{2b_k+3}<\dfrac{1}{2\sqrt{2}+3}=3-2\sqrt{2}$，且$a_n-\sqrt{2}=\sqrt{2}(\sqrt{2}-1)^n$.所以
$$b_{k+1}-\sqrt{2}=\frac{(3-2\sqrt{2})(b_k-\sqrt{2})}{2b_k+3}<(3-2\sqrt{2})^2(b_k-\sqrt{2})=$$
$$(\sqrt{2}-1)^4(b_k-\sqrt{2})\leqslant(\sqrt{2}-1)^4(a_{4k-3}-\sqrt{2})=a_{4k+1}-\sqrt{2}$$
即$b_{k+1}\leqslant a_{4k+1}$，也就是说，当$n=k+1$时，结论成立.

根据（ⅰ）和（ⅱ）知$\sqrt{2}<b_n\leqslant a_{4n-3}$，$n=1,2,3,\cdots$.

题目63(08 广东　理 21) 设p,q为实数，α,β是方程$x^2-px+q=0$的两个实根，数列$\{x_n\}$满足$x_1=p$，$x_2=p^2-q$，$x_n=px_{n-1}-qx_{n-2}(n=3,4,\cdots)$.

（Ⅰ）证明：$\alpha+\beta=p$，$\alpha\beta=q$；（Ⅱ）求数列$\{x_n\}$的通项公式；

（Ⅲ）若$p=1$，$q=\dfrac{1}{4}$，求$\{x_n\}$的前n项和S_n.

解　（Ⅰ）由题意
$$x^2-px+q=(x-\alpha)(x-\beta)=x^2-(\alpha+\beta)x+\alpha\cdot\beta$$
所以$\alpha+\beta=p$，$\alpha\beta=q$.

（Ⅱ）结合（Ⅰ）得：$x_n=(\alpha+\beta)x_{n-1}-\alpha\cdot\beta x_{n-2}$，于是有$x_n-\alpha x_{n-1}=\beta(x_{n-1}-\alpha x_{n-2})$和$x_n-\beta x_{n-1}=\alpha(x_{n-1}-\beta x_{n-2})$.注意到
$$x_2-\alpha x_1=p^2-q-\alpha p=p(p-\alpha)-q=p\cdot\beta-\alpha\cdot\beta=\beta^2$$
同理$x_2-\beta x_1=\alpha^2$，于是有如下结论.

(1)$q=\alpha\beta\neq0$时，$\{x_n-\alpha x_{n-1}\}$与$\{x_n-\beta x_{n-1}\}$是分别以β^2和α^2为首项，以β和α为公比的等比数列，即
$$x_{n+1}-\alpha x_n=\beta^{n+1} \quad ①$$
$$x_{n+1}-\beta x_n=\alpha^{n+1} \quad ②$$

(ⅰ)$\alpha\neq\beta$时,①－②:$(\beta-\alpha)x_n=\beta^{n+1}-\alpha^{n+1}$,即 $x_n=\dfrac{\beta^{n+1}-\alpha^{n+1}}{\beta-\alpha}$.

(ⅱ)$\alpha=\beta$时,①与②合为 $x_{n+1}=\alpha x_n+\alpha^{n+1}$,$\dfrac{x_{n+1}}{\alpha^{n+1}}=\dfrac{x_n}{\alpha^n}+1$,此时$\{\dfrac{x_n}{\alpha^n}\}$是以$\dfrac{x_1}{\alpha}=2$为首项,以1为公差的等差数列.$\dfrac{x_n}{\alpha^n}=n+1$,$x_n=(n+1)\alpha^n$.

(2)$q=\alpha\beta=0$,$p=\alpha+\beta\neq 0$时,不妨设$\beta=0$,则$\alpha\neq 0$,由②知 $x_n=\alpha^n$,可并入(1)(ⅰ).

(3)$\alpha=\beta=0$时,$x_n=0$,可并入(1)(ⅱ).综上

$$x_n=\begin{cases}\dfrac{\beta^{n+1}-\alpha^{n+1}}{\beta-\alpha}(\alpha\neq\beta)\\(n+1)\alpha^n(\alpha=\beta)\end{cases}$$

(Ⅲ)由已知得

$$S_n=2\times\frac{1}{2}+3\times\left(\frac{1}{2}\right)^2+\cdots+(n+1)\left(\frac{1}{2}\right)^n$$

$$\frac{1}{2}S_n=2\times\left(\frac{1}{2}\right)^2+\cdots+n\cdot\left(\frac{1}{2}\right)^n+(n+1)\cdot\left(\frac{1}{2}\right)^{n+1}$$

两式相减得

$$\frac{1}{2}S_n=1+\left(\frac{1}{2}\right)^2+\cdots+\left(\frac{1}{2}\right)^n-(n+1)\left(\frac{1}{2}\right)^{n+1}$$

$$S_n=2+\frac{1}{2}+\cdots+\left(\frac{1}{2}\right)^{n-1}-(n+1)\cdot\left(\frac{1}{2}\right)^n=$$

$$3-\left(\frac{1}{2}\right)^{n-1}-(n+1)\cdot\left(\frac{1}{2}\right)^n=$$

$$3-(n+3)\cdot\left(\frac{1}{2}\right)^n$$

题目64(09陕西　理22)已知数列$\{x_n\}$满足$x_1=\dfrac{1}{2}$,$x_{n+1}=\dfrac{1}{1+x_n}$,$n\in\mathbf{N}^*$.

(Ⅰ)猜想数列$\{x_{2n}\}$的单调性,并证明你的结论;(Ⅱ)证明:$|x_{n+1}-x_n|\leqslant\dfrac{1}{6}\left(\dfrac{2}{5}\right)^{n-1}$.

解　(Ⅰ)由$x_1=\dfrac{1}{2}\in(0,1)$,及$x_{n+1}=\dfrac{1}{1+x_n}$有$\forall n\in\mathbf{N}^*$,$x_n\in(0,1)$.方程$x=\dfrac{1}{1+x}$即$x^2+x-1=0$两根

$$\alpha=\frac{\sqrt{5}-1}{2},\beta=\frac{-\sqrt{5}-1}{2}$$

$$x_{n+1}-\alpha=\frac{1}{1+x_n}-\alpha=\frac{1-\alpha-\alpha x_n}{1+x_n}=\frac{\alpha^2-\alpha x_n}{1+x_n}=\alpha\cdot\frac{\alpha-x_n}{1+x_n}$$

由$\dfrac{\alpha}{1+x_n}>0$得$x_{n+1}-\alpha$与$x_n-\alpha$异号,又$x_1=\dfrac{1}{2}<\alpha$,所以对$\forall n\in\mathbf{N}^*$,$x_{2n-1}<\alpha$,$x_{2n}>\alpha$,又$x_n=\dfrac{1}{x_{n+1}}-1$.故

$$x_{2n+2}-x_{2n}=\frac{1}{1+x_{2n+1}}-\frac{1}{x_{2n+1}}+1=\frac{x_{2n+1}^2+x_{2n+1}-1}{x_{2n+1}(1+x_{2n+1})}$$

由 $x_{2n+1}\in(0,\alpha)\subset(\beta,\alpha)$，而 $x^2+x-1<0$ 解集为 (β,α)，故 $x_{2n+1}^2+x_{2n+1}-1<0$，所以有 $x_{2n+2}<x_{2n}$，$\{x_{2n}\}$ 递减.

（Ⅱ）$x_2=\dfrac{1}{1+\frac{1}{2}}=\dfrac{2}{3}$，由（Ⅰ）有 $\forall n\in\mathbf{N}^*$，$x_n\leqslant x_2=\dfrac{2}{3}$ 有

$$|x_{n+1}-x_n|=\left|\frac{1}{1+x_n}-\frac{1}{1+x_{n-1}}\right|=\frac{|x_n-x_{n-1}|}{(1+x_n)(1+x_{n-1})}$$

由 $$(1+x_n)(1+x_{n-1})=(1+x_n)\frac{1}{x_n}=1+\frac{1}{x_n}\geqslant 1+\frac{3}{2}=\frac{5}{2}$$

故 $$|x_{n+1}-x_n|\leqslant\frac{2}{5}|x_n-x_{n-1}|\leqslant\cdots\leqslant|x_2-x_1|\left(\frac{2}{5}\right)^{n-1}$$

又 $$x_2-x_1=\frac{2}{3}-\frac{1}{2}=\frac{1}{6}$$

故 $$|x_{n+1}-x_n|\leqslant\frac{1}{6}\cdot\left(\frac{2}{5}\right)^{n-1}$$

题目 65(08 湖南　文 20) 数列 $\{a_n\}$ 满足 $a_1=0$，$a_2=2$，$a_{n+2}=(1+\cos^2\dfrac{n\pi}{2})a_n+4\sin^2\dfrac{n\pi}{2}$，$n=1,2,3,\cdots$.

（Ⅰ）求 a_3，a_4，并求数列 $\{a_n\}$ 的通项公式；

（Ⅱ）设 $S_k=a_1+a_3+\cdots+a_{2k-1}$，$T_k=a_2+a_4+\cdots+a_{2k}$，$W_k=\dfrac{2S_k}{2+T_k}(k\in\mathbf{N}^*)$，求使 $W_k>1$ 的所有 k 的值，并说明理由.

解　（Ⅰ）由 $a_1=0$，$a_3=(1+\cos^2\dfrac{\pi}{2})a_1+4\sin^2\dfrac{\pi}{2}=0+4=4$.

由 $a_2=2$，$a_4=(1+\cos^2\pi)a_2+4\sin^2\pi=2\times2=4$.

当 $n=2k-1(k\in\mathbf{N}^*)$ 时

$$a_{2k+1}=\left[1+\cos^2\frac{(2k-1)\pi}{2}\right]a_{2k-1}+4\sin^2\frac{2k-1}{2}\pi=a_{2k-1}+4$$

所以数列 $\{a_{2k-1}\}$ 是首项为 0，公差为 4 的等差数列，即 $a_{2k-1}=4(k-1)$.

当 $n=2k(k\in\mathbf{N}^*)$ 时

$$a_{2k+2}=(1+\cos^2\frac{2k\pi}{2})a_{2k}+4\sin^2\frac{2k}{2}\pi=2a_{2k}$$

所以数列 $\{a_{2k}\}$ 是首项为 2，公比为 2 的等比数列，$a_{2k}=2^k$.

故数列 $\{a_n\}$ 的通项公式为 $a_n=\begin{cases}2(n-1),n=2k-1(k\in\mathbf{N}^*)\\2^{\frac{n}{2}},n=2k(k\in\mathbf{N}^*)\end{cases}$.

（Ⅱ）由（Ⅰ）知

$$S_k=a_1+a_3+\cdots+a_{2k-1}=0+4+\cdots+4(k-1)=2k(k-1)$$

$$T_k=a_2+a_4+\cdots+a_{2k}=2+2^2+\cdots 2^k=2^{k+1}-2$$

即 $W_k=\dfrac{2S_k}{2+T_k}=\dfrac{k(k-1)}{2^{k-1}}$，于是

$$W_1=0,W_2=1,W_3=\frac{3}{2},W_4=\frac{3}{2},W_5=\frac{5}{4},W_6=\frac{15}{16}$$

下面证明：当 $k\geqslant 6$ 时，$W_k<1$.

事实上，当 $k\geqslant 6$ 时，$W_{k+1}-W_k=\dfrac{(k+1)k}{2^k}-\dfrac{k(k-1)}{2^{k-1}}=\dfrac{k(3-k)}{2^k}<0$，即 $W_{k+1}<W_k$，又 $W_6<1$，所以当 $k\geqslant 6$ 时，$W_k<1$，故满足 $W_k>1$ 的所有 k 的值为3，4，5.

题目66（10重庆　理21）在数列$\{a_n\}$中，$a_1=1,a_{n+1}=ca_n+c^{n+1}(2n+1)(n\in\mathbf{N}^*)$其中实数 $c\neq 0$.

（Ⅰ）求$\{a_n\}$的通项公式；（Ⅱ）若对一切 $k\in\mathbf{N}^*$ 有 $a_{2k}>a_{2k-1}$，求 c 的取值范围.

解　（Ⅰ）由题设得$\dfrac{a_{n+1}}{c^{n+1}}=\dfrac{a_n}{c^n}+2n+1$，令$\dfrac{a_n}{c^n}=b_n$，则 $b_{n+1}-b_n=2n+1$，且 $b_1=\dfrac{1}{c}$.

于是 $b_n=b_1+\sum\limits_{k=1}^{n-1}(b_{k+1}-b_k)=b_1+\sum\limits_{k=1}^{n-1}(2k+1)=\dfrac{1}{c}+(n^2-1)(n\geqslant 2)$，$b_1=\dfrac{1}{c}$ 也满足此式. 故$\dfrac{a_n}{c^n}=\dfrac{1}{c}+(n^2-1)$，$a_n=c^{n-1}+(n^2-1)\cdot c^n(n\in\mathbf{N}^*)$.

（Ⅱ）　　$a_{2k}=(4k^2-1)\cdot c^{2k}+c^{2k-1}>a_{2k-1}=4k(k-1)\cdot c^{2k-1}+c^{2k-2}$

由 $c^{2k-2}>0$，$(4k^2-1)\cdot c^2-4k(k-1)c+c-1>0$. 整理得 $4c(c-1)k^2+4ck-(c^2-c+1)>0$，对 $k\in\mathbf{N}^*$ 恒成立.

设 $f(x)=4c(c-1)x^2+4cx-(c^2-c+1)>0$.

(1)$c=1$ 时，$a_n=n^2$，$a_{2k}=4k^2>4k^2-4k+1=(2k-1)^2=a_{2k-1}$ 显然成立.

(2)$c\neq 1$ 时，又 $c\neq 0$. 故 $4c(c-1)\neq 0$.

由于要求 $k\in\mathbf{N}^*$，总有 $f(k)>0$，必须 $c(c-1)>0$. 即 $c<0$ 或 $c>1$.

$f(x)$ 的对称轴为 $x=\dfrac{1}{2(1-c)}$，且$\dfrac{1}{2(1-c)}<1$ 在 $c<0$ 或 $c>1$ 时总成立. 于是对 $k\in\mathbf{N}^*$，$f(k)>0$ 恒成立，只需 $f(1)>0$，即 $3c^2+c-1>0$. 解之得 $c<\dfrac{-1-\sqrt{13}}{6}$ 或 $c>\dfrac{-1+\sqrt{13}}{6}$. 注意到 $c<0$ 或 $c>1$ 的条件. 得 $c<-\dfrac{1+\sqrt{13}}{6}$ 或 $c>1$.

由(1)，(2)，满足题意的 c 的取值范围是$\left(-\infty,-\dfrac{1+\sqrt{13}}{6}\right)\cup[1,+\infty)$.

题目67（10湖南　理21）数列$\{a_n\}(n\in\mathbf{N}^*)$中，$a_1=a$，$a_{n+1}$ 是函数 $f_n(x)=\dfrac{1}{3}x^3-\dfrac{1}{2}(3a_n+n^2)x^2+3n^2a_nx$ 的极小值点.

（Ⅰ）当 $a=0$ 时，求通项 a_n；

（Ⅱ）是否存在 a，使数列$\{a_n\}$是等比数列？若存在，求 a 的取值范围；若不存在，请说明理由.

解　（Ⅰ）$f'_n(x)=x^2-(3a_n+n^2)x+3a_n\cdot n^2$，令 $f'_n(x)=0$，解得：$x_1=3a_n$，$x_2=$

n^2.

记 $\alpha_n = \min\{3a_n, n^2\}$，$\beta_n = \max\{3a_n, n^2\}$. 则 $f_n{}'(x) = (x-\alpha_n)(x-\beta_n)$.

当 $\alpha_n = \beta_n$ 时，即 $3a_n = n^2$ 时，$f'_n(x) \geqslant 0$ 恒成立，$f_n(x)$ 在 $\mathbf{R}$ 上单调递增无极值；故必须$3a_n \neq n^2$，则 $\alpha_n < \beta_n$. $x \in (-\infty, \alpha_n)$ 时 $f'_n(x) > 0$，$f_n(x)$ 单调递增，$x \in (\alpha_n, \beta_n)$ 时 $f'_n(x) < 0$，$f_n(x)$ 单调递减，$x \in (\beta_n, +\infty)$ 时 $f'_n(x) > 0$，$f_n(x)$ 单调递增. 于是 β_n 为 $f_n(x)$ 的极小值点.

故 $a_{n+1} = \max\{3a_n, n^2\}$.

$a_1 = a = 0$ 时，$1^2 > 0$，$a_2 = 1$，$2^2 > 3\times1$，$a_3 = 4$，$3^2 < 3\times4 = 12$，$a_4 = 12$. 以下证明：当 $n \geqslant 3$，$3a_n > n^2$.

(1) 当 $n = 3$ 时，已验证结论成立.

(2) 设 $3a_k > k^2(k\geqslant3)$，则 $a_{k+1} = 3a_k$，$3a_{k+1} = 3\cdot(3a_{k.}) > 3\cdot k^2 = k^2+k^2+k^2 > k^2 + 2k+1 = (k+1)^2$.

由数学归纳原理，$n\geqslant 3$ 时，$3a_n > n^2$.

于是第三项以后 $a_{n+1} = 3a_n \Rightarrow a_n = a_3\cdot 3^{n-3} = 4\cdot 3^{n-3}(n\geqslant3)$，$a_1 = 0$，$a_2 = 1$.

(Ⅱ) 设存在 a，使 $\{a_n\}$ 成等比数列. 则必须有 $a_{n+1} = 3a_n$，即 $3a_n > n^2$ 对 $n\in\mathbf{N}^*$ 恒成立，由等比可得 $a_n = a\cdot3^{n-1}$，$3a_n = a\cdot 3^n$. 于是求 a 的取值范围，使 $a\cdot3^n > n^2$ 即 $a > \dfrac{n^2}{3^n}$ 对一切 $n\in\mathbf{N}^*$ 成立.

记 $c_n = \dfrac{n^2}{3^n}$，则 $\lambda_n = \dfrac{c_{n+1}}{c_n} = \dfrac{(n+1)^2}{3\cdot n^2} = \dfrac{1}{3}\left(1+\dfrac{1}{n}\right)^2$ 关于 n 单调递减. 又 $\lambda_1 = \dfrac{4}{3} > 1$，$\lambda_2 = \dfrac{3}{4} < 1$，且 $n\geqslant 2$ 时，$\lambda_n \leqslant \lambda_2 < 1$. 所以 $c_1 < c_2$，且 $c_2 > c_3 > \cdots > c_n > \cdots$，即 c_2 为 $\{c_n\}$ 的最大项. 故只需 $a > c_2 = \dfrac{4}{9}$ 即可. 使 $\{a_n\}$ 成等比数列的 a 的取值范围是 $\left(\dfrac{4}{9}, +\infty\right)$.

题目 68(09 四川　理 22) 设数列 $\{a_n\}$ 的前 n 项和为 S_n，对任意的正整数 n，都有 $a_n = 5S_n + 1$ 成立，记 $b_n = \dfrac{4+a_n}{1-a_n}(n\in\mathbf{N}^*)$.

(Ⅰ) 求数列 $\{b_n\}$ 的通项公式；

(Ⅱ) 记 $c_n = b_{2n} - b_{2n-1}(n\in\mathbf{N}^*)$，设数列 $\{c_n\}$ 的前 n 项和为 T_n，求证：对任意正整数 n 都有 $T_n < \dfrac{3}{2}$；

(Ⅲ) 设数列 $\{b_n\}$ 的前 n 项和为 R_n，已知正实数 λ 满足：对任意正整数 n，$R_n \leqslant \lambda n$ 恒成立，求 λ 的最小值.

解　(Ⅰ) 当 $n = 1$ 时，$a_1 = 5a_1 + 1$，所以 $a_1 = -\dfrac{1}{4}$. 又因为 $a_n = 5S_n + 1$，$a_{n+1} = 5S_{n+1} + 1$，所以 $a_{n+1} - a_n - 5a_{n+1}$，即 $a_{n+1} = -\dfrac{1}{4}a_n(n\geqslant 1)$，所以数列 $\{a_n\}$ 成等比数列，其首项$a_1 = -\dfrac{1}{4}$，公比是 $q = -\dfrac{1}{4}$，所以 $a_n = \left(-\dfrac{1}{4}\right)^n$，所以

$$b_n=\frac{4+(-\frac{1}{4})^n}{1-(-\frac{1}{4})^n}=\frac{4\cdot(-4)^n+1}{(-4)^n-1}$$

(Ⅱ)由已知得

$$b_n=4+\frac{5}{(-4)^n-1}$$

所以

$$c_n=b_{2n}-b_{2n-1}=\frac{5}{4^{2n}-1}+\frac{5}{4^{2n-1}+1}=$$

$$\frac{25\times16^n}{(16^n-1)(16^n+4)}=\frac{25\times16^n}{(16^n)^2+3\times16^n-4}<$$

$$\frac{25\times16^n}{(16^n)^2}=\frac{25}{16^n}$$

又 $b_1=3,b_2=\frac{13}{3}$,所以 $c_1=\frac{4}{3}$.

当 $n=1$ 时,$T_1=c_1<\frac{3}{2}$ 结论成立.

当 $n\geqslant2$ 时

$$T_n<\frac{4}{3}+25\times(\frac{1}{16^2}+\frac{1}{16^3}+\cdots+\frac{1}{16^n})=$$

$$\frac{4}{3}+25\times\frac{\frac{1}{16^2}[1-(\frac{1}{16})^{n-1}]}{1-\frac{1}{16}}<$$

$$\frac{4}{3}+25\times\frac{1}{15\times16}=\frac{69}{48}<\frac{3}{2}$$

(Ⅲ)由(Ⅱ)知 $b_n=4+\frac{5}{(-4)^n-1}$,一方面,已知 $R_n\leqslant\lambda n$ 恒成立,取 n 为大于 1 的奇数时,设 $n=2k+1(k\in\mathbf{N}^*)$,则

$$R_n=b_1+b_2+\cdots+b_{2k+1}=4n+5\times(-\frac{1}{4^1+1}+\frac{1}{4^2-1}-\frac{1}{4^3+1}+\cdots-\frac{1}{4^{2k+1}+1})=$$

$$4n+5\times[-\frac{1}{4^1+1}+(\frac{1}{4^2-1}-\frac{1}{4^3+1})+\cdots+(\frac{1}{4^{2k}-1}-\frac{1}{4^{2k+1}+1})]>4n-1$$

所以 $\lambda n\geqslant R_n>4n-1$,即

$$(\lambda-4)n>-1\Rightarrow\lambda-4>-\frac{1}{n}$$

对一切大于 1 的奇数 n 恒成立,注意到 $n\in\mathbf{N}^*$ 时,$-\frac{1}{n}\in[-1,0)$.故 $\lambda-4\geqslant0$,即 $\lambda\geqslant4$(否则,$(\lambda-4)n>-1$ 只对满足 $n<\frac{1}{4-\lambda}$ 的正奇数 n 成立,矛盾).

另一方面,当 $\lambda=4$ 时,对一切的正整数 n 恒有 $R_n\leqslant4n$,事实上,对任意的正整数 k 有

$$b_{2k-1}+b_{2k}=8+\frac{5}{(-4)^{2k-1}-1}+\frac{5}{(-4)^{2k}-1}=$$

$$8+\frac{5}{(16)^k-1}-\frac{20}{(16)^k+4}=8-\frac{15\times16^k-40}{(16^k-1)(16^k+4)}<8$$

所以当 n 为偶数时,设 $n=2m(m\in\mathbf{N}^*)$,则

$$R_n=(b_1+b_2)+(b_3+b_4)+\cdots+(b_{2m-1}+b_{2m})<8m=4n$$

当 n 为奇数时,设 $n=2m-1(m\in\mathbf{N}^*)$,则

$$R_n=(b_1+b_2)+(b_3+b_4)+\cdots+(b_{2m-3}+b_{2m-2})+b_{2m-1}<8(m-1)+4=8m-4=4n$$

所以对一切的正整数 n,都有 $R_n\leqslant 4n$.

综上所述,正实数 λ 的最小值为 4.

题目 69(09 四川　文 22) 设数列$\{a_n\}$的前 n 项和为 S_n,对任意的正整数 n,都有 $a_n=5S_n+1$ 成立,记 $b_n=\dfrac{4+a_n}{1-a_n}(n\in\mathbf{N}^*)$.

(Ⅰ)求数列$\{a_n\}$与数列$\{b_n\}$的通项公式;

(Ⅱ)设数列$\{b_n\}$的前 n 项和为 R_n,是否存在正整数 k,使得 $R_k\geqslant 4k$ 成立?若存在,找出一个正整数 k;若不存在,请说明理由;

(Ⅲ)记 $c_n=b_{2n}-b_{2n-1}(n\in\mathbf{N}^*)$,设数列$\{c_n\}$的前 n 项和为 T_n,求证:对任意正整数 n 都有 $T_n<\dfrac{3}{2}$.

解　(Ⅰ)见(09 四川　理 22)(Ⅰ).

(Ⅱ)

$$b_{2n-1}=\frac{4^{2n}-1}{4^{2n-1}+1}=\frac{4^{2n}+4-5}{4^{2n-1}+1}=4-\frac{5}{4^{2n-1}+1}<4$$

$$b_{2n}=\frac{4^{2n+1}+1}{4^{2n}-1}=\frac{4^{2n+1}-4+5}{4^{2n}-1}=4+\frac{5}{4^{2n}-1}>4$$

$$b_{2n-1}+b_{2n}=8+\frac{5}{4^{2n}-1}-\frac{5}{4^{2n-1}+1}=8+\frac{5}{4^{2n-1}+3\cdot4^{2n-1}-1}-\frac{5}{4^{2n-1}+1}<8$$

故

$$R_{2n}<8n=4\cdot(2n),R_{2n-1}=R_{2n}-b_{2n}<8n-4=4(2n-1)$$

综上所述,有 $R_n<4n$,对所有 $n\in\mathbf{N}^*$ 成立,因此使 $R_k\geqslant 4k$ 的 k 不存在.

(Ⅲ)见(09 四川理 22)(Ⅲ).

题目 70(07 重庆　文 22 理 21) 已知各项均为正数的数列$\{a_n\}$的前 n 项和 S_n 满足 $S_1>1$,且 $6S_n=(a_n+1)\cdot(a_n+2)$,$n\in\mathbf{N}^*$.

(Ⅰ)求$\{a_n\}$的通项公式;

(Ⅱ)设数列$\{b_n\}$满足 $a_n(2^{b_n}-1)=1$,并记 T_n 为$\{b_n\}$的前 n 项和,求证:$3T_n+1>\log_2(a_n+3)$,$n\in\mathbf{N}^*$.

解　(Ⅰ)由 $a_1=S_1=\dfrac{1}{6}(a_1+1)(a_1+2)$,解得 $a_1=1$ 或 $a_1=2$,由 $a_1=S_1>1$,因此 $a_1=2$.又由

$$a_{n+1}=S_{n+1}-S_n=\frac{1}{6}(a_{n+1}+1)(a_{n+1}+2)-\frac{1}{6}(a_n+1)(a_n+2)$$

得

$$(a_{n+1}+a_n)(a_{n+1}-a_n-3)=0$$

因为 $a_n>0$. 所以 $a_{n+1}-a_n=3$,从而$\{a_n\}$是公差为3,首项为2的等差数列,故$\{a_n\}$的通项为 $a_n=3n-1$.

(Ⅱ) **方法** 1:由 $a_n(2^{b_n}-1)=1$ 可解得 $b_n=\log_2(1+\frac{1}{a_n})=\log_2\frac{3n}{3n-1}$. 从而

$$T_n=b_1+b_2+\cdots+b_n=\log_2(\frac{3}{2}\cdot\frac{6}{5}\cdot\cdots\cdot\frac{3n}{3n-1})$$

下面用数学归纳法证明:$3T_n+1>\log_2(a_n+3)$.

(ⅰ) 当 $n=1$ 时

$$3T_1+1=3b_1+1=3\log_2\frac{3}{2}+1=\log_2\frac{27}{4},\log_2(a_1+3)=\log_2 5$$

因此 $3T_1+1>\log_2(a_1+3)$,即当 $n=1$ 时结论成立.

(ⅱ) 假设当 $n=k$ 时结论成立,即 $3T_k+1>\log_2(a_k+3)$. 则当 $n=k+1$ 时

$$\begin{aligned}&3T_{k+1}+1-\log_2(a_{k+1}+3)=3T_k+1+3b_{k+1}-\log_2(a_{k+1}+3)>\\&\log_2(a_k+3)-\log_2(a_{k+1}+3)+3b_{k+1}=\\&\log_2(3k+2)-\log_2(3k+5)+3\log_2\frac{3(k+1)}{3k+2}=\\&\log_2\frac{(3k+3)^3}{(3k+5)(3k+2)^2}\end{aligned}$$

因

$$\begin{aligned}(3k+5)(3k+2)^2&=[(3k+3)+2][(3k+3)^2-2(3k+3)+1]=\\&(3k+3)^3-3(3k+3)+2<(3k+3)^3\end{aligned}$$

故

$$\log_2\frac{(3k+3)^3}{(3k+5)(3k+2)^2}>\log_2 1=0$$

从而

$$3T_{k+1}+1>\log_2(a_{k+1}+3)$$

即当 $n=k+1$ 时结论也成立.

综上,$3T_n+1>\log_2(a_n+3)$ 对任何 $n\in\mathbf{N}^*$ 成立.

方法 2:由 $a_n(2^{b_n}-1)=1$ 可解得

$$b_n=\log_2(1+\frac{1}{a_n})=\log_2\frac{3n}{3n-1}$$

从而

$$T_n=b_1+b_2+\cdots+b_n=\log_2(\frac{3}{2}\cdot\frac{6}{5}\cdot\cdots\cdot\frac{3n}{3n-1})$$

因此

$$3T_n+1-\log_2(a_n+3)=\log_2[(\frac{3}{2}\cdot\frac{6}{5}\cdot\cdots\cdot\frac{3n}{3n-1})^3\cdot\frac{2}{3n+2}]$$

令

$$f(n)=(\frac{3}{2}\cdot\frac{6}{5}\cdot\cdots\cdot\frac{3n}{3n-1})^3\cdot\frac{2}{3n+2}$$

则

$$\frac{f(n+1)}{f(n)}=\frac{3n+2}{3n+5}\cdot(\frac{3n+3}{3n+2})^3=\frac{(3n+3)^3}{(3n+5)(3n+2)^2}$$

因

$$(3n+3)^3-(3n+5)(3n+2)^2=9n+7>0$$

故 $f(n+1)>f(n)$. 所以 $f(n)\geqslant f(1)=\frac{27}{20}>1$，从而

$$3T_n+1-\log_2(a_n+3)=\log_2 f(n)>0$$

即 $3T_n+1>\log_2(a_n+3)$.

题目 71(08 重庆　理 22) 设各项均为正数的数列 $\{a_n\}$ 满足 $a_1=2, a_n=a_{n+1}^{\frac{3}{2}}a_{n+2}(n\in\mathbf{N}^*)$.

(Ⅰ) 若 $a_2=\frac{1}{4}$，求 a_3, a_4，并猜想 $a_{2\,008}$ 的值(不需证明)；

(Ⅱ) 记 $b_n=a_1a_2\cdots a_n(n\in\mathbf{N}^*)$，若 $b_n\geqslant 2\sqrt{2}$ 对 $n\geqslant 2$ 恒成立，求 a_2 的值及数列 $\{b_n\}$ 的通项公式.

解　(Ⅰ) 由已知，$a_{n+2}=a_na_{n+1}^{-\frac{3}{2}}$. 从而

$$a_1=2, a_2=2^{-2}, a_3=a_1\cdot a_2^{-\frac{3}{2}}=2^4, a_4=a_2\cdot a_3^{-\frac{3}{2}}=2^{-8}$$

故猜测 $a_{2\,008}=2^{(-2)^{2\,007}}$.

(Ⅱ) 由 $a_n=a_{n+1}^{\frac{3}{2}}a_{n+2}$，有 $\log_2 a_n=\frac{3}{2}\log_2 a_{n+1}+\log_2 a_{n+2}$，即 $\log_2 a_{n+2}=-\frac{3}{2}\log_2 a_{n+1}+\log_2 a_n$，寻求常数 r, p，使

$$\log_2 a_{n+2}+r\log_2 a_{n+1}=p(\log_2 a_{n+1}+r\log_2 a_n)$$

对照各项系数得

$$\begin{cases}p-r=-\frac{3}{2}\\ pr=1\end{cases}\Rightarrow\begin{cases}r=2\\ p=\frac{1}{2}\end{cases}或\begin{cases}r=-\frac{1}{2}\\ p=-2\end{cases}$$

所以

$$\log_2 a_{n+2}+2\log_2 a_{n+1}=\frac{1}{2}(\log_2 a_{n+1}+2\log_2 a_n)$$

等比数列 $\{\log_2 a_{n+1}+2\log_2 a_n\}$ 通项公式

$$\log_2 a_{n+1}+2\log_2 a_n=(\log_2 a_2+2\log_2 a_1)\cdot(\frac{1}{2})^{n-1} \quad ①$$

又由

$$\log_2 a_{n+2}-\frac{1}{2}\log_2 a_{n+1}=-2(\log_2 a_{n+1}-\frac{1}{2}\log_2 a_n)$$

等比数列 $\{\log_2 a_{n+1}-\frac{1}{2}\log_2 a_n\}$ 的通项公式

$$\log_2 a_{n+1} - \frac{1}{2}\log_2 a_n = (\log_2 a_2 - \frac{1}{2}\log_2 a_1)(-2)^{n-1} \quad ②$$

①－②，又 $a_1 = 2$，得

$$\frac{5}{2}\log_2 a_n = (\log_2 a_2 + 2)\left(\frac{1}{2}\right)^{n-1} - (\log_2 a_2 - \frac{1}{2})(-2)^{n-1}$$

即

$$\log_2 a_n = \frac{2}{5}\left[(\log_2 a_2 + 2)\left(\frac{1}{2}\right)^{n-1} - (\log_2 a_2 - \frac{1}{2})(-2)^{n-1}\right]$$

由 $b_n = a_1 a_2 \cdots a_n$，所以

$$\log_2 b_n = \log_2 a_1 + \log_2 a_2 + \cdots + \log_2 a_n, b_n \geqslant 2\sqrt{2} \Rightarrow \log_2 b_n \geqslant \log_2 2^{\frac{3}{2}} = \frac{3}{2}$$

即 $\log_2 a_1 + \log_2 a_2 + \cdots + \log_2 a_n \geqslant \frac{3}{2}$（$n \geqslant 2$ 成立），不妨令 $n = 2$，由上即有

$$\log_2 a_1 + \log_2 a_2 = \log_2 2 + \log_2 a_2 \geqslant \frac{3}{2}$$

从而 $\log_2 a_2 \geqslant \frac{1}{2}$，即

$$a_2 \geqslant \sqrt{2} \quad ③$$

当 $n > 2$ 时

$\log_2 a_1 + \log_2 a_2 + \cdots + \log_2 a_n =$

$\frac{2}{5}\left\{(\log_2 a_2 + 2)(1 + \frac{1}{2} + \cdots + \frac{1}{2^{n-1}}) - (\log_2 a_2 - \frac{1}{2})[1 + (-2) + \cdots + (-2)^{n-1}]\right\} =$

$\frac{2}{5}\left[(\log_2 a_2 + 2)(2 - \frac{1}{2^{n-1}}) - (\log_2 a_2 - \frac{1}{2}) \cdot \frac{1-(-2)^n}{3}\right] \geqslant \frac{3}{2} \Rightarrow$

$(\log_2 a_2 + 2)(2 - \frac{1}{2^{n-1}}) - (\log_2 a_2 - \frac{1}{2})\frac{1-(-2)^n}{3} \geqslant \frac{15}{4}$

当 $n = 2k+1$（$k \in \mathbf{N}^*$）时

$$(\log_2 a_2 + 2)(2 - \frac{1}{2^{2k}}) - (\log_2 a_2 - \frac{1}{2}) \cdot \frac{1+2^{2k+1}}{3} \geqslant \frac{15}{4}$$

$$(\log_2 a_2 + 2)(2 - \frac{1}{2^{2k}}) - \frac{15}{4} \geqslant (\log_2 a_2 - \frac{1}{2}) \cdot \frac{1+2^{2k+1}}{3} \quad (※)$$

对任意 $k \in \mathbf{N}^*$ 都成立，由于 $\frac{1+2^{2k+1}}{3}$ 可无限增大，注意到 2^{2k+1} 可以是极大的数，故只有 $\log_2 a_2 - \frac{1}{2} \leqslant 0$ 才可能，故 $\log_2 a_2 \leqslant \frac{1}{2}$，即

$$0 < a_2 \leqslant \sqrt{2} \quad ④$$

所以由③，④得 $a_2 = \sqrt{2}$. 又因为

$$\log_2 b_n = \frac{2}{5}\left[(\frac{1}{2} + 2)(2 - \frac{1}{2^{n-1}})\right] = 2 - \frac{1}{2^{n-1}}$$

所以 $b_n = 2^{2-\frac{1}{2^{n-1}}}$（$n \in \mathbf{N}^*$）.

题目 72（09 上海　理 23）已知 $\{a_n\}$ 是公差为 d 的等差数列，$\{b_n\}$ 是公比为 q 的等比数

列.

(Ⅰ)若 $a_n=3n+1$.是否存在 $m,k\in\mathbf{N}^*$,有 $a_m+a_{m+1}=a_k$?说明理由;

(Ⅱ)找出所有数列$\{a_n\}$和$\{b_n\}$,使对一切 $n\in\mathbf{N}^*$,$\frac{a_{n+1}}{a_n}=b_n$,并说明理由;

(Ⅲ)若 $a_1=5,d=4,b_1=q=3$,试确定所有的 p,使数列$\{a_n\}$中存在某个连续 p 项的和是数列$\{b_n\}$中的一项,请证明.

解 (Ⅰ)若 $3m+1+3(m+1)+1=3k+1$,则有 $3(2m+1)+2=3k+1$,右边被 3 除余 1,左边被 3 除余 2,这不可能.故这样的 m,k 不存在.

(Ⅱ)$\frac{a_{n+1}}{a_n}=b_n,\frac{a_{n+2}}{a_{n+1}}=b_{n+1},q=\frac{b_{n+1}}{b_n}=\frac{a_{n+2}a_n}{a_{n+1}^2}=\frac{a_{n+1}^2-d^2}{a_{n+1}^2}$,从而 $d^2=a_{n+1}^2(1-q)$ 对所有 $n\in\mathbf{N}^*$ 成立.

由 d,q 为常数,若 $d\neq 0$,则由 a_{n+1}^2 取无穷多的值,此等式不能成立,从而 $d=0,q=1$.所以$\{a_n\}$是非零常数列.$\{b_n\}$是 1 组成的常数列.

(Ⅲ)$a_n=4n+1,b_n=3^n$,由题意存在 $m,k\in\mathbf{N}^*$ 使 $a_m+a_{m+1}+\cdots+a_{m+p-1}=b_k$,即

$$\frac{p}{2}[a_m+a_{m+p-1}]=3^k$$

$$\frac{p}{2}[4m+1+4(m+p-1)+1]=3^k$$

$$p(4m-1+2p)=3^k \qquad (※)$$

所以必要条件是 $p=3^s,s\in\mathbf{N}$.

下证这也是充分条件:对固定的 $s\in\mathbf{N}$,寻求 m,k 使(※)成立,即

$$3^s[4m-1+2\cdot 3^s]=3^k,3^{k-s}-3^s=4m-1+3^s\geqslant 4>0$$

故 $k-s>s,k>2s$.又

$$4m=3^{k-s}-2\cdot 3^s+1=3^{k-s}-1-2(3^s-1)$$

由 3^s 为奇数,$2(3^s-1)$ 为 4 的倍数

$$3^{k-s}-1=(4-1)^{k-s}-1=4l+(-1)^{k-s}-1\quad(l\in\mathbf{N})$$

故当 $k-s$ 为正偶数时,$3^{k-s}-1$ 为 4 的倍数,此时能保证 $m\in\mathbf{Z}$.

而当 $k>2s$ 时,$k\geqslant 2s+1,4m=3^{k-s}-2\cdot 3^s+1=3^s(3^{k-2s}-2)+1>0$,所以当 $k>2s$ 且 $k-s$ 为正偶数时,$m\in\mathbf{N}^*$.实际上对 $s\in\mathbf{N}$,可用下述 E 方法确定 k,m;

$s=0$ 时,令 $k=2$,则由(※)有 $4m+1=9,m=2$.

$s\geqslant 1$ 时,令 $k=3s$,由(※)有 $4m=3^{2s}-2\cdot 3^s+1=(3^s-1)^2,m=(\frac{3^s-1}{2})^2\in\mathbf{N}^*$.

综上所述,p 组成的集合为$\{3^s\mid s\in\mathbf{N}\}$.

题目 73(10 天津 理 22)在数列$\{a_n\}$中,$a_1=0$,且对任意 $k\in\mathbf{N}^*$,a_{2k-1},a_{2k},a_{2k+1} 成等差数列,其公差为 d.

(Ⅰ)若 $d_k=2k$,证明 a_{2k},a_{2k+1},a_{2k+2} 成等比数列($k\in\mathbf{N}^*$);

(Ⅱ)若对任意 $k\in\mathbf{N}^*$,a_{2k},a_{2k+1},a_{2k+2} 成等比数列,其公比为 q_k.

(ⅰ)设 $q_1\neq 1$,证明$\{\frac{1}{q_k-1}\}$是等差数列;

(ⅱ)若 $a_2=2$,证明 $\frac{3}{2}<2n-\sum\limits_{k=2}^{n}\frac{k^2}{a_k}\leqslant 2\quad(n\geqslant 2)$.

解 (Ⅰ)由题设,$a_{2k+1}-a_{2k-1}=2d_k=4k$,且 $a_1=0$,则

$$a_{2k-1}=a_1+\sum_{i=1}^{k-1}(a_{2i+1}-a_{2i-1})=\sum_{i=1}^{k-1}4i=2k(k-1)\quad(k\geqslant 2)$$

显然 $a_1=0$ 也满足上式,故 $a_{2k-1}=2k(k-1)(k\geqslant 1)$,于是

$$a_{2k}=a_{2k-1}+d_k=2k^2,a_{2k+2}=2(k+1)^2$$

所以有

$$a_{2k}\cdot a_{2k+2}=2k^2\cdot 2(k+1)^2=[2k(k+1)]^2=a_{2k+1}^2$$

即 a_{2k},a_{2k+1},a_{2k+2} 成等比数列.

(Ⅱ)**方法1**:由 a_{2k},a_{2k+1},a_{2k+2} 成等比数列,有 $a_{2k}\cdot a_{2k+2}=a_{2k+1}^2$,即

$$(a_{2k+1}-d_k)(a_{2k+1}+d_{k+1})=a_{2k+1}^2\Rightarrow(d_{k+1}-d_k)a_{2k+1}=d_k\cdot d_{k+1},d_{k+1}\neq 0$$

否则 $a_{2k+2}=a_{2k+1}$,则 $q_k=1\Rightarrow d_k=0\cdots\Rightarrow q_1=1$(将导致 $a_n=0$)矛盾.同样$\{d_k\}$也不能是常数数列.

$$a_{2k+1}=\frac{d_k\cdot d_{k+1}}{d_{k+1}-d_k},a_{2k+3}=\frac{d_{k+1}\cdot d_{k+2}}{d_{k+2}-d_{k+1}}$$

又

$$a_{2k+3}-a_{2k+1}=2d_{k+1}$$

所以

$$2d_{k+1}=\frac{d_{k+1}d_{k+2}}{d_{k+2}-d_{k+1}}-\frac{d_kd_{k+1}}{d_{k+1}-d_k}$$

因此

$$2=\frac{d_{k+2}}{d_{k+2}-d_{k+1}}-\frac{d_k}{d_{k+1}-d_k}$$

去分母得

$$2(d_{k+2}-d_{k+1})(d_{k+1}-d_k)=d_{k+2}(d_{k+1}-d_k)-d_k(d_{k+2}-d_{k+1})$$

$$(d_{k+2}-d_{k+1})(d_{k+1}-d_k)+d_k(d_{k+2}-d_{k+1})=d_{k+2}(d_{k+1}-d_k)-(d_{k+2}-d_{k+1})(d_{k+1}-d_k)$$

$$(d_{k+2}-d_{k+1})\cdot d_{k+1}=(d_{k+1}-d_k)\cdot d_{k+1},d_{k+2}-d_{k+1}=d_{k+1}-d_k$$

这表明$\{d_k\}$为等差数列.设其公差为 $d(\neq 0)$.

(ⅰ)$a_{2k+2}-a_{2k+1}=d_{k+1}=(a_{2k+1}-a_{2k})\cdot q_k=d_k\cdot q_k$.对 $d_{k+1}=d_k\cdot q_k$,两边同减 d_k 得

$$d_{k+1}-d_k=d_k(q_k-1)=d,\frac{1}{q_k-1}=\frac{d_k}{d}$$

所以$\{\frac{1}{q_k-1}\}$是等差数列.

(ⅱ)由 $a_2=2,d_1=a_2-a_1=2\Rightarrow a_3=4,q_1=\frac{a_3}{a_2}=2\Rightarrow a_4=8\Rightarrow d_2=4$.于是等差数列$\{d_k\}$的首项 $d_1=2$,公差 $d=d_2-d_1=2$,得 $d_k=2k$.由(Ⅰ)$a_{2k-1}=2k(k-1),a_{2k}=2k^2$.

$$\frac{(2k+1)^2}{a_{2k+1}}=\frac{4k^2+4k+1}{2k(k+1)}=2+\frac{1}{2k(k+1)}=2+\frac{1}{2}(\frac{1}{k}-\frac{1}{k+1})\quad(k\geqslant 1)$$

$$\frac{(2k)^2}{a_{2k}}=\frac{4k^2}{2k^2}=2\quad(k\geqslant 1)$$

(1)$n=2$ 时,$\frac{3}{2}<4-2=2$,结论成立.

(2) 当 $n=2m+1(m\geqslant 1)$ 时

$$2n-\sum_{k=2}^{n}\frac{k^2}{a_k}=2n-\sum_{i=1}^{m}\frac{(2i)^2}{a_{2i}}-\sum_{i=1}^{m}\frac{(2i+1)^2}{a_{2i+1}}=$$

$$2n-2m-2m-\frac{1}{2}(1-\frac{1}{m+1})=$$

$$2-\frac{1}{2}+\frac{1}{2m+2}=\frac{3}{2}+\frac{1}{n+1}$$

注意到 $n\geqslant 3,\frac{3}{2}<\frac{3}{2}+\frac{1}{n+1}<2$.

(3) 当 $n=2m(m\geqslant 2)$ 时

$$2n-\sum_{k=2}^{n}\frac{k^2}{a_k}=2n-\sum_{i=1}^{m}\frac{(2i)^2}{a_{2i}}-\sum_{i=1}^{m}\frac{(2i+1)^2}{a_{2i+1}}=$$

$$2n-2m-2(m-1)-\frac{1}{2}(1-\frac{1}{m})=\frac{3}{2}+\frac{1}{n}$$

由 $n\geqslant 4,\frac{3}{2}<\frac{3}{2}+\frac{1}{n}<2$. 综合(1),(2),(3) 对一切 $n\geqslant 2(n\in\mathbf{N}^*)$,$\frac{3}{2}<2n-\sum_{k=2}^{n}\frac{k^2}{a_k}\leqslant 2$.

方法 2:(ⅰ) 由题设得 $\frac{a_{2k+2}}{q_k}+a_{2k+2}\cdot q_{k+1}=2a_{2k+2}$,$a_{2k},a_{2k+1},a_{2k+2}$ 成等比数列,显然 $a_{2k+2}\neq 0$. 所以,$q_{k+1}=2-\frac{1}{q_k}$,$q_{k+1}-1=1-\frac{1}{q_k}=\frac{q_k-1}{q_k}$. $q_k-1\neq 0(k\in\mathbf{N}^*)$ 否则有 $d_k=0$,进而$q_{k-1}-1=0$,…… 最终有 $q_1=1$ 与题设矛盾. 所以$\frac{1}{q_{k+1}-1}=\frac{q_k}{q_k-1}=\frac{1}{q_k-1}+1$,这表明$\{\frac{1}{q_k-1}\}$ 是等差数列,公差为 1.

(ⅱ) 由 $a_1=0,a_2=2$,得

$$a_3=4,q_1=2,\frac{1}{q_1-1}=1\Rightarrow\frac{1}{q_k-1}=k,q_k=\frac{k+1}{k}$$

$$a_{2k+2}-a_{2k+1}=d_{k+1}=(a_{2k+1}-a_{2k})q_k=d_k\cdot\frac{k+1}{k},\frac{d_{k+1}}{k+1}=\frac{d_k}{k}$$

这表明$\{\frac{d_k}{k}\}$ 为常数数列. $\frac{d_k}{k}=\frac{d_1}{1}=a_2-a_1=2,d_k=2k$. 以下同解法 1.

题目 74(10 全国 Ⅰ　理 22) 已知数列$\{a_n\}$ 中,$a_1=1,a_{n+1}=c-\frac{1}{a_n}$.

(Ⅰ) 设 $c=\frac{5}{2},b_n=\frac{1}{a_n-2}$,求数列$\{b_n\}$ 的通项公式;

(Ⅱ) 求使不等式 $a_n<a_{n+1}<3$ 成立的 c 的取值范围.

(Ⅰ) **解法** 1　因为 $a_{n+1}=\frac{5}{2}-\frac{1}{a_n}$,所以

$$\frac{1}{a_{n+1}-\frac{1}{2}}-\frac{2}{3}=\frac{1}{4}(\frac{1}{a_n-\frac{1}{2}}-\frac{2}{3})$$

所以$\left\{\frac{1}{a_n-\frac{1}{2}}-\frac{2}{3}\right\}$是以$\frac{1}{4}$为公比，以$\frac{1}{a_1-\frac{1}{2}}-\frac{2}{3}=\frac{4}{3}$为首项的等比数列，所以

$$\frac{1}{a_n-\frac{1}{2}}=\frac{4}{3}\left(\frac{1}{4}\right)^{n-1},a_n=\frac{1}{2}+\frac{3}{4\cdot\left(\frac{1}{4}\right)^{n-1}+2}$$

从而$b_n=\frac{1}{a_n-2}=-\frac{2}{3}-\frac{4^{n-1}}{3}$.

解法 2 因为$a_{n+1}=\frac{5}{2}-\frac{1}{a_n}$，所以

$$a_{n+1}-2=\frac{a_n-2}{2a_n},a_{n+1}-\frac{1}{2}=\frac{a_n-\frac{1}{2}}{\frac{1}{2}a_n}$$

所以$\frac{a_{n+1}-2}{a_{n+1}-\frac{1}{2}}=\frac{1}{4}\frac{a_n-2}{a_n-\frac{1}{2}}$，所以$\left\{\frac{a_n-2}{a_n-\frac{1}{2}}\right\}$是以$\frac{1}{4}$为公比，以$\frac{a_1-2}{a_1-\frac{1}{2}}=-2$为首项的等比数列，所以

$$\frac{a_n-2}{a_n-\frac{1}{2}}=-2\cdot\left(\frac{1}{4}\right)^{n-1},a_n=2-\frac{3}{2+4^{n-1}}$$

从而$b_n=\frac{1}{a_n-2}=-\frac{2}{3}-\frac{4^{n-1}}{3}$.

解法 3 易求$a_2=\frac{3}{2},a_3=\frac{11}{6},a_4=\frac{43}{22}$，从而

$$b_1=-1=-\frac{2}{3}-\frac{1}{3},b_2=-2=-\frac{2}{3}-\frac{4}{3}$$

$$b_3=-6=-\frac{2}{3}-\frac{16}{3},b_4=-22=-\frac{2}{3}-\frac{64}{3}$$

猜想$b_n=-\frac{2}{3}-\frac{4^{n-1}}{3}$，下用数学归纳法证之.

1° 当$n=1$时，上已证；

2° 假设$n=k$时，$b_k=-\frac{2}{3}-\frac{4^{k-1}}{3}$成立，则$n=k+1$时

$$b_{k+1}=\frac{1}{a_{k+1}-2}=\frac{2a_k}{a_k-2}=2+\frac{4}{a_k-2}=2+4b_k=-\frac{2}{3}-\frac{4^k}{3}$$

所以$n=k+1$时，猜想也成立.

由1°，2°知猜想对一切正整数都成立.

解法 4 由$b_n=\frac{1}{a_n-2}$有$a_n=2+\frac{1}{b_{n+1}}$，所以$a_{n+1}=2+\frac{1}{b_{n+1}}$代入$a_{n+1}=\frac{5}{2}-\frac{1}{a_n}$并整理得$b_{n+1}=2+4b_n$，所以$\frac{b_{n+1}}{4^n}=\frac{b_n}{4^{n-1}}+\frac{2}{4^n}$，累加得$\frac{b_n}{4^{n-1}}=-\frac{1}{3}-\frac{2}{3\cdot4^{n-1}}$，从而$b_n=-\frac{2}{3}-\frac{4^{n-1}}{3}$.

（Ⅱ）**解法1**　首先应有 $a_1 < a_2 = c - \frac{1}{a_1}$，即 $c > a_1 + \frac{1}{a_1} = 2$. 这是使 $a_n < a_{n+1} < 3$ 成立的必要条件.

对于函数 $f(x) = c - \frac{1}{x}$. 这是将曲线 $y = -\frac{1}{x}$ 向上平移 c 个单位后得到的图象所对应的函数.

如图3，$f(x)$ 在 $(0,+\infty)$ 单增，且 $x \in (\frac{1}{c},+\infty)$ 时，$f(x) \in (0,c)$.

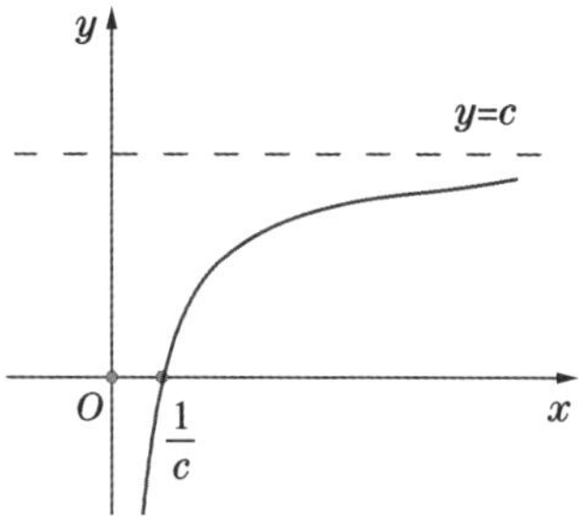

图3

为了寻求不等式"$a_n < a_{n+1} < 3$"成立的充分条件，这里我们先证 $c > 2$ 时，$a_n < a_{n+1}$ 成立.

若 $c > 2$，则 $a_1 = 1 > \frac{1}{c}$，于是 $a_2 = c - \frac{1}{a_1} = c - 1 > 1$，进而有 $a_3 = c - \frac{1}{a_2} > 1$. 以下只要 $a_k \geqslant 1$，必有 $a_{k+1} = c - \frac{1}{a_k} > 1$. 于是对 $n \in \mathbf{N}^*$，总有 $a_n \geqslant 1$

$$a_{n+1} - a_n = (c - \frac{1}{a_n}) - (c - \frac{1}{a_{n-1}}) = \frac{a_n - a_{n-1}}{a_n a_{n-1}}$$

由于 $a_n \geqslant 1$，所以 $a_{n+1} - a_n$ 与 $a_n - a_{n-1}$ 同号. 因此，由 $a_2 - a_1 > 0$，即知对 $n \in \mathbf{N}^*$，总有 $a_{n+1} - a_n > 0$，即 $c > 2$ 也是 $a_n < a_{n+1}$ 成立的充分条件.

因为 $c > 2$ 时，$a_{n+1} > a_n$，将递推关系代入，即得 $a_n^2 - ca_n + 1 < 0$.

解此不等式，必有 $\frac{c - \sqrt{c^2 - 4}}{2} < a_n < \frac{c + \sqrt{c^2 - 4}}{2}$. 欲使对一切 $n \in \mathbf{N}^*$，恒有 $a_n < 3$，这等价于寻求使 $\frac{c + \sqrt{c^2 - 4}}{2} \leqslant 3$ 恒成立的 c 的取值范围. 由 $\sqrt{c^2 - 4} \leqslant 6 - c$（首先必须 $c \leqslant 6$），解之得 $c \leqslant \frac{10}{3}$.

综上，使 $a_n < a_{n+1} < 3$ 成立的 c 的范围是 $(2, \frac{10}{3}]$.

解法2　$a_1 = 1$，$a_2 = c - 1$，由 $a_2 > a_1$ 得 $c > 2$. 用数学归纳法证明：当 $c > 2$ 时 $a_n < a_{n+1}$.

（ⅰ）当 $n = 1$ 时，$a_2 = c - \frac{1}{a_1} > a_1$，命题成立；

（ⅱ）设当 $n = k$ 时，$a_k < a_{k+1}$，则当 $n = k + 1$ 时，$a_{k+2} = c - \frac{1}{a_{k+1}} > c - \frac{1}{a_k} = a_{k+1}$，故由（ⅰ），（ⅱ）知，当 $c > 2$ 时 $a_n < a_{n+1}$. 当 $c > 2$ 时，令 $a = \frac{c + \sqrt{c^2 - 4}}{2}$，由 $a_n + \frac{1}{a_n} < a_{n+1} + \frac{1}{a_n} = c$ 得 $a_n < a$；当 $2 < c \leqslant \frac{10}{3}$ 时，$a_n < a \leqslant 3$；当 $c > \frac{10}{3}$ 时，$a > 3$，且 $1 \leqslant a_n < a$，于是

$$a-a_{n+1}=\frac{1}{a_n a}(a-a_n)\leqslant\frac{1}{3}(a-a_n),a-a_{n+1}\leqslant\frac{1}{3^n}(a-1)$$

当 $n>\log_3\frac{a-1}{a-3}$ 时，$a-a_{n+1}<a-3,a_{n+1}>3$，因此 $c>\frac{10}{3}$ 不符合要求，所以 c 的取值范围是 $(2,\frac{10}{3}]$.

解法3 数列 $\{a_n\}$ 中，$a_1=1$，当不等式 $a_n<a_{n+1}<3$ 成立时，数列 $\{a_n\}$ 是正项递增数列且有上界．所以 $\lim\limits_{n\to\infty}a_n$ 存在．设 $\lim\limits_{n\to\infty}a_n=t$，且 $1<t\leqslant 3$，则 $\lim\limits_{n\to\infty}a_{n+1}=t$．由 $a_{n+1}=c-\frac{1}{a_n}$ 得 $c=a_{n+1}+\frac{1}{a_n}>0$，对等式 $a_{n+1}=c-\frac{1}{a_n}$ 两边取极限得 $\lim\limits_{n\to\infty}a_{n+1}=\lim\limits_{n\to\infty}(c-\frac{1}{a_n})$，即 $t=c-\frac{1}{t}$，整理得

$$t^2-ct+1=0 \tag{※}$$

由于方程(※)有根，所以 $\Delta=c^2-4\geqslant 0\Rightarrow c\geqslant 2$，由求根公式得方程(※)的根为 $t=\frac{c\pm\sqrt{c^2-4}}{2}$，则 $1<\frac{c+\sqrt{c^2-4}}{2}\leqslant 3$，或 $1<\frac{c-\sqrt{c^2-4}}{2}\leqslant 3$，由不等式 $1<\frac{c+\sqrt{c^2-4}}{2}\leqslant 3$ 得 $2<c\leqslant\frac{10}{3}$，不等式 $1<\frac{c-\sqrt{c^2-4}}{2}\leqslant 3$ 无解，故能使不等式 $a_n<a_{n+1}<3$ 成立的 c 的取值范围是 $(2,\frac{10}{3}]$.

解法4 易求 $a_2=c-1$，由 $a_2>a_1$ 有 $c>2$．设 $t_1=\frac{c-\sqrt{c^2-4}}{2}$，$t_2=\frac{c+\sqrt{c^2-4}}{2}$，显然 $t_1t_2=1$，由条件得

$$a_{n+1}-t_1=\frac{t_2(a_n-t_1)}{a_n},a_{n+1}-t_2=\frac{t_1(a_n-t_2)}{a_n}$$

所以

$$\frac{a_{n+1}-t_1}{a_{n+1}-t_2}=\frac{t_2(a_n-t_1)}{t_1(a_n-t_2)}$$

又

$$\frac{a_1-t_1}{a_1-t_2}=\frac{2-c+\sqrt{c^2-4}}{2-c-\sqrt{c^2-4}}$$

所以

$$\frac{a_n-t_1}{a_n-t_2}=\frac{2-c+\sqrt{c^2-4}}{2-c-\sqrt{c^2-4}}\left(\frac{t_2}{t_1}\right)^{n-1}$$

$$a_n=t_2+\frac{\sqrt{c^2-4}}{\frac{2-c+\sqrt{c^2-4}}{2-c-\sqrt{c^2-4}}(t_2)^{2n-2}-1}$$

当 $2<c\leqslant\frac{10}{3}$ 时，$1<t_2\leqslant 3,2-c+\sqrt{c^2-4}>0,2-c-\sqrt{c^2-4}<0$，所以 $\{a_n\}$ 单调递增，且 $a_n<3$；

当 $c>\frac{10}{3}$ 时，$t_2>3,2-c+\sqrt{c^2-4}>0,2-c-\sqrt{c^2-4}<0$，且

$$\lim_{n\to\infty}\frac{\sqrt{c^2-4}}{\frac{2-c+\sqrt{c^2-4}}{2-c-\sqrt{c^2-4}}(t_2)^{2n-2}-1}=0$$

必存在 n，使 $a_n>3$. 所以，所求实数 c 的范围是 $2<c\leqslant\frac{10}{3}$.

题目 75(10 江苏　19) 设各项均为正数的数列 $\{a_n\}$ 的前 n 项和为 S_n，已知 $2a_2=a_1+a_3$，数列 $\{\sqrt{S_n}\}$ 是公差为 d 的等差数列.

(Ⅰ) 求数列 $\{a_n\}$ 的通项公式(用 n,d 表示)；

(Ⅱ) 设 c 为实数，对满足 $m+n=3k$ 且 $m\neq n$ 的任意正整数 m,n,k，不等式 $S_m+S_n>cS_k$ 都成立.

求证：c 的最大值为 $\frac{9}{2}$.

解　(Ⅰ) 由题设应有 $2\sqrt{S_2}=\sqrt{S_1}+\sqrt{S_3}$，即

$$2\sqrt{a_1+a_2}=\sqrt{a_1}+\sqrt{3a_2}(2a_2=a_1+a_3)$$

两边平方

$$4a_1+4a_2=a_1+3a_2+2\sqrt{3a_1a_2}$$

$$3a_1-2\sqrt{3a_1\cdot a_2}+a_2=0$$

$$(\sqrt{3a_1}-\sqrt{a_2})^2=0\Rightarrow a_2=3a_1$$

$$d=\sqrt{S_2}-\sqrt{S_1}=\sqrt{4a_1}-\sqrt{a_1}=\sqrt{a_1}=\sqrt{S_1}$$

于是

$$\sqrt{S_n}=nd,S_n=n^2d^2$$

$$a_1=d^2,a_n=S_n-S_{n-1}=[n^2-(n-1)^2]d^2=(2n-1)d^2\quad(n\geqslant 2)$$

显然 $a_1=d^2$ 也满足上式，故 $a_n=(2n-1)d^2$.

(Ⅱ) $S_m+S_n=(m^2+n^2)d^2>ck^2d^2$ 恒成立，由 $m+n=3k$，即 $k=\frac{m+n}{3}$ 代入并整理.

即 $\frac{9(m^2+n^2)}{(m+n)^2}>c$ 对一切 $m,n\in\mathbf{N}^*$，$m\neq n$ 成立.

设 $f(x)=\frac{1+x^2}{(1+x)^2}(x>0,x\neq 1)$. 由

$$f(x)=\frac{1+x^2}{1+2x+x^2}=1-\frac{2x}{1+2x+x^2}=1-\frac{2}{x+\frac{1}{x}+2}$$

由条件知 $x+\frac{1}{x}\in(2,+\infty)$，所以 $x+\frac{1}{x}+2\in(4,+\infty)$，所以 $-\frac{2}{x+\frac{1}{x}+2}\in(-\frac{1}{2},0)$，

所以 $1-\frac{2}{x+\frac{1}{x}+2}\in(\frac{1}{2},1)$，令 $x=\frac{n}{m}$，则

$$\frac{1+x^2}{(1+x)^2}=\frac{1+\frac{n^2}{m^2}}{\left(1+\frac{n}{m}\right)^2}=\frac{m^2+n^2}{(m+n)^2}$$

当 m,n 均趋向于无穷大，且 $m\to n$（不妨令 $n=3l-1,m=3l+1,l\in\mathbf{N}^*$）时，$x\to 1$，即有 $\frac{m^2+n^2}{(m+n)^2}\to\frac{1}{2}$，且 $\frac{m^2+n^2}{(m+n)^2}>\frac{1}{2}$. 于是 $\frac{9(m^2+n^2)}{(m+n)^2}>c$ 恒成立. 等价于 $\frac{9}{2}\geqslant c$. 事实上，对于某个 $c_0>\frac{9}{2}(c_0\leqslant 9)$，$\exists x_0\in \mathbf{Q}$，使 $9\cdot f(x_0)\in(\frac{9}{2},c_0)$. 设 $x_0=\frac{n_0}{m_0}$，即 $\exists m_0,n_0\in\mathbf{N}^*$，$\frac{9(m_0^2+n_0^2)}{(m_0+n_0)2}<c_0$，与题设矛盾. 故使不等式恒成立的 c 的最大值为 $\frac{9}{2}$.

题目 76(10 湖北　理 20) 已知数列 $\{a_n\}$ 满足：$a_1=\frac{1}{2}$，$\frac{3(1+a_{n+1})}{1-a_n}=\frac{2(1+a_n)}{1-a_{n+1}}$，$a_na_{n+1}<0(n\geqslant 1)$；数列 $\{b_n\}$ 满足：$b_n=a_{n+1}^2-a_n^2(n\geqslant 1)$.

（Ⅰ）求数列 $\{a_n\}$，$\{b_n\}$ 的通项公式；（Ⅱ）证明：数列 $\{b_n\}$ 中的任意三项不可能成等差数列.

解　（Ⅰ）由题设得：$1-a_{n+1}^2=\frac{2}{3}(1-a_n^2)$，$\{1-a_n^2\}$ 是以 $1-a_1^2=\frac{3}{4}$ 为首项，以 $\frac{2}{3}$ 为公比的等比数列. 即

$$1-a_n^2=\frac{3}{4}\left(\frac{2}{3}\right)^{n-1},a_n^2=1-\frac{3}{4}\left(\frac{2}{3}\right)^{n-1}$$

由 $a_n\cdot a_{n+1}<0$，$a_1=\frac{1}{2}>0$，知 n 为奇数时，$a_n>0$，n 为偶数时，$a_n<0$，所以

$$a_n=\frac{(-1)^{n-1}}{2}\cdot\sqrt{4-3\cdot\left(\frac{2}{3}\right)^{n-1}}$$

$$b_n=a_{n+1}^2-a_n^2=\frac{3}{4}\left(\frac{2}{3}\right)^{n-1}-\frac{3}{4}\left(\frac{2}{3}\right)^n=\frac{3}{4}\left(\frac{2}{3}\right)^{n-1}\left(1-\frac{2}{3}\right)=\frac{1}{4}\cdot\left(\frac{2}{3}\right)^{n-1}$$

（Ⅱ）假设存在 $\{b_n\}$ 中的三项 b_i,b_j,b_k 成等差数列，不妨设 $i<j<k$，由于 b_n 单调递减. 于是

$$2b_j=b_i+b_k\Rightarrow 2\cdot\left(\frac{2}{3}\right)^j=\left(\frac{2}{3}\right)^i+\left(\frac{2}{3}\right)^k$$

两边同乘 $\frac{3^k}{2^i}$，得：$2^{j-i+1}\cdot 3^{k-j}=3^{k-i}+2^{k-i}$.

由 $2^{j-i+1}\cdot 3^{k-j}$ 与 2^{k-i} 均为偶数，得 3^{k-i} 为偶数（或由 2^{j-i+1}，3^{k-j} 与 3^{k-i} 均为 3 的倍数，得 2^{k-i} 为 3 的倍数），矛盾，故假设错误，原命题成立，即 $\{b_n\}$ 中任意三项不可能成等差数列.

题目 77(09 山东　文 20 理 20) 等比数列 $\{a_n\}$ 的前 n 项和为 S_n，已知对任意的 $n\in\mathbf{N}^*$，点 (n,S_n) 均在函数 $y=b^x+r(b>0$ 且 $b\neq 1,b,r$ 均为常数) 的图象上.

（Ⅰ）求 r 的值；

（Ⅱ）文：当 $b=2$ 时，记 $b_n=\frac{n+1}{4a_n}(n\in\mathbf{N}^*)$，求数列 $\{b_n\}$ 的前 n 项和 T_n.

理：当 $b=2$ 时，记 $b_n=2(\log_2 a_n+1)(n\in\mathbf{N}^*)$，

证明:对任意的 $n\in \mathbf{N}^*$,不等式$\frac{b_1+1}{b_1}\cdot\frac{b_2+1}{b_2}\cdot\cdots\cdot\frac{b_n+1}{b_n}\ \sqrt{n+1}$ 成立.

解 (Ⅰ)因为对任意的 $n\in \mathbf{N}^*$,点(n,S_n)均在函数 $y=b^x+r$ 的图象上.所以得 $S_n=b^n+r$.

$a_1=S_1=b+r$,当 $n\geqslant 2$ 时

$$a_n=S_n-S_{n-1}=b^n+r-(b^{n-1}+r)=b^n-b^{n-1}=(b-1)b^{n-1}$$

又因为$\{a_n\}$为等比数列,所以 $a_1=b+r=b-1$,$r=-1$,公比 $q=\frac{a_{n+1}}{a_n}=b$,所以 $a_n=(b-1)b^{n-1}$.

(Ⅱ)当 $b=2$ 时,$a_n=(b-1)b^{n-1}=2^{n-1}$,所以 $b_n=\frac{n+1}{4a_n}=\frac{n+1}{4\times 2^{n-1}}=\frac{n+1}{2^{n+1}}$,则

$$T_n=\frac{2}{2^2}+\frac{3}{2^3}+\frac{4}{2^4}+\cdots+\frac{n+1}{2^{n+1}} \quad ①$$

$$\frac{1}{2}T_n=\frac{3}{2^3}+\frac{4}{2^4}+\cdots+\frac{n}{2^{n+1}}+\frac{n+1}{2^{n+2}} \quad ②$$

①-②得

$$\frac{1}{2}T_n=\frac{2}{2^2}+\frac{1}{2^3}+\frac{1}{2^4}+\frac{1}{2^5}+\cdots+\frac{1}{2^{n+1}}-\frac{n+1}{2^{n+2}}=$$

$$\frac{1}{2}+\frac{\frac{1}{2^3}\times(1-\frac{1}{2^{n-1}})}{1-\frac{1}{2}}-\frac{n+1}{2^{n+2}}=$$

$$\frac{3}{4}-\frac{1}{2^{n+1}}-\frac{n+1}{2^{n+2}}$$

所以 $T_n=\frac{3}{2}-\frac{1}{2^n}-\frac{n+1}{2^{n+1}}=\frac{3}{2}-\frac{n+3}{2^{n+1}}$.

证明 (Ⅱ)当 $b=2$ 时,$a_n=(b-1)b^{n-1}=2^{n-1}$,$b_n=2(\log_2 a_n+1)=2(\log_2 2^{n-1}+1)=2n$,则$\frac{b_n+1}{b_n}=\frac{2n+1}{2n}$,所以

$$\frac{b_1+1}{b_1}\cdot\frac{b_2+1}{b_2}\cdot\cdots\cdot\frac{b_n+1}{b_n}=\frac{3}{2}\cdot\frac{5}{4}\cdot\frac{7}{6}\cdot\cdots\cdot\frac{2n+1}{2n}$$

下面用数学归纳法证明不等式$\frac{3}{2}\cdot\frac{5}{4}\cdot\frac{7}{6}\cdot\cdots\cdot\frac{2n+1}{2n}>\sqrt{n+1}$ 成立.

① 当 $n=1$ 时,左边 $=\frac{3}{2}$,右边$\sqrt{2}$,因为$\frac{3}{2}>\sqrt{2}$,所以不等式成立.

② 假设当 $n=k$ 时不等式成立,即有$\frac{3}{2}\cdot\frac{5}{4}\cdot\frac{7}{6}\cdot\cdots\cdot\frac{2k+1}{2k}>\sqrt{k+1}$ 成立.

则当 $n=k+1$ 时,左边 $=\frac{3}{2}\cdot\frac{5}{4}\cdot\frac{7}{6}\cdot\cdots\cdot\frac{2k+1}{2k}\cdot\frac{2k+3}{2k+2}>\sqrt{k+1}\cdot\frac{2k+3}{2(k+1)}=\sqrt{\frac{(2k+3)^2}{4(k+1)}}=\sqrt{\frac{4(k+1)^2+4(k+1)+1}{4(k+1)}}=\sqrt{(k+1)+1+\frac{1}{4(k+1)}}>\sqrt{(k+1)+1}$.所以当 $n=k+1$ 时,结论成立.

由①,②可知,$n\in\mathbf{N}^*$ 时,不等式 $\frac{b_1+1}{b_1}\cdot\frac{b_2+1}{b_2}\cdot\cdots\cdot\frac{b_n+1}{b_n}>\sqrt{n+1}$ 成立.

题目 78(08湖北　理21) 已知数列 $\{a_n\}$ 和 $\{b_n\}$ 满足:$a_1=\lambda,a_{n+1}=\frac{2}{3}a_n+n-4,b_n=(-1)^n(a_n-3n+21)$,其中 λ 为实数,n 为正整数.

(Ⅰ) 对任意实数 λ,证明数列 $\{a_n\}$ 不是等比数列;

(Ⅱ) 试判断数列 $\{b_n\}$ 是否为等比数列,并证明你的结论;

(Ⅲ) 设 $0<a<b$,S_n 为数列 $\{b_n\}$ 的前 n 项和.是否存在实数 λ,使得对任意正整数 n,都有 $a<S_n<b$?

解　(Ⅰ) 证明:$a_1=\lambda,a_2=\frac{2}{3}\lambda-3,a_3=\frac{4}{9}\lambda-4$.对 $\forall\lambda\in\mathbf{R}$,$a_2^2-a_1a_3=(\frac{2}{3}\lambda-3)^2-\lambda(\frac{4}{9}\lambda-4)=9\neq0$,即 $a_2^2\neq a_1a_3$,所以,对 $\forall\lambda\in\mathbf{R}$,$\{a_n\}$ 不是等比数列.

(Ⅱ) $b_{n+1}=(-1)^{n+1}(a_{n+1}-3n+18)=(-1)^{n+1}(\frac{2}{3}a_n-2n+14)=$

$$(-1)^{n+1}\frac{2}{3}(a_n-3n+21)=-\frac{2}{3}b_n$$

(ⅰ) 若 $b_1=0$,即 $\lambda-3+21=0$,$\lambda=-18$,$b_n=0(n\in\mathbf{N}*)$,则 $\{b_n\}$ 不是等比数列.

(ⅱ) 若 $b_1\neq0$,即 $\lambda\neq-18$.则 $\{b_n\}$ 是首项为 $-(\lambda+18)$,公比为 $-\frac{2}{3}$ 的等比数列.

(Ⅲ) $\lambda=-18$ 时,$\forall n\in\mathbf{N}^*$ 有 $b_n=0$,$S_n=0$,$a<S_n<b$ 不成立.

$\lambda\neq-18$ 时

$$S_n=-(\lambda+18)\frac{1-(\frac{-2}{3})^n}{1+\frac{2}{3}}=-\frac{3}{5}(\lambda+18)[1-(-\frac{2}{3})^n]$$

若 $0<a<S_n<b$ 对任意正整数 n 成立,由 $1-(\frac{-2}{3})^n>0$,有

$$\frac{a}{1-(\frac{-2}{3})^n}<-\frac{3}{5}(\lambda+18)<\frac{b}{1-(-\frac{2}{3})^n}$$

令 $f(n)=1-(\frac{-2}{3})^n$.

$n=2k(k\in\mathbf{N}^*)$ 时,$f(n)=f(2k)=1-(\frac{2}{3})^{2k}\in[\frac{5}{9},1)$;

$n=2k-1(k\in\mathbf{N}^*)$ 时,$f(n)=f(2k-1)=1+(\frac{2}{3})^{2k-1}\in(1,\frac{5}{3}]$.

故应有 $\frac{a}{\frac{5}{9}}<-\frac{3}{5}(\lambda+18)<\frac{b}{\frac{5}{3}}$,即 $3a<-(\lambda+18)<b$.

所以若 $b\leqslant3a$,则 λ 不存在,$3a<b$ 时 λ 存在,且 $a<S_n<b\Leftrightarrow\lambda\in(-b-18,-3a-18)$.

题目 79(09广东　理21) 已知曲线 $C_n:x^2-2nx+y^2=0(n=1,2,\cdots)$.从点 $P(-1,$

0）向曲线 C_n 引斜率为 $k_n(k_n>0)$ 的切线 l_n，切点为 $P_n(x_n,y_n)$.

（Ⅰ）求数列 $\{x_n\}$ 与 $\{y_n\}$ 的通项公式；

（Ⅱ）证明：$x_1\cdot x_3\cdot x_5\cdot\cdots\cdot x_{2n-1}<\sqrt{\dfrac{1-x_n}{1+x_n}}<\sqrt{2}\sin\dfrac{x_n}{y_n}$.

解法 1　（Ⅰ）圆 C_n 的圆心为 $M_n(n,0)$，半径 $r_n=n$. 由题设有 $PP_n\perp P_nM_n$. 过 P_n 作 $P_nQ_n\perp x$ 轴于 Q_n，则 $Q_n(x_n,0)$. 在 $\mathrm{Rt}\triangle PP_nM_n$ 中，根据射影定理得 $P_nM_n^2=PM_n\cdot Q_nM_n$，即 $n^2=(n+1)(n-x_n)$，解得 $x_n=\dfrac{n}{n+1}$；又有 $P_nQ_n^2=PQ_n\cdot Q_nM_n$，即

$$y_n^2=(x_n+1)(n-x_n)=\frac{n^2}{(x+1)^2}\cdot(2n+1)$$

由 $k_n>0$，可知 $y_n>0$，于是 $y_n=\dfrac{n}{n+1}\cdot\sqrt{2n+1}=(x_n\cdot\sqrt{2n+1})$.

证法 1　（Ⅱ）因为 $x_n=\dfrac{n+1-1}{1+n}=1-\dfrac{1}{1+n}$ 为递增的正数数列，令

$$A_n=x_1\cdot x_3\cdot\cdots\cdot x_{2n-1},B_n=x_2\cdot x_4\cdot\cdots\cdot x_{2n}$$

则有 $0<A_n<B_n$，于是

$$A_n^2<A_nB_n=x_1\cdot x_2\cdot\cdots\cdot x_{2n-1}\cdot x_{2n}=\frac{1}{2}\cdot\frac{2}{3}\cdot\cdots\cdot\frac{2n-1}{2n}\cdot\frac{2n}{2n+1}=\frac{1}{2n+1}$$

故 $A_n<\dfrac{1}{\sqrt{2n+1}}$. 又 $\sqrt{\dfrac{1-x_n}{1+x_n}}=\sqrt{\dfrac{1-\dfrac{n}{n+1}}{1+\dfrac{n}{n+1}}}=\dfrac{1}{\sqrt{2n+1}}$，所以有 $A_n<\sqrt{\dfrac{1-x_0}{1+x_n}}$.

令 $\dfrac{1}{\sqrt{2n+1}}=t\in(0,\dfrac{1}{\sqrt{3}}]$，由 $\dfrac{x_n}{y_n}=\dfrac{1}{\sqrt{2n+1}}=t$，故

$$\sqrt{\frac{1-x_0}{1+x_n}}<\sqrt{2}\sin\frac{x_n}{y_n}\Leftrightarrow t<\sqrt{2}\sin t\qquad①$$

设 $f(x)=\sqrt{2}\sin x-x,x\in[0,\dfrac{1}{\sqrt{3}}]$.

当 $x\in(0,\dfrac{1}{\sqrt{3}})$ 时，$f'(x)=\sqrt{2}\cos x-1>\sqrt{2}\cos\dfrac{1}{\sqrt{3}}-1=\sqrt{2}(\cos\dfrac{1}{\sqrt{3}}-\cos\dfrac{\pi}{4})$.

由 $\dfrac{1}{\sqrt{3}}<\dfrac{\pi}{4}(\sqrt{3}\pi>3\sqrt{3}>4)$，有 $f'(x)>0$，$f(x)$ 在 $[0,\dfrac{1}{\sqrt{3}}]$ 上单调递增，$t\in(0,\dfrac{1}{\sqrt{3}}]$ 时 $f(t)>f(0)=0$，即

$$t<\sqrt{2}\sin t\qquad②$$

综合 ①，②，结论得证.

解法 2　（Ⅰ）曲线 $C_n:x^2-2nx+y^2=0(n=1,2,\cdots)$ 可化为

$$(x-n)^2+y^2=n^2$$

它表示以 $C_n(n,0)$ 为圆心，以 n 为半径的圆，圆 C_n 的切线 l_n 的方程为 $y-k_n(x+1)$，联立 $\begin{cases}y=k_n(x+1)\\x^2-2nx+y^2=0\end{cases}$，消去 y，整理得

$$(1+k_n^2)x^2+(2k_n^2-2n)x+k_n^2=0 \quad ①$$

由 $\Delta=(2k_n^2-2n)^2-4(1+k_n^2)k_n^2=4n^2-4(2n+1)k_n^2=0$，得 $k^{2n}=\dfrac{n^2}{2n+1}$.

此时由韦达定理，易知方程 ① 有重根为 $x_n\sqrt{\dfrac{k_n^2}{1+k_n^2}}=\dfrac{n}{n+1}$，故

$$y_n=\frac{n}{\sqrt{2n+1}}\left(\frac{n}{n+1}+1\right)=\frac{n}{n+1}\sqrt{2n+1}$$

所以数列 $\{x_n\}$ 的通项公式为 $x_n=\dfrac{n}{n+1}$，数列 $\{y_n\}$ 的通项公式为 $y_n=\dfrac{n}{n+1}\sqrt{2n+1}$.

证法 2 （Ⅱ）先用数学归纳法证 $x_1\cdot x_3\cdot x_5\cdot\cdots\cdot x_{2n-1}<\sqrt{\dfrac{1-x_n}{1+x_n}}$

① 当 $n=1$ 时，左边 $=\dfrac{1}{2}=\sqrt{\dfrac{1}{4}}<\sqrt{\dfrac{1}{3}}=$ 右边，命题成立.

② 假设 $n=k(k\in\mathbf{N}^*)$ 命题成立，即有

$$x_1\cdot x_3\cdot x_5\cdot\cdots\cdot x_{2k-1}<\sqrt{\frac{1-x_k}{1+x_k}}$$

当 $n=k+1$ 时

$$左边=x_1\cdot x_3\cdot x_5\cdot\cdots\cdot x_{2k-1}x_{2k+1}<\sqrt{\frac{1-x_k}{1+x_k}}x_{2k+1}=\sqrt{\frac{1}{2k+1}}\cdot\frac{2k+1}{2k+2}=\frac{\sqrt{2k+1}}{2k+2}$$

$$右边=\sqrt{\frac{1-x_{k+1}}{1+x_{k+1}}}=\sqrt{\frac{1}{2k+3}}$$

由分析法可知以下只需证明 $\dfrac{\sqrt{2k+1}}{2k+2}<\sqrt{\dfrac{1}{2k+3}}$，即

$$\sqrt{2k+1}\cdot\sqrt{2k+3}<2k+2\Leftrightarrow(2k+1)\cdot(2k+3)<(2k+2)^2\Leftrightarrow 3<4$$

这是显然的. 由 ①，② 可知，$x_1\cdot x_3\cdot x_5\cdot\cdots\cdot x_{2n-1}<\sqrt{\dfrac{1-x_n}{1+x_n}}$ 对于任意的 $n\in\mathbf{N}^*$ 成立.

以下证明 $\sqrt{\dfrac{1-x_n}{1+x_n}}<\sqrt{2}\sin\dfrac{x_n}{y_n}$. 因为 $\dfrac{x_n}{y_n}=\dfrac{1}{\sqrt{2n+1}}=\sqrt{\dfrac{1-x_n}{1+x_n}}$，又 $0<\dfrac{1}{\sqrt{2n+1}}\leqslant\dfrac{1}{\sqrt{3}}<\dfrac{\pi}{4}$，令 $\dfrac{x_n}{y_n}=t$，要证明 $\dfrac{x_n}{y_n}<\sqrt{2}\sin\dfrac{x_n}{y_n}$，只需证明当 $0<t<\dfrac{\pi}{4}$ 时，$t<\sqrt{2}\sin t$ 恒成立即可.

由单位圆中三角函数线可知：$0<t<\dfrac{\pi}{2}$ 时 $\sin t<t<\tan t$ 恒成立.

下面只要证明 $\tan t<\sqrt{2}\sin t$ 即可，因为 $0<t<\dfrac{\pi}{4}$ 时，$\cos t>\dfrac{1}{\sqrt{2}}$，即 $0<\dfrac{1}{\cos t}<\sqrt{2}$，又 $\sin t>0$，即有 $\tan t<\sqrt{2}\sin t$，命题得证.

刘培杰数学工作室
已出版(即将出版)图书目录——初等数学

书　　名	出版时间	定　价	编号
新编中学数学解题方法全书(高中版)上卷(第2版)	2018—08	58.00	951
新编中学数学解题方法全书(高中版)中卷(第2版)	2018—08	68.00	952
新编中学数学解题方法全书(高中版)下卷(一)(第2版)	2018—08	58.00	953
新编中学数学解题方法全书(高中版)下卷(二)(第2版)	2018—08	58.00	954
新编中学数学解题方法全书(高中版)下卷(三)(第2版)	2018—08	68.00	955
新编中学数学解题方法全书(初中版)上卷	2008—01	28.00	29
新编中学数学解题方法全书(初中版)中卷	2010—07	38.00	75
新编中学数学解题方法全书(高考复习卷)	2010—01	48.00	67
新编中学数学解题方法全书(高考真题卷)	2010—01	38.00	62
新编中学数学解题方法全书(高考精华卷)	2011—03	68.00	118
新编平面解析几何解题方法全书(专题讲座卷)	2010—01	18.00	61
新编中学数学解题方法全书(自主招生卷)	2013—08	88.00	261

数学奥林匹克与数学文化(第一辑)	2006—05	48.00	4
数学奥林匹克与数学文化(第二辑)(竞赛卷)	2008—01	48.00	19
数学奥林匹克与数学文化(第二辑)(文化卷)	2008—07	58.00	36′
数学奥林匹克与数学文化(第三辑)(竞赛卷)	2010—01	48.00	59
数学奥林匹克与数学文化(第四辑)(竞赛卷)	2011—08	58.00	87
数学奥林匹克与数学文化(第五辑)	2015—06	98.00	370

世界著名平面几何经典著作钩沉——几何作图专题卷(共3卷)	2022—01	198.00	1460
世界著名平面几何经典著作钩沉(民国平面几何老课本)	2011—03	38.00	113
世界著名平面几何经典著作钩沉(建国初期平面三角老课本)	2015—08	38.00	507
世界著名解析几何经典著作钩沉——平面解析几何卷	2014—01	38.00	264
世界著名数论经典著作钩沉(算术卷)	2012—01	28.00	125
世界著名数学经典著作钩沉——立体几何卷	2011—02	28.00	88
世界著名三角学经典著作钩沉(平面三角卷Ⅰ)	2010—06	28.00	69
世界著名三角学经典著作钩沉(平面三角卷Ⅱ)	2011—01	38.00	78
世界著名初等数论经典著作钩沉(理论和实用算术卷)	2011—07	38.00	126
世界著名几何经典著作钩沉(解析几何卷)	2022—10	68.00	1564

发展你的空间想象力(第3版)	2021—01	98.00	1464
空间想象力进阶	2019—05	68.00	1062
走向国际数学奥林匹克的平面几何试题诠释.第1卷	2019—07	88.00	1043
走向国际数学奥林匹克的平面几何试题诠释.第2卷	2019—09	78.00	1044
走向国际数学奥林匹克的平面几何试题诠释.第3卷	2019—03	78.00	1045
走向国际数学奥林匹克的平面几何试题诠释.第4卷	2019—09	98.00	1046
平面几何证明方法全书	2007—08	35.00	1
平面几何证明方法全书习题解答(第2版)	2006—12	18.00	10
平面几何天天练上卷·基础篇(直线型)	2013—01	58.00	208
平面几何天天练中卷·基础篇(涉及圆)	2013—01	28.00	234
平面几何天天练下卷·提高篇	2013—01	58.00	237
平面几何专题研究	2013—07	98.00	258
平面几何解题之道.第1卷	2022—05	38.00	1494
几何学习题集	2020—10	48.00	1217
通过解题学习代数几何	2021—04	88.00	1301
圆锥曲线的奥秘	2022—06	88.00	1541

刘培杰数学工作室
已出版(即将出版)图书目录——初等数学

书　　名	出版时间	定　价	编号
最新世界各国数学奥林匹克中的平面几何试题	2007—09	38.00	14
数学竞赛平面几何典型题及新颖解	2010—07	48.00	74
初等数学复习及研究(平面几何)	2008—09	68.00	38
初等数学复习及研究(立体几何)	2010—06	38.00	71
初等数学复习及研究(平面几何)习题解答	2009—01	58.00	42
几何学教程(平面几何卷)	2011—03	68.00	90
几何学教程(立体几何卷)	2011—07	68.00	130
几何变换与几何证题	2010—06	88.00	70
计算方法与几何证题	2011—06	28.00	129
立体几何技巧与方法(第 2 版)	2022—10	168.00	1572
几何瑰宝——平面几何 500 名题暨 1500 条定理(上、下)	2021—07	168.00	1358
三角形的解法与应用	2012—07	18.00	183
近代的三角形几何学	2012—07	48.00	184
一般折线几何学	2015—08	48.00	503
三角形的五心	2009—06	28.00	51
三角形的六心及其应用	2015—10	68.00	542
三角形趣谈	2012—08	28.00	212
解三角形	2014—01	28.00	265
探秘三角形:一次数学旅行	2021—10	68.00	1387
三角学专门教程	2014—09	28.00	387
图天下几何新题试卷.初中(第 2 版)	2017—11	58.00	855
圆锥曲线习题集(上册)	2013—06	68.00	255
圆锥曲线习题集(中册)	2015—01	78.00	434
圆锥曲线习题集(下册・第 1 卷)	2016—10	78.00	683
圆锥曲线习题集(下册・第 2 卷)	2018—01	98.00	853
圆锥曲线习题集(下册・第 3 卷)	2019—10	128.00	1113
圆锥曲线的思想方法	2021—08	48.00	1379
圆锥曲线的八个主要问题	2021—10	48.00	1415
论九点圆	2015—05	88.00	645
近代欧氏几何学	2012—03	48.00	162
罗巴切夫斯基几何学及几何基础概要	2012—07	28.00	188
罗巴切夫斯基几何学初步	2015—06	28.00	474
用三角、解析几何、复数、向量计算解数学竞赛几何题	2015—03	48.00	455
用解析法研究圆锥曲线的几何理论	2022—05	48.00	1495
美国中学几何教程	2015—04	88.00	458
三线坐标与三角形特征点	2015—04	98.00	460
坐标几何学基础.第 1 卷,笛卡儿坐标	2021—08	48.00	1398
坐标几何学基础.第 2 卷,三线坐标	2021—09	28.00	1399
平面解析几何方法与研究(第 1 卷)	2015—05	18.00	471
平面解析几何方法与研究(第 2 卷)	2015—06	18.00	472
平面解析几何方法与研究(第 3 卷)	2015—07	18.00	473
解析几何研究	2015—01	38.00	425
解析几何学教程.上	2016—01	38.00	574
解析几何学教程.下	2016—01	38.00	575
几何学基础	2016—01	58.00	581
初等几何研究	2015—02	58.00	444
十九和二十世纪欧氏几何学中的片段	2017—01	58.00	696
平面几何中考.高考.奥数一本通	2017—07	28.00	820
几何学简史	2017—08	28.00	833
四面体	2018—01	48.00	880
平面几何证明方法思路	2018—12	68.00	913
折纸中的几何练习	2022—09	48.00	1559
中学新几何学(英文)	2022—10	98.00	1562
线性代数与几何	2023—04	68.00	1633
四面体几何学引论	2023—06	68.00	1648

刘培杰数学工作室
已出版(即将出版)图书目录——初等数学

书　　名	出版时间	定　价	编号
平面几何图形特性新析.上篇	2019－01	68.00	911
平面几何图形特性新析.下篇	2018－06	88.00	912
平面几何范例多解探究.上篇	2018－04	48.00	910
平面几何范例多解探究.下篇	2018－12	68.00	914
从分析解题过程学解题:竞赛中的几何问题研究	2018－07	68.00	946
从分析解题过程学解题:竞赛中的向量几何与不等式研究(全2册)	2019－06	138.00	1090
从分析解题过程学解题:竞赛中的不等式问题	2021－01	48.00	1249
二维、三维欧氏几何的对偶原理	2018－12	38.00	990
星形大观及闭折线论	2019－03	68.00	1020
立体几何的问题和方法	2019－11	58.00	1127
三角代换论	2021－05	58.00	1313
俄罗斯平面几何问题集	2009－08	88.00	55
俄罗斯立体几何问题集	2014－03	58.00	283
俄罗斯几何大师——沙雷金论数学及其他	2014－01	48.00	271
来自俄罗斯的5000道几何习题及解答	2011－03	58.00	89
俄罗斯初等数学问题集	2012－05	38.00	177
俄罗斯函数问题集	2011－03	38.00	103
俄罗斯组合分析问题集	2011－01	48.00	79
俄罗斯初等数学万题选——三角卷	2012－11	38.00	222
俄罗斯初等数学万题选——代数卷	2013－08	68.00	225
俄罗斯初等数学万题选——几何卷	2014－01	68.00	226
俄罗斯《量子》杂志数学征解问题100题选	2018－08	48.00	969
俄罗斯《量子》杂志数学征解问题又100题选	2018－08	48.00	970
俄罗斯《量子》杂志数学征解问题	2020－05	48.00	1138
463个俄罗斯几何老问题	2012－01	28.00	152
《量子》数学短文精粹	2018－09	38.00	972
用三角、解析几何等计算解来自俄罗斯的几何题	2019－11	88.00	1119
基谢廖夫平面几何	2022－01	48.00	1461
基谢廖夫立体几何	2023－04	48.00	1599
数学:代数、数学分析和几何(10－11年级)	2021－01	48.00	1250
直观几何学:5—6年级	2022－04	58.00	1508
几何学:第2版.7—9年级	2023－08	68.00	1684
平面几何:9—11年级	2022－10	48.00	1571
立体几何.10—11年级	2022－01	58.00	1472

谈谈素数	2011－03	18.00	91
平方和	2011－03	18.00	92
整数论	2011－05	38.00	120
从整数谈起	2015－10	28.00	538
数与多项式	2016－01	38.00	558
谈谈不定方程	2011－05	28.00	119
质数漫谈	2022－07	68.00	1529

解析不等式新论	2009－06	68.00	48
建立不等式的方法	2011－03	98.00	104
数学奥林匹克不等式研究(第2版)	2020－07	68.00	1181
不等式研究(第三辑)	2023－08	198.00	1673
不等式的秘密(第一卷)(第2版)	2014－02	38.00	286
不等式的秘密(第二卷)	2014－01	38.00	268
初等不等式的证明方法	2010－06	38.00	123
初等不等式的证明方法(第二版)	2014－11	38.00	407
不等式·理论·方法(基础卷)	2015－07	38.00	496
不等式·理论·方法(经典不等式卷)	2015－07	38.00	497
不等式·理论·方法(特殊类型不等式卷)	2015－07	48.00	498
不等式探究	2016－03	38.00	582
不等式探秘	2017－01	88.00	689
四面体不等式	2017－01	68.00	715
数学奥林匹克中常见重要不等式	2017－09	38.00	845

刘培杰数学工作室
已出版(即将出版)图书目录——初等数学

书　　名	出版时间	定　价	编号
三正弦不等式	2018-09	98.00	974
函数方程与不等式:解法与稳定性结果	2019-04	68.00	1058
数学不等式.第1卷,对称多项式不等式	2022-05	78.00	1455
数学不等式.第2卷,对称有理不等式与对称无理不等式	2022-05	88.00	1456
数学不等式.第3卷,循环不等式与非循环不等式	2022-05	88.00	1457
数学不等式.第4卷,Jensen不等式的扩展与加细	2022-05	88.00	1458
数学不等式.第5卷,创建不等式与解不等式的其他方法	2022-05	88.00	1459
不定方程及其应用.上	2018-12	58.00	992
不定方程及其应用.中	2019-01	78.00	993
不定方程及其应用.下	2019-02	98.00	994
Nesbitt不等式加强式的研究	2022-06	128.00	1527
最值定理与分析不等式	2023-02	78.00	1567
一类积分不等式	2023-02	88.00	1579
邦费罗尼不等式及概率应用	2023-05	58.00	1637
同余理论	2012-05	38.00	163
[x]与{x}	2015-04	48.00	476
极值与最值.上卷	2015-06	28.00	486
极值与最值.中卷	2015-06	38.00	487
极值与最值.下卷	2015-06	28.00	488
整数的性质	2012-11	38.00	192
完全平方数及其应用	2015-08	78.00	506
多项式理论	2015-10	88.00	541
奇数、偶数、奇偶分析法	2018-01	98.00	876
历届美国中学生数学竞赛试题及解答(第一卷)1950-1954	2014-07	18.00	277
历届美国中学生数学竞赛试题及解答(第二卷)1955-1959	2014-04	18.00	278
历届美国中学生数学竞赛试题及解答(第三卷)1960-1964	2014-06	18.00	279
历届美国中学生数学竞赛试题及解答(第四卷)1965-1969	2014-04	28.00	280
历届美国中学生数学竞赛试题及解答(第五卷)1970-1972	2014-06	18.00	281
历届美国中学生数学竞赛试题及解答(第六卷)1973-1980	2017-07	18.00	768
历届美国中学生数学竞赛试题及解答(第七卷)1981-1986	2015-01	18.00	424
历届美国中学生数学竞赛试题及解答(第八卷)1987-1990	2017-05	18.00	769
历届中国数学奥林匹克试题集(第3版)	2021-10	58.00	1440
历届加拿大数学奥林匹克试题集	2012-08	38.00	215
历届美国数学奥林匹克试题集	2023-08	98.00	1681
历届波兰数学竞赛试题集.第1卷,1949~1963	2015-03	18.00	453
历届波兰数学竞赛试题集.第2卷,1964~1976	2015-03	18.00	454
历届巴尔干数学奥林匹克试题集	2015-05	38.00	466
保加利亚数学奥林匹克	2014-10	38.00	393
圣彼得堡数学奥林匹克试题集	2015-01	38.00	429
匈牙利奥林匹克数学竞赛题解.第1卷	2016-05	28.00	593
匈牙利奥林匹克数学竞赛题解.第2卷	2016-05	28.00	594
历届美国数学邀请赛试题集(第2版)	2017-10	78.00	851
普林斯顿大学数学竞赛	2016-06	38.00	669
亚太地区数学奥林匹克竞赛题	2015-07	18.00	492
日本历届(初级)广中杯数学竞赛试题及解答.第1卷(2000~2007)	2016-05	28.00	641
日本历届(初级)广中杯数学竞赛试题及解答.第2卷(2008~2015)	2016-05	38.00	642
越南数学奥林匹克题选:1962-2009	2021-07	48.00	1370
360个数学竞赛问题	2016-08	58.00	677
奥数最佳实战题.上卷	2017-06	38.00	760
奥数最佳实战题.下卷	2017-05	58.00	761
哈尔滨市早期中学数学竞赛试题汇编	2016-07	28.00	672
全国高中数学联赛试题及解答:1981—2019(第4版)	2020-07	138.00	1176
2022年全国高中数学联合竞赛模拟题集	2022-06	30.00	1521

刘培杰数学工作室
已出版(即将出版)图书目录——初等数学

书　　名	出版时间	定　价	编号
20 世纪 50 年代全国部分城市数学竞赛试题汇编	2017－07	28.00	797
国内外数学竞赛题及精解:2018～2019	2020－08	45.00	1192
国内外数学竞赛题及精解:2019～2020	2021－11	58.00	1439
许康华竞赛优学精选集.第一辑	2018－08	68.00	949
天问叶班数学问题征解 100 题. Ⅰ,2016－2018	2019－05	88.00	1075
天问叶班数学问题征解 100 题. Ⅱ,2017－2019	2020－07	98.00	1177
美国初中数学竞赛:AMC8 准备(共 6 卷)	2019－07	138.00	1089
美国高中数学竞赛:AMC10 准备(共 6 卷)	2019－08	158.00	1105
王连笑教你怎样学数学:高考选择题解题策略与客观题实用训练	2014－01	48.00	262
王连笑教你怎样学数学:高考数学高层次讲座	2015－02	48.00	432
高考数学的理论与实践	2009－08	38.00	53
高考数学核心题型解题方法与技巧	2010－01	28.00	86
高考思维新平台	2014－03	38.00	259
高考数学压轴题解题诀窍(上)(第 2 版)	2018－01	58.00	874
高考数学压轴题解题诀窍(下)(第 2 版)	2018－01	48.00	875
北京市五区文科数学三年高考模拟题详解:2013～2015	2015－08	48.00	500
北京市五区理科数学三年高考模拟题详解:2013～2015	2015－09	68.00	505
向量法巧解数学高考题	2009－08	28.00	54
高中数学课堂教学的实践与反思	2021－11	48.00	791
数学高考参考	2016－01	78.00	589
新课程标准高考数学解答题各种题型解法指导	2020－08	78.00	1196
全国及各省市高考数学试题审题要津与解法研究	2015－02	48.00	450
高中数学章节起始课的教学研究与案例设计	2019－05	28.00	1064
新课标高考数学——五年试题分章详解(2007～2011)(上、下)	2011－10	78.00	140,141
全国中考数学压轴题审题要津与解法研究	2013－04	78.00	248
新编全国及各省市中考数学压轴题审题要津与解法研究	2014－05	58.00	342
全国及各省市 5 年中考数学压轴题审题要津与解法研究(2015 版)	2015－04	58.00	462
中考数学专题总复习	2007－04	28.00	6
中考数学较难题常考题型解题方法与技巧	2016－09	48.00	681
中考数学难题常考题型解题方法与技巧	2016－09	48.00	682
中考数学中档题常考题型解题方法与技巧	2017－08	68.00	835
中考数学选择填空压轴好题妙解 365	2017－05	38.00	759
中考数学:三类重点考题的解法例析与习题	2020－04	48.00	1140
中小学数学的历史文化	2019－11	48.00	1124
初中平面几何百题多思创新解	2020－01	58.00	1125
初中数学中考备考	2020－01	58.00	1126
高考数学之九章演义	2019－08	68.00	1044
高考数学之难题谈笑间	2022－06	68.00	1519
化学可以这样学:高中化学知识方法智慧感悟疑难辨析	2019－07	58.00	1103
如何成为学习高手	2019－09	58.00	1107
高考数学:经典真题分类解析	2020－04	78.00	1134
高考数学解答题破解策略	2020－11	58.00	1221
从分析解题过程学解题:高考压轴题与竞赛题之关系探究	2020－08	88.00	1179
教学新思考:单元整体视角下的初中数学教学设计	2021－03	58.00	1278
思维再拓展:2020 年经典几何题的多解探究与思考	即将出版		1279
中考数学小压轴汇编初讲	2017－07	48.00	788
中考数学大压轴专题微言	2017－09	48.00	846
怎么解中考平面几何探索题	2019－06	48.00	1093
北京中考数学压轴题解题方法突破(第 8 版)	2022－11	78.00	1577
助你高考成功的数学解题智慧:知识是智慧的基础	2016－01	58.00	596
助你高考成功的数学解题智慧:错误是智慧的试金石	2016－04	58.00	643
助你高考成功的数学解题智慧:方法是智慧的推手	2016－04	68.00	657
高考数学奇思妙解	2016－04	38.00	610
高考数学解题策略	2016－05	48.00	670
数学解题泄天机(第 2 版)	2017－10	48.00	850

刘培杰数学工作室

已出版(即将出版)图书目录——初等数学

书　名	出版时间	定　价	编号
高中物理教学讲义	2018－01	48.00	871
高中物理教学讲义:全模块	2022－03	98.00	1492
高中物理答疑解惑 65 篇	2021－11	48.00	1462
中学物理基础问题解析	2020－08	48.00	1183
初中数学、高中数学脱节知识补缺教材	2017－06	48.00	766
高考数学客观题解题方法和技巧	2017－10	38.00	847
十年高考数学精品试题审题要津与解法研究	2021－10	98.00	1427
中国历届高考数学试题及解答.1949－1979	2018－01	38.00	877
历届中国高考数学试题及解答.第二卷,1980—1989	2018－10	28.00	975
历届中国高考数学试题及解答.第三卷,1990—1999	2018－10	48.00	976
跟我学解高中数学题	2018－07	58.00	926
中学数学研究的方法及案例	2018－05	58.00	869
高考数学抢分技能	2018－07	68.00	934
高一新生常用数学方法和重要数学思想提升教材	2018－06	38.00	921
高考数学全国卷六道解答题常考题型解题诀窍:理科(全 2 册)	2019－07	78.00	1101
高考数学全国卷 16 道选择、填空题常考题型解题诀窍.理科	2018－09	88.00	971
高考数学全国卷 16 道选择、填空题常考题型解题诀窍.文科	2020－01	88.00	1123
高中数学一题多解	2019－06	58.00	1087
历届中国高考数学试题及解答:1917－1999	2021－08	98.00	1371
2000～2003 年全国及各省市高考数学试题及解答	2022－05	88.00	1499
2004 年全国及各省市高考数学试题及解答	2023－08	78.00	1500
2005 年全国及各省市高考数学试题及解答	2023－08	78.00	1501
2006 年全国及各省市高考数学试题及解答	2023－08	88.00	1502
2007 年全国及各省市高考数学试题及解答	2023－08	98.00	1503
2008 年全国及各省市高考数学试题及解答	2023－08	88.00	1504
2009 年全国及各省市高考数学试题及解答	2023－08	88.00	1505
2010 年全国及各省市高考数学试题及解答	2023－08	98.00	1506
突破高原:高中数学解题思维探究	2021－08	48.00	1375
高考数学中的"取值范围"	2021－10	48.00	1429
新课程标准高中数学各种题型解法大全.必修一分册	2021－06	58.00	1315
新课程标准高中数学各种题型解法大全.必修二分册	2022－01	68.00	1471
高中数学各种题型解法大全.选择性必修一分册	2022－06	68.00	1525
高中数学各种题型解法大全.选择性必修二分册	2023－01	58.00	1600
高中数学各种题型解法大全.选择性必修三分册	2023－04	48.00	1643
历届全国初中数学竞赛经典试题详解	2023－04	88.00	1624
孟祥礼高考数学精刷精解	2023－06	98.00	1663
新编 640 个世界著名数学智力趣题	2014－01	88.00	242
500 个最新世界著名数学智力趣题	2008－06	48.00	3
400 个最新世界著名数学最值问题	2008－09	48.00	36
500 个世界著名数学征解问题	2009－06	48.00	52
400 个中国最佳初等数学征解老问题	2010－01	48.00	60
500 个俄罗斯数学经典老题	2011－01	28.00	81
1000 个国外中学物理好题	2012－04	48.00	174
300 个日本高考数学题	2012－05	38.00	142
700 个早期日本高考数学试题	2017－02	88.00	752
500 个前苏联早期高考数学试题及解答	2012－05	28.00	185
546 个早期俄罗斯大学生数学竞赛题	2014－03	38.00	285
548 个来自美苏的数学好问题	2014－11	28.00	396
20 所苏联著名大学早期入学试题	2015－02	18.00	452
161 道德国工科大学生必做的微分方程习题	2015－05	28.00	469
500 个德国工科大学生必做的高数习题	2015－06	28.00	478
360 个数学竞赛问题	2016－08	58.00	677
200 个趣味数学故事	2018－02	48.00	857
470 个数学奥林匹克中的最值问题	2018－10	88.00	985
德国讲义日本考题.微积分卷	2015－04	48.00	456
德国讲义日本考题.微分方程卷	2015－04	38.00	457
二十世纪中叶中、英、美、日、法、俄高考数学试题精选	2017－06	38.00	783

刘培杰数学工作室
已出版(即将出版)图书目录——初等数学

书　　名	出版时间	定　价	编号
中国初等数学研究　2009 卷(第 1 辑)	2009—05	20.00	45
中国初等数学研究　2010 卷(第 2 辑)	2010—05	30.00	68
中国初等数学研究　2011 卷(第 3 辑)	2011—07	60.00	127
中国初等数学研究　2012 卷(第 4 辑)	2012—07	48.00	190
中国初等数学研究　2014 卷(第 5 辑)	2014—02	48.00	288
中国初等数学研究　2015 卷(第 6 辑)	2015—06	68.00	493
中国初等数学研究　2016 卷(第 7 辑)	2016—04	68.00	609
中国初等数学研究　2017 卷(第 8 辑)	2017—01	98.00	712

初等数学研究在中国.第 1 辑	2019—03	158.00	1024
初等数学研究在中国.第 2 辑	2019—10	158.00	1116
初等数学研究在中国.第 3 辑	2021—05	158.00	1306
初等数学研究在中国.第 4 辑	2022—06	158.00	1520
初等数学研究在中国.第 5 辑	2023—07	158.00	1635

几何变换(Ⅰ)	2014—07	28.00	353
几何变换(Ⅱ)	2015—06	28.00	354
几何变换(Ⅲ)	2015—01	38.00	355
几何变换(Ⅳ)	2015—12	38.00	356

初等数论难题集(第一卷)	2009—05	68.00	44
初等数论难题集(第二卷)(上、下)	2011—02	128.00	82,83
数论概貌	2011—03	18.00	93
代数数论(第二版)	2013—08	58.00	94
代数多项式	2014—06	38.00	289
初等数论的知识与问题	2011—02	28.00	95
超越数论基础	2011—03	28.00	96
数论初等教程	2011—03	28.00	97
数论基础	2011—03	18.00	98
数论基础与维诺格拉多夫	2014—03	18.00	292
解析数论基础	2012—08	28.00	216
解析数论基础(第二版)	2014—01	48.00	287
解析数论问题集(第二版)(原版引进)	2014—05	88.00	343
解析数论问题集(第二版)(中译本)	2016—04	88.00	607
解析数论基础(潘承洞,潘承彪著)	2016—07	98.00	673
解析数论导引	2016—07	58.00	674
数论入门	2011—03	38.00	99
代数数论入门	2015—03	38.00	448
数论开篇	2012—07	28.00	194
解析数论引论	2011—03	48.00	100
Barban Davenport Halberstam 均值和	2009—01	40.00	33
基础数论	2011—03	28.00	101
初等数论 100 例	2011—05	18.00	122
初等数论经典例题	2012—07	18.00	204
最新世界各国数学奥林匹克中的初等数论试题(上、下)	2012—01	138.00	144,145
初等数论(Ⅰ)	2012—01	18.00	156
初等数论(Ⅱ)	2012—01	18.00	157
初等数论(Ⅲ)	2012—01	28.00	158

刘培杰数学工作室
已出版(即将出版)图书目录——初等数学

书　　名	出版时间	定　价	编号
平面几何与数论中未解决的新老问题	2013－01	68.00	229
代数数论简史	2014－11	28.00	408
代数数论	2015－09	88.00	532
代数、数论及分析习题集	2016－11	98.00	695
数论导引提要及习题解答	2016－01	48.00	559
素数定理的初等证明.第2版	2016－09	48.00	686
数论中的模函数与狄利克雷级数(第二版)	2017－11	78.00	837
数论:数学导引	2018－01	68.00	849
范氏大代数	2019－02	98.00	1016
解析数学讲义.第一卷,导来式及微分、积分、级数	2019－04	88.00	1021
解析数学讲义.第二卷,关于几何的应用	2019－04	68.00	1022
解析数学讲义.第三卷,解析函数论	2019－04	78.00	1023
分析·组合·数论纵横谈	2019－04	58.00	1039
Hall代数:民国时期的中学数学课本:英文	2019－08	88.00	1106
基谢廖夫初等代数	2022－07	38.00	1531
数学精神巡礼	2019－01	58.00	731
数学眼光透视(第2版)	2017－06	78.00	732
数学思想领悟(第2版)	2018－01	68.00	733
数学方法溯源(第2版)	2018－08	68.00	734
数学解题引论	2017－05	58.00	735
数学史话览胜(第2版)	2017－01	48.00	736
数学应用展观(第2版)	2017－08	68.00	737
数学建模尝试	2018－04	48.00	738
数学竞赛采风	2018－01	68.00	739
数学测评探营	2019－05	58.00	740
数学技能操握	2018－03	48.00	741
数学欣赏拾趣	2018－02	48.00	742
从毕达哥拉斯到怀尔斯	2007－10	48.00	9
从迪利克雷到维斯卡尔迪	2008－01	48.00	21
从哥德巴赫到陈景润	2008－05	98.00	35
从庞加莱到佩雷尔曼	2011－08	138.00	136
博弈论精粹	2008－03	58.00	30
博弈论精粹.第二版(精装)	2015－01	88.00	461
数学 我爱你	2008－01	28.00	20
精神的圣徒　别样的人生——60位中国数学家成长的历程	2008－09	48.00	39
数学史概论	2009－06	78.00	50
数学史概论(精装)	2013－03	158.00	272
数学史选讲	2016－01	48.00	544
斐波那契数列	2010－02	28.00	65
数学拼盘和斐波那契魔方	2010－07	38.00	72
斐波那契数列欣赏(第2版)	2018－08	58.00	948
Fibonacci数列中的明珠	2018－06	58.00	928
数学的创造	2011－02	48.00	85
数学美与创造力	2016－01	48.00	595
数海拾贝	2016－01	48.00	590
数学中的美(第2版)	2019－04	68.00	1057
数论中的美学	2014－12	38.00	351

刘培杰数学工作室
已出版(即将出版)图书目录——初等数学

书　　名	出版时间	定　价	编号
数学王者　科学巨人——高斯	2015—01	28.00	428
振兴祖国数学的圆梦之旅:中国初等数学研究史话	2015—06	98.00	490
二十世纪中国数学史料研究	2015—10	48.00	536
数字谜、数阵图与棋盘覆盖	2016—01	58.00	298
数学概念的进化:一个初步的研究	2023—07	68.00	1683
数学发现的艺术:数学探索中的合情推理	2016—07	58.00	671
活跃在数学中的参数	2016—07	48.00	675
数海趣史	2021—05	98.00	1314
玩转幻中之幻	2023—08	88.00	1682
数学艺术品	2023—09	98.00	1685
数学博弈与游戏	2023—10	68.00	1692
数学解题——靠数学思想给力(上)	2011—07	38.00	131
数学解题——靠数学思想给力(中)	2011—07	48.00	132
数学解题——靠数学思想给力(下)	2011—07	38.00	133
我怎样解题	2013—01	48.00	227
数学解题中的物理方法	2011—06	28.00	114
数学解题的特殊方法	2011—06	48.00	115
中学数学计算技巧(第2版)	2020—10	48.00	1220
中学数学证明方法	2012—01	58.00	117
数学趣题巧解	2012—03	28.00	128
高中数学教学通鉴	2015—05	58.00	479
和高中生漫谈:数学与哲学的故事	2014—08	28.00	369
算术问题集	2017—03	38.00	789
张教授讲数学	2018—07	38.00	933
陈永明实话实说数学教学	2020—04	68.00	1132
中学数学学科知识与教学能力	2020—06	58.00	1155
怎样把课讲好:大罕数学教学随笔	2022—03	58.00	1484
中国高考评价体系下高考数学探秘	2022—03	48.00	1487
自主招生考试中的参数方程问题	2015—01	28.00	435
自主招生考试中的极坐标问题	2015—04	28.00	463
近年全国重点大学自主招生数学试题全解及研究.华约卷	2015—02	38.00	441
近年全国重点大学自主招生数学试题全解及研究.北约卷	2016—05	38.00	619
自主招生数学解证宝典	2015—09	48.00	535
中国科学技术大学创新班数学真题解析	2022—03	48.00	1488
中国科学技术大学创新班物理真题解析	2022—03	58.00	1489
格点和面积	2012—07	18.00	191
射影几何趣谈	2012—04	28.00	175
斯潘纳尔引理——从一道加拿大数学奥林匹克试题谈起	2014—01	28.00	228
李普希兹条件——从几道近年高考数学试题谈起	2012—10	18.00	221
拉格朗日中值定理——从一道北京高考试题的解法谈起	2015—10	18.00	197
闵科夫斯基定理——从一道清华大学自主招生试题谈起	2014—01	28.00	198
哈尔测度——从一道冬令营试题的背景谈起	2012—08	28.00	202
切比雪夫逼近问题——从一道中国台北数学奥林匹克试题谈起	2013—04	38.00	238
伯恩斯坦多项式与贝齐尔曲面——从一道全国高中数学联赛试题谈起	2013—03	38.00	236
卡塔兰猜想——从一道普特南竞赛试题谈起	2013—06	18.00	256
麦卡锡函数和阿克曼函数——从一道前南斯拉夫数学奥林匹克试题谈起	2012—08	18.00	201
贝蒂定理与拉姆贝克莫斯尔定理——从一个拣石子游戏谈起	2012—08	18.00	217
皮亚诺曲线和豪斯道夫分球定理——从无限集谈起	2012—08	18.00	211
平面凸图形与凸多面体	2012—10	28.00	218
斯坦因豪斯问题——从一道二十五省市自治区中学数学竞赛试题谈起	2012—07	18.00	196

刘培杰数学工作室
已出版(即将出版)图书目录——初等数学

书　　名	出版时间	定　价	编号
纽结理论中的亚历山大多项式与琼斯多项式——从一道北京市高一数学竞赛试题谈起	2012—07	28.00	195
原则与策略——从波利亚"解题表"谈起	2013—04	38.00	244
转化与化归——从三大尺规作图不能问题谈起	2012—08	28.00	214
代数几何中的贝祖定理(第一版)——从一道 IMO 试题的解法谈起	2013—08	18.00	193
成功连贯理论与约当块理论——从一道比利时数学竞赛试题谈起	2012—04	18.00	180
素数判定与大数分解	2014—08	18.00	199
置换多项式及其应用	2012—10	18.00	220
椭圆函数与模函数——从一道美国加州大学洛杉矶分校(UCLA)博士资格考题谈起	2012—10	28.00	219
差分方程的拉格朗日方法——从一道 2011 年全国高考理科试题的解法谈起	2012—08	28.00	200
力学在几何中的一些应用	2013—01	38.00	240
从根式解到伽罗华理论	2020—01	48.00	1121
康托洛维奇不等式——从一道全国高中联赛试题谈起	2013—03	28.00	337
西格尔引理——从一道第 18 届 IMO 试题的解法谈起	即将出版		
罗斯定理——从一道前苏联数学竞赛试题谈起	即将出版		
拉克斯定理和阿廷定理——从一道 IMO 试题的解法谈起	2014—01	58.00	246
毕卡大定理——从一道美国大学数学竞赛试题谈起	2014—07	18.00	350
贝齐尔曲线——从一道全国高中联赛试题谈起	即将出版		
拉格朗日乘子定理——从一道 2005 年全国高中联赛试题的高等数学解法谈起	2015—05	28.00	480
雅可比定理——从一道日本数学奥林匹克试题谈起	2013—04	48.00	249
李天岩一约克定理——从一道波兰数学竞赛试题谈起	2014—06	28.00	349
受控理论与初等不等式:从一道 IMO 试题的解法谈起	2023—03	48.00	1601
布劳维不动点定理——从一道前苏联数学奥林匹克试题谈起	2014—01	38.00	273
伯恩赛德定理——从一道英国数学奥林匹克试题谈起	即将出版		
布查特一莫斯特定理——从一道上海市初中竞赛试题谈起	即将出版		
数论中的同余数问题——从一道普特南竞赛试题谈起	即将出版		
范·德蒙行列式——从一道美国数学奥林匹克试题谈起	即将出版		
中国剩余定理:总数法构建中国历史年表	2015—01	28.00	430
牛顿程序与方程求根——从一道全国高考试题解法谈起	即将出版		
库默尔定理——从一道 IMO 预选试题谈起	即将出版		
卢丁定理——从一道冬令营试题的解法谈起	即将出版		
沃斯滕霍姆定理——从一道 IMO 预选试题谈起	即将出版		
卡尔松不等式——从一道莫斯科数学奥林匹克试题谈起	即将出版		
信息论中的香农熵——从一道近年高考压轴题谈起	即将出版		
约当不等式——从一道希望杯竞赛试题谈起	即将出版		
拉比诺维奇定理	即将出版		
刘维尔定理——从一道《美国数学月刊》征解问题的解法谈起	即将出版		
卡塔兰恒等式与级数求和——从一道 IMO 试题的解法谈起	即将出版		
勒让德猜想与素数分布——从一道爱尔兰竞赛试题谈起	即将出版		
天平称重与信息论——从一道基辅市数学奥林匹克试题谈起	即将出版		
哈密尔顿一凯莱定理:从一道高中数学联赛试题的解法谈起	2014—09	18.00	376
艾思特曼定理——从一道 CMO 试题的解法谈起	即将出版		

刘培杰数学工作室
已出版(即将出版)图书目录——初等数学

书　　名	出版时间	定　价	编号
阿贝尔恒等式与经典不等式及应用	2018－06	98.00	923
迪利克雷除数问题	2018－07	48.00	930
幻方、幻立方与拉丁方	2019－08	48.00	1092
帕斯卡三角形	2014－03	18.00	294
蒲丰投针问题——从2009年清华大学的一道自主招生试题谈起	2014－01	38.00	295
斯图姆定理——从一道“华约”自主招生试题的解法谈起	2014－01	18.00	296
许瓦兹引理——从一道加利福尼亚大学伯克利分校数学系博士生试题谈起	2014－08	18.00	297
拉姆塞定理——从王诗宬院士的一个问题谈起	2016－04	48.00	299
坐标法	2013－12	28.00	332
数论三角形	2014－04	38.00	341
毕克定理	2014－07	18.00	352
数林掠影	2014－09	48.00	389
我们周围的概率	2014－10	38.00	390
凸函数最值定理:从一道华约自主招生题的解法谈起	2014－10	28.00	391
易学与数学奥林匹克	2014－10	38.00	392
生物数学趣谈	2015－01	18.00	409
反演	2015－01	28.00	420
因式分解与圆锥曲线	2015－01	18.00	426
轨迹	2015－01	28.00	427
面积原理:从常庚哲命的一道CMO试题的积分解法谈起	2015－01	48.00	431
形形色色的不动点定理:从一道28届IMO试题谈起	2015－01	38.00	439
柯西函数方程:从一道上海交大自主招生的试题谈起	2015－02	28.00	440
三角恒等式	2015－02	28.00	442
无理性判定:从一道2014年“北约”自主招生试题谈起	2015－01	38.00	443
数学归纳法	2015－03	18.00	451
极端原理与解题	2015－04	28.00	464
法雷级数	2014－08	18.00	367
摆线族	2015－01	38.00	438
函数方程及其解法	2015－05	38.00	470
含参数的方程和不等式	2012－09	28.00	213
希尔伯特第十问题	2016－01	38.00	543
无穷小量的求和	2016－01	28.00	545
切比雪夫多项式:从一道清华大学金秋营试题谈起	2016－01	38.00	583
泽肯多夫定理	2016－03	38.00	599
代数等式证题法	2016－01	28.00	600
三角等式证题法	2016－01	28.00	601
吴大任教授藏书中的一个因式分解公式:从一道美国数学邀请赛试题的解法谈起	2016－06	28.00	656
易卦——类万物的数学模型	2017－08	68.00	838
“不可思议”的数与数系可持续发展	2018－01	38.00	878
最短线	2018－01	38.00	879
数学在天文、地理、光学、机械力学中的一些应用	2023－03	88.00	1576
从阿基米德三角形谈起	2023－01	28.00	1578
幻方和魔方(第一卷)	2012－05	68.00	173
尘封的经典——初等数学经典文献选读(第一卷)	2012－07	48.00	205
尘封的经典——初等数学经典文献选读(第二卷)	2012－07	38.00	206
初级方程式论	2011－03	28.00	106
初等数学研究(Ⅰ)	2008－09	68.00	37
初等数学研究(Ⅱ)(上、下)	2009－05	118.00	46,47
初等数学专题研究	2022－10	68.00	1568

刘培杰数学工作室
已出版(即将出版)图书目录——初等数学

书　　名	出版时间	定　价	编号
趣味初等方程妙题集锦	2014—09	48.00	388
趣味初等数论选美与欣赏	2015—02	48.00	445
耕读笔记(上卷):一位农民数学爱好者的初数探索	2015—04	28.00	459
耕读笔记(中卷):一位农民数学爱好者的初数探索	2015—05	28.00	483
耕读笔记(下卷):一位农民数学爱好者的初数探索	2015—05	28.00	484
几何不等式研究与欣赏.上卷	2016—01	88.00	547
几何不等式研究与欣赏.下卷	2016—01	48.00	552
初等数列研究与欣赏·上	2016—01	48.00	570
初等数列研究与欣赏·下	2016—01	48.00	571
趣味初等函数研究与欣赏.上	2016—09	48.00	684
趣味初等函数研究与欣赏.下	2018—09	48.00	685
三角不等式研究与欣赏	2020—10	68.00	1197
新编平面解析几何解题方法研究与欣赏	2021—10	78.00	1426
火柴游戏(第2版)	2022—05	38.00	1493
智力解谜.第1卷	2017—07	38.00	613
智力解谜.第2卷	2017—07	38.00	614
故事智力	2016—07	48.00	615
名人们喜欢的智力问题	2020—01	48.00	616
数学大师的发现、创造与失误	2018—01	48.00	617
异曲同工	2018—09	48.00	618
数学的味道(第2版)	2023—10	68.00	1686
数学千字文	2018—10	68.00	977
数贝偶拾——高考数学题研究	2014—04	28.00	274
数贝偶拾——初等数学研究	2014—04	38.00	275
数贝偶拾——奥数题研究	2014—04	48.00	276
钱昌本教你快乐学数学(上)	2011—12	48.00	155
钱昌本教你快乐学数学(下)	2012—03	58.00	171
集合、函数与方程	2014—01	28.00	300
数列与不等式	2014—01	38.00	301
三角与平面向量	2014—01	28.00	302
平面解析几何	2014—01	38.00	303
立体几何与组合	2014—01	28.00	304
极限与导数、数学归纳法	2014—01	38.00	305
趣味数学	2014—03	28.00	306
教材教法	2014—04	68.00	307
自主招生	2014—05	58.00	308
高考压轴题(上)	2015—01	48.00	309
高考压轴题(下)	2014—10	68.00	310
从费马到怀尔斯——费马大定理的历史	2013—10	198.00	Ⅰ
从庞加莱到佩雷尔曼——庞加莱猜想的历史	2013—10	298.00	Ⅱ
从切比雪夫到爱尔特希(上)——素数定理的初等证明	2013—07	48.00	Ⅲ
从切比雪夫到爱尔特希(下)——素数定理100年	2012—12	98.00	Ⅲ
从高斯到盖尔方特——二次域的高斯猜想	2013—10	198.00	Ⅳ
从库默尔到朗兰兹——朗兰兹猜想的历史	2014—01	98.00	Ⅴ
从比勃巴赫到德布朗斯——比勃巴赫猜想的历史	2014—02	298.00	Ⅵ
从麦比乌斯到陈省身——麦比乌斯变换与麦比乌斯带	2014—02	298.00	Ⅶ
从布尔到豪斯道夫——布尔方程与格论漫谈	2013—10	198.00	Ⅷ
从开普勒到阿诺德——三体问题的历史	2014—05	298.00	Ⅸ
从华林到华罗庚——华林问题的历史	2013—10	298.00	Ⅹ

刘培杰数学工作室
已出版(即将出版)图书目录——初等数学

书　　名	出版时间	定　价	编号
美国高中数学竞赛五十讲. 第 1 卷(英文)	2014—08	28.00	357
美国高中数学竞赛五十讲. 第 2 卷(英文)	2014—08	28.00	358
美国高中数学竞赛五十讲. 第 3 卷(英文)	2014—09	28.00	359
美国高中数学竞赛五十讲. 第 4 卷(英文)	2014—09	28.00	360
美国高中数学竞赛五十讲. 第 5 卷(英文)	2014—10	28.00	361
美国高中数学竞赛五十讲. 第 6 卷(英文)	2014—11	28.00	362
美国高中数学竞赛五十讲. 第 7 卷(英文)	2014—12	28.00	363
美国高中数学竞赛五十讲. 第 8 卷(英文)	2015—01	28.00	364
美国高中数学竞赛五十讲. 第 9 卷(英文)	2015—01	28.00	365
美国高中数学竞赛五十讲. 第 10 卷(英文)	2015—02	38.00	366

三角函数(第 2 版)	2017—04	38.00	626
不等式	2014—01	38.00	312
数列	2014—01	38.00	313
方程(第 2 版)	2017—04	38.00	624
排列和组合	2014—01	28.00	315
极限与导数(第 2 版)	2016—04	38.00	635
向量(第 2 版)	2018—08	58.00	627
复数及其应用	2014—08	28.00	318
函数	2014—01	38.00	319
集合	2020—01	48.00	320
直线与平面	2014—01	28.00	321
立体几何(第 2 版)	2016—04	38.00	629
解三角形	即将出版		323
直线与圆(第 2 版)	2016—11	38.00	631
圆锥曲线(第 2 版)	2016—09	48.00	632
解题通法(一)	2014—07	38.00	326
解题通法(二)	2014—07	38.00	327
解题通法(三)	2014—05	38.00	328
概率与统计	2014—01	28.00	329
信息迁移与算法	即将出版		330

IMO 50 年. 第 1 卷(1959—1963)	2014—11	28.00	377
IMO 50 年. 第 2 卷(1964—1968)	2014—11	28.00	378
IMO 50 年. 第 3 卷(1969—1973)	2014—09	28.00	379
IMO 50 年. 第 4 卷(1974—1978)	2016—04	38.00	380
IMO 50 年. 第 5 卷(1979—1984)	2015—04	38.00	381
IMO 50 年. 第 6 卷(1985—1989)	2015—04	58.00	382
IMO 50 年. 第 7 卷(1990—1994)	2016—01	48.00	383
IMO 50 年. 第 8 卷(1995—1999)	2016—06	38.00	384
IMO 50 年. 第 9 卷(2000—2004)	2015—04	58.00	385
IMO 50 年. 第 10 卷(2005—2009)	2016—01	48.00	386
IMO 50 年. 第 11 卷(2010—2015)	2017—03	48.00	646

刘培杰数学工作室
已出版(即将出版)图书目录——初等数学

书　　名	出版时间	定　价	编号
数学反思(2006—2007)	2020—09	88.00	915
数学反思(2008—2009)	2019—01	68.00	917
数学反思(2010—2011)	2018—05	58.00	916
数学反思(2012—2013)	2019—01	58.00	918
数学反思(2014—2015)	2019—03	78.00	919
数学反思(2016—2017)	2021—03	58.00	1286
数学反思(2018—2019)	2023—01	88.00	1593
历届美国大学生数学竞赛试题集.第一卷(1938—1949)	2015—01	28.00	397
历届美国大学生数学竞赛试题集.第二卷(1950—1959)	2015—01	28.00	398
历届美国大学生数学竞赛试题集.第三卷(1960—1969)	2015—01	28.00	399
历届美国大学生数学竞赛试题集.第四卷(1970—1979)	2015—01	18.00	400
历届美国大学生数学竞赛试题集.第五卷(1980—1989)	2015—01	28.00	401
历届美国大学生数学竞赛试题集.第六卷(1990—1999)	2015—01	28.00	402
历届美国大学生数学竞赛试题集.第七卷(2000—2009)	2015—08	18.00	403
历届美国大学生数学竞赛试题集.第八卷(2010—2012)	2015—01	18.00	404
新课标高考数学创新题解题诀窍:总论	2014—09	28.00	372
新课标高考数学创新题解题诀窍:必修1～5分册	2014—08	38.00	373
新课标高考数学创新题解题诀窍:选修2—1,2—2,1—1,1—2分册	2014—09	38.00	374
新课标高考数学创新题解题诀窍:选修2—3,4—4,4—5分册	2014—09	18.00	375
全国重点大学自主招生英文数学试题全攻略:词汇卷	2015—07	48.00	410
全国重点大学自主招生英文数学试题全攻略:概念卷	2015—01	28.00	411
全国重点大学自主招生英文数学试题全攻略:文章选读卷(上)	2016—09	38.00	412
全国重点大学自主招生英文数学试题全攻略:文章选读卷(下)	2017—01	58.00	413
全国重点大学自主招生英文数学试题全攻略:试题卷	2015—07	38.00	414
全国重点大学自主招生英文数学试题全攻略:名著欣赏卷	2017—03	48.00	415
劳埃德数学趣题大全.题目卷.1:英文	2016—01	18.00	516
劳埃德数学趣题大全.题目卷.2:英文	2016—01	18.00	517
劳埃德数学趣题大全.题目卷.3:英文	2016—01	18.00	518
劳埃德数学趣题大全.题目卷.4:英文	2016—01	18.00	519
劳埃德数学趣题大全.题目卷.5:英文	2016—01	18.00	520
劳埃德数学趣题大全.答案卷:英文	2016—01	18.00	521
李成章教练奥数笔记.第1卷	2016—01	48.00	522
李成章教练奥数笔记.第2卷	2016—01	48.00	523
李成章教练奥数笔记.第3卷	2016—01	38.00	524
李成章教练奥数笔记.第4卷	2016—01	38.00	525
李成章教练奥数笔记.第5卷	2016—01	38.00	526
李成章教练奥数笔记.第6卷	2016—01	38.00	527
李成章教练奥数笔记.第7卷	2016—01	38.00	528
李成章教练奥数笔记.第8卷	2016—01	48.00	529
李成章教练奥数笔记.第9卷	2016—01	28.00	530

刘培杰数学工作室
已出版(即将出版)图书目录——初等数学

书　　名	出版时间	定　价	编号
第19～23届"希望杯"全国数学邀请赛试题审题要津详细评注(初一版)	2014－03	28.00	333
第19～23届"希望杯"全国数学邀请赛试题审题要津详细评注(初二、初三版)	2014－03	38.00	334
第19～23届"希望杯"全国数学邀请赛试题审题要津详细评注(高一版)	2014－03	28.00	335
第19～23届"希望杯"全国数学邀请赛试题审题要津详细评注(高二版)	2014－03	38.00	336
第19～25届"希望杯"全国数学邀请赛试题审题要津详细评注(初一版)	2015－01	38.00	416
第19～25届"希望杯"全国数学邀请赛试题审题要津详细评注(初二、初三版)	2015－01	58.00	417
第19～25届"希望杯"全国数学邀请赛试题审题要津详细评注(高一版)	2015－01	48.00	418
第19～25届"希望杯"全国数学邀请赛试题审题要津详细评注(高二版)	2015－01	48.00	419
物理奥林匹克竞赛大题典——力学卷	2014－11	48.00	405
物理奥林匹克竞赛大题典——热学卷	2014－04	28.00	339
物理奥林匹克竞赛大题典——电磁学卷	2015－07	48.00	406
物理奥林匹克竞赛大题典——光学与近代物理卷	2014－06	28.00	345
历届中国东南地区数学奥林匹克试题集(2004～2012)	2014－06	18.00	346
历届中国西部地区数学奥林匹克试题集(2001～2012)	2014－07	18.00	347
历届中国女子数学奥林匹克试题集(2002～2012)	2014－08	18.00	348
数学奥林匹克在中国	2014－06	98.00	344
数学奥林匹克问题集	2014－01	38.00	267
数学奥林匹克不等式散论	2010－06	38.00	124
数学奥林匹克不等式欣赏	2011－09	38.00	138
数学奥林匹克超级题库(初中卷上)	2010－01	58.00	66
数学奥林匹克不等式证明方法和技巧(上、下)	2011－08	158.00	134,135
他们学什么:原民主德国中学数学课本	2016－09	38.00	658
他们学什么:英国中学数学课本	2016－09	38.00	659
他们学什么:法国中学数学课本.1	2016－09	38.00	660
他们学什么:法国中学数学课本.2	2016－09	28.00	661
他们学什么:法国中学数学课本.3	2016－09	38.00	662
他们学什么:苏联中学数学课本	2016－09	28.00	679
高中数学题典——集合与简易逻辑·函数	2016－07	48.00	647
高中数学题典——导数	2016－07	48.00	648
高中数学题典——三角函数·平面向量	2016－07	48.00	649
高中数学题典——数列	2016－07	58.00	650
高中数学题典——不等式·推理与证明	2016－07	38.00	651
高中数学题典——立体几何	2016－07	48.00	652
高中数学题典——平面解析几何	2016－07	78.00	653
高中数学题典——计数原理·统计·概率·复数	2016－07	48.00	654
高中数学题典——算法·平面几何·初等数论·组合数学·其他	2016－07	68.00	655

刘培杰数学工作室
已出版(即将出版)图书目录——初等数学

书　　名	出版时间	定　价	编号
台湾地区奥林匹克数学竞赛试题.小学一年级	2017－03	38.00	722
台湾地区奥林匹克数学竞赛试题.小学二年级	2017－03	38.00	723
台湾地区奥林匹克数学竞赛试题.小学三年级	2017－03	38.00	724
台湾地区奥林匹克数学竞赛试题.小学四年级	2017－03	38.00	725
台湾地区奥林匹克数学竞赛试题.小学五年级	2017－03	38.00	726
台湾地区奥林匹克数学竞赛试题.小学六年级	2017－03	38.00	727
台湾地区奥林匹克数学竞赛试题.初中一年级	2017－03	38.00	728
台湾地区奥林匹克数学竞赛试题.初中二年级	2017－03	38.00	729
台湾地区奥林匹克数学竞赛试题.初中三年级	2017－03	28.00	730
不等式证题法	2017－04	28.00	747
平面几何培优教程	2019－08	88.00	748
奥数鼎级培优教程.高一分册	2018－09	88.00	749
奥数鼎级培优教程.高二分册.上	2018－04	68.00	750
奥数鼎级培优教程.高二分册.下	2018－04	68.00	751
高中数学竞赛冲刺宝典	2019－04	68.00	883
初中尖子生数学超级题典.实数	2017－07	58.00	792
初中尖子生数学超级题典.式、方程与不等式	2017－08	58.00	793
初中尖子生数学超级题典.圆、面积	2017－08	38.00	794
初中尖子生数学超级题典.函数、逻辑推理	2017－08	48.00	795
初中尖子生数学超级题典.角、线段、三角形与多边形	2017－07	58.00	796
数学王子——高斯	2018－01	48.00	858
坎坷奇星——阿贝尔	2018－01	48.00	859
闪烁奇星——伽罗瓦	2018－01	58.00	860
无穷统帅——康托尔	2018－01	48.00	861
科学公主——柯瓦列夫斯卡娅	2018－01	48.00	862
抽象代数之母——埃米·诺特	2018－01	48.00	863
电脑先驱——图灵	2018－01	58.00	864
昔日神童——维纳	2018－01	48.00	865
数坛怪侠——爱尔特希	2018－01	68.00	866
传奇数学家徐利治	2019－09	88.00	1110
当代世界中的数学.数学思想与数学基础	2019－01	38.00	892
当代世界中的数学.数学问题	2019－01	38.00	893
当代世界中的数学.应用数学与数学应用	2019－01	38.00	894
当代世界中的数学.数学王国的新疆域(一)	2019－01	38.00	895
当代世界中的数学.数学王国的新疆域(二)	2019－01	38.00	896
当代世界中的数学.数林撷英(一)	2019－01	38.00	897
当代世界中的数学.数林撷英(二)	2019－01	48.00	898
当代世界中的数学.数学之路	2019－01	38.00	899

刘培杰数学工作室
已出版(即将出版)图书目录——初等数学

书　　名	出版时间	定　价	编号
105 个代数问题:来自 AwesomeMath 夏季课程	2019－02	58.00	956
106 个几何问题:来自 AwesomeMath 夏季课程	2020－07	58.00	957
107 个几何问题:来自 AwesomeMath 全年课程	2020－07	58.00	958
108 个代数问题:来自 AwesomeMath 全年课程	2019－01	68.00	959
109 个不等式:来自 AwesomeMath 夏季课程	2019－04	58.00	960
国际数学奥林匹克中的 110 个几何问题	即将出版		961
111 个代数和数论问题	2019－05	58.00	962
112 个组合问题:来自 AwesomeMath 夏季课程	2019－05	58.00	963
113 个几何不等式:来自 AwesomeMath 夏季课程	2020－08	58.00	964
114 个指数和对数问题:来自 AwesomeMath 夏季课程	2019－09	48.00	965
115 个三角问题:来自 AwesomeMath 夏季课程	2019－09	58.00	966
116 个代数不等式:来自 AwesomeMath 全年课程	2019－04	58.00	967
117 个多项式问题:来自 AwesomeMath 夏季课程	2021－09	58.00	1409
118 个数学竞赛不等式	2022－08	78.00	1526

紫色彗星国际数学竞赛试题	2019－02	58.00	999
数学竞赛中的数学:为数学爱好者、父母、教师和教练准备的丰富资源.第一部	2020－04	58.00	1141
数学竞赛中的数学:为数学爱好者、父母、教师和教练准备的丰富资源.第二部	2020－07	48.00	1142
和与积	2020－10	38.00	1219
数论:概念和问题	2020－12	68.00	1257
初等数学问题研究	2021－03	48.00	1270
数学奥林匹克中的欧几里得几何	2021－10	68.00	1413
数学奥林匹克题解新编	2022－01	58.00	1430
图论入门	2022－09	58.00	1554
新的、更新的、最新的不等式	2023－07	58.00	1650

澳大利亚中学数学竞赛试题及解答(初级卷)1978～1984	2019－02	28.00	1002
澳大利亚中学数学竞赛试题及解答(初级卷)1985～1991	2019－02	28.00	1003
澳大利亚中学数学竞赛试题及解答(初级卷)1992～1998	2019－02	28.00	1004
澳大利亚中学数学竞赛试题及解答(初级卷)1999～2005	2019－02	28.00	1005
澳大利亚中学数学竞赛试题及解答(中级卷)1978～1984	2019－03	28.00	1006
澳大利亚中学数学竞赛试题及解答(中级卷)1985～1991	2019－03	28.00	1007
澳大利亚中学数学竞赛试题及解答(中级卷)1992～1998	2019－03	28.00	1008
澳大利亚中学数学竞赛试题及解答(中级卷)1999～2005	2019－03	28.00	1009
澳大利亚中学数学竞赛试题及解答(高级卷)1978～1984	2019－05	28.00	1010
澳大利亚中学数学竞赛试题及解答(高级卷)1985～1991	2019－05	28.00	1011
澳大利亚中学数学竞赛试题及解答(高级卷)1992～1998	2019－05	28.00	1012
澳大利亚中学数学竞赛试题及解答(高级卷)1999～2005	2019－05	28.00	1013

天才中小学生智力测验题.第一卷	2019－03	38.00	1026
天才中小学生智力测验题.第二卷	2019－03	38.00	1027
天才中小学生智力测验题.第三卷	2019－03	38.00	1028
天才中小学生智力测验题.第四卷	2019－03	38.00	1029
天才中小学生智力测验题.第五卷	2019－03	38.00	1030
天才中小学生智力测验题.第六卷	2019－03	38.00	1031
天才中小学生智力测验题.第七卷	2019－03	38.00	1032
天才中小学生智力测验题.第八卷	2019－03	38.00	1033
天才中小学生智力测验题.第九卷	2019－03	38.00	1034
天才中小学生智力测验题.第十卷	2019－03	38.00	1035
天才中小学生智力测验题.第十一卷	2019－03	38.00	1036
天才中小学生智力测验题.第十二卷	2019－03	38.00	1037
天才中小学生智力测验题.第十三卷	2019－03	38.00	1038

刘培杰数学工作室
已出版(即将出版)图书目录——初等数学

书　　名	出版时间	定　价	编号
重点大学自主招生数学备考全书:函数	2020—05	48.00	1047
重点大学自主招生数学备考全书:导数	2020—08	48.00	1048
重点大学自主招生数学备考全书:数列与不等式	2019—10	78.00	1049
重点大学自主招生数学备考全书:三角函数与平面向量	2020—08	68.00	1050
重点大学自主招生数学备考全书:平面解析几何	2020—07	58.00	1051
重点大学自主招生数学备考全书:立体几何与平面几何	2019—08	48.00	1052
重点大学自主招生数学备考全书:排列组合・概率统计・复数	2019—09	48.00	1053
重点大学自主招生数学备考全书:初等数论与组合数学	2019—08	48.00	1054
重点大学自主招生数学备考全书:重点大学自主招生真题.上	2019—04	68.00	1055
重点大学自主招生数学备考全书:重点大学自主招生真题.下	2019—04	58.00	1056
高中数学竞赛培训教程:平面几何问题的求解方法与策略.上	2018—05	68.00	906
高中数学竞赛培训教程:平面几何问题的求解方法与策略.下	2018—06	78.00	907
高中数学竞赛培训教程:整除与同余以及不定方程	2018—01	88.00	908
高中数学竞赛培训教程:组合计数与组合极值	2018—04	48.00	909
高中数学竞赛培训教程:初等代数	2019—04	78.00	1042
高中数学讲座:数学竞赛基础教程(第一册)	2019—06	48.00	1094
高中数学讲座:数学竞赛基础教程(第二册)	即将出版		1095
高中数学讲座:数学竞赛基础教程(第三册)	即将出版		1096
高中数学讲座:数学竞赛基础教程(第四册)	即将出版		1097
新编中学数学解题方法 1000 招丛书. 实数(初中版)	2022—05	58.00	1291
新编中学数学解题方法 1000 招丛书. 式(初中版)	2022—05	48.00	1292
新编中学数学解题方法 1000 招丛书. 方程与不等式(初中版)	2021—04	58.00	1293
新编中学数学解题方法 1000 招丛书. 函数(初中版)	2022—05	38.00	1294
新编中学数学解题方法 1000 招丛书. 角(初中版)	2022—05	48.00	1295
新编中学数学解题方法 1000 招丛书. 线段(初中版)	2022—05	48.00	1296
新编中学数学解题方法 1000 招丛书. 三角形与多边形(初中版)	2021—04	48.00	1297
新编中学数学解题方法 1000 招丛书. 圆(初中版)	2022—05	48.00	1298
新编中学数学解题方法 1000 招丛书. 面积(初中版)	2021—07	28.00	1299
新编中学数学解题方法 1000 招丛书. 逻辑推理(初中版)	2022—06	48.00	1300
高中数学题典精编. 第一辑. 函数	2022—01	58.00	1444
高中数学题典精编. 第一辑. 导数	2022—01	68.00	1445
高中数学题典精编. 第一辑. 三角函数・平面向量	2022—01	68.00	1446
高中数学题典精编. 第一辑. 数列	2022—01	58.00	1447
高中数学题典精编. 第一辑. 不等式・推理与证明	2022—01	58.00	1448
高中数学题典精编. 第一辑. 立体几何	2022—01	58.00	1449
高中数学题典精编. 第一辑. 平面解析几何	2022—01	68.00	1450
高中数学题典精编. 第一辑. 统计・概率・平面几何	2022—01	58.00	1451
高中数学题典精编. 第一辑. 初等数论・组合数学・数学文化・解题方法	2022—01	58.00	1452
历届全国初中数学竞赛试题分类解析. 初等代数	2022—09	98.00	1555
历届全国初中数学竞赛试题分类解析. 初等数论	2022—09	48.00	1556
历届全国初中数学竞赛试题分类解析. 平面几何	2022—09	38.00	1557
历届全国初中数学竞赛试题分类解析. 组合	2022—09	38.00	1558

刘培杰数学工作室
已出版(即将出版)图书目录——初等数学

书　　名	出版时间	定　价	编号
从三道高三数学模拟题的背景谈起:兼谈傅里叶三角级数	2023－03	48.00	1651
从一道日本东京大学的入学试题谈起:兼谈 π 的方方面面	即将出版		1652
从两道 2021 年福建高三数学测试题谈起:兼谈球面几何学与球面三角学	即将出版		1653
从一道湖南高考数学试题谈起:兼谈有界变差数列	即将出版		1654
从一道高校自主招生试题谈起:兼谈詹森函数方程	即将出版		1655
从一道上海高考数学试题谈起:兼谈有界变差函数	即将出版		1656
从一道北京大学金秋营数学试题的解法谈起:兼谈伽罗瓦理论	即将出版		1657
从一道北京高考数学试题的解法谈起:兼谈毕克定理	即将出版		1658
从一道北京大学金秋营数学试题的解法谈起:兼谈帕塞瓦尔恒等式	即将出版		1659
从一道高三数学模拟测试题的背景谈起:兼谈等周问题与等周不等式	即将出版		1660
从一道 2020 年全国高考数学试题的解法谈起:兼谈斐波那契数列和纳卡穆拉定理及奥斯图达定理	即将出版		1661
从一道高考数学附加题谈起:兼谈广义斐波那契数列	即将出版		1662

代数学教程.第一卷,集合论	2023－08	58.00	1664
代数学教程.第二卷,抽象代数基础	2023－08	68.00	1665
代数学教程.第三卷,数论原理	2023－08	58.00	1666
代数学教程.第四卷,代数方程式论	2023－08	48.00	1667
代数学教程.第五卷,多项式理论	2023－08	58.00	1668

联系地址:哈尔滨市南岗区复华四道街 10 号　**哈尔滨工业大学出版社刘培杰数学工作室**
网　　址:http://lpj.hit.edu.cn/
邮　　编:150006
联系电话:0451－86281378　　13904613167
E-mail:lpj1378@163.com